Does History Make Sense?
: Hegel on the Historical Shapes of Justice

역사는 의미가 있는가

정의의 역사적 형태들에 관한
헤겔의 논의

테리 핀카드 지음
서정혁 옮김

그린비

수전에게

감사의 글

몇 분이 원고를 읽고 제가 저지른 실수에 대해 귀중한 조언을 해 주셨으며, 제가 옳았다고 생각하는 부분에 대해서는 격려해 주셨습니다. 부디 이 책에서 그분들의 조언을 잘 따를 수 있었기를 바랍니다. 카테리나 델리지오르기Katerina Deligiorgi, 딘 모야르Dean Moyar, 로버트 피핀Robert Pippin, 샐리 세지윅Sally Sedgwick에게 감사드립니다.

"한편으로 우리는 역사에서 개념의 세계와는 거리가 먼 재료와 자연 조건, 즉 온갖 종류의 인간의 자의성과 외적 필연성을 지닌다. 이에 맞서 다른 한편으로 우리는 더 고차적 필연성에 대한 사상, 즉 영원한 정의와 사랑, 그 자체로 진리인 절대적이고 궁극적인 목적에 대한 사상을 설정한다. 자연적 존재와 대조적으로, 이 두 번째 반대 극은 개념의 자유와 필연이라는 추상적 요소에 기반을 두고 있다. 이러한 대립은 많은 흥미로운 특징을 포함하며, 세계사의 '이념'에서 다시 한번 주목을 받는다. 우리의 현재 목표는 어떻게 이 대립이 세계사에서 그 자체로 해결되는지를 보여 주는 것이다."

— 헤겔, 『역사 속의 이성』

"정치에서 인간을 법에 종속시키는 문제는 기하학에서 원을 네모로 만드는 문제에 비유할 수 있다. 이 문제를 잘 해결하면 그 해결책에 기반한 정부는 훌륭하고 남용이 없을 것이다. 그러나 그때까지는 법치를 확립하고 있다고 생각하는 곳 어디에서나 실제 통치를 하는 것은 사람이라는 사실을 명심해야 한다."

— 루소, 『폴란드 정부에 대한 고찰』

일러두기

1 이 책은 테리 핀카드(Terry P. Pinkard)의 *Does History Make Sense? – Hegel on the Historical Shapes of Justice*(Harvard University Press, 2017)를 완역한 것이다.

2 이 책의 주석은 모두 각주이며, 지은이 주 외에 옮긴이가 추가한 주는 [옮긴이]로 표기했다.

3 독자의 이해를 돕기 위해 필요한 경우 옮긴이가 본문에 보충한 내용은 대괄호([ ])로 표기했다. 저자의 의도를 훼손하지 않기 위해 오류라고 생각되는 곳도 일차적으로 그대로 번역했으며, 수정 보완이 필요하다고 생각되는 곳에는 옮긴이가 설명을 추가했다.

4 단행본·정기간행물 등의 제목에는 겹낫표(『 』)를, 논문·단편·영화·미술작품 등의 제목에는 낫표(「 」)를 사용했다.

5 외국어 고유명사는 2017년 국립국어원에서 개정한 외래어 표기법을 따르되, 관례가 굳어서 쓰이는 것들은 그것을 따랐다.

들어가는 말

그 유명한 헤겔의 역사 철학은 오늘날 대부분 그 자체로는 이미 지나가 버린 과거로서의 중요성만을 지닌 것으로 간주된다. 좋든 싫든 그 영향력을 의심하는 사람은 거의 없지만, 실제로 지금 헤겔의 역사 철학을 믿는 사람은 아무도 없는 것 같다. 특히, 그의 역사 철학이 옹호하는 것으로 추정되는 '진보주의'progressivism(훗날 '휘그사관'이라고 비꼬아 부르게 된 것의 버전)와 역사에 대한 '목적론적' 접근 방식은, 철학 분야에서는 거의 지지받지 못하며, 역사 분야에서는 더더욱 지지받지 못하고 있다.[1] 더욱이 헤겔의 역사 철학은 사태들에 무관심할 수밖에 없을 정도로 고도高度의 관점에서 발생했기 때문에, 역사의 실제 사태 중 어느 것도 실제로 전혀 고려하지 않고도 그 사태에 뿌려질 수 있는 일종의 광택제와도 같다고 생각하는 '깊은 의심'이 실천적 역사가들 사이에는 항상 있었다. 그러한 의심은 또한 헤겔의 역사 철학

---

1 헤겔에 반대하는 것은 아니지만, 헤겔의 역사 철학을 옹호하지 않는 일반적인 혐의의 기원은 (Butterfield 1951)에서 발견된다.

이 실제로는 지지될 수 없는 '선험적'a priori 역사 이론이라고 생각하는 많은 의혹의 배경이기도 하다. 비록 헤겔의 역사 철학이 '자기 정체성self-identity에 대한 본질주의essentialism의 위대한 이야기 중 하나'일지 모르지만, 그럼에도 불구하고 포스트 구조주의 사조를 따르는 다른 학자들에게는 그러한 이야기로서 헤겔의 역사 철학은 '모든 것이 우연적이라는 사실을 망각하기가 얼마나 쉬운지'뿐만 아니라, '이 우연성에 대한 망각이 통제와 억압을 동반한다는 사실을 얼마나 쉽게 망각할 수 있는지'를 경고하는 이야기로서만 흥미로울 수 있을 뿐이다. 그러한 점을 고려해 볼 때, 비유럽 문명을 무시하는 헤겔의 설명은 '헤겔 자신의 주장[역사 철학]'에 정확히 도움이 되지 않는다.

그러나, 헤겔의 역사 철학의 한 부분, 즉 그가 '고대와 근대 사이의 결정적 단절'을 제안한 점, 그리고 '근대성'modernity 자체가 '인류 시대의 기본 단절'을 보여 준다는 생각은 여전히 어느 정도 통용되고 있다. 물론, 이 주장은 헤겔에게만 국한된 것은 아니며, 홉스, 마키아벨리, 데카르트, 토크빌 등에서도 비슷한 견해를 발견할 수 있다고 주장하는 사람들도 있다. '근대성'이 '인간의 자기 이해의 근본적이며 되돌릴 수 없는 전환'을 나타낸다는 견해와 같은 것이, 헤겔의 논의 방식에서 아마도 기껏해야 가장 분명히 공식화된 것이라고 할 수 있다. '근대성'에 대한 헤겔의 주장에 관해 이러한 견해를 가진 사람들은, 예를 들어 '헤겔이 역사에서 발견한 것으로 추정되는 필연성'에 대한 그의 다른 견해를 굳이 받아들일 필요는 없다(그리고 종종 받아들이지 않는다).

헤겔의 역사 철학에 대한 수용은 또한 '일련의 광범위하고 게으른 해석들'로 인해 곤란을 겪었다. 이 중 가장 게으른 해석은, 헤겔의 철학 전체가 일종의 '정립-반정립-종합'의 운동에 기반을 두고 있으며, 역사는 바로 그러한 운동이라고 주장하는 '오랫동안 불신받아 온 생각'에 의존한다. 페르시아가 정립이고 그리스가 반정립이며 로마가 종합이라고 말함으로써(또는 그리스가 정립이고 로마가 반정립이며 게르만이 종합이라고 말함으로써) 정확히 무엇을 얻을 수 있는지가 명확하게 밝혀진 적은 없으며, 헤겔 자신이 실제로 그렇게 말하지도 않았다는 사실은, 그것['정립-반정립-종합'의 운동]을 명확히 하려고 시도함으로써 얻을 수 있는 것이 거의 없다는 것을 말해 준다.

거의 똑같이 게으르게 헤겔을 읽으면, 헤겔은 역사를 목표(자유, 정신의 실현 등)가 있는 것으로 생각하고, 1807년경까지는 역사의 모든 계기가 그 목표에 도달하지는 못했지만 그 목표를 실현하는 방법에 관한 퍼즐에 작은 조각들로 기여했을 수 있으며, 그러고 나서 이제 드디어 목표에 도달했다는 식의 이야기를 하게 된다. 이러한 관점은 헤겔 철학을 가르치기 쉽고(역사에서 한 시기를 골라서 '근대 유럽'이 아니라는 이유로 목표에 도달하지 못했음을 보여 주면서, "자 보란 말이야, 헤겔의 이론을 완전히 파악했어"라고 생각한다), 이해하기 쉽게 만든다(역사도 다른 목표 지향적 활동과 마찬가지로 때로는 우여곡절을 거쳐야만 목표에 도달한다는 점에서 그렇다). 이러한 견해는 최근 역사의 '종말[목적]'end에 대한 다소 공허한 논쟁에 영향을 미쳤다. 내부 계획에 따라 도토리가 참나무로 성장하는 것과 같은 은유에 의존하는 것처럼, 이처럼 게으른 해석을 넘어서는 좀 더 정교한 설명도 마찬가지로 똑같은 결함을 보여 준다. 그러한 설명이 아무리 이해하기 쉽고 가르치기 쉽다고 해도, 그러한 설명으로 인해 헤겔의 견해는 극단적으로 전혀 믿을 수 없고 경험적으로도 공허한 것이 되어 버리며,

헤겔 당대의 사람들이 가지고 있던 세계관을 보여 주는 실례와 같은 것이 되어 버린다.

마치 헤겔이 역사를 하나의 단일하고 일원화된 '사태'나 '발전'이라고 생각한 것처럼 헤겔의 역사 철학을 취급하는 경향도 있었는데, 이러한 경향은 충분히 이해할 수 있고 훨씬 더 정교한 성격을 지닌 것이었다. 따라서, 사람들은 이 하나의 '사태'가 어떻게 목적론적으로 발전했는지에 대한 생각을 얻기 위해 헤겔 체계의 나머지 부분들에 주목했으며, '도토리-참나무'라는 은유는 그 의미를 포착하는 가장 좋은 방법으로 자연스럽게 제시되었다. 그러나, 이러한 해석은 헤겔 체계의 나머지 부분들에 대한 매우 정교한 어떤 해석들에 도움이 될 수 있을지는 모르겠지만, 헤겔이 자신의 역사 철학에서 추구하고자 하는 바에 부합하지는 않는다.[2] 이러한 해석은 결국 헤겔의 『논리학』 *Science of Logic*에 대한 잘못된 이해에 기초하고 있다.

헤겔의 역사 철학에는 '역사적 관심사' 외에 다른 의미가 있는가? 나는 그러한 것이 있다고 생각하며, 그것은 헤겔이 '무한자infinite로 간주된 자유freedom'라고 말한 것(이것은 표면적으로는 결코 명확하지 않은 진술이다)과 관련이 있다. 그리고, 나는 이러한 견해가 헤겔의 '주체성에 대한 사회적 개념'에서 나온 것이라고 주장할 것이다. 주체성의 본질에 대한 헤겔의 사회적, 역사적 관점은, 그것을 적절히 표현하자면, (헤겔에 따르면) 역사에는 실제로 '무한한 목적', 즉 '정의 justice의 확보'라는 목적이 존재하며, 근대에는 이 목적이 '자유로서의

---

2 헤겔에서 '나무 비유'의 사용과 남용에 대해서는 다음을 참조할 것. (Alznauer 2015), pp. 29~36.

정의'justice as freedom에 대한 관심으로 변모했음을 보여 준다. 자유는 원래 역사의 목표가 아니었지만, 근대적 삶의 원리가 되었다.³ 이는 얼핏 보면 헤겔이 자신의 이야기를 제시하는 방식, 즉 어떻게 역사의 긴 과정이 대부분 '다양한 정당성의 외피'를 쓴 '부당한 지배의 이야기'인지, 어떻게 다양한 목적들을 달성하기 위한 '권력의 사용'은 대개 정의와는 거의 관련이 없는지에 관한 이야기를 제시하는 방식과 상충하는 것처럼 보인다.⁴ 그러나, 이러한 권력과 지배에 관한 이야기 배후에는 '정의에 대한 염려'concern for justice가 있으며, 가장 일반적인 의미에서 정의는 '집단적 노력에서 사람들 사이에 적절하고 선한[좋은] 질서를 갖추는 일'에 대한 추상적 개념을 포함한다. 그리고, 여기서는 그러한 질서가 그 자체로 '일련의 인륜적 원칙을 구성하는 우주적 질서'에 부합하는 것으로 해석되거나, 또는 '그 자체로 공정한 일련의 규칙에 따라 작용한다'라는 의미로 해석된다.⁵ 헤겔의 세계사 서

---

3 이러한 관점은 (Jaeggi 2014)에서 발전된 견해와 어느 정도 유사하다. 그녀는 삶의 형식들을 비판하기 위한 자료를 제시하는 역사관을 주장한다. 여기서 그녀는 삶의 형식을, 그것이 직면하고 있는 문제와 제기하는 문제를 해결하는 두 가지 방식들을 제시하는 '관행의 집합체'(cluster of practices)로 이해한다. 이 목적을 위해, 그녀는 헤겔의 역사 개념의 요소들을 끌어내면서, 하나의 목표를 가지는 것으로서가 아니라 목표 배후에 원리를 가지는 것으로 보는 관점을 발전시키며, 이를 매킨타이어(Alasdair MacIntyre)나 듀이(John Dewey)와 같은 현대 사상가들과 연결한다. 그녀의 말대로 헤겔에게 "자유는 목표가 아니라, 정신적 과정인 역사의 원리이며, […] 자유의 원리는, 끊임없이 새롭게 등장하는 문제들과 그 자체로 드러나는 위기들을 극복하는 경로에서 먼저 자신을 펼쳐 보여야 한다."(p. 425).

4 '지배'(domination)의 개념은 타인들의 자의적 힘들에 의해 지배되거나 이에 취약한 상태로서, 여기서는 타인들에게 주어진 규범적 요건이 중요한 측면에 대해 '불법적 권한'으로 판명된 것과 관련된 '규범적 지배'(normative domination)의 의미로 받아들여야 한다. 이 개념에 대해서는 (Richardson 2002), p. 34 참조. "[…] 이 모든 상황은, 지배자들이 권한을 지향하는 주장하에서 행동한 것이다. […] 규범적 힘의 행사, 즉 타인의 권리와 의무를 변형할 수 있는 힘은 지배라는 관념에 본질적이라고 나는 생각한다."

술에서 '정의' 자체는 거의 등장하지 않으며, 대부분 역사는 '정의의 무대'가 아니었다.[6] 그렇다고 해서, 인정recognition과 정의justice를 둘러싼 투쟁이 [역사라는] 이야기 배후에 자리한 이야기가 아니라는 것을 의미하지는 않는다.

---

5 헤겔은 뉘른베르크에 있을 때, 중고등학교 종교철학 수업을 위한 강의에서 다음과 같이 설명했다. "§5. 실체는 힘이며 필연이다. 반성으로서, 실체는 자신을 자신과 구별하는 것이며, 다양한 사태들의 영속적 실존, 즉 절대적 선이다. 그러나, 구체적인 것들은 일시적일 뿐이고, 모든 것은 전체로부터 분리되어 분화된다. 그러나, 그것의 영속적 실존은 전체이며, 그 안에서 그것이 동시에 자신의 필연성을 지닌다. 그리고, 그것의 해체 속에서 그것이 다시 되돌아오는 것, 바로 그것이 절대적 정의(absolute justice)이다." (Hegel 1969c), pp. 280~281. 사태들의 총체가 어떻게 선으로 적절하게 결합되는지에 대한 이 추상적 관념을, 헤겔은 '종교적 세계 개념의 뿌리'라고 말한다. "이러한 관계에 따르면, 국가는 인륜적 사유 방식에 의거하며, 그리고 이 인륜적 사유 방식은 종교적 사유 방식에 의거한다. 종교는 절대적 진리에 대한 의식이며, 권리와 정의로서, 의무와 법으로서, 즉 자유 의지의 세계에서 참된 것으로서 타당한 힘을 지닐 수 있어야 하는데, 이러한 종교와 더불어 국가는 그것이 포섭되면서 그것이 따르는 정의를 공유하는 한에서만 타당한 힘을 지닐 수 있다." (Hegel 1969a), §552, p. 353, (Hegel et al. 1971), p. 283. 헤겔이 '정의'는 '자연 세계 그 자체'에서가 아니라 '자유 의지의 세계'에서 얻어지는 '필연성'과 관련이 있다고 말한 점은 주목할 만하다.

6 그러나, 마이클 로젠(Michael Rosen)은 "헤겔에게 역사는 행복의 프로젝트도 정의의 프로젝트도 아니다"라고 주장했다. (Rosen 2011), p. 546. 그러나, 역사가 행복이나 정의에 관한 것이 아니라면 그것은 무엇일까? 로젠의 대답은 다음과 같다. "역사는 정신(Geist)이 그 자신에게 도래하는 과정이다." (Rosen 2011), p. 546. 아무리 칸트 철학에 대한 현대의 세속적 인본주의 옹호자들이 다르게 주장하고 싶어 해도, 칸트의 종교적 견해들은 칸트의 프로젝트의 핵심에 자리한다고 로젠은 주장한다. 세속적 인본주의 칸트주의자들을 괴롭히는 것은 칸트 자신의 주장이다. 로젠은 칸트 문헌의 수많은 인용을 통해, 역사에서 진짜 문제는 '선한 사람에게 나쁜 일이 닥치는 것'이 아니라 (왜냐하면 우리는 행복할 권리가 없으므로, 이것은 실제로 문제가 되지 않는다는 것이다) '악인이 처벌받지 않을 수 있는 것'이라고 주장한다. 따라서 적어도 칸트에게 처벌은 선이다. 하지만, 이는 역사에 새로운 차원을 추가한다. 즉, 우리는 불의가 바로잡히는 역사를 상상할 수 있고, 이것이 이승에서 성취될 수 있다는 것이다. 로젠의 설명에 따르면, 헤겔은 칸트로부터 이 주제를 가져왔지만, "개인들의 이성적 행동에 대항하거나 그들의 배후에서가 아니라, 그 행동 자체를 통해", 개인들의 행동들을 통해 스스로를 실현하는 '정신'이라는 '지지받을 수 없는 개념'으로 그것을 바꾼다. (Rosen 2011), p. 548. 이것은 다소 신뢰할 수 없는 (로젠의) 다음과 같은 주장을 함축한다. "우리가 어떤 가치나 이상의 영향을 받아 행동할 때, 우리는 직접적이지만 아직 반성되지 않은 방식으로 궁극적이고 합리적인 정신의 구조를 등록하고 있다." (Rosen 2011), p. 549. 이 글에서 제시된 나 자신의 입장

헤겔에게 가장 중요한 점은, '역사에 대한 철학적 이해'는 '주체성의 형이상학'에 대한 '우리의 개념'뿐만 아니라 '주체성의 형이상학 자체'가 역사적으로 어떻게 변화해 왔는지에 대한 이해이다.[7] 이것은 정의 자체에 대한 투쟁과 마찬가지로 역사의 여러 시점에서 주체성의 '무한한 목적'의 본성과 관련이 있다. 이 때문에 우리의 '행동자'agency는 실제로 시간이 지남에 따라 그 형태가 변한다. (이 글에서는 '행동자'agency와 '인격'person이라는 용어 대신 헤겔의 용어인 '주체'subject와 '주체성'subjectivity이라는 용어를 주로 사용하겠다.)[8]

은, 헤겔이 실제로 정의를 그의 역사 철학의 중심 관심사로 삼고 있다는 것이며, 그리고 정신이 역사에서 자신을 실현한다고 말할 수 있는 방식은, 일부 주석가가 그토록 선호하는(그리고 하이데거주의자들이 존재신학론적ontotheological 접근이라고 부르는) '일원적 형이상학적(monistic-metaphysical) 해석'을 부여받을 필요가 없다는 것이다.

7 주체성 형이상학의 역사적 형태들에 관한 주제와 명시적으로 관련되지는 않지만, 로버트 피핀은 '모더니즘'(modernism)에 관한 초기 연구에서, 그들이 근대성에 대한 논쟁에서 제기한 문제들은 그 뿌리에서 철학적 쟁점들이라고 주장했다. 이후 그는 주체성에 대한 헤겔의 견해 중 '역사성'(historicity)에 대한 주장을 더욱 전면적으로 수용했다. (Pippin 1991)을 참조할 것.

8 마이클 톰슨(Michael Thompson)은 최근에 '행동자'(agents)와 '인격'(persons)을 구분했다. 톰슨의 설명에 따르면, '행동자'는 이유들(reasons)에 따라 행동하며, '행동자'는 단일한 한 인간 또는 단체조직일 수 있다. (당신도 행동자이지만 세계은행도 마찬가지로 행동자이다.) 반면에, 한 인격은 잘못을 저지를 수 있는 생명체[피조물](creature)이다. (일부 단체조직들은 잘못을 저지를 수 있다. 그러나, 행동할 수는 있지만 잘못을 저지를 수 없는 단체조직인 행동자를 구성하는 것이 가능하다. 비공식적인 '프루스트 감상회'Proust Appreciation Society가 그 예가 될 수 있다.) (Thompson 2004)를 참조할 것. 마찬가지로, '인격들'은 (특정 상황에서 유한 책임회사를 법인legal person으로 정의할 때처럼) 단체조직일 수도 있다. 톰슨이 제시한 것과 같은 이유로, 나는 헤겔의 '주체들'(subjects)이라는 용어를 그대로 사용하는데, 이는 행동자와 인격이라는 두 가지 의미를 모두 아우른다. 예를 들어, 톰슨의 용어로 표현하면, 예를 들어 『법철학』(이 책은 행동자 그 자체가 아니라, '권리'를 구현하는 행동자, 따라서 인격에 관한 것이다)에서 초점이 되는 것은 실제로 인격이자 행동자로서 '주체'이다. 이는 헤겔의 설명에서 '행동'(agency)이 문제가 되는 부분과 '인격'이 문제가 되는 부분들을 구분하는 데에도 도움이 된다. (헤겔이 독일어로 '인격'Person이라는 용어를 특별히 사용하는 경우도 있는데, 이 경우는 영어 사용법을 잘 따르지는 않는다.) 이러한 접근은, 헤겔의 『법철학』에서 '주체'에 대한 헤겔의 논의로부터 행동(agency) 자체의 개념을 추출하려는 사람들의 접근과 구분되어야 한

이상과 같은 주장들은 여기에 표현된 것처럼, 그 어느 것도 명확하지 않으며 표면적으로 일부 주장은 터무니없어 보이기도 한다. 이러한 주장들이 얼마나 명확하거나 그럴듯한지를 알려면, 헤겔 자신의 견해를 좀 더 주의 깊게 분석해 볼 필요가 있다.

그러나, 주체성과 역사에 대한 헤겔 자신의 관점에서 볼 때, 근대 삶의 역사적 발전에 대한 헤겔 자신의 견해에는 몇 가지 결정적 결함이 있으며, 이러한 결함은 '역사에서 필연성이 작동하는 방식'에 대한 헤겔 자신의 이해에도 영향을 미친다는 점을 나는 주장할 것이다. 이 것은 헤겔의 견해가 그 자체로 재구성되고 재작업될 수 없다는 것을 의미하지는 않는다. 이것은 그러한 재작업 없이는 헤겔의 견해가 그 고유의 장점 위에 세워질 수 없다는 것을 뜻한다.

이 글에서 나의 목표는, 헤겔이 이 [세계사라는] 주제에 대해 강의하는 동안 어떻게 생각을 바꾸었는지를 연구하는 것이 아니다. 그 연구는 이미 완료되었다.[9] 여기서는 독일 관념론의 다른 역사 철학과의 관계에 대해서도 다루지 않는다. 그것 역시 훌륭하게 수행되었다.[10] 헤겔의 역사 철학이 가장 유명한 그 파생물인 '마르크스의 역사 이론'과 어떻게 연결되는지에 대해서도 여기서는 다루지 않는다. 그

다. 후자의 경우에 관해서는 (Quante 2004)를 참조할 것. 헤겔 자신은 그 구분을 다르게 표현한다. "생명체는 무엇이든 주체이기 때문에, 주체는 인격의 가능성일 뿐이므로, 인격은 주체와 본질적으로 다르다. 그러므로, 한 인격은 이 주체성을 인식하는 주체이며, 한 인격으로서 나는 완전히 나 자신에 대한[대자적인] 것이다. 인격은 순수한 대자존재 상태에 있는 자유의 개체성이다." (Hegel 1969b), p. 95; (Hegel 1991), §35 Zusatz, p. 68. 주체는 그것이 하는 일이나 전형적으로 하는 일이, 주체가 속한 삶의 형태에 기인할 수 있는 것이다. 그러나, 헤겔이 관심을 갖는 '주체들'은 행동자들이자 인격들인 주체들이다. 그리고 내가 여기서 사용하고 있는 '주체'라는 이 의미는, 헤겔도 대부분 공유하고 있는 의미이다.

것은 그 자체로 또 다른 저술을 필요로 한다. 여기서 나의 관심은 무엇보다 헤겔의 사상이 그가 설정한 기준에 부합하는지, 그리고 우리가 외부에서 가져올 수 있는 기준에서가 아니라, 헤겔의 사상이 그 자체의 기준에서 성공할 수 있는지와 관련된다. 이러한 관점에서 볼 때, 이 책은 '헤겔의 저작에 대한 헤겔주의적 논평'이라고 할 수 있다. 둘째, 특히 자료에 접근하는 다른 방식에 비추어 볼 때, 이러한 기준들이 그 자체로 토대를 지니는 것으로 볼 수 있는지도 이 책은 다룰 것이다.

헤겔 자신은 이 주제에 대해 무엇을 말해야 할지 예상하면서, 그는 '이해 가능성'intelligibility 자체의 본성에 대한 고찰에서 시작해야 한다고 생각했다. 이에 대한 그의 대답이 바로 『논리학』이었다. 헤겔은 '주체성 자체의 이해 가능성'에 대한 구상으로 결론을 맺은 『논리학』이후, 그의 체계는 필연적으로 자연의 이해 가능성, 그리고 자연에 내재된 주체성, 그리고 자연의 다른 개체들과 점차적으로 구별되는 주체성의 이해 가능성에 대한 더 상세한 조건으로 나아가다가, 마침내 주체성이 주체성의 본성을 이해하는 데서 끝을 맺는다. (이러한 후자의 개념에 관한 주제들이 그의 『철학백과』Encyclopedia of the Philosophical Sciences의 나머지 두 권[자연철학, 정신철학]을 구성하면서

---

9 예시적 설명은 (Hodgson 2012)를 참조할 것. 또한, (Hegel et al. 2011)에서 호지슨(Peter C. Hodgson)과 로버트 브라운(Robert F. Brown)의 훌륭한 개요를 참조할 것. 헤겔이 그의 역사적 주장 중 일부에 사용한 다양한 출처들에 대한 그들의 설명도 매우 소중하다. 또한, 미리암 비넨스톡(Myriam Bienenstock)의 서론에서 매우 유용한 다음 설명을 참조할 것. (Hegel, Bienenstock, and Waszek 2007).

10 (Dale 2014)와 (Bouton 2004)를 참조할 것.

이 두 권에서 중요한 세부 사항을 채우고, 매우 추상적으로 제시된 논증을 더 정교화하여 강의에 사용하기 위한 그의 체계 전체의 개요를 이룬다).

헤겔의 기획은, 적어도 다른 종의 관점에서는 있는 그대로일 수도 있고 아닐 수도 있는 그러한 사태들에 대한 종 특유의 파악을 묘사한다는 의미에서, "우리 인간은 어떻게 사유해야 하는가"와 같은 것에 대한 탐구가 아니며, 세계가 실제로 어떤 것인지에는 무관심한 순전히 개념적인 탐구도 아니다. 오히려, 헤겔의 기획은 칸트의 비판서들과, 특히 피히테의 학문론Wissenschaftslehre의 직계 후손이라고 할 수 있다. 즉, 피히테의 '학문의 학문'science of science은 헤겔의 『논리학』에서 '설명적 타당성에 대한 일반적 설명', 즉 '설명에 대한 설명'account of accounts이 된다. 이는 최근 무어A. W. Moore와 피핀Robert Pippin이 형이상학으로서 '사태들을 이해하기[의미화]'making sense of things와 논리학으로서 '의미화[이해하기]의 의미화[이해하기]'making sense of making sense를 함께 취한 것과 유사하다.[11]*

---

11 (Moore 2012)를 참조. 피핀과 무어의 '의미화[이해하기]에 대한 이해하기[의미화]'(making sense of making sense)의 관념은 서로 다르다. 무어는 '의미화[이해하기]에 대한 이해하기[의미화]'의 전형적 방식으로서 형식 논리를 강조하는 반면, 피핀은 '의미화[이해하기]에 대한 이해하기[의미화]'가 그 결론에 도달하려면 논리 자체가 재인식되어야 하는 방식을 강조한다. (Pippin 2014b); (Pippin 2014a); (Pippin 곧 출시 예정) 참조.

* [옮긴이] 이 책의 제목(Does History make sense?)에서부터 드러나듯이, 'making sense'는 이 책에서 핵심 개념이다. 보통 'making sense'는 '말이 되게 하기, 의미화, 이해하기' 등을 뜻하며, 우리말로 통일해서 한가지로 번역하기 쉽지 않다. 이 글에서는 'making sense'를 의미화[이해하기]로 옮긴다. 또한, '의미화[이해하기]'(making sense)는 이 책 전체에서 '합당한 이유들(reasons)을 제시하기', '이해 가능성[명료성]'(intelligibility)과도 일맥상통한다. 핀카드는 '사태들의 의미화[이해하기]'와 '의미화의 의미화[이해하기의 이해하기]'를 각각 '객체에 대한 의식의 관계'와 '의식에 대한 의식의 관계[자의식의 관계]'에 대응하는 것으로 보면서, 이것

그러나, 헤겔이 자신의 체계에 대해 언급했듯이, 그 체계의 어느 곳에서나 시작할 수 있으며, 나는 이 글에서 중간에서 출발하여 시작점으로 되돌아간 다음, 헤겔 자신이 역사에 대한 설명을 시작하는 곳인 '동쪽'East으로 건너뛸 것이다. 이에 비해, 독자들은 헤겔의 역사 서술이 시작되는 부분으로 바로 넘어가거나, 근대성의 역사가 어떤 모습일지에 대해 논하는 뒷부분으로 바로 넘어가는 등 각자가 원하는 곳에서 독서를 시작할 수 있다.

이 헤겔의 『논리학』뿐만 아니라 그의 역사 철학에서도 근본적이면서도 가장 핵심적인 내용에 해당하는 것이라고 강조한다. 이러한 강조를 통해, 핀카드는 헤겔의 역사 철학에서 기존의 편협한 이해로 인해 '정신'이나 '이성의 지략'과 같은 것에 덧씌워진 비이성적 요소들을 부차적인 것으로 간주하고, 헤겔의 역사 철학을 삶의 형태들이 역사 과정에서 합리적 이유를 제시해 온 지속적 과정을 개념화한 작업이라고 본다.

차례

역사는 의미가 있는가

1. 예비 개념: 자의식적 동물의 논리

실체와 주체

여기서 논의를 시작하는 한 가지 방법이 있다. 우리는 타고난 동물이
지만 인간 아닌 동물과 다른 점이 있다. 이에 대해 생각하는 한 가지
방법은, 우리 인간을 구성하는 것에는 매우 '비동물적인'un-animal 무
언가가 있다고 주장하거나 입증하려고 하는 것이다. 그러나, 이것은
헤겔의 방식이 아니다. 헤겔에게는 '자연'으로부터 '충분히 정신을 갖
춘 행동자'fully minded agents로 이어지는 일련의 계열이 있지만, 그것
은 '동물'에서 '비동물'로 이어지는 계열이 아니라, '특정한 유형의 자
기 관계를 갖춘 동물'로부터 '그것과는 매우 다른 자기 관계를 갖춘
동물'로 이어지는 계열이다. "모든 것은 실체substance로서뿐만 아니라
주체subject로서도 똑같이 참된 것을 파악하고 표현하는 데 달려 있다."[1]

---

1 (Hegel 1969a), p. 23; (Hegel 2010), ¶17 참조.

또는, 다른 말로 표현하자면, 만일 헤겔이 바로 이 진술의 중요성에서 옳다고 한다면, '헤겔에 관해 우리가 말하는 모든 것'은 '헤겔이 그 주장에 의해 무엇을 의미하는지를 우리가 받아들이는가'에 달려 있다고 할 수 있다. 실체와 주체에 대한 헤겔의 진술이 그의 관념론idealism의 핵심이라는 관점으로부터 논의를 시작해 보자. 우선은 몇 가지 기본 약속을 간단히 정리하고 나중에 그 해석과 변호로 돌아오겠다.

헤겔 사상에 대한 가장 낡은 해석 중 하나는, 그의 관념론이 단도직입적으로 다음과 같은 주장으로 이루어진다고 생각한다. 즉, 헤겔의 관념론은 정신석인 것만이 실재하며, 성간 가스나 별들로 이루어진 비정신적 세계와 암석, 식물, 동물로 구성된 평범한 비정신적 세계는 더 심오한 정신적 실재의 '비실재적이거나 비진실한 현현manifestation'이라고 주장한다고 사람들은 생각한다. 또한, 동일한 관점의 다른 버전은, 헤겔의 관념론은 자신만의 경험으로 객체들을 구성하는 [신과 같은] '단 하나의 큰 정신'singular big Mind이 있어야 하며, 그러한 객체들이 (진실하지 않은) 물리적 상태로 나타난다고 하더라도 오직 정신적 구성물로만 유지된다고 주장한다. 이와 같은 해석이 헤겔의 관념론에 대한 가장 일반적 견해다. 이러한 해석은 헤겔의 관념론을 정신Geist에 대한 '일원적 형이상학'monistic metaphysics으로 간주한다.[2]

---

2 1840년대 이후, 헤겔 철학에 대한 우세한 독법은, 헤겔을 '셸링의 풍성한 정신 형이상학'에 일종의 논리를 덧붙인 버전으로 읽는 것이었다. 이것은 1839년에 출간된 후 윌리엄 해밀턴 경(Sir William Hamilton)과 같은 권위자가 찬사를 보낸 서문과 함께 1853년에 영어로도 번역 출간된, H. M. 찰리바우스(H. M. Chalybäus)의 영향력 있는 저서인 『칸트부터 헤겔까지 사변철학의 역사적 발전』(Historische Entwicklung der spekulativen Philosophie von Kant bis Hegel)에서 제안된 버전이었으며, 이것은 그대로 고착화되었다. (Chalybäus and Edersheim 1854) 참조.

여기서 자연은 세계의 더 기본이 되는 '정신 질서의 현현'으로 간주되지만, 정신은 '자연의 모습'이 아니라고 생각된다.

헤겔의 관념론을 이렇게 친숙한 형태의 다른 관념론들 중 하나에 동화시키고 싶은 유혹이 항상 있지만, 그것은 또한 오해의 소지가 있다. 헤겔이 가장 즐겨 쓰는 비유들 중 하나, 즉 동물이 '진정한 관념자'true idealists라고 그가 언급하는 여러 곳에서 드러나는 점은, 그의 관념론이 '모든 것은 결국 정신적이다'라고 선언하는 그런 식의 관념론은 아니라는 것이다. 동물은 자신의 먹이를 비진실한 것으로 취급하지도 않으며, '근본적 정신 실재의 일방적인 현상적 외관'에 불과한 것으로 취급하지도 않는다고 헤겔은 지적한다. 헤겔에 의하면, 오히려 동물은 자신에게 먹이로 드러나는 사물들을 직면하면서 "더 이상 고민할 필요 없이 그저 그것들을 마음껏 먹고 삼킨다".[3] 즉, 동물은

---

3 (Hegel 1969c), §246, p. 9; (Hegel and Miller 2004), p. 10 참조. "우리 시대에 유행하는 형이상학이 있는데, 이 형이상학은 사물들[사태들]이 우리에게 완전히 닫혀 있기 때문에 우리가 그 사물들[사태들]을 알 수 없다고 주장한다. 우리는 이렇게 지적할 수 있다. 즉, 동물들조차도 이 형이상학자들만큼 어리석지는 않다. 왜냐하면 동물들은 사물들[사태들]에 직접 가서 그것들을 붙잡고 그것들을 파악하고 그것들을 소모하기 때문이다." 또 다른 버전도 있다. "자유 의지는 결과적으로 사물들[사태들]을 그 자체로 존재하는 것으로 간주하지 않는 관념론인 반면, 실재론(realism)은 그러한 사물들[사태들]이 유한성의 형식으로만 발견되더라도 절대적인 것이라고 선언한다. 동물조차도 사물들[사태들]을 소모함으로써 절대적으로 자기충족적이지 않다는 것을 증명하기 때문에, 이 실재론 철학에 동의하지 않는다."(Hegel 1969e), §44, p. 107; (Hegel 1991), p. 76 참조. 또 다른 예로, (Hegel 1969a), p. 91; 테리 핀카드(Terry Pinkard)가 옮긴 『정신현상학』(2010), ¶109 참조. "동물들도 이 지혜에서 예외가 아니다. 더 나아가, 동물들은 감각적 사물들 앞에서 마치 그 사물들이 그 자체로 존재하는 것처럼 그렇게 가만히 있지 않기 때문에, 그러한 지혜에서 가장 깊게 개입되어 있음을 스스로 증명한다. 그러한 사물들의 실재에 절망하고 그러한 사물들의 무효성에 대한 완전한 확신 속에서, 동물들은 더 이상 고민하지 않고 단순히 그 사물들을 취하여 삼켜 버린다. 동물과 마찬가지로, 자연의 모든 것은 감각적 사물들에 대한 진실을 가르쳐 주는 이러한 계시된 신비들을 축하한다."

자신의 정신적 경험으로 세계의 객체들을 구성하지 않는다. 필수 감각 기관을 갖춘 동물에게 사물들이 먹이로 '나타나는[보이는]'shows up 이유는, 동물이 어떤 종류의 동물로서 환경에 영향을 미치는 목적이 있기 때문이다. 토끼가 어떤 종류의 동물이기 때문에 토끼에게 양상추가 먹이로 보이는 것처럼, 여우가 어떤 동물이기 때문에 여우에게는 토끼가 먹이로 보인다.[4]* 동물에게 그의 세계에서 눈에 띄는 존재로 '나타나는[보이는]' 것은, 그 동물이 그 세계에 대해 품는 '종의 이해관계'species interests에 달려 있다. 먹이는 적절한 유기적 구성과 적질한 신경계를 갖춘 생물에게만 보일 수 있지, 철못에게는 아무것도 나타나지 않는다. 그러나, '자의식이 있는 생물[인간]'에게는 국가, 헌법, 신, 예술 작품, 인류적 요구사항 등 매우 상이한 것들이 경험에서 '나타날 수' 있으며,[5] 헤겔의 진정한 관념론은 바로 여기서부터 시작한다.

우리는 헤겔의 관념론에 대한 '첫 번째 잠정적 정식화'를 다음과 같이 말할 수 있다. 즉, 세계가 생명체에게 나타나는 방식은 생명체의

---

4 경험에서 '나타나기'(showing up)라는 이 말은 마크 랜스(Mark Lance)와 레베카 쿠클라(Rebecca Kukla)가 나에게 제안해 준 것이었다. (Kukla and Lance 2009)를 참조할 것. (이런 방식으로 이 표현을 원래 사용한 것은 존 호글런드John Haugeland에서 비롯된 것 같다.)

* [옮긴이] 핀카드의 이 책에서 '나타난다[드러난다]'(show up)라는 말은 때로는 'manifest'로도 표현되며, 그래서 '현현'(顯現, manifestation)과도 통한다. 또한, 이 말은 '이념'과 관련해 볼 때, '현상'(phaenomenon)과도 통한다.

5 이것은, '자의식은 욕망 그 자체'라는 헤겔의 주장에 대한 '로버트 피핀(Robert Pippin)의 해석'을 취하는 한 방식이며, 다시 말해, 특정 사태들이 경험에 나타나는 방식으로 취하는 것이다. (Pippin 2010) 참조. 헤겔은 피히테로부터 이 생각을 끌어내었을 수도 있다. "그러나 나는 또한 필요, 욕망, 즐거움을 통해 그러한 사태들을 파악한다. 개념을 통해서가 아니라, 배고픔, 갈증, 만족을 통해 무언가가 나에게 음식과 음료가 된다." (Fichte and Preuss 1987), p. 77. (Fichte and Fichte 1965), Vol. II, p. 260 참조.

본질에 따라 다르며, '자의식이 없는 생명체'에게는 불가능한 방식으로 세계는 '자의식이 있는 생명체[인간]'에게 '나타난다'는 것이다. 이런 식으로 말하면, 정신이 세계를 창조한다거나, 또는 '정말 근본적이거나 더 기본적으로 실재하는 것'은 정신적인 것이라고 주장할 수 없다. 또한, 세계가 본래 정신적이며 비물질적이지 않다고 생각할 수 없으며, 주체가 (사회적으로든 개인적으로든) 이러한 종류의 사태들을 '구성한다'고 생각할 수도 없고, 결국 주체가 어떤 종류의 구별되는 중립적 감각 정보에 '개념적 의미'conceptual meaning를 부여한다고 생각할 수도 없다. 세계는 그 실존이나 구조가 우리[인간]에게 의존하지 않으며, 우리[인간] 세계에서 두드러지게 '나타나는' 것은 우리의 존재로서 인간 종의 이해관계의 기능function 때문이다.

　헤겔의 관념론을 설명하는 두 번째 방식은, 사태들이 '사유하는 생물체[인간]'에게 나타나는 방식과 관련이 있을 수밖에 없는 첫 번째 방식을 논증하는 것이다. 이 두 번째 방식은, 사유 속에서만 즐길 수 있는 항목들이 있을 뿐만 아니라, 원칙적으로 '개념적 사유'conceptual thought에게 파악 불가능한 것은 세상에 존재하지 않는다고 주장한다. 무한대와 무한소는 지각될 수 없지만 사유 가능하다. 예를 들어, 어떤 깊은 감정 상태에서는 느끼거나 파악될 수 있지만 사유될 수 없는 항목들이 있다고 생각할 합당한 이유는 없다. 이에 대한 귀결은, 헤겔의 관념론에서는 '하나의 전체로 간주된 세계'는 직관이 아닌 사유로만 파악 가능하다는 것이다. 그리고, 이 세계가 그러한 사태들의 '총체성'totality이다. 우리는 무한자를 생각할 수 있고 상상할 수 있지만 눈으로 볼 수는 없다. 이처럼 직접 경험의 전달을 넘어서는 세계를 이해하는 능력이 있기 때문에, 인간에게는 '자의식이 없는 생물체'에게는 불가능한 방식으로 사태들이 나타날 수 있다. 그래서 '자의식이 있는 생물체'인 인간은 사태가 우리에게 나타나는 방식이 진짜 사태의 모습인지 궁금해할 수 있다. 이러한 자의식적 사유 능력, 헤겔의 표현을 빌리자면 '보편자'를 즐길 수 있는 능력은 우리 종의 삶을 결정짓는 특징이다. 그것은 또한 우리 종의 삶이 그 자체로 '심오한 불안'profound unease에 의해 특징지어진다는 것을 의미하며, 이 불안은 추가 논증을 필요로 하는 헤겔 관념론의 또 다른 귀결이다. 이것은 우리의 자기 관계self-relation 유형의 특징이지, 우리가 다른 자연물들과 전혀 다른 것으로 만들어졌다는 것을 보여 주지는 않는다.

그럼에도 불구하고, 헤겔의 관념론이 결국 정신성spirituality에 대한 '일원적 형이상학'이 아니라고 해도 그것은 여전히 형이상학이다.[6] 그러면, 과연 그것은 어떤 종류의 형이상학인가?

삶의 목적

다시 한번, 더 자세히 논의에 들어가기 전에 관점 배치로 시작하는 것이 가장 좋겠다. 세계가 동물에게 나타나는 방식은 동물의 본성과 관

---

6 좀 더 조심스럽게 말하자면, 다음과 같이 말해야 한다. 즉, 여기서 옹호되는 관점은, 헤겔을 그처럼 활기찬 스피노자주의적 '일원적 형이상학자'로 만들지 않는 해석을 요구하지만, 배심원단은 그 주장에 대해 여전히 의문을 제기하고 있다. 대안적인 일원적 해석에 대한 가장 최근의 강력하고 심층적인 방어는 (Bowman 2013)을 참조할 것. 헤겔 형이상학의 핵심을, 자의식적 사유와 관련된 종류의 '반성성의 함의' 문제로 간주하는, 헤겔에 대한 또 다른 형이상학적 해석에 대해서는 (Tinland 2013)을 참조할 것.

련이 있지만, 그렇다고 해서 이것이 '세계가 동물에게 나타나도록 그렇게 유기적으로 조직되어 있다'라는 것을 의미하지는 않는다. 자연은 하나의 전체로서는 아무것도 의미하지 않고 아무것도 지향하지 않으며, 자연 자체를 더 좋거나 더 나쁘게 유기적으로 조직할 수도 없다.[7] 그러나, 그럼에도 불구하고 유기체의 구조에는 일종의 '기능적 목적론'functional teleology이 자리 잡고 있다.[8] 생물은 개체의 생존과 종의 번식이라는 유기체로서 이 기본 기능을 갖추고 있으며, 물론 [개체의 생존과 종의 번식이라는] 이 요구사항들은 때로는 서로 충돌하기도 한다. 헤겔 관념론의 용어로 표현하자면, '유기체의 목적론적 구조'가 자연 자체에 대한 '전체 목적론적 구조'를 암시하는 것으로 볼 필요는 없다. 동물이 '내적 목적'의 관점에서 행동한다는 것이, 자연 전체에 전체 목적이 있다(자연의 유기적 조직이 단 하나의 조직자를 필요로 하는 것처럼)는 것을 함축하지는 않으며, 동물이 그러한 목적을

---

7 헤겔의 자연 철학에 대한 전반적인 관점에 관해서는 (Rand 2016)을 참조할 것. 이 주제는 또한 (Pinkard 2012)에서도 논의된다.

8 이에 대해서는 (Kreines 2008), (Kreines 2006)을 참조할 것. 자세한 내용은 (Kreines 2015)에서 확인할 수 있다. 크라이너스(James Kreines)와 마찬가지로, 수전 송숙 한(Susan Songsuk Hahn)은 자연에, 특히 삶 자체에 모순들이 존재한다고 주장한다. 그러나, 한(Hahn)의 견해에 따르면, 헤겔의 변증법은 모순을 자연화하는 것으로 간주되어야 하며, 변증법은 유기체와 유기적 구조를 가진 다른 모든 것(예를 들어, 행위와 사유)에서 작동하는 모순의 종류들을 추적한다. (Hahn 2007)을 참조. 나는 헤겔이 이러한 관념들을 어디로부터 가져왔는지에 대해 더 자세히 설명하려고 노력했다. (Pinkard 2012) 참조. 다만 차이점은, 헤겔의 『논리학』과 그의 체계 전체에서 자의식의 '변증법적 하나이자 둘임'(dialectical two-in-one)의 중요성을 평가하는 것과 관련이 있다. 한에게, 그것은 삶 자체의 긴장들을 반영하고 발전시키며, 따라서 그녀는 헤겔이 '반대되는 요소들의 통일'에 대한 '직관적 이해'와 같은 것을 추구하고 있다고 주장한다. 그래서, 그녀의 견해는 크라이너스나 내가 제시한 것과는 매우 다르다. 그리고, 나는 그것이 『논리학』에서 헤겔의 진술과 일치하기 어렵다고 생각한다. 그것은 헤겔적이라기보다는 그 열망에서 더 셸링적인 것처럼 보인다.

알고 있다는 것을 의미하지도 않는다. 헤겔이 말했듯이, 그러한 모든 목적이 의식적 목적이거나 의식적 행동에서 전형적으로 작용하는 목적이어야 한다고 생각하는 것은 틀렸다.[9]

이러한 목적은 단순히 종에 얽매인 우리 자신의 자연 설명 방식이 만들어 낸 인공물이 아니다. 질병과 부상의 개념은, 동물의 본성에 대한 이 설명이 세계의 실제 모습에 근거를 두고 있지, 단순히 자연을 설명하는 우리 방식의 특징이 아니라는 것을 시사한다. 예컨대, 동물은 바위와 달리, 심지어 무언가가 자신에게 좋지 않다는 것을 알아차릴 수 있는 신경학적 장치가 없는 경우에도, 그에게 좋을 수도 있고 나쁠 수도 있는 사태들을 지닐 수 있다.[10] 질병은 동물에게 좋지 않은 일이 일어나는 한 방식이다. 즉, 유기체의 정상 기능을 방해하는 외부의 어떤 것이 동물을 방해하고, 동물이 자기 삶의 형태에 적합한 기준에 따라 살지 못하게 될 때(또는 헤겔의 표현을 빌리자면, 동물이 자신의 개념에 부적합할 때) 동물은 질병에 걸린다. 따라서 '동물이 질병에 걸렸다'고 말하는 것은, 단순히 우리[인간] 측의 주관적 요구사

---

9 헤겔은 다음과 같이 언급한다. "아리스토텔레스가 파악한 생명체에 대한 기본 규정, 즉 생명체가 스스로를 합목적적으로 작동하도록 설정하는 것으로 생각해야 한다는 점은, 근대에 이르러, 칸트가 그 자신의 방식으로, 생명체가 그 자신의 목적(자기목적Selbstzweck)으로 취급되어야 한다는 내적 목적론이라는 칸트의 교설로 이 개념을 되살리기 전까지 거의 잊혔다. 여기서 어려움은, 주로 목적론적 관계를 외적으로 표현하는 것으로부터 비롯되며, 또한 어떤 목적은 의식 속에만 존재한다(의식적 방식으로만 실존한다)라는 널리 퍼진 의견으로부터 비롯된다." (Hegel and Miller 2004), p. 389; (Hegel 1969c), §360, p. 473 참조.

10 (Hegel 1969c), §371, p. 521; (Hegel and Miller 2004), p. 429 참조. "돌은 병에 걸릴 수 없다. 왜냐하면 돌은 그 자체의 부정으로 끝나며, 화학적으로 용해되고, 그 형태로 지속하지 않으며, (질병과 자기감정에서처럼) 자신의 반대편으로 확장되는 그 자체의 부정이 아니기 때문이다. 결핍의 느낌인 욕망은 부정적인 것으로서 스스로 그 자신과 관계를 맺는다. 즉, 욕망은 그 자체로, 그 자체에게 결핍된 것이다."

항이나 단순한 말하기 방식이 아니다. 또한, 헤겔의 표현을 빌리자면 다음과 같다. "다리가 세 개밖에 없는 의자의 결함은 우리에게 있지만, 생명에 있어서 결함은 생명 자체에 있다. 그러나, 생명은 그 한계를 결함으로 알기 때문에 그것은 또한 지양된다."[11] 따라서 생물에게 일이 잘되거나 잘못되기 위해, '의지'를 가진 피조물[인간]의 존재가 반드시 필요하지는 않다. 우리 인간이 모든 가치를 세계에 가져오는 것은 아니다.

그러나, 특정 동물에게 질병인 것이, 질병을 일으키는 미생물에게는 생계 수단일 수도 있다. 이것은 헤겔이 말하는 '자연의 무력함'을 보여 주는 또 다른 예이다.[12] 자연은 스스로 더 나은 질서를 만들 수 없으므로, 이에 대해 낭만적으로 항의하고 자연을 비난하는 것은 무의미하다. 사실, '더 나은 질서'better order는 자연 전체를 놓고 볼 때 전혀 의미가 없다. 그 대신, 자연에서 생물의 종말은 외부 환경과 연결되며, 동물에게 질병으로 간주되는 것은 기생충에게 영양이 되며, 포식자와 피식자는 함께 존재한다.

---

11 여기서 나는 자의식적 삶에 관해 이야기하기 위해 헤겔을 언급한다. (Hegel 1969c), §359, p. 472; (Hegel and Miller 2004), p. 387 참조.

12 자연의 무력함의 특징은 다양한 곳에서 발생한다. 다음은 그러한 사례 중 하나다. "형식들의 무한한 풍요로움과 다양함, 그리고 가장 비합리적인 것, 자연 사물들의 외부 배열에 들어 있는 우연성이 자연의 숭고한 자유로, 심지어 자연의 신성함으로, 적어도 자연 속에 현전하는 신성함으로 찬양되어 왔다. 그러나, 우연성, 변덕스러움, 무질서를 자유 및 합리성과 혼동하는 것은 감각적이며 비철학적인 사유의 특징이다. 이러한 자연의 무력함은 철학에 한계를 설정한다. 그리고 개념이 이 우연적인 자연의 산물들을 이해하거나 해석하거나 추론할 수 있기를 기대하는 것은 매우 부적절하다. 심지어 객체가 더 사소하고 고립될수록 그것을 연역하는 작업이 더 쉬울 것이라고 상상할 수도 있다." (Hegel 1969c), §25, pp. 34~35; (Hegel and Miller 2004), §250, pp. 23~24 참조.

설사 지구에 생명체가 출현한 것이 자연 자체의 더 나아간 목적을 충족시키지 못하더라도, 생명[삶]은 그 자체로 목적이다. 헤겔은 칸트처럼 생명[삶]을 그 자체로 목적이 되는 '자기목적'Selbstzweck이라고 불렀다. 생명[삶]의 목적이, 서로 중요한 방식으로 그 목적을 공유하지 않는 여러 다른 생명체들에게 분산되어 있더라도, 생명체는 그 자체 목적[자기목적]이다.[13]

질병이 자연의 실제 특징인 것처럼, 이유[이성]事理, reasons도 자연 세계에서 그 자리를 차지한다.* 일부 동물은 종의 본성을 고려할 때 사태의 본질에 있는 이유[이성]事理에 빈응한다고 할 수 있다. 고양이에게 도망치는 쥐는 바로 자신 앞에 있는 '좋은 이유[事理]'good reason에 옳게 반응하는 것이다. 뒤따라오는 고양이는 쥐에게 위험으로 나타나고, 쥐가 다른 곳으로 빨리 피해야 할 '좋은 이유'가 된다. 일부 동물들, 심지어 우리가 일반적으로 특별히 똑똑하다고 생각하지 않는 동물도, 이러한 행동을 할 때 어느 정도 유연성을 유지함으로써 적어도 일종의 인지 능력을 발휘할 수 있다. 이러한 동물에게는 그의 본성에 비추어 세상을 취하는 방식이 있으므로, 그것을 헤겔적 의미에서 '주체'라고 할 수 있다.[14] 그들은 사태들을 경험하고 그에 따라 행동한다.

---

13 헤겔이 전제로부터 결론을 도출하는 관념으로부터 '생명[삶]' 자체의 구조로 어떻게 이행하는지에 관한 유용한 논의는 (Redding 2014)를 참조할 것.

* [옮긴이] 핀카드는 이 책에서 'reason'과 그 복수형 'reasons'를 인간 주체의 측면에서 이성(理性)이나, 객관 세계의 측면에서 사리(事理)라는 의미로 동시에 사용한다. 본 역서에서는 이를 '이성[이유]'나 '이유[이성]'으로 옮기며, 필요할 경우 '사태의 이치'라는 의미를 분명히 드러내기 위해 '事理'를 병기한다.

14 (Hegel 1969e), §35, Zusatz 참조. "… 어떤 생명체든 주체가 될 수 있기 때문이다." (Hegel 1991), p. 68.

따라서, 분명히 헤겔은 삶[생명]에서 동물의 삶, 인간의 삶으로 이어지는 과정에 일종의 연속성continuum이 작동하고 있으며, 그 연속성은 그러한 유기체가 직면하는 이유[事理]에 대한 반응의 질과 관련이 있다고 본다. 인간 주체는 자신의 목적들에 목적들로서 반응한다.[15]

'이유[이성]를 갖는 것'having reasons과 '이유[이성]를 이유[이성]로 아는 것'being aware of reasons as reasons의 차이는, '인간 아닌 다른 모든 형태의 삶'과 '인간의 삶' 사이에 균열이 있다는 것을 의미한다. 오직 인간의 형태만이 자의식의 전형적인 방식으로 예시되는 자기 관계에서 있다.

인간의 삶을 이해하기

'동물의 삶[생명]'과 '인간의 동물적 삶[생명]' 사이의 차이는 일종의 '자기 관계'self-relation와 관련이 있고, 이 '자기 관계'는 '인간의 동물적 삶[생명]'이 인간 자신과 맺는 것'이다. 즉, 인간은 여타 동물과는 다른 '재료'stuff로 만들어졌다거나 자신의 행동에서 어떤 비자연적 인과관계를 행사할 수 있기 때문이 아니라, 오히려 '독특한 종류의 자기 관계'로 구성되기 때문에, '자의식적 영장류'self-conscious primates이며 자

---

15 "충동은 전적으로 특정한 행동들을 통해서만 충족될 수 있기 때문에, 이것은 목적의 규정에 일치하는 선택으로 보이므로 본능처럼 보인다. 그러나, 충동은 알려진 목적이 아니므로, 동물은 아직 자신의 목적을 목적으로 알지 못한다. 아리스토텔레스는 이렇게 목적에 따른 무의식적 행동을 자연[본성]φυσις이라고 부른다." (Hegel 1969c), §360; (Hegel and Miller 2004), p. 389.

연 질서에서 특이한 생물체이다. 이 문제를 바로잡기 위해, '자기 관계적 삶[생명]'selfrelating life이라는 개념을 설명하는 데 조금 더 시간을 할애한 후, 이 개념의 경쟁자들에 대응해 이 개념을 어떻게 방어할 수 있을지를 살펴볼 필요가 있다.

인간 삶의 형태는 자의식적이다. 물론 인간 삶을 이렇게 설명하는 것은, '인간 삶은 항상 자신을 반성적으로 인식하는 삶이다'라는 것을 시사한다. 그러나, 헤겔의 개념에 따르면, 이러한 '반성적 자기 인식'reflective self-awareness은 다른 형태의 자기 인식과 구분되어야 한다. 다른 형태의 자기 인식은, 자신의 인식에 수반되는 별도의 반성 행위가 반드시 없는 상태에서도, 다양한 '해야 한다'나 '하지 말아야 한다' 등의 측면에서 '자신이 무엇을 하고 있는지에 대한 인식'이 존립하는 관련 세계 내에서 작동한다. 예를 들어, 당신은 이 문장을 읽으면서, 당신이 수영, 요리, 정원 가꾸기, 스카이다이빙 등을 하지 않고 '문장을 읽고 있다'는 사실을 안다. 예를 들어, "당신은 지금 뭐 하세요?"라는 질문을 받으면 "한두 문장 읽고 있어요."라고 당신은 대답할 수 있다. 그런데, 이것은 당신이 문장을 읽으면서 '당신이 문장을 읽고 있다'라는 사실을 '이미 반성적으로 알고 있었다'having already been reflectively aware는 것은 아니다. 만일 이미 반성적으로 알고 있었다면, 이것은 마치 당신이 문장을 읽으면서, 별도의 분리된 행위로 "나는 이 문장을 읽고 있다"라고 당신 혼자 계속 생각하는 것과 같다. (만약 사정이 그렇다면 '악순환의 퇴행'이 즉시 시작될 것이다). 자의식이 모든 작업에서 반성적일 필요는 없지만, 이런 종류의 자의식적 삶을 지칭하기 위해 칸트의 관용구를 사용하자면, 우리는 그것을 '통각적 삶'apperceptive life이라고 부를 수 있다. 조금 더 헤겔적인 관용구로 전환해 보자면 다음과 같다. '통각적 삶', '하나의 주체'가 된다는 것은, 바로 그 개념에 속하는 삶이 됨으로써 그 자신이 이런 유형의 삶이라는 사실을 안다는 것이다. 그리고 '통각적 삶'은 그 개념 아래로 자신을 가져감으로써 자신이 그 개념에 속한다는 것을 안다는 것이다.[16] 우리는 '자의식적 동물'이라는 개념 아래로 우리 자신을 가져가는 동물이라는 점에서, '자의식적 동물'이다. 더욱이, 우리 자신을 더 자세히 살펴보면, 우리 인간은 특정 개념 아래 자신을 가져가기를 결정하지만 '비육체적인 것'disembodied somethings은 아니다. 우리는 스스로를 개념 아래로 가져가는 생물체다.[17] 우리는 우리 자신의 삶에서 개념을 실현함으로써 개념 아래에 속한다. 헤겔은 이를 여러 곳에서 '개념

---

16 헤겔의 주체성 개념을 설명하는 이러한 방식은 (Rödl 2007)이 표현한 몇 가지 관점들을 바탕으로 한다. pp. 106~109 참조. 그리고 (Thompson 2004)도 참조할 것. 지금은 매우 혼란스럽다고 생각되는 방식이지만, 나는 몇 년 전에 (Pinkard 1988)에서 개념적 사유의 자기 포괄적이고 자기 설명적인 측면으로 이것을 논의한 적이 있다. 그럼에도 불구하고, 이 관념에 대한 나의 원래 처리는 서툴렀고 결국에는 불만족스러웠지만, 그 이면의 기본 관념은 (설사 날아가는 도중에 화살이 목표에서 멀리 떨어지더라도) 올바른 목표에 어느 정도 접근하는 바를 주시했다. 주체는 일종의 실체이기를 통해 주체이며, 이 주체는 스스로를 실체로 이해한 다음 스스로에게 범주를 적용하지 않으며, 오히려 '사유하는 실체'(thinking substance)이다. 이 '사유하는 실체'는, 스스로를 '사유하는 실체'라는 개념 아래에 두는 실체가 됨으로써 자신이 '사유하는 실체'임을 아는 '사유하는 실체'이다. 이후 여러 저자의 글을 읽으면서, 내가 이전에 사태들을 지적했던 방식이 부적절하다는 것을 나는 알게 되었다. 헤겔 변증법의 또 다른 주요 결함 중 하나는, 절대자에 대한 '아도르노주의적 의심'이다. 이로 인해 나는 지금 생각해 보면 다소 좋지 않은 방식으로, 헤겔이 역사 철학에서 제기한 질문이 '역사의 가능성의 조건은 무엇인가'라는 일종의 칸트적인 질문이라고 생각했다. 그러나, 이 질문은 헤겔의 주된 질문이 아니다(설령, 헤겔에게 이러한 질문이 있었다고 해도, 그것은 헤겔의 진정한 관심사들을 설명하기 위한 목적으로 그가 제기한 덜 중요한 고민 중 하나일 뿐이다).

17 (Hegel 1969f), p. 112; (Hegel 1988), p. 88. "인간은 동물이지만, 동물적 기능을 할 때에도 인간은 동물처럼 자기 자신 안에 머물지 않고, 자기 자신을 의식하고 인정하며 (예를 들어, 소화의 과정처럼) 그것을 자의식적 학문으로 끌어올린다. 이러한 수단들을 통해, 인간은 직접적으로 존재하는 의식 자체의 경계를 해체하며, 그렇게 해서 자신이 동물이라는 것을 알기 때문에 동물이기를 그만두고 정신(Geist)으로서 자신에 대한 지식을 스스로에게 부여한다."

이 스스로에게 자기 고유의 실재성을 부여하는 것'이라고 언급한다.[18] '나를 인식하는 나'the I aware of me라는 '하나이면서 둘'two-in-one이라는 것의 이 절대적 동일성이 '통각적 자아'apperceptive self이다. '주체성의 통각적 자기 관계'라는 이 개념이 '헤겔의 주체성 형이상학'의 거의 모든 층을 구성한다.

이상과 같은 것은 우리[인간] 편에서 성취한 것이기 때문에, 우리는 (헤겔의 놀라운 은유 중 하나에 따르면) "이제 서로 모순되는 두 세계에서 살아야 하므로, 양서류와 같은 동물"로 살아간다.[19] 우리는 자연의 요구와 힘에 따르는 자연적 생물이자, 동시에 다양한 규범적 요구, 참여, 그리고 높고 낮은 윤곽이 있는 세계에서 사는 '정신적, 규범적 생물체'spiritual, normative creatures이다.[20] 이러한 대립은 인간 주체성의 핵심 깊은 곳에 있지만, '통각적 유기체'apperceptive organisms가 그러한 분열을 스스로 유발할 때에만 대립은 발생한다. 그러나, 우리가 '규범적 삶'과 '자연적 삶' 사이에서 이러한 긴장을 떠안고 사는 양서류 같은 존재이므로, 우리는 우리의 '통각적 삶'이 우리의 '자연적 삶'

---

18 다음은 관련 인용문이다. "[참된] 현실성을 가지고 있는 것은 […] 오직 개념뿐이며, 그리고 개념은 그 자체에게 현실성을 부여하는 방식으로 현실성을 지닌다." (Hegel 1969e), §1, p. 29; (Hegel 1991), p. 25 참조. "반대로, 그것[개념]은 본성적으로 활동적이며, 활동은 그것의 본질이다. 그것은 그 자체의 산물이며, 따라서 그 자체의 시작이자 그 자체의 끝이다. […] 정신이 하는 일은 정신 자신을 생산하는 것이며, 스스로를 자신의 객체로 만드는 것이고 스스로에 대한 지식을 얻는 것이다. 이러한 방식으로 정신은 자신에 대해[대자적으로] 실존한다." (Hegel and Hoffmeister 1994), p. 55; (Hegel 1975), p. 48 참조.

19 (Hegel 1969f), pp. 80~81; (Hegel 1988), pp. 53~54 참조.

20 나는 양서류 은유가 지닌 중요성과, 어떻게 헤겔이 이 양서류 은유의 적용을 확장하는지를 (Pinkard 2012)에서 논의했다. 이 '양서류' 특성이 헤겔의 이론에서 근대 예술의 위상과 어떻게 관련되는지에 대해서는 (Pippin 2014)를 참조할 것.

에 단순히 덧붙어 있는 생물이 아니라고 말할 수는 없다. 그런데, 우리의 자의식 면에서 보면, 우리는 합리성rationality이라는 기능이 추가된 동물이 아니라, 그와는 다른 자연적 생물, 즉 '이성적 동물'rational animals이다. 매슈 보일Matthew Boyle의 표현을 빌리자면, 헤겔의 인간 주체성 개념은 우리 삶에서 이성의 역할에 대한 '부가적'additive 개념이 아니라 '변형적'transformative 개념이다.[21] 그것은 본질적으로 '스스로를 삶이라고 생각할 수 있는 능력을 포함하는 삶'이며, 스스로를 의식할 때 '자신을 다른 방향으로 이끌 수 있는 삶'이다.

그것[자의식적 삶]은 대립이기 때문에, 그러한 대립이 정신과 신체가 완전히 다른 어떤 방식을 나타낸다거나, 우리의 반성 능력이 더 동물적인 우리의 감성과는 다른 작동 방식이며, 따라서 동물적 감성에 대한 일종의 감시 기구로 기능해야 한다고 생각하기가 너무 쉽다.

---

21 보일이 곧 발표할 다음과 같은 내용을 참조할 수 있다. 보일은 이성적 동물과 비이성적 동물의 기본적 구분을, 기존의 동물적 능력에 접목된 '부가적' 속성의 구분으로 생각해서는 안 된다고 주장하면서, 오히려 '한 방식으로 동물적 능력을 실현하는 이성적 동물'과 '다른 방식으로 동물적 능력을 실현하는 비이성적 동물'의 구분으로 생각해야 한다고 주장한다. 특히, 이성적 동물은 '자의식을 가진 동물'이며, 단순히 다른 모든 동물적 속성들 위에 일종의 자의식이 덧씌워진 동물이 아니라는 것이다. 또한, 이것이 헤겔이 정신(Geist)이라는 용어를 사용하여 그가 말하는 '인간 종'을 나타내는 이유이기도 하다는 것이다. 즉, 이성을 추가 능력으로 '가진[소유한]' 동물이 아니라, 이성적인 동물로 '존재하는'[이성적 동물인] 인간을 가리킨다. 정신이라는 '사유하는 동물'의 개념은, 처음에는 사유 속에서 '그 자체로[즉자적으로]' 개념으로 존재한다. 이 개념이 공적으로 발전함에 따라, 즉 헤겔의 용어로 '정립'됨에 따라, 그것은 스스로를 인정 투쟁에서 두 측면으로 나눈다. 이 점을 크리스토퍼 요먼스(Christopher Yeomans)도 다른 핵심에서 다루고 있다. 요먼스에게는, 헤겔이 『정신현상학』의 한 장에서 언급한 '정신적 동물'은, "자신의 개체화에 대해 반성적 책임을 지기 시작한 생물체이다. 그리고, 이것이, 왜 관심에 따른 재능의 발전 개념이 『정신현상학』에서 행동자의 이 자기 이해라는 도덕 심리의 초점인가에 대한 이유이기도 하다. 그리고, 여기서 관심에 따른 재능의 발전 개념은 그러한 개체화의 주요 메커니즘이며, 후기 유년기와 청소년기의 인간 수명에서 가장 집중적인 위치를 차지하는 것이다." (Yeomans 2015), p. 27.

그러나 오히려 헤겔의 설명에 따르면, 우리는 '이성적' 동물이기 때문에, 우리 자신과 잠재적으로 대립하는 상황에 자기 스스로를 놓을 수 있는 이성적 '동물'이다. '이성적 동물'은 그를 감시하는 어떤 주체가 거기에 덧붙어 있는 실체가 아니다. 그것은 자신을 '주체'라는 범주 아래로 가져감으로써 자신이 그런 종류의 실체라는 사실을 아는 실체인 주체이다.[22]

주체성의 '이념'

헤겔의 관점을 정리하다 보면, 우리는 헤겔이 처음 시작했던 방식으로 되돌아가게 된다. 헤겔이 왜 인간의 주체성에 대해 그러한 견해를 갖게 되었는지에 관한 전체 이야기는, 그의 밀도 높은 『논리학』에서 찾을 수 있다. 그의 『논리학』은 '사태를 이해하는[의미화하는] makes sense 것'과 '이해가 완료된[의미화된] 시점의 논리' 모두에 대해, 이해 가능한[명료한] 설명account of intelligibility을 제시한다고 주장한다. 여기서는 헤겔의 『논리학』에 대한 상세한 해설을 다루고자 하는

---

22 (Hegel 1969a), p. 145; (Hegel 2010), ¶177 참조. "나중에 의식을 위해 존재하게 될 것은, 정신이 무엇인가에 대한 경험일 것이다. 즉, 완전한 자유와 자기충족의 상태에서, 다시 말해 그들 자신들을 위해 존재하는 다양한 자의식의 반대편에서, 자신의 반대편과 통일을 이루는 이 절대적 실체에 대한 경험이 될 것이다. 이것이 바로 우리인 나와 나인 우리이다." 이것이 원론적으로 역설적으로 들리는 방식은, 헤겔보다 다른 철학자들에 의해 지적되었다. 윌프리드 셀라스(Wilfrid Sellars)는 다음과 같이 언급한다. "[…] 나는 처음부터, 소위 인간이 자기 자신과 대면하는 일의 역설, 즉 인간이 자기 자신을 대면하기 전에는 인간이 될 수 없다는 사실로 이루어진 역설을 강조하고 싶다." (Sellars 1963)에서 "철학과 인간의 과학적 이미지"를 참조할 것. 또한, 매우 유용한 (Longuenesse 2012)도 참조할 것.

것이 아니므로, 우리는 헤겔 자신의 꼼꼼하고 밀도 있는 설명을 따르기보다, 헤겔 자신이 이 주제에 대해 더 인기 있는 강의들에서 했던 방식과 유사하게 훨씬 느슨한 방식으로『논리학』에 대해 이야기할 수 있다.

헤겔은 그의『논리학』책을 세 종류의 논리 구조로 구성된 세 부분으로 나눈다. 첫째 부분은 우리가 개별자를 지시하거나('저기 저것'), 개별자를 분류하거나('저것은 붉다'), 개별자를 일반화하거나('개똥지빠귀는 평균 1.7년을 산다'), 개별자를 세거나('정원에 개똥지빠귀가 일곱 마리 있다') 할 때, 개별자에 대해 내리는 판단과 관련된다. 헤겔은 개별자에 대한 이러한 판단들의 논리와 이 판단들이 서로 어떻게 관련되는지를 '존재'being의 논리라고 부른다.

둘째, "넥타이는 매장에서는 초록색으로 보이지만 햇빛 아래에서는 파란색이다", "비타민D가 부족하면 노인의 인지 장애를 유발할 수 있다"와 같이 단순한 관찰로는 바로 드러나지 않는 어떤 기본 조건이나 구조에 호소하여 사태를 설명하는 판단들이 있다. 헤겔은 사태의 '본질'과 '현상'의 관계에 대한 이러한 종류의 판단 논리를 '본질'essence의 논리라고 부른다.

'존재'와 '본질'이라는 이 두 '논리'는, 우리가 '사태들'을 가장 일반적인 방식으로 이해하는 방법이다. 실제로 이 두 논리는 전통 형이상학의 논리이며, 헤겔은 형이상학의 고전적 철학 문제들이, 이 문제들을 명확하게 진술하려고 할 때 발생하는 명백한 '역설들'paradoxes에서 어떻게 발생하는지를 자신이 보여 주었다고 생각한다. 문제들을 명확하게 진술하면, 이것은 사태에 대한 일반적 사고에서 제기된 쟁점들을 해결하는 대립적 방식을 유발하고, 이는 또다시 문제들을 진술해야 하는 방식을 재작업하도록 동기 부여한다. (이에 대한 자세한 내용은 차후에 다룰 이야기이며, 지금과 같은 일종의 일반적 개요에는 적합하지 않다.)

이 두 '논리'는, 우리에게 '이해하기[의미화]'making sense의 세 번째 방식이 필요하다는 것을 보여 준다. 즉 '의미화[이해하기]의 의미화[이해하기]'to make sense of making sense라는 논리, 또는 다르게 표현하면, '우리가 정말 이해했는지를 이해하는'making sense of when we really have made sense 논리도 필요하다는 것을 보여 준다. 예를 들어, "당신이 방금 말한 내용은 당신의 전세들로부터 도출되지 않는다" 또는 "이것은 현재 물리학의 기준으로는 말이 안 된다"와 같은 판단이 이에 해당한다. "이것은 무엇이며 몇 개나 있는가?"라는 질문에는 일반적으로 사태를 이해하는 한 가지 방식으로 대답하는 반면, "왜 그렇게 보이는가?" 또는 "왜 그런 일이 발생했는가?"라는 질문에는 그와는 다른 방식으로 대답한다. "어떻게 그런 일이 일어났는가?"라는 질문에는 존재와 본질이라는 두 가지 방식 중 어느 쪽도 아닌, 그와는 다른 방식으로 대답한다. 이러한 종류의 판단은 헤겔이 '개념'의 논리라고 부른 것에 속한다.

따라서, 헤겔 『논리학』의 이 셋째 부분은 단순히 '사태'를 이해하는 데 그치지 않는다. 그것은 또한 '더 나은 존재 방식'과 '더 나쁜 존재 방식'이 있다는 식으로 방법의 의미를 도입한다. 나쁜 존재 방식의 예로는 나쁜 논증, 일관성이 없거나 정합적이지 못한 이론, 목적을 실현하지 못하는 잘못 구성된 인공물, 심지어 나쁜 행위나 나쁜 사람까지 포함된다. 헤겔의 용어로 말하자면, '존재'와 '본질'의 논리는 '더 나은 존재 방식'이나 '더 나쁜 존재 방식'을 제시하지 않으며, '개념'의 논리가 그렇게 한다. '주체'라는 내용 충만한 개념은 이 '개념의 논리' 부분에서 등장하는데, 여기서 개념은 단순히 이성이나 정념에 비추어 스스로 행동하는 본체entity('본질'에 나오는 설명의 종류)로서 등장하지 않고, 규범, 사유의 구성 원리, 평가의 관점에서 행동하고 생각하는 본체로서, 즉 다양한 종류의 '당위ought의 장소'로서 등장한다.[23] 주체는 논리적 공간에서 움직이는 일종의 사태라는 점에서 하나의 주체로 설명될 수 있다. 주체의 사유와 행동은 이성[이유]reasons에 의해 설명되는데, 이는 '설명을 하는 것'이 '주체가 알고 있는 것'이며, '주체가 알고 있는 것' 외에는 이러한 역할을 하지 못한다는 점을 의미한다.

앞서 언급했듯이, 헤겔은 자신의 『논리학』을 여기서 설명된 것처럼 다소 느슨한 방식으로 제시하지 않으며, 그 자체로 그의 『논리학』의 전개 과정에서 일련의 엄격한 단계들을 드러내는 것으로 제시한다. 각 단계(존재, 본질, 개념)는 그 단계에서 성공으로 간주되는 것을 스스로 확립하는 데 실패한다. 그래서 예를 들어, '존재'는 지적하고 분류하고 계산하는 것 등이 무엇인지에 대한 모든 설명과 함께, 세계에 대해 사유하는 목적을 성공적으로 소진하는 자신의 목적을 확보하는 데 실패하여, 다른 목적, 즉 '본질'의 목적을 필요로 한다. 헤겔의 『논리학』은 결국, 칸트식 표현에 의해서가 아니라 '좋은 의미로 칸

---

23 "이와는 반대로 비정신적이며 생명이 없는 것은, 오직 실제 가능성으로서만 구체적 개념이다. 원인(cause)은, 필연성의 영역에서 시작으로서, 구체적 개념이 직접적 존재를 갖는 가장 높은 단계이다. 그러나, 그것은 아직 자신의 참된 현실적 실현 과정(wirklichen Realisierung)에서 그 자체로 유지되는 주체는 아니다." (Hegel and Di Giovanni 2010), p. 740; (Hegel 1969j), p. 556 참조.

트다운 정신'에 의해, 이성(또는 '사유')이 그 자신의 (이성이 본성적으로 가지고 있는) 한계를 설정하는 데 책임이 있음을 깨닫고, 그래서 이성이 '절대적'이라는 것을 깨닫는 지점에 도달한다. 이 모든 것이 어떻게 작동하는지는 또 다른 이야기이지만, 여기서는 특별히 중요하지는 않다. 여기 이 논의에서 중요한 점은, 이렇게 느슨한 설명 자체는, 헤겔 자신이 『논리학』이 궁극적으로 이해해야[의미화해야] make sense 한다고 생각했던 것보다 훨씬 더 느슨한 방식으로 그의 논리를 이해시킬 수 있다[의미화할 수 있게 한다]는 점이다.

『논리학』은 헤겔이 독일 관념론에서 선호하는 용어인 '이념'Idee (영어 번역에서는 이를 대개 대문자로 표기하여, 독일어 'Idee'를 대문자로 표기하지 않는 '관념'idea이나 '표상'representation/Vorstellung과 구분한다)이라고 부르는 것에서 그 절정에 달한다.²⁴ 『논리학』과 그의 다른 성숙한 저작들에서, 헤겔은 일관되게 '이념'을 '개념과 객관성의 통일'unity of concept and objectivity로, 그리고 종종 '개념과 실재성의 통일'unity of concept and reality로 정의하며, 이는 '행동자agents이면서 인격persons'이기도 한 주체성에 대한 그의 전반적 구상에 차이를 만든다.²⁵

헤겔이 자신의 예술 용어인 '이념[이상]'*을 사용하는 의미를 명

---

24 (Hegel 1969b), §214, p. 370; (Hegel et al. 1991), p. 288 참조. "이념(Idea)은 이성[事理](reason)으로서 파악될 수 있다(그리고, 이것이 이성[事理]의 진정한 철학적 의미이다). 더 나아가, 주체이자 객체로서 […] 이념은 그 자체 안에 자신의 [참된] 현실성을 지니는 가능성이다. 왜냐하면 이념은 지성의 모든 관계들을 포함하지만, 이 관계들의 무한한 자기 회귀와 그것들 안에서의 자기 동일성[정체성]에서 그 관계들을 포함하기 때문이다."

25 "이념으로서의 이성은, 그것들의 통일이 이념인 '개념과 실재 자체의 대립'이 여기서 대자적으로 존재하는 개념의 더 자세한 형식을 지닌다는 규정에서 나타난다. 그리고 이 대립은, 통일에 대립하여 의식과 외부에 존립하는 객체의 대립이다." (Hegel 1969d), §437, p. 227; (Hegel et al. 1971), p. 177.

확히 할 때, 이는 단순한 용어상의 문제처럼 보이기도 하지만, 그러나 헤겔의 설명을 이해하는 방식에 실질적 차이를 만드는 면이 있다. 헤겔은 '이념'이라는 용어를 사용하면서, 칸트식 개념을 자신과 연관되지만 칸트와는 다른 목적을 위해 사용한다. 칸트는 우리가 세계를 '무제약적 전체'로서 이해하려고 시도한 '관념들', 다시 말해 전통 형이상학을 시도한 '관념들'(흔히 말하는 표상들)에 관해 말할 때 '이념'이라는 용어를 사용했다.[26] 칸트가 이 용어를 명명한 과정에서 보면, 이성은 경험적 지식에서 자신이 감성의 전달에 의해 제한된다는 것을 알며, 이성 자신을 경험적으로 조건화된 것으로 무제약적으로 알면서, 이성은 이 무제약자를 추구하도록 자신을 추동한다. 이러한 '자기 추동'self-push은 이성에게 불가피하다. 왜냐하면 이성은 자신이 알 수 있는 것의 한계를 포괄하면서 자신을 충분히 안다고 주장하기 때문이다. '무제약자'는 이성이 이해하고자 하는 '전체'일 것이다. 그러나, 유한한 피조물인 우리는 전체를 직접 경험할 수 없으므로, 우리는

---

* [옮긴이] 핀카드는 여기서 '이념'(Idea)을 '이상'(Ideal)과 구분하지 않지만, 헤겔은 자신의 미학 강의에서 독일어로 '이념'(Idee)보다 '이념상'(das Ideale)이라는 표현을 훨씬 많이 사용한다. 그 이유는 헤겔이 '이념'과 '이념상'을 구분하기 때문이다. "예술미는 이념상이라고 불리는 자유로운 아름다움이다. […] 이념상은 현실과도 구분되고 이념과도 구분된다. 즉, 현실에서는 외면성이 여전히 본질적 계기이고, 이것에 따라 이념상은 제한되고 유한하게 되므로 현실과 구분되어야 한다. 또한, 이념도 개념과 실재의 통일이기는 하지만, 이념에서 실재는 사유된 것이기 때문에, 이념상은 이념과 구분되어야 한다." 헤겔, 『미학 강의(베를린, 1820/21년)』, 서정혁 옮김, 지만지, 2013, 89쪽 이하 참조. 예술에서 이념상은, 구체적인 아름다운 예술품으로 이해될 수 있으며, 이 점에서 이념상은 이념과 달리 구체적 형태를 갖춘 것이다. 이 번역서에서는 이념상을 이념과 구분하여 '이상'으로 옮긴다.

26 분명한 용어 구분은 '독일어 Ideen인 이념들(Ideas)'과 '표상들(Vorstellungen)로서 관념들(ideas 또는 representations)' 사이의 구분이다. 칸트와 헤겔의 원래 번역문들이 다른 용어들을 사용했더라면 더 좋았겠지만, 그러나 이러한 용법은 고착되어 버린 것 같다.

오직 사유 속에서만 전체를 다룰 수 있다. 칸트는 이 순수하고 비경험적인 사유로 이해되는 세계를 '본체계'noumenal world(즉, '순수 사유'로 이해되는 세계)라고 불렀으며, 좋건 나쁘건 이 본체계는 그 자체로 알 수 없는 것들의 영역으로 구성된다고 주장했다(따라서, 알 수 없는 것으로 밝혀진 것에 대한 선험적 연구인 전통 형이상학은 불가능하다고 칸트는 주장했다). 칸트에게 '이념'은 제약되고 한정된 모든 경험의 대상을 '무제약적 전체'unconditioned whole의 일부로 생각하려는 시도의 결과이며, 이는 '무제약적 이념'이 아무리 중요하고 지식에 필요한 규제적 역할을 한다고 해도, 단지 '사유의 산물'일 뿐이지 '객관적 실재성'을 결여하고 있다는 것을 의미했다. (칸트는 또한 '무제약자'를 순수 이성으로 이해하려는 모든 노력에 수반되는 필연적 실패를, 전통 형이상학이 불가능하다는 점을 증명하는 것으로 받아들였다. 이는 흥미롭고 잘 연구된 또 다른 방법이지만, 여기서는 더 구체적으로 다루지는 않겠다.)

현상, 본체, 사물 그 자체에 대한 칸트의 구상과, 전통 형이상학의 실패와 관련된 중요한 세부 사항들은 여기서 다룰 문제가 아니다. 헤겔은 칸트가 '이념'을 사용한 그 결과를 다음과 같은 의미로 받아들였다는 점에 주목해야 한다. 즉, 일상적 경험의 대상은 무제약적 상태로 파악될 수 없지만, '사유 활동'activity of thinking은 실제로 무제약자를, 즉 '무한자' 또는 그의 문제 제기 방식에 따르면 '절대자'를 파악할 수 있다는 의미로 받아들였으며, 헤겔은 칸트가 이 점에서는 전적으로 옳다고 생각했지만, 이는 '본체계가 그 자체로 알 수 없는 것들로 구성되어 있다'라는 칸트 주장에 대항하기 위한 것이었다는 점에 주목해야 한다. 훗날 비트겐슈타인Ludwig Wittgenstein과 마찬가지로, 헤겔은 사유의 한계를 설정하는 것이, 생각할 수 없는 것을 생각한다고 누군가가 주장한다는 것을 의미한다면, 그 누군가는 생각할 수 없는 것을 생각하는 것일 거라고 주장했다.[27]

헤겔은 자신의 용법에서 칸트처럼 '현상계'phenomenal world를 '본체계'가 아니라 '개념'concept과 대조했다(또는, 칸트의 '본체'the noumenal라는 구상을 '개념'으로 대체했다). 우리는 그 본성이 '본체적 생물체'이기도 한 '현상적 생물체'이다. 다시 말해, 우리의 본성은 그 전체가 모든 부분에서 합산될 뿐만 아니라, 그 자체에 뚜렷한 의미를 갖는 방식을 우리가 감지함으로써 방향을 잡아야 한다. 헤겔적 의미에서 '이념'은, '학문과 상식에서 일반적으로 이해되는 현상계'와 '개념의 세계인 본체계', 즉 '사유로 이해되는 세계'의 통일이다.

그러나, 헤겔의 접근 방식이 가진 힘 중 하나는, 경험적 지식의 한계에 대한 칸트의 엄격한 제한을 진지하게 받아들인다는 점이다. 헤겔에게 '이념'은 현상계와 본체계의 통일이며, 따라서 헤겔이 『논리

---

27 칸트는 이성이 자신의 한계를 이해한다고 주장하면서, 암묵적으로 이성 그 자체와 관련하여 무한한 이성의 관점에 전념하고 있다. 오늘날의 용어로 하자면, '이성[이유]의 공간'(space of reasons)은 무제한적이지 않으며, 오히려 이성 그 자체에 의해서만 제한된다. 헤겔은 다음과 같이 말한다. "그 주제가 유한한 사유의 주제라고 할지라도, 그것은 유한한 이성이 자신을 유한한 것으로 정확히 규정하는 데서만 무한하다는 것을 보여 줄 뿐이다. 왜냐하면 부정은 유한성이며, 즉 그것이 지양된 하위 단계(sublatedness)가 되는 그러한 것, 즉 자신과의 무한한 관계를 위해서만 존재하는 결여이기 때문이다." (Hegel 1969c), p. 469; (Hegel and Miller 2004), p. 385. 헤겔은 이를 더욱 간결하게 다음과 같이 표현한다. "한계가 있는 경우, 그것은 외적 비교를 위한 제3의 관점에 대해서만 부정이다." (Hegel 1969c), §359, p. 469; (Hegel and Miller 2004), p. 385. 또한 (Wittgenstein 1963), p. 3 참조. 여기서 비트겐슈타인은 "사유의 한계를 설정하려면, 우리는 그 한계의 양쪽을 모두 사유할 수 있어야 한다(즉, 우리는 사유될 수 없는 것을 사유할 수 있어야 한다). 따라서, 한계가 설정될 수 있는 것은 오직 언어에서일 뿐이며, 한계의 다른 편에 있는 것은 그저 무의미(nonsense)일 뿐이다"라고 말했다.

학』에서 명시적으로 말했듯이, '이념'은 개념과 객관성의 통일이다.[28] 개념은 헤겔이 사물 '그 자체[즉자]'an sich에 대한 사유라고 부르는 것이며, '이념'은 개념(즉자로서 '그 자체')과 그것을 표현하는 '현상적 실재'의 통일을 의미한다. '현상계의 통일'은 무한히 확장되는 배경의 통일이며, 지각이나 직관으로 파악될 수 있는 것이 아니다. '사태에 대한 추상적 사유'가 '그보다 더 추상적인 사유가 구체적으로 구현되는 방법에 대한 사유'와 하나가 되면서 변형되는 방법의 통일에서, 현상계는 더 온전히 개념적으로 파악된다. 정신과 세계의 '이념'에 대한 파악은 무한성을 지니며, 이 무한성은 순차적으로 연달아 파악되지 않고, '개념 자체의 자기충족적 무한성' 속에서 파악될 수 있다.[29] '현상과 본체의 통일'에 대한 헤겔의 구상에서도, '그 자체[즉자]'(또는 사태 자체)에 대한 우리의 구상은 개념적이며 그 자체로 역사적 역동성을 지니며, 이 역동성이 그러한 사유가 구체적으로 구현되고 전개되는 방식에 의해 매개된다는 점은 매우 중요하다.[30] 설사 자연이 개

---

28 "그러나, 이제 이념은 개념과 객관성의 통일, 즉 참이기 때문에, 우리는 이념을 단지 근사치의 목표로 간주해서는 안 되며, [만일 그렇게 되면] 이념 그 자체는 계속 일종의 피안으로 남는다. 오히려 우리는 모든 것을, 그 안에 이념을 포함하고 이념을 표현하는 한도 내에서만 현실적인 것으로 간주해야 한다. 이것은 단지 객관적 세계와 주관적 세계가 원칙적으로 이념과 일치해야 한다는 것만이 아니다. 오히려 이 두 세계는 그 자체로 개념과 실재의 일치이다. 개념에 일치하지 않는 실재는 단지 현상에 불과하며, 주관적이고 우연적이며 임의적인 것, 진리가 아닌 것이다." (Hegel 1969j), p. 464; (Hegel and Di Giovanni 2010), p. 671.

29 '무한의 개념'에 특별히 초점을 맞추어, 헤겔의 체계를 해석하는 이러한 방식에 대한 날카로운 비판은 (Horstmann 2006)에서 찾을 수 있다. 이 해석의 다른 장점이 무엇이든 간에, 마지막 분석에서 드러나듯이, 여기서 작동하는 해석은 '신실용주의자(neo-pragmatist) 해석'이다. 이러한 해석은 헤겔 철학의 진정한 참신함과 그에 따른 생소함에 대해 진실이 아니라고 주장하는 호르스트만(Rolf-Peter Horstmann)의 세밀한 비판에 대해, 내가 응답할 수 있었기를 바란다.

념적 통일로 파악될 수 있다고 해도, 현상적 자연의 많은 부분은 우리의 개념과 일치하지 않으며, 이는 세부적 자연이 경험 과학을 통해서만 가장 잘 연구될 수 있다는 것을 의미한다. (또는, 헤겔이 선호하는 용어로, '자연'과 '이념'의 기본 관계는 '외면성'의 관계이다.)[31]

　'사유에서 이성적으로 이해되는 세계'와 '경험에서 우리에게 나타나는 세계' 사이의 날카로운 균열의 가장자리는, '적실한 이념'adequate Idea 속에서 부드러워지고 통합되어야 한다. 마찬가지로, '본체적 주체'(의식적으로 품은 이유에 따라 행동하는 행동자)와 '현상적 주체'(그 종에 내재된 욕구와 충동에 따라 행동하는 행동자)로 나뉜 주체는, 주체 자신의 활동에서 재결합되는 분열이다. 주체는 이러한 종류의 자기 관계를 구현함으로써 자신을 '본체적 생물체'로 구성하는 '현상적 생물체'이다. 주체는 자신을 '통각적 삶[자의식적 삶]'이라는 개념 아래로 가져옴으로써 이와 같은 것을 수행한다. 따라서, 주체의 '이념' 속에는 [주체인] 행동자를 두 영역으로 분리해야 할 타고난 요구는 존재하지 않는다. 이 두 영역 중 한 영역은 인과적으로 효력이 있고(현상적인 것), 다른 영역은 '이성[이유]의 공간'space of reasons에서 작동한다. '현상적 행동자'phenomenal agent는 세계와 자의식

30　물론, 본체와 현상의 구분에는 분명히 더 많은 것이 있다. 그리고, 심지어 '본체'(noumenal)라는 말의 사용-(이것은 헤겔 자신이 피하는 것이다)조차도 '단지 정립된 것', 또는 '현상할 수 없는 것'에 대해 말하고 있다는 것을 암시할 수 있다. 헤겔 자신의 제안은 '단지 정립된 것'과 '현상할 수 없는 것'과 같은 문제들에 대한 철학적 고민들을, 자신의 『논리학』 중 '본질'에 관한 논의(이 '본질론'에서 기본 문제는, 현상과 그 하부 구조 사이의 관계다)에서 정립하는 것이다. '개념론'에서, 이것은 현상적 주체가 스스로를 '통각적 삶'의 개념 아래로 가져감으로써, 현상적 주체의 '이념'에서 '실제로는 이중성(duality)이 아닌 이중성'이 된다.

31　헤겔이 "외면성이 자연이 자연으로서 존재하는 규정을 구성한다"라는 그의 주장에 대해 논의하는 §247을 참조할 것. (Hegel 1969c), p. 24; (Hegel and Miller 2004), p. 15.

적 관계를 맺음으로써 '본체적 행동자'noumenal agent가 된다.

이성적 행동자의 '개념'과 이성적 삶의 '이념' 사이의 헤겔적 구분은, 이성적 삶의 '이념'이 '이념'의 구현체인 '통각적 동물'apperceptive animals에 의해 알려지는 방식에, 즉 그런 종류의 삶을 영위하는 '이성적 동물'에 의해 알려지는 방식에 달려 있다. 이성적 동물의 '이념'에서 호소하는 면은 '일반적 합리성'이 아니라 '인간다운 합리성'human rationality 그 자체(단지 '개념'뿐만 아니라 그것의 현상적 실재성도 포함해)에 대한 것이다. 이것이 의미하는 바는, 『논리학』에 소개된 '살아 있고 인식하는 주체'에 대한 더 엄격한 개념은, 헤겔이 명시적으로 말했듯이, 그러한 주체의 '가능성'일 뿐이지 그 현실성[완성태]actuality은 아니라는 것이다(온전한 '관념'이 아니라는 것이다). 왜냐하면 '주체의 현실성[완성태]' 개념은, 결국 그것이 역사적으로나 사회적으로 어떻게 구체적으로 전개되는지에 대한 개념 파악conception을 필요로 하기 때문이다.[32] 헤겔은 젊은 학생들을 위해 이를 간결하게 다음과 같이 요약한 바 있다. "개인들은 특정한 존재로서 실존하지만, 일반적으로 실존하지 않는 인간과는 다르게 실존한다."[33] '이념' 안에서 전개되는 '개념들'은 '이념' 자체의 필수 구성 요소들이며, 헤겔이 표현하기를 좋아하듯이, 절대자의 '자기 표현들'self-articulations이다.[34] 그 개

---

32 "단순한 논리적 이념에 이미 포함되어 있는 인식은 우리가 생각하는 인식 개념의 인식일 뿐, 그 자체로 존재하는 인식이 아니며, 현실적 정신이 아니라 그 가능성일 뿐이기 때문이다." (Hegel 1969d), §381, p. 18; (Hegel et al. 1971), p. 8. 헤겔은 또한 이렇게 언급한다. "그러나, 절대 정신은 현실과 개념의 절대적 통일이며, 즉 정신의 현실성과 가능성의 통일이다." (Hegel 1969d), §383, p. 29; (Hegel et al. 1971), p. 18.

33 (Hegel and Hoffmeister 1994), p. 85; (Hegel 1975), p. 72.

념들은 인간 주체가 단순히 '추상화된 이성적 주체'로서가 아니라, 자신을 인간 주체로서 알기 위해 스스로 취해야 하는 것의 구성 요소들이다. 경험론적 사유와 칸트적 도식 모두에서, 일반 개념과 그 개념에 속하는 사태들이 맺는 관계는 외부 사례들에 적용되는 규칙과 같은 것으로 이루어진다고 간주되는 반면, '이념'의 경우에는 헤겔이 말했듯이, "보편자는 스스로를 특수화하며 여기서[특수화된 상태에서] 자신과 동일하다".[35] 그러나, 이것은 무엇을 의미하는가?

'이념'의 구성 요소들인 이 개념들은, 거기에 내용이 비로소 주어지는 '외적 규칙'이 아니다. 또한, 이 개념들은 선험적 사유 아래에 단순히 '경험적' 사실들로 포섭되지 않으며, 사유 가능성의 조건들도 아니다. 오히려, 이 개념들은 인간 행동자가 시간이 지남에 따라 정신과 세계에 대한 자신의 개념들을 발전시키면서 스스로를 이해하기 위해 필요한 구성 요소들로서, 즉 헤겔의 용어로는 '계기들'moments로서 등장한다. 이 개념들은 이성적 인간으로서 우리 자신에 대한 관점 내에서 등장하며, 사태가 해체되고 재편되면서 역사적으로도 발전한다.[36]

---

34 '절대자'가 스스로를 표현하는 이 이미지는 다음과 같은 특징적 구절에서 나타난다. "과제는 실로 절대자가 무엇인지를 서술[현시]하는(dargestellt) 것이다. 그러나, 이 서술[현시]은 절대자의 규정이나 절대자의 규정이 도출되는 외적 반성이 아니라, 오히려 절대자의 설명[펼쳐보임](Auslegung), 더 정확하게는 절대자 자신의 설명[펼쳐보임]이며, 절대자가 무엇인지를 보여주기(Zeigen)일 뿐이다." (Hegel and Di Giovanni 2010), p. 466; (Hegel 1969j), p. 187.

35 (Hegel 1969d), §383, p. 27; (Hegel et al. 1971), p. 16. "보편자는 대자적으로 존재하면서 스스로를 특수화하는 것이며, 거기서 보편자는 자기 자신과 동일하다. 따라서, 정신의 규정성은 현현의 규정성이다. 정신의 규정성은 어떤 낡은 규정성이나 내용이 아니다. 이 내용의 표현이나 외면성은 단지 내용과 차이 나는 형식의 그것일 뿐이다. 그것은 무언가를 드러내지 않는 것이 아니라, 오히려 그것의 규정성 자체가 이렇게 드러내는 행위이다. 따라서 그것의 가능성은 직접적이며 무한한 현실성이다."

이러한 방식으로, 개념들은 규범으로서 완벽하게 기능하지 않고(언제나 위반될 수 있다), 정신과 세계를 이해하는[의미화하는] 데 역사적으로 구성 요소가 되어 버린 것으로 통합된다.[37]

---

36 이것은 (Thompson 2008)에 제시된 견해와 몇 가지 접점이 있다고 나는 생각한다. 잠정적으로, 톰슨(Michael Thompson)은 자신의 견해를 다음과 같은 의미를 내포하는 것으로 취한다. "이 가능성을 인정할 경우 탐구가 어떻게 진행될지 모른다는 점을 나도 인정한다. 그러나, 누구나 아는 한 그것이 가능하다는 것을 왜 인정하지 않는가, 그리고 당신 자신의 경우, 즉 인간과 같은 종류의 경우에는 그것이 그렇지 않다는 것을 당신이 알고 있다고 왜 말하지 않는가. 당신은 이것을 경험적으로 아는 것이 아니라, 개념의 지의식적 실행, 개념의 실현, 즉 행동에서 이성의 사실(Faktum)로 알고 있다. 그것은 당신이 '외부에서' 얻는 인식이 아니다." (Thompson 2013), p. 732. 이것은 적어도 한 가지 결정적인 점에서 헤겔의 버전과 다르다. 즉, 헤겔에게 '이념'에 대한 지식은 '이성의 사실(Faktum)'이 되어서는 안 된다는 것이다. 그렇기 때문에, 헤겔은 『논리학』에서 '학문은 무엇으로부터 시작해야 하는가?'라는 문제에 대해 그토록 길게 고민하는 것이다. 그리고 그 해답은, 다른 많은 의문을 제기하지 않는 방식으로 논증을 시작하기 위해, 우리는 이해 가능성(intelligibility)의 최종 기저에까지 내려가야 한다는 것이다. 그 최종 기저는 '존재'에 대한 사유이다. 그리고 이 사유는, 더 이상 추론할 필요 없이, '존재는 무와 같지 않다'라는 사유와 동일하다. 그리고, 이것은 모든 이해 가능성의 형태 중 가장 추상적이고 무규정적인 것이다. 그것[순수 존재]이 이해 가능성에서 붕괴되고 거기로부터 '절대적 이념'으로 논리적으로 전진할 수 있기 위해, 그것은 매우 뚜렷한 보충의 형식이 필요하다는 것을 자신이 보여 줄 수 있을 정도로 그렇게, 헤겔은 인간이라는 이성적 동물로서 우리 자신에 대한 지식이 '이성의 사실'이라는 생각을 거부하는 자신의 프로그램을 수행했다. 골수 헤겔주의자들이 필요하다고 생각하는 세부 사항으로 그것을 입증하려면, 역사에 대한 헤겔의 사유를 설명하려는 목적을 위해, 여기에서 내가 채택한 '느슨한' 버전의 『논리학』으로부터 출발할 필요가 있지만, 그러나 그것은 헤겔이 『논리학』에서 다음과 같이 언급할 때 그가 말하는 것 배후에 놓여 있다. "정신에 활기를 불어넣고 그 안에서 움직이고 작동하는 이 논리적 본성을 의식에 불러일으키는 것, 이것이 바로 이 과제다." (Hegel and Di Giovanni 2010), p. 17; (Hegel 1969i), p. 27. 톰슨의 프로젝트의 목표는, 우리가 '첫 번째 자연[제1 본성]', 즉 '이성적 동물로서의 우리 자신'에 대한 적절한 개념으로부터 필요한 모든 인륜적 고려 사항을 획득한다는 것을 보여 주는 것이다. 이것이 헤겔의 개념과 얼마나 다른지 또는 정말 다른지에 관해 아직 명확하지 않다. 여기서 헤겔의 개념은 우리의 '제1 본성'이 정확히 '제2 본성'을 발전시킬 수 있다고 보는 것이다. 또한, 나는 이것이 톰슨주의자와 헤겔주의자 사이의 사소한 의미론적 차이에 불과한 것인지에 대해 확신하지 못한다. 그래서, '아리스토텔레스-톰슨주의자'와 '아리스토텔레스-헤겔주의자' 사이의 큰 차이점은, 헤겔이 '자의식적인 이성적 동물'이라는 속(屬, genus)의 특징이라고 생각하는 '심오한 수준의 역사성'(deep level of historicity)에 있는 것 같다.

이 일련의 생각은 다음과 같은 방향으로 이어질 것이다. 이러한 개념 파악이 발전하면서, 삶의 형태가 자신을 발전시킴으로써 '어떤 사회적 지위를 구성하는 것처럼 보이는 것'이 규범적인 것으로 드러난다. 통치자는 통치권의 구성 요소로 특정한 것들을 취할 수 있으며, 그가 이것들을 준수하지 않으면 더 이상 통치자가 될 수 없다. (예를 들어, 그는 적들을 가혹하게 처리해야 하며, 그렇지 않으면 통치자가 되는 데 실패한다고 생각할 수 있다.) 사태들이 발전함에 따라, 기존에 '구성적 원칙'이었던 것이 '비구성적 원칙'이 되어 언제든 위반 가능한 규범으로 전락할 수 있으며, 이 경우 통치자는 그렇게 동일한 것들을 규범으로 보게 되며, 그 규범의 위반이 통치자로서의 지위를 즉각 취소하지는 않더라도, 그의 지위를 약화할 수 있거나, 아니면 그 문제에 대해 그의 지위와는 전혀 무관한 것으로 간주하게 된다. (주어진 사례에서, 통치자는 적을 가혹하게 처리하지 못한 것이 단점이라고 생각할 수 있지만, 그것이 왕으로서 그의 지위에는 거의 영향을 미치지 않는다.) 헤겔의 체계에서는, '언제든 위반될 수 있는 규범적인 것'과 '지위를 규정하고 그 원칙의 위반이 곧 그 지위의 취소를 의미하는 구성적인 것' 사이의 구분은 유동적이고 변화무쌍하다. 이것이 어떻게 작동하는지에 관해서는 역사에 대해 논하는 뒷부분에서 설명하는 것이 가장 적절해 보인다.

헤겔의 다소 참신한 공식에 따르면, 이러한 '이념-개념들'Idea-concepts은 정신적 생물체인 우리가 세계와 우리 자신과 관계를 맺는

---

37 우리의 '재능들'을 개발하려는 충동이, 어떻게 '정신적 동물'로서의 우리 자신을 개발하는 것을 필요로 하는지에 대한 논의는 (Yeomans 2015)를 참조할 것.

방식에 관한 [명료한] 이해 가능성intelligibility의 기초를 형성한다. 그러나, 이 이해 가능성의 형식들 자체는 역사 속에서 움직이며, 그것들이 자체 속에서 발전시키는 긴장과 대립에 비추어 새로운 형태들을 취한다. 이 형식들은 이해 가능성 그 자체의 구성 요소들이며 그 자체로 역사적 성과들이기도 하다.

헤겔이 인정했듯이, 그것이 어떻게 작동하는지를 보여 주기 위해서는, 전통적인 철학적 설명에서는 어울리지 않을 법한 역사적 세부 사항에 주의를 기울여야 한다. 그러한 설명은 순전히 개념적인(또는, 칸트적 도식에서는 초월적인) 문제와 경험적인 문제 사이의 융통성 없는 엄격한 철학적 구분을 건너뛴다. '이념'의 구성 요소들은 역사 속에서 발생하지만, 인간은 이러한 개념들을 반성하고, 그것들을 활용하고, 집단적 삶의 과정에서 변형하면서, 때로는 예술에서, 가장 흔하게는 종교에서, 그리고 마지막으로 철학에서 인간은 그것들을 이해 가능성의 전체 체계로 개조한다.[38]

말하자면, 그러한 주체의 '자기 인식'self-knowledge은 단순히 일반적인 '이성적 행동자의 자기 인식'이 아니라, 주체와 통각적 관계를 맺는 힘을 포함하는 그러한 '물질적 주체(실체)의 자기 인식'이다. 따라서 쟁점이 되는 것은 바로 '인간다운human 이성'이지, 일반화된 합리적 존재의 일반화된 칸트식 이성이 아니다.[39]

---

38 헤겔이 지적하듯이, 그가 '객관 논리학'이라고 부르는 그의 『논리학』의 첫 두 권[존재론, 본질론]은, "따라서 그러한 규정들에 대한 진정한 비판이며, 이것은 후험적인 것과 대조되는 '선험적인 것의 추상적 형식'에 따라서가 아니라, 그 규정들의 구체적 내용에 따라 그 규정들 자체에서 규정들을 고려하는 비판이다". (Hegel and Di Giovanni 2010), p. 42; (Hegel 1969i), p. 62.

헤겔적 주체는 '사유하는 실체'thinking substance로서, 실체가 주체가 되는 방식, 즉 자연에서는 발견할 수 없는 일종의 자기 관계 능력을 지닌 물질적 생물체이다.[40] 우리의 다양한 사유 행위들은, 합리적 사유로서 궁극적으로 그 자체에 의해서만 제한되는 '인간다운 사유의 힘'의 단순한 특정 예시들instantiations이 아니라 현현들manifestations이다. 헤겔의 표현으로 하자면, "정신의 규정성은 결과적으로 현현의 규정성이다. […] 따라서 그 가능성은 곧바로 무한한 절대적 현실성이다."[41]

이와 같은 것은 헤겔의 '자연주의'naturalism의 일부이며, 이 자연주의는 그의 관념론의 일부이기도 하다.[42] 세계는 우리의 본성[자연]nature으로 인해 우리에게 나타나며, 우리는 사태들이 '비통각적[자의식 없는] 생물'에게 나타나는 것과는 다르게, 그에게 나타나는 '통각적[자의식적] 생물'이 될 수 있고 그렇게 존재할 수 있다. 우리는 다양

---

39 "영혼의 삶에 대한 단순한 규정들이 자연의 보편적 삶에서 자신들의 단절된 대응물을 가지고 있는 것처럼, 그것[영혼의 삶]은 개별 인간에서 주체적인 것의 형식을 가지고 있으며, 그것은 특정한 충동을 가지며 그 자체를 펼쳐 놓는다. 그것은 알지 못한 상태로 존재로서 개별 인간 안에 있다. 그리고, 그것은 국가 안에서 분화된 자유 영역의 체계, 즉 자의식적 인간 이성에 의해 형성된 세계로 스스로를 펼쳐 놓는다." (Hegel 1969d), §391, p. 52; (Hegel et al. 1971), p. 36. 이것은 다음과 같은 특징적 구절에서도 표현된다. "미덕의 교설이 단순히 의무에 관한 이론만이 아니라, 자연적 규정들에 근거한 성격의 특정한 측면들을 포함한다면, 그것[미덕의 교설]은 정신의 자연사(natural history of spirit)가 될 것이다." (Hegel 1991), p. 194; (Hegel 1969e), §150, p. 299.

40 이 점에 대해서는 (Khurana 2013)의 유용한 서론과 논문들을 참조할 것.

41 "정신의 규정성은 결과적으로 현현의 규정성이며 […] 그 가능성은 결과적으로 곧바로 무한하고 절대적인 현실성이다." (Hegel 1969d), §383, p. 27; (Hegel et al. 1971), p. 16.

42 나는 (Pinkard 2012)에서 이에 대한 별도의 주장을 하려고 노력했다. 또한, (Testa 2013)도 참조할 것. 비변증법적이지만 느슨하게 자연주의적인 용어로 헤겔을 독해하는 또 다른 관련 버전에는 고전적인 작업인 (Wood 1990)이 있다.

한 능력들을 가진 이성적 동물이며, 우리의 능력들은 유아기에는 직접적 형태로 우선 발달하고, 성장하면서 더 반성적인 형식으로 발전한다.[43]

정신과 자의식

'정신'은 헤겔이 생물의 한 종, 즉 자의식적 인간 삶을 일컫는 이름이나. 그가 우리를 단순히 '인간 존재'가 아니라 '정신'이라고 부르는 의도는, 자의식이 그 삶 자체의 본질을 변화시키는 방식을 드러내기 위한 것이다.[44] 정신은 주체성이며, 주체는 '주체라는 개념에 속하는 삶'이기 때문에 주체이고, 자발적으로 스스로를 [주체라는] 그 개념 아래로 가져감으로써 그 개념에 속한다. 그렇게 함으로써 주체의 '가능

---

43 헤겔은 다음과 같이 언급한다. "이러한 근거에 따라, 아이는 여전히 자연적 삶의 손아귀에 있는 것이다. 아이는 자연적 충동들만을 가지며, 아직 정신적 인간(geistiger Mensch)이 되는 현실성이 아니라, 개념의 측면에서 그러한 인간이 될 가능성일 뿐이다. [⋯] 개념은 필연적으로 개념 자신의 실재 발전을 향해 나아간다. 왜냐하면 그 실재가 처음에 소유한 무규정성의, 직접성의 형식은 개념에 모순되는 것이기 때문이다. 정신 속에 직접적으로 현전하는 것처럼 보이는 것은, 진정으로 직접적인 것이 아니라 오히려 그 자체로 정립된 것, 매개된 것이다. [⋯] 확실히, 정신은 이미 자신의 시작 단계에서부터 현존하기는 하지만, 정신은 아직 정신을 알지 못하며, 그것이 정신이라는 것도 알지 못한다. 처음에 정신의 개념을 파악한 것은 정신 그 자체가 아니라 그것을 관찰하는 우리일 뿐이다. 오직 우리만이 정신의 개념을 알고 있다. 정신이 자신이 무엇인지를 알게 되는 것이, 바로 정신의 실현을 구성하는 것이다." (Hegel 1969d), §385, p. 33; (Hegel et al. 1971), p. 21.

44 이것은 헤겔이 '인간 정신'에 관해 말하는 다양하고 수많은 구절들로 인해 약간 복잡하다. 그것은 불필요한 것처럼 보일 수 있지만, 그러나 '신성한 정신'(divine spirit)과 항상 대조되며, 이러한 대조는 우리 종의 구성원은 아니지만 우리 종의 이해관계를 공유하는 '인간 같은 정신'(human-like spirit)을 생각하는 방식으로 이루어진다.

성', 즉 주체가 자신을 사유하는 것이야말로 '행동을 실행하는 주체'로서 그의 현실성이며, 인격으로서 자신을 확립하는 것이다. 이제, 주체의 개념과 그 위상과 연관된 것 아래에 서 보는 일은, 헤겔이 '삶의 형태'라고 부르는 것, 즉 일종의 구체적 사유 질서인 '이념' 안에 서 보는 일에 상응할 것이다.[45] 그러한 삶의 형태 내에서 주체들은 자신의 신념과 행동에 대해 권한authority을 바라며, 이는 '이성[이유]의 공간'이 실제로 필요로 하는 것들을 둘러싸고 불가피하게 대립들을 야기한다. 즉, '자의식적 영장류'는 결국 자신의 본성[자연]에 의해 단순히 자의식적이지 않고 반성적으로 자의식적일 수밖에 없으며, 이는 그러한 권한에 대한 원초적 투쟁에서 시작한다. 그리고, 그의 본성[자연]은 그 자신을 그의 인간다운 삶의 형태 안에서 주어진 구체적 형태인 '이성[이유]의 공간' 안에 위치시킬 수 있다.[46]

이러한 권한이, '이성[이유]의 공간'이라는 추상과 같은 것에 호소하는 일만으로 구성되어야 한다는 것은 우리의 출발점이 아니다.

---

45 헤겔은 그의 초기 미발표 저작에서 '삶의 형태'에 대해 말하며, 그리고 이 문구는 미네르바의 부엉이에 대한 『법철학』의 유명한 문장에 다음처럼 다시 등장한다. "철학이 회색에 회색을 덧칠할 때, 삶의 형태는 늙어 버렸고, 그것은 젊어질 수 없으며, 철학의 회색[백발]에서 회색에 의해 인식될 뿐이다. 미네르바의 부엉이는 황혼이 시작될 무렵에 비로소 날기 시작한다." (Hegel 1969e), p. 28; (Hegel 1991), p. 23. 헤겔이 말한 부엉이는 낮에만 날아다녔을 가능성이 높으므로, 부엉이에 대한 은유는 아마도 적절하지 않을 것이다. (Knowles and Carpenter 2010/2011)을 참조할 것.

46 따라서 헤겔은 다음과 같이 지적한다. "요컨대, 삶은 그 자체로 목적[자기목적](Selbstzweck)으로 파악되어야 하며, 그 자체에 자신의 수단을 소유하는 목적으로 파악되어야 하며, 그리고 각각의 구분된 계기들이 목적이면서 동시에 수단이기도 한 총체로서 파악되어야 한다. 그러므로 이 변증법적 의식에서, 이 구분되는 계기들의 살아 있는 통일에서 자의식이 점화된다. 즉, 그 자신의 대상이 되며 따라서 그 자신 안에서 분화되는 '단순하고 이상적인 존재'에 대한 의식, 다른 말로, '나[자아]'라는 자연적 실존의 진리에 대한 지식이 점화된다." (Hegel 1969d), ¶423 Zusatz, p. 212; (Hegel et al. 1971), pp. 163~164.

그러한 추상은 결과이며, 모든 측면에서 그 모든 것은 다소 긴 역사 발전의 결과이다. 헤겔이 『논리학』에서 자세히 설명하는 '이성[이유]의 공간'은, 우리 자신과 세계를 이해하려는[의미화하려는] 관행의 배후 '그림자 영역'에 불과하다. 『논리학』에서 서술된 논리는, 헤겔의 이미지처럼, 더 구체적인 역사적 주체들의 세계가 드리운 그림자에 불과하다. 그러한 그림자는 그 찰나성으로 인해, 우리가 그 그림자에 관해 반성할 때마다 종종 해체되어 사라지는 것처럼 보인다.[47] 만약 주체들이 충분한 세계와 시간을 가지고 있다면, 그들의 논의는 영원히 계속될 수 있기 내문에, 그들은 그러한 문제들을 어떻게 해결할지 걱정할 필요가 없을 것이다. 그러나, 주체들은 결코 충분한 세계와 시간을 지니고 있지 못하다. 그들은 무한한 문제에 직면한 '유한한 피조물'이다.

헤겔 자신도 다양한 방식으로 이 문제에 직면한다. 『정신현상학』 초반부에 그는 다음과 같이 주장한다. "자의식은 욕망 그 자체다."[48] 욕망desire은 동물이 그 내면에서 결핍을 느끼는 것이므로(예를 들어, 배고픔은 영양 부족을, 졸음은 수면 부족을 나타낼 수 있다), 헤겔은 자의식이 '무언가의 결핍 느낌'을 보여 준다고 주장한다. 우리가

---

47 "이 학문을 연구하고, 그림자의 영역에 머무르면서 수고하는 일은, 절대적인 문화적 도야이자 의식의 훈련이다. 그것은 직관과 감각의 목표에서 멀리 떨어진 것, 감정과 단지 공상적인 표상의 세계로부터 멀리 떨어진 것으로 스스로를 몰아간다. 부정적인 측면에서 고려할 때, 이 과제는 단지 영리한[형식적] 사유(räsonierenden Denkens)의 우연성을 억제하고, 그 반대보다는 하나의 근거를 타당하다고 받아들이는 선택의 자의성을 억제하는 것으로 구성된다. 그러나, 무엇보다도 사유는 자생력과 자립성을 획득한다." (Hegel and Di Giovanni 2010), p. 37; (Hegel 1969i), p. 55.

48 (Hegel 1969a), p. 139; (Hegel 2010), ¶167.

되돌아봐야 할 헤겔의 주장은, 적어도 그가 그렇게 말하는 논증의 단계에서 보자면, '자의식이 결여하고 있는 것'은 어떤 지속 가능한 '권한의 형식'이라는 점이다. 바로 그 자체의 개념 속에 있는 것처럼 보이는 권한을 획득하기 위해, 자의식은 그러한 권한을 인정할 수 있는 정당성을 지닌 타자로부터 인정을 받을 필요가 있다. 다시 말해, 자의식은 루소가 그 특유의 활기찬 목소리로 "폭력 없이 구속하고 확신 없이 설득할 수 있는 다른 질서의 권한"[49]이라고 불렀던 것을 필요로 한다.

　의도가 행동으로 드러나는 방식과 유사하게 정신은 현상으로 드러난다.[50] 예를 들어, 일련의 개별적인 신체 움직임인 행동은 그 움직임이 드러내는 의도(즉, 생각)에 의해 통일성을 갖는다. 따라서 의도를 실행하기 위해 취하는 개별 단계들은, 헤겔이 말하는 대로, 의도를 '드러내는' 행위의 '계기들'이다.[51] (예를 들어, 저기로 가서 문을 열고자 하는 나의 의도는 내가 돌아서고, 문으로 걸어가고, 손잡이를 당기

---

49 (Rousseau 1968), p. 87.
50 (헤겔이 선택한 용어인) '현현'(manifestation)에 대해 이야기하는 것은, 자기 인식에 관한 최근 문헌에 비추어 볼 때 약간 오해의 소지가 있을 수 있다. 최근 문헌은 '현현'을, '정신 상태의 비인지적 표현'과 '어떤 정신 상태의 표상이나 의미의 표현'으로 구별하는 것을 선호한다. 예를 들어, 매슈 보일은 '고통을 표현하는 것으로서 울음'과 '울음이 고통이라는 언어적 표상'을 구별한다. 이는 다음과 같은 결론에 대한 그의 긴 논증의 일부이다. 그 결론은, "자신의 정신 상태를 표현할 수 있는 사람은, '자신이 그러한 상태를 부여하는 그 주체'가 '자신의 마음을 결정할 수 있는 힘을 가진 사람'이라는 것을 이해해야 한다"는 것이다. 보일의 요점은, 심지어 '수동적' 자기 지식(우리의 감각에 대한 지식)에서도, 우리는 여전히 그러한 상태를 주체에게 귀속시키며, 따라서 이러한 '자기 귀속'(self-ascription) 능력은 그러한 수동적 상태에 대한 지식을 주장하는 데 기초가 된다는 생각에 근거한다. 우리는 이 정신 상태들(예를 들어, 감각이나 야만적 욕망)을 단순히 '가지고' 있을 뿐만 아니라, '우리 자신의 것'으로서 그것들을 표현한다. (Boyle 2009).

는 등의 모든 개별 움직임들에서 드러난다.) 따라서, 헤겔의 용법에서 '현현'顯現, manifestation은 일종의 표현expression이다. 주체의 경우, 그것은 사유나 원칙의 표현이다. 서로 다른 신체적 움직임을 하나로 함께 묶어 주는 것은 오직 사유(의도)뿐이기 때문에, 행동은 자신을 움직이는 사유를 표현한다. 사유에 의해 통일된 행동action은 행위deed(행위자가 그 행위에 성공하든 실패하든 상관없는 것)와는 다르며, 행동자actor는 실제로 이런저런 일을 하지 않으면서도 이런저런 일을 의도할 수 있다.[52] '내가 하고 있다고 생각하는 것'과 '내가 하기를 완료한 것'은 분명히 분리될 수 있다. 엉이 사용자가 '행동하다'act, '하다'do, '행동'action 그리고 '행위'deed라는 말들을 사용하는 방식에는 이러한 구분이 명확하게 드러나지 않는다. 헤겔은 때때로 '내가 하고 있다고 생각하는 것'과 '내가 하고 있다는 것'을 구분하기 위해 하나를 '행동'Handlung으로, 다른 하나를 '행위'Tat로 표시하기도 하지만, 이는 부분적으로 단어들의 자의식적 편성일 뿐이다.[53]

누군가가 무엇을 하고 있는지를 안다는 것은, 행동으로서 존재

---

51 '자기 소유권'(self-ownership)에 대한 논의와, 행위(deed)와 행동(action)의 분리가 불안정하다는 점에 대해서는 (Deligiorgi 2010)을 참조할 것. 델리지오르기(Katerina Deligiorgi)는 이러한 고려 사항들을, 헤겔이 '행동자'(agency)의 '오류론'과 같은 것을 보유하고 있음을 나타내는 것으로 간주한다. 그러나, 여기에서 진척된 견해에 따르면, 헤겔은 그러한 오류론을 보유하고 있지 않지만, 그는 '행동자'가 단순한 '사물'이라고 생각하지도 않는다(이 점에 델리지오르기도 동의한다). 그것은 '주체'(subject)이자, 독특하게 자기 관계적 유기체이지만, 무(無)는 아니며 단순한 '실체'(substance)도 아니다. 그것은 통각적 삶이며, 단순히 이성적 힘이 그에게 추가 접목된 동물적 삶이 아니다. 내가 헤겔에게 부여하는 '행동의 통일성'은, 마이클 톰슨이 그의 '순진한 행동 이론'(naïve action theory)이라고 부른 것과 더 유사하다. (Thompson 2008), pp. 85~148 참조.

52 헤겔의 이론에서 '행동'(action)과 '행위'(deed)를 구분하는 요소들을 어떻게 끌어낼 수 있는지가 (Pippin 2008)의 초점이다.

하는 그 누군가의 행동에 대해 어떤 권한을 주장하는 것이다. 예를 들어, 누군가가 "너 뭐 하고 있니?"라는 문자 메시지를 당신에게 보내면, 당신은 헤겔에 대해 읽고 있다고 답할 것이고, 그리고 당신은 메시지를 받기 전에 그것에 대해 반성할 필요 없이 이미 그것을 알고 있었다. 문자 메시지로 "기분이 어떠니?"와 같은 다른 질문을 받고 "나는 매우 아파"라고 대답했더라도, 아프다는 느낌에 대한 보고는 여전히 상대방이 의미 있는 것을 말하고 있다고 가정한다. 두 사람 모두 그렇게 이해할 수 있는 자의식적 능력이 있으므로 그 문장을 이해한다. 심지어, 자신의 내적 상태에 대한 보고처럼 보이는 것조차도, 통각적 삶과 관련된 종류의 '자기 귀속'self-ascription은 자신을 그 개념 아래로 가져감으로써 '통각적 삶'의 개념에 속한다고 가정한다.[54] 이제, "나는 아

---

53 '행동/행위'(action/deed)의 구별에 대한 피핀 논의(Pippin 2008)에 더하여, '의도적으로' (intentionally) 무언가를 하는 것과 '잠재적으로'(anscombely) 무언가를 하는 것에 대한 (Thompson 2013)의 논의도 참조할 것. 마크 알츠나우어(Mark Alznauer)는 행동이 실제로는 행위에서만 표현된다는 피핀의 설명을 받아들이지만, 그것을 다른 방향에서 취한다. 알츠나우어는 피핀의 설명이 우리가 (기본권, 도덕적 의무, 근대 인륜적 삶이 인정되는) 근대 제도들 안에서만 실제로 행동자(agents)일 수 있다는 함의를 담고 있다고 주장하는 반면, 알츠나우어는 헤겔은 행동자에 대한 훨씬 약한 조건을 가지고 있으며, 사람들은 "국가에 대해 공유된 구성원 자격"을 가진다고 주장한다. (Alznauer 2015), p. 63. 그러나, 피핀이 알츠나우어가 긍정할 만한 방식으로 그러한 근대 제도들에서 우리는 '충분히' 행동자(agents)만이 될 수 있다고 주장할 수 있다는 점을 제외하면, 알츠나우어와 피핀의 입장 사이에 많은 차이가 있는지는 분명치 않다. 내가 여기서 옹호하는 입장은 헤겔에게 귀속되며, 이는 자의식 그 자체와 관련된 행동자를 위한 훨씬 약한 조건이다. 그리고 이 입장은, 정신다운(geistig) 존재 상태가 된다는 것이 무엇인지에 대한 더 완전한 이해에 행동자가 도달할 때 행동자는 충분히 실현된다고 주장한다. 여기서 설명된 입장은 피핀과 알츠나우어의 입장과 같은 맥락으로, 세 사람 모두 행동자의 '사회성'에 대한 형이상학적 논지를 표현하고 있다는 점에서 동일하다.

54 이에 대해서는 (Boyle 2009)도 참조할 것. 또한, 어떻게 이것이 본질적으로, 의식에서 무언가를 '결합된 것'으로 표상하는 것에 관해 말하는 칸트의 요점인가에 대한 논의는 (Yeomans 2015, Rödl 2007)을 참조할 것.

프다"라는 진술은 모든 종류의 신음과 찡그린 얼굴을 동반할 수 있으므로, 그 진술이 신음을 계속하는 또 다른 (언어적) 방법일 뿐이라고 생각하기 쉽다. 그러나, 그 진술은 그 이상이다. 다른 사람이 "아, 공감을 얻기 위해 그런 표정을 짓는구나"라고 말할 때, "아니, 틀렸어요. 정말 아파요"라는 대답은 신음 그 이상이다. 그것은 인식에 대한 진술이며, 당신이 당신 자신을 어떻게 알고 있는지에 대한 진술이다.[55]

따라서, 자의식은 자신을 알면서 자신을 자신과 구별하는 동시에, 거기에는 실제 구분이 현존하지 않는다는 것을 아는 '자기 현존'self-presence에 의해 구성된다.[56] 자의식은 누군가의 내적 정신 상태를 검사하는 것이 아니라, 오히려 책무[공속행위]commitment와 같은 것을 취함으로써 믿음과 같은 문제를 둘러싸고 권한을 가정하는 행동이다. 『정신현상학』후반부에서 헤겔은 "자의식은 본질적으로 판단이다"라고 말한다.[57]*

이 자기 현존은 무엇인가? 왜 자의식은 욕망이면서 판단인가?

---

55 이에 대해서는 (Boyle 2009)의 논의를 참조할 것.

56 예를 들어, 다음을 참조할 것. (Hegel 1969a), p. 181; (Hegel 2010), ¶235. "이제 이 범주, 즉 '자의식과 존재의 단순한 통일'은 그 자체에 구별을 지닌다. 왜냐하면 그것의 본질이 바로 이것, 즉 타자에서 직접적으로 자기 동일함, 즉 절대적 구별에서 직접적으로 자기 동일함이기 때문이다. 따라서 구별은 존재하지만, 그러나 그것은 완전히 투명한 구별로서 존재하며, 동시에 전혀 구별이 아니다."

57 (Hegel 2010), ¶494.

* [옮긴이] 'commitment'는 라틴어 'committere'에서 유래하였으며, '하나로 결합하다, 연결하다, 함께 묶다' 등을 의미한다. 이 단어는 17세기 초부터 '공식적으로 국가의 관리에 위임하는 행동'(action of officially consigning to the custody of the state)을 의미하는 말로 사용되기 시작한다. 나중에는 '서약, 약속, 책무[공속행위]' 등의 의미로 사용된다. 이 번역서에서는, 대부분 '책무[공속행위]'로 옮긴다.

자의식과 그의 타자

헤겔은 배경이 관여하는 세계에 살고 있는 일종의 직접적 자의식이, 그 자신의 관행 붕괴를 통해 더 반성적인 형식으로 추동되는 방식에 관해 설명한다. 이러한 관점에 동기를 부여하기 위해, 헤겔은 『정신현상학』첫 장에서, 그러한 자의식적 개입을 배제하고 사물을 직관적으로 경험하는 자세는 결국 자신을 붕괴시키는 일이라고 주장했다. 그가 '감각적 확신'이라고 부르는 것은, 예를 들어 "저기 저것"That one, over there과 같은 진술에서 무언가를 지적하는pointing out 행동이다. 그러한 '감각적 확신'에서 대상에 대한 투명한 지칭reference처럼 보이는 것, 즉 어떤 '의미'에 의존할 필요 없이 단지 어떤 종류의 의미 없는 지칭을 통해 객체를 '취하는' 방식은 화자나 경험자의 입장을 고려해야 한다는 점에서 스스로를 붕괴시킨다.[58] 헤겔은 객체에 대한 '순수 지칭'이라는 이 관념이 (의미 없는 순전히 감각적인 지칭 행동과는 구별되는) 대상과의 순수한 지각적 만남이라는 측면에서 좋게 만들어질 수 있다고 제안하지만, 이는 결국에는 더 나아지지는 않는다. 그런 종류의 만남은 또한 '의미에 의해 매개되지 않은 순수 지칭 활동'이라는 측면에서(그럼에도 불구하고, 이 활동은 일련의 설명들을 배경으로 발생한다) 그러한 객체들을 파악하는 데에도 필요하다. 결국, 이러한

---

58 (Kukla and Lance 2009)는 그러한 '지적'(pointing out)이 누군가를 환영하면서 자신의 사회적 공간으로 끌어들이는 '사회적 관행의 일부'라고 주장한다. 헤겔은 분명히 이에 동의할 것이지만, 그러나 그것이 감각적 확신에 대한 헤겔 논의의 초점은 아니다. 그것은 그러한 활동들에서 통각적 삶의 현존을 보여 주는 것이며, 그러고 나서 통각적 삶은 사회적 공간에 참여하는 것으로만 이성적으로 이해될 수 있다고 주장하는 것이다.

움직임을 형성함으로써, 우리가 언급하는 것들에 관해, 예를 들어, '푸른' 사물이 실제로는 '빨간' 것일 수도 있다거나, '감사하는 행위'를 '미덕'이라고 부를 때 실제로는 '악덕'을 지칭하는 것일 수도 있다는 식으로 의문이 제기된다. 이러한 의구심은 위쪽으로 보이는 것이 실제로는 아래쪽이고, 왼쪽이 실제로는 오른쪽이고, 초록색이 실제로는 빨간색이고, 단 것이 실제로는 시큼하고, 정의로운 것이 실제로는 부당한 것일 수 있는 등, 전체 세계가 실제로는 우리에게 전도되어 있을지도 모른다는 더욱 불안한 가능성을 제기한다. 평범한 지칭 행동 배후에는, 우리가 어떤 식으로든 사물을 '취하고', 감각 경험 자체에 직접 현존하지 않는 문제들을 정립해야 하는 방식이 도사리고 있다. 우리의 '통각적[자의식적] 삶'은 언뜻 보기에는 명백히 '비통각적 활동들'로 보이는 것들에서 이미 작동하고 있다.

우리가 우리의 의식적 삶을, 객체들에 대한 일종의 '의미가 결정되지 않은 지칭'meaning-free reference의 기초 위에 안주하는 것으로 간주하고 싶은 유혹을 받는 것처럼, 우리는 또한 우리의 자의식적 삶을 완전히 투명한 방식처럼 서로에게 나타나는 것으로 취하고, 우리의 행동을 그 자체로는 정당화될 수 없는(즉, 더 이상 의미에 의해 매개되지 않는) 궁극적 욕망에 따라 이끌리는 것으로 간주하고 싶은 유혹을 받기도 한다. 각 주체는 다른 주체를 자의식적 타자로, 1인칭[나]에 대한 즉각적인 2인칭 인격[너]으로 생각한다. 그러나, 각자가 2인칭[너]을 그들 각자의 사유 객체로 삼는 데에서 각자는 2인칭[너]으로 나타난다. 즉, '너'가 '나'를 2인칭적으로 파악한다는 것은, '나'에 대한 '너의 2인칭적 사유'로서 '너'에 대한 '나의 1인칭적 파악'에 존립하며, 헤겔이 "우리인 나, 나인 우리"The I that is a We, and a We that is an I

라고 부른 것처럼, 우리가 우리 자신을 복수로 이해한다는 것은 그렇게 복잡한 사유 속에서 생각하는 과정이다.[59] 그러한 사유에서, 그러한 자기 인식이 실현된 상태에서, 우리는 타자를 단순히 우리 자신의 관점 속으로 흡수해 버리지 않고, 헤겔이 말했듯이, 우리 자신과 하나로 머무는 동안에는 "타자를 타자로" 간주한다.[60] 즉, 우리는 자연 질서에서 인간 생물체가 차지하고 있는 이성[이유]reasons의 구체적 공간에서 각자 한 자리를 차지하고 있는 것으로 서로를 파악한다. 그 공간은 또한 '권한의 공간'space of authority이며, 서로에게 그리고 심지어 우리 자신에게 자신을 정당화해야 하는 부담을 지는 공간이다. 그리고, 이 모든 일은 단순히 그의 동물성을 제거한 이성적 삶이 아니라, '이성적인 인간다운 삶'rational human life이라는 관념 내에서 수행된다.

다른 고려 사항이 없다면, 근본적 갈등 가능성이 다음처럼 확립된다. 만일 어떤 우발적인 이유로든, 자의식적 생물체 중 한쪽이 어떤 일련의 주장에 대해 무조건적 권한을 가지고, 다른 쪽은 이 권한에 이의를 제기하며, 어떤 우발적인 이유로든, 첫 번째 주체가 이 사안을 자신에게 매우 중요한 것으로 취하여 그것에 자신의 목숨을 기꺼이 건다면(그리고 그것을 위해 기꺼이 타자를 죽일 의향이 있다면), 결국 '인정 투쟁'struggle for recognition이 일어날 수밖에 없다. 물론, 두 주체가 모두 투쟁 중에 죽는다면 이 문제는 해결되지 않는다. 그러나,

---

59 이에 대해서는 (Hegel 1969a), p. 145; (Hegel 2010), ¶177 참조. 헤겔의 논의를 설명할 때, 나는 특히 (Rödl 2007)과 (Lavin 2004)에서 제기된 요점들을 참고했다. 그러나, 뢰들(Sebastian Rödl)의 다소 칸트적인 논의에는, '지배와 예속의 변증법' 같은 것에 이를 수 있는 것은 전혀 없다.

60 (Hegel 1969e), §7, p. 57; (Hegel 1991), p. 42. 이는 (Sparby 2014)의 비판에 대한 응답이다.

한쪽이 다른 쪽을 죽여도 문제는 다시 한번 해결되지 않는다(왜냐하면 욕망을 인정해 줄 자가 아무도 없기 때문이다). 둘 다 지쳐서 투쟁을 중단하면 문제는 해결되지 않고 문제 해결을 위한 투쟁이 연기될 뿐이다. 이러한 맥락에서 보면, 이성이 요구하는 바에 관한 토대 수준의 근본 논쟁이 있고 어떤 결정에 도달해야 할 때, 둘 중 한쪽이 단순하게 어떤 권한 관계를 명령에 의해 설정하는 것 말고 다른 여지는 없다. 이는 결국 그들 모두를 이성의 추상적 공간에서 벗어나 '갈등의 실재 세계'로 끌어들인다. 이러한 투쟁에서는, 다른 고려 사항이 없다면, 유일한 해결책은 둘 중 한쪽이 죽음에 대한 두려움으로 상대방의 권한 주장에 굴복하는 일인 것 같다. 그래서, 한쪽은 주인이 되고 다른 쪽은 주인에게 복종하는 노예가 된다.[61]

주인 편의 힘에 대한 비이성적 호소는, 그들 중 한쪽이 애초에 공유할 수 없는 권한에 대한 주장을 제시할 때(그리고 기꺼이 자신의 목숨을 걸 때), 이 추상의 단계에서는 권한에 대한 논쟁을 해결하는 것이 불가능하기 때문에 발생한다. 그러나 '주인과 노예의 변증법'dialectic of master and slave의 결과에는 더 깊은 두 층위의 난점이 있다.

첫째, 모든 권한이 인정받은 권한이라면, 한 주체는 다른 주체가 자신의 권한을 인정할 때만 권한을 갖고, 따라서 이 다른 주체도 권한을 가진 또 다른 주체로부터 여전히 인정받아야 하며, 이 과정은 무한하므로 '무한 퇴행'infinite regress이 시작된다. 만일 투쟁에 두 주체만

---

61 헤겔은 굴복하는 이 타자를 '노예'(Knecht)라고 부르는데, 이는 '가신'이나 '하인', 그리고 심지어 '노예'를 의미할 수 있다. 일반적 요점은 '예속 상태'(servitude)에 관한 것이다. 헤겔은 또한 이렇게 이상화된 투쟁과 같은 것은 선사시대 인류의 과거에도 심각하게 일어났다고 생각했다.

있다면 어느 쪽도 권한을 주장할 수 없다. 왜냐하면 퇴행은 시작조차 될 수 없거나(그것을 시작할 권한이 존재하지 않기 때문에), 아니면 둘 중 어느 쪽도 다른 쪽을 인정할 권한을 획득할 수 없는 두 주체들 사이에서만 앞뒤로 돌고 도는 일이 발생하기 때문이다. 이성 자체에 호소할 수 있는 어떤 매개 기관[제도]any mediating institutions이 있다면 문제가 해결될 수 있겠지만, 이 추상화 수준에서는, 즉 자의식이 실제로 취해야 하는 특정한 제도화된 형태가 아니라 자의식 자체의 개념에 대해 논의하는 수준에서는, 그러한 매개 기관이 존재하지 않는다. 만일 둘 중 한쪽만 권한을 갖는다면 퇴행은 진행되지 않는다. 둘 중 어느 쪽이 권한을 갖느냐가 투쟁의 관건이다.

　'주인과 노예의 변증법'에서 두 번째로 난해한 층위는, 헤겔의 주체성 이론의 핵심에 있다. '주인과 노예의 변증법'은 종종 일종의 '상호주체성'intersubjectivity의 확립을 목표로 하는 것으로 받아들여지지만, 헤겔이 이 논의에서 강조하는 바는 약간 다르다. 초반 대면에서는 상호주체성 자체의 거대한 실패는 없다. 한 수준에서 두 투쟁자는 서로를 완벽하게 잘 이해한다. (그들은 확실히 서로 대화할 수 있을 정도로 충분히 공유하고 있으며, "항복하지 않으면 죽는다!"라는 표현을 각자 이해하는 것처럼 보인다.) 심지어 두 투쟁자는 각자 서로에게 느슨하게 '인륜적'ethical이라고 부를 수 있는 요구사항의 어떤 버전을 자신이 지니고 있다고 이해할 수도 있다. (예를 들어, 둘 중 한 명 또는 둘 다 자신이 타인보다 자신의 '민족'의 우월성을 주장하기 위해 인륜적으로 요구된다고 생각할 수도 있다.) 각자는 '의무로 가득 찬 세계에 뿌리를 내린' 자의식의 형식이다.[62] 누가 각자의 규범적 입장을 결정할 권리를 행사할 것인가(누가 상대방의 의사를 존중하고 누가 명령을 내릴 것인가와 같은 경우)를 둘러싼 그들의 투쟁은, 이미 거기에 그들이 어느 정도 공유하는 사태에 대한 전망이 있다는 것을 보여 주며, 더구나 그들이 죽을 때까지 투쟁할 만큼 그러한 전망은 충분히 공유되고 있다는 것을 나타낸다. 그들의 문제는, 애초에 자신을 '주체'로 삼는 사유 질서와 관련된 방식과 연관이 있다.

여기서 헤겔의 논의를 다른 맥락에 대입해 보면 도움이 될 수 있다. 마이클 톰슨은 '일원적 판단'monadic judgments을 '이원적 판단'bipolar judgments(또는 '이원적'dyadic 판단이라고 부르는 것이 더 나을 수도 있다)과 구별했다.[63] 이것은 단순히 "그가 뭔가를 잘못했다"와 "그가 그녀에게 잘못했다"와 같은 판단들 사이의 표면적 구분이 아니다. 후자의 판단 유형은 한 사람이 특정 타인에게 잘못을 저질렀다는 점에서 이원적 판단이고, 전자는 사유 질서와의 관계에 서 있는 한 개인으로 인식되는 한 주체에 적용된다는 점에서 일원적 판단이다. 톰슨의 표현을 빌리자면, 일원적 판단에서는 "[자신과는] 다른 행동자는, 두 행동자 중 어느 한쪽이 도구적으로 '엉망으로 만들 수' 있는 어떤 것이다. 이 경우의 모든 규범성은 행동자 자신의 목적으로부터 비롯되며, 따라서 단지 일원적일 뿐이다."[64]

"규범성은 […] 행동자 자신의 목적으로부터 비롯된다"라는 말은, 일원적으로 파악된 행동자들이 반드시 잔인하게 이기적이거나 타인의 고통에 무관심한 상태로 생각되어야 한다는 것을 의미하지

---

62 이 구절 자체는 윌프리드 셀라스가 만든 것으로 잘 알려져 있다. (Sellars 1963), p. 212.

63 (Thompson 2004).

64 (Thompson 2004), p. 353.

는 않는다. 그들 자신의 목적들은 '자의식이 있는 다른 행동자들에게 고의로 고통을 가하지 않는다'와 같은 규범을 사실상 포함할 수 있다. 그러나, 이 목적들은 여전히 일원적으로 인식된 그들 자신의 목적들이지, 특정 타인에 대한 특정한 의무들은 아니다. 예를 들어, 법체계legal system는 타인에 대한 모든 종류의 의무를 명시하고, 특정 방식으로 타인에게 해를 끼치면 잘못한 것이라고 공표할 수 있다. 그러한 경우 그 행동을 (법적으로) 잘못된 것으로 만드는 것은, 그 개인이 속한 법적 규범을 그 행동이 위반한다는 사실이다. 일원적 질서monadic order는 다소간에 놀이의 구조를 지닌다. 일원적 질서에서 부당한 행동을 하는 것은, 반칙을 저지르거나 백색선을 벗어나는 등과 같이 규칙을 위반하는 것일 뿐이며, 타인에게 어떤 것을 행했다는 것은 부차적 문제일 뿐이다. 이는 마치 오프사이드나 파울을 범했다고 도덕적 심판이 호루라기를 불게 하는 것과 같다.

톰슨이 지적하듯이, 아리스토텔레스와 토마스 아퀴나스는 톰슨과 마찬가지로 그러한 '법체계'legal system가 부과하는 '일원적 요건'과 '정의 체계'system of justice가 부과하는 '이원적 요건'을 명확하게 구분하는 것 같다. 물론, 법체계도 이원적 요건을 부과할 수도 있고, 아니면 개인들에게 속하지만 일원적으로 유지될 수 있는 권리 체계에 의해 거의 동일한 목적을 달성할 수도 있다. 여기서 요점은, 법체계가 이 두 방식을 모두 필요로 하지는 않는다는 것이며, 그렇게 하더라도 법체계는 여전히 법체계일 수 있다는 것이다. 일원적 입장과 이원적 입장의 구분은, 법체계 자체에서 계약과 같은 사법私法, private law의 사안(법률 규칙을 통해 특정 타자에 대한 의무와 그에 상응하는 타자 측의 권리를 형성하는 경우)에서, 그리고 톰슨의 언급처럼 형법의 사안에서 전형적으로 나타난다. 형법의 사안에서는 "배심원의 '유죄!'라는 평결은 행동자들의 관계가 아니라 한 행동자의 속성을 표현한다. 다른 행동자가 사안에 개입한다면, 즉 우리가 말하는 '피해자'가 있다면, 이 피해자는 어떤 누군가가 잘못을 저지를 수 있다는 관점에서 보자면 원자료와 같은 것이다."[65]

　'지배와 예속의 변증법'dialectic of mastery and servitude을 구성하는 개인들의 상상적 대면對面, encounter에서, 그 대면은 서로를 '개념 사용자'concept-user라는 개념 아래에 함께 끌어들이는 두 개념 사용 행동자들 사이의 대면, 즉 그들이 서로를 자의식적 행동자들로 본다는 것을 의미하는 대면으로 연출된다. 각자는 처음에는 자신의 규범적 요구사항을 구조적으로 일원적 상태로 취하는 자의식적 삶이다. 한 행동자가 무엇에 전념하는 일들은 그 자신만의 일일 뿐이며, 이 일들은 그 행동자가 인식하는 주체가 되기 위해 자신을 배치하는 사유 질서에 의해 매개된다. '그는 P로부터 Q를 추론할 수밖에 없다'라거나, '증거로 인해 그는 X를 믿어야 한다'라는 식으로 그는 자신에게 말한다. 이는 특정인이 아니라 자신에게 부과된 의무이다. 그는 자신을 규범적 요구사항에 사로잡혀 있지만 특별히 누구에게도 빚진 것이 없는 '일원적 주체'로 계속 인식함으로써 타자와 맞선다.

　이제, 그러한 행동자들이 서로를 '자의식적 개념 사용자'로 파악하고 있으며, 서로에 대한 정의감도 가지고 있다고 가정한다고 해도, 이 가정으로부터 "나는 그녀에게 그렇게 하지 말아야 할 의무가 있

---

65 (Thompson 2004), p. 344.

다"와 같이 그들이 타자를 일종의 이원적[상호] 관계에서 표현될 수 있는 종류의 위상을 지닌 것으로 본다는 가정은 도출되지 않는다. 그들이 "내가 그렇게 하는 것은 잘못이다"와 같은 개념을 가지고 있을 수도 있지만, 그러나 이는 다른 사안이다. 어떤 이들은 그들이 두 개의 서로 다른 법체계들에 속하면서 서로 마주하고 있으며, 각자 자신의 법체계가 그에게 구속력이 있음을 타자가 인정해야 한다고, 다시 말해 자신의 법체계에 구속력 있는 위상을 부여하거나 인정해야 한다고 타자에게 요구하는 행동자들과 유사하다고 생각할 수 있다. 각자는 서로에게 완전한 관할권jurisdiction을 요구하는 맥락에서 서로 다른 두 개의 은유적 법체계들로부터 유래하므로, 헤겔이 즐겨 말했듯이, 각자는 타자에게 그냥 하나의 타자로 존재한다. 비록 두 법체계가 우연히 일부 동일한 내용을 공유할 수 있거나, 심지어 '다른 이성적 행동자에게 자신의 법질서를 준수하도록 강요하지 않는다'라는 동일한 규범을 공유할 수 있다고 해도, 그러한 공유는 우연에 불과하다. 그러한 종류의 강압을 금지하는 규범이 반드시 '법체계'일 필요는 없다. 그리고 그러한 규범이 없다면, 각자의 입장에서 볼 때 법적으로 해결할 수 없는 갈등이 발생할 것이다. 특히, 두 행동자 모두가 타자에 대해 자신의 '법체계'의 완전한 규범적 위상을 주장하는 경우(물론, 이것은 비유라는 것을 기억할 필요가 있다), 갈등을 포기하거나 무력에 호소하는 것 외에는 갈등을 조정할 방법은 없을 것이다.

행동자 중 한쪽이 자기 자신과 자신의 사유 질서를 완전히 인정하도록 타자 편에게 요구하기를 결정하는 정도에 따라, '생사를 건 투쟁'struggle over life and death으로 확대될 수 있는 투쟁도 있다. 이러한 일은 어떤 이유로든 행동자 중 한쪽이 자신의 사유 질서의 관할권, 말하자면 자신의 법적 체계의 관할권을 요구하고 그러한 요구에 자신의 목숨을 걸 때 발생한다. 그는 타인에게 자신을 권한 있는 존재로 인정해 달라고 요구한다. 더구나 타인도 이 요구를 이해한다. 양자 모두 인간다운 삶의 형태를 공유하며, 그들은 서로가 요구하는 것이 무엇인지를, 그리고 그 요구의 심각성을 똑같이 이해한다. 각자는 타자를 "복종해라, 그렇지 않으면 죽는다"라고 말하는 것으로 이해한다.

이와 같은 것은 처음에는 마치 그들이 사유 질서를 공유하고, 동일한 '법체계'에 거주하거나 실제로 동일한 놀이를 하고 있는 것처럼 오해할 만한 겉모습을 만들어 낸다. 그러나, 인정받고자 하는 욕구들 속에서, 두 개의 '놀이들'로 시작한 것은 치명적 결과를 초래한다. 광기, 분노, 정복에 대한 알렉산더식 꿈 등 어떤 이유로든 그들 중 한쪽이 자신이 살고 있는 체계가 그 체계에 속하지 않은 타자들로부터 인정받아야 한다고 결정하면, 인정받기 위한 투쟁 외에는 갈등에서 벗어날 방법이 없으며, 곧바로 치명적인 상황으로 전환되는 인정 투쟁 외에 갈등에서 벗어날 다른 방법이 없다. 목숨을 잃을지도 모른다는 두려움 때문에 한쪽이 타자의 지배에 복종하면, 새로운 관계, 즉 '지배와 예속의 관계'가 성립된다.

비록 투쟁은 각자가 타자를 자신의 개념 체계로 끌어들여 복종시키려는 시도에서 시작하지만, 투쟁에 참여함으로써 그들은 자신들이 작동하는 맥락을 변화시켰다. 그들은 처음에는 서로 상충하는 두 개인이었다. 이제 그들은, 한쪽은 예속을, 다른 쪽은 지배와 명령을 수반한다는 점을 제외하면, 그들 각자의 주체성은 '공유된 규범적 업무'shared normative enterprise의 일부인 두 개인이다. '공유된 규범적 업무'의 일부로서, 그들은 또한 각자의 자기 관계와 그에 따른 자의식의 형태도 변화시켰다. 이전에는 그들이 서로 다른 두 업무 부분에 속해 있었다면, 이제 그들은 그 핵심에서 '개념적이며 실존적인 갈등'conceptual and existential conflict을 수반하는 업무를 나눈다.

주인은 타자에게 주인으로서 인정을 요구하지만, 거꾸로 주인은 타자에게 그러한 인정을 부여하기를 거부한다. 주인은 인정을 요구하면서도 동시에 인정을 부여하기를 거부한다. 논리적으로 볼 때, 주인은 노예에게 '이원적 판단'dyadic judgment을 요구하는 반면, 그는 자신을 위해 그러한 이원적 판단을 취하기를 거부하고, 자신의 사유 질서가 요구하는 바에 대한 자신만의 구상에만 스스로를 오직 일원적으로 관련시킨다. 또한 그는 주인 자신의 조건에서 그러한 인정을 부여할 권한을 가지지 못한 누군가에게 인정을 요구한다.

따라서, 헤겔이 '영원한 정의'eternal justice라고 부르는 것은, 주인이 설정한 조건 내에서는 드러나지 않을 수 있다. 그러나, 노예는 주인의 '법체계' 안으로 편입됨으로써, 결국 행동자로서 그의 위상은, 그가 자신을 위해 이원적 형식을 취하는 데 달려 있다는 사실을 이제 막 조금이나마 파악하게 된다. 노예는 주인의 시선에서 볼 때만 그 지위를 지닐 수 있는 행동자이다. 그리고, 노예는, 주인도 마찬가지로 그러한 이원적 관계의 관점에서 볼 때만 주인이라는 사실을 이해하게 된다. 따라서 노예는 '관계성'relationship을 정확하게 이해하게 되는 반면, 주인은 그것을 잘못 이해하는 강력한 동기를 얻게 된다.[66] 노예는 자신이 하고 있는 일을 이해하게 되고, 자신이 그렇게 함으로써 노예로서의 자신의 위상과 거리를 두게 된다. 반면에, 주인은 자신의 행위를 전혀 깊게 이해하지 못하는 강력한 동기를 갖게 된다.

'지칭reference의 투명성'은 관찰의 사례들과 2인칭 지칭의 사례들에서 모두 깨진다. 자신과 동일한 사유 질서에 서 있는 것처럼 보이는 다른 주체(2인칭)에 대한 '완전히 투명한 지칭'처럼 보이는 것은, 그 질서가 실제로 무엇을 요구하는지 또는 양자 모두가 서 있는 질서가 정확히 무엇인지에 대해 특정할 수 있는 권한을 실제로 누가 또는 무엇이 가지는지에 대한 논쟁의 압력을 받으면서 깨진다. 단순히 굴종을 바라는 타자의 무자비한 욕망처럼 보였던 것은 사실상 '권한을 바라는 매개된 욕망mediated desire'이다. 이것이 바로 '지배와 예속의 변증법'이며, 헤겔이 자신의 『철학백과』의 후기 항목들에서 말했듯이, 이 변증법은 공동 의지common will의 형성을 유발한다. 그리고 이 공

---

66 지배와 예속에 관한 부분을 어떻게 해석할 것인가에 대한 논란이 있는데, 이것은 실제로 서로 이원적 관계를 맺고 있는 두 사람이 있는지, 또는 이 구절이 한 주체 안에서 개념적인 것과 경험적인 것 사이의 관계에 대한 일종의 알레고리적 처리를 보여 주는 것인지 여부와 관련된다. 존 맥다월(John McDowell)은 '알레고리적 독해'를 주장했다. 그의 주장의 일부는, 『정신현상학』에서 '의식으로부터 자의식으로의 전환'을 더 잘 이해할 수 있다고 그가 생각하는 것 관련이 있다. 예를 들어, 그는 로버트 브랜덤(Robert Brandom)이 이 전환을 단순히 '주제의 변화'로 해석한다고 비난한다. 그리고 맥다월은 이것이 전환에 대한 헤겔의 진술된 목표와 상충한다고 주장한다(나는 이러한 주장이 옳다고 생각한다). (McDowell 2009), chapter 8 참조. 로버트 피핀은 단순히 주제를 바꾸는 것이 아니라는 점에 대해 맥다월에 동의했다. 그러나, 피핀은 맥다월의 해석이 텍스트와 거기에서 작동하는 아이디어에 폭력을 행사한다고 주장한다(Pippin 2010). (맥다월의 해석에서 문제되는 헤겔의 핵심 구절은 다음과 같다. "이전에 두 개인들, 즉 주인과 노예 사이에 분배되었던 이중화는 이로써 다시 한 개인으로 되돌아가게 되었다." Hegel 1969a, p. 163; Hegel 2010, ¶206. 맥다월은 이것이 단지 알레고리일 뿐이라고 말한다.) 맥다월에 대한 피핀의 반박은, 모든 권한은 인정된 권한으로서만 존재하기 때문에 문제되는 권한은 개별화될 수 없으며, 행동자 자체는 권한과 같은 문제에 대한 상호 인정의 네트워크에서만 존재하며, 행동자 자체가 사회적 지위라고 주장하는 것이었다. 반대로, 맥다월은, 그러한 지위로 사회화되지 않고는 누구도 행동자가 될 수 없지만, 그러나 일단 어떤 이가 행동자가 되면 그는 그러한 사회성과는 독립적인 권한을 소유하게 된다는 생각으로 대응했다. 그가 든 사례는 다음처럼 영어를 말하는 것이다. 즉, '영어'로 간주되는 것은 분명히 사회적 권한에 의존하지만, 그러나 일단 어떤 이가 그 능력을 습득하면, 그는 타인의 인정과는 무관하게 독립적으로 그 능력을 갖춘다. 맥다월은 다음처럼 지적한다. "동이 트는 순간 내 주변의 모든 사람이 죽어 버려, 나를 영어를 유창하게 구사하는 사람으로 인정해 줄 사람이 아무도 없다고 가정해 보자. 내가 그런 [영어를 사용할 수 있는] 지위를 갖

동 의지는 다시 체계적으로 '보편적 자의식'(칸트의 『순수이성비판』에서 차용한 용어)의 구상에,[67] 즉 모든 인간다운 주체들을 그 구성원으로 갖춘 사유 질서를 구성하는 이성 자체의 구상에 그 자리를 양보한다. 그래서, '지배와 예속의 변증법'은 '이성[이유]의 공간'space of reasons을 권한 있는 것으로 인정하는 결과를 유발한다. 그러나, 그것은 전제가 아니라 결과, 즉 성취이지 항상 이미 존재하는 것은 아니다. 또한, 그것은 단번에 완전히 고정되지 않는 구체적 형식 속에 존립한다.

　'영원한 정의'는 '주체성'과 공존하지는 않지만, 역사에서 주체성

지 못하는 결과가 도출된다고 생각하는 것은 매우 어리석은 일일 것이다. 몇 년 후 지구 반대편에서 온 영어를 구사하는 사람들이 재난 현장에 도착했을 때, 내 지역 사회에서 나 혼자 살아남았고, 그들이 내가 영어로 생각을 표현하는 것을 인정한다고 가정해 보자. 내가 그런 능력을 갖추기 위해 그들이 나를 인정할 때까지 기다려야 한다고 생각한다면, 그것은 정말 믿기지 않을 것이다." (McDowell 2009), chapter 9, p. 169. 맥다월의 지적이 옳으며, 이는 우리가 인정의 네트워크에서만 존재하는 인간 주체들이라는 포괄적인 주장을 약화시키는 것으로 보이며(또는 적어도 그 주장은 상당한 정당화를 요구한다), 따라서 다음과 같은 헤겔 자신의 주장을 무너뜨리거나 약화시키는 것처럼 보인다. "자의식은 즉자대자적으로 타자에 대해 존재함으로써 즉자대자적으로 존재한다. 즉, 자의식은 인정받은 존재로서만 존재한다." (Hegel 1969a), p. 145; (Hegel 2010), ¶178. 여기에 제시된 관점은 두 관점 모두로부터 출발한다(또는, 아마도 행복한 중간을 선택할 것이다). 주체는 주체라는 개념 아래에 자신을 가져가는 삶이어야만 주체이다. 그리고 주체 그 자체의 개념은 지상에서 일원적일 수 없다. 그러나, 일단 주체가 관련 능력들(예를 들어, 언어를 구사하고, 규범적인 사회 공간에서 돌아다니는 일)을 획득하면, (맥다월의 주장대로) 바로 그 정도까지 주체는 자립적인 상태(free-standing)가 된다. 그러나 헤겔의 의미에서 보자면, 그러한 자립적 행동자는 '추상적'일 뿐이며, 전혀 행동자가 될 수 없다. 그것은 더 많은 인정 관계들을 필요로 할 것이다. 구체적인 행동자는 인정의 그물망의 일부이다. 그러나, 일단 '지배와 예속의 변증법'에서 진행되는 종류의 인정을 요구하는 단계에 이르면, 행동자는 피할 수 없는 방식으로 자신을 다른 사람들과 연루시키는 새로운 실천적 작업으로 자신을 밀어붙인다.

67 (Kant 1929), p. 153 (B133). "나의 표상들로서 (비록 내가 그것들을 그렇게 의식하지 않더라도) 그것들은 하나의 보편적 자의식 안에서 함께 설 수 있는 조건에 부합해야 한다. 왜냐하면 그렇지 않으면, 그 표상들은 예외 없이 모두 나에게 속하지 않을 것이기 때문이다. 이 근원적 종합으로부터 많은 결과들이 뒤따른다."

이 취하는 형태에 본질적인 것으로 등장한다. 비록 그 개념이 표현되기도 전에 종종 무시당하고 억압당하기는 하지만, 지배와 예속으로부터 항상 호소할 수 있는 '정의 개념'이 등장한다. 그것이 실제로 역사 발전에서 어떻게 작용했는지는 여기서 아직 드러나지 않았다.

이성적 동물

오늘날에는 주체가 '특정한 욕망'을 반성적으로 지지하고 그러한 반성적 지지reflective endorsement 속에서만 자신의 자유를 찾는다는, 주체성에 대한 익숙한 위계적 그림이 있지만, 헤겔은 자의식의 토대로서 이러한 그림을 거부하는 각기 다른 많은 이유를 지니고 있다. 첫째, 헤겔이 제시하는 가장 두드러진 이유는, 그것이 자의식에게 '의식의 의식'consciousness of consciousness을 요구하는 것처럼 보이기 때문에, 주체 자신의 자의식에 대한 일종의 퇴행을 만든다는 것이다. 결국, 이 경우 '의식의 의식'은 '의식의 의식의 의식'을 요구하는 식으로 무한 퇴행이 발생할 수 있다. 둘째, '자신의 욕망과 반성적으로 동일시하기'라는 개념은, 그것이 해야 할 일을 하기에는 너무 설득력이 없어 보인다는 것이다.

그 대신, 헤겔 자신은 '자유로운 행동'free action을 주체가 그 행동 '안에'in 있는 것으로 설명한다. 예를 들어, 헤겔은 "내가 무언가를 실천하고 그 무엇에 실질적 실존을 부여한다면, 그것은 나에게 옳아야 하며, 나는 그 행동 '안에' 있어야 하고, 그 성취를 통해 만족을 얻기를 희망해야 한다"[68]라고 말한다. '관심들'interests은 우리의 두 번째 본성

[자연]의 일부로서, 다른 관심을 지닌 사람들에게 세계는 다른 방식으로 나타날 수 있다. 그리고 이것은 그들이 개인들로서 누구인가(그들의 특정한 재능, 다른 성향 및 특이한 성격과 더불어)와 관련이 있다. 이 경우 관심은 내면의 정신 상태가 아니라, 폭넓은 사태들과 활동들을 통해 그 자체를 드러내는 어떤 것으로 이해되는 것이 가장 적절하다. 이것은 헤겔의 『논리학』에서, '보편자'는 개체 속에서 드러나야 하며, 이것이 드러나는 방식이 내용에 차이를 만든다는 헤겔의 더 포괄적인 주장의 일부이다.[69] 이유[이성]reasons는 우리에게 나타나며, 우리의 동물적, 사회적, 정치적 삶의 맥락에서만 동기를 부여한다.[70] 우리의 동물적 삶 때문에 사물들이 우리에게 중요하고, 우리의 이성적 삶 때문에 다른 사태들이 중요한 것으로 나타난다. 따라서 우리는 이성적 동물이기 때문에 "법과 원칙은 그 자체로 직접적 생명력이나 구속력을 갖지 않는다. 그것들을 작동시키고 그것들에 실질적 실존을 부여하는 활동은 인간의 욕구, 충동, 성향, 정념에 그 원천을 두고 있다."[71] '인간다운 주체성'Human subjectivity은 서로 다른 두 가지 기구

---

68 (Hegel and Hoffmeister 1994) p. 82; (Hegel 1975), p. 70.

69 체계적으로 말하면, 『논리학』의 주체성 개념은 『철학백과』의 다른 두 권에 나오는 자연 개념과 구체적인 주체성 개념으로 채워져야 한다는 것을 의미한다. 『논리학』은 우리에게 사유하고 행동하는 주체의 '개념'만 제공한다. 체계의 나머지[자연철학과 정신철학]는 사유하고, 행동하고, 느끼는 주체의 '이념'을 채운다. 즉, 그렇게 사유하고, 느끼고, 행동하는 주체에게 실재하는 것은 무엇인지, 그 내용을 채운다. (또는, 까다롭게 말하자면, 『논리학』은 우리에게 추상적 '이념'만을 제공하는 반면, 체계의 나머지는 구체적 '이념'의 내용을 채운다.)

70 이에 대해서는 (Yeomans 2015)의 논의를 참조할 것. 우리 자신의 개인적 특징으로서 재능은, 상대적으로 말하자면 우리 자신의 객관적 특징이며, 그러한 재능을 취하는 우리의 관심은 상대적으로 말하자면 주관적 특징이며, 우리가 재능을 발휘하고 실현하는 법을 배움으로써 세계에서 우리 자신을 만들어 가는 방식이라고 요먼스는 주장한다.

들이나 기계들이 그들의 노력을 조정, 협력한 결과가 아니다. 그것은 이성적 행동자들 자신들이 세계에서 활동하는 방식 자체의 (때로는 상충하는) 결과이다.

따라서, 헤겔의 관점은 도덕 심리학에서 '내재주의'internalism라고 불리게 된 것의 일종의 비주류 견해이며, 이것은 우리의 이성[이유](규범으로서)과 우리의 동기 구조 사이에 밀접한, 어쩌면 필연적인 연관성이 있다는 견해이다. 이 견해에 따르면 그 연관성은 매우 밀접하여, 일부 내재주의자들은 그 연관성이 이미 존재하지 않는다면, 그런 연관성이 결여된 이성은 '규범적이며 행동을 이끄는 이성'이라고 할 수조차 없다고 주장할 정도다.[72]

헤겔은 이 쟁점에 대해 이렇게 특정한 입장을 취함으로써, 자신이 어떤 종류의 '내재론자'이든 간에 그에 대한 관심을 자신이 더 부추겼다는 것을 완벽하게 알고 있다. 관심들[이해관계들]이 삶의 형태 (삶의 물질적 문화 형태도 포함하여)의 기능으로서 시간 경과에 따라

---

71 (Hegel and Hoffmeister 1994), p. 81; (Hegel 1975), p. 70. 헤겔은 또한 여기서, 행동자가 자신의 세계에서 '관심[이해관계]'을 갖는 것의 일반적 개념, 즉 무엇이 특정한 인격인 그를 '정념과 원칙의 특정한 연결고리'로 끌어당기는지에 대한 일반적 개념을 우리는 포함해야 한다고 지적한다. "내가 어떤 것을 실행에 옮기고 그것에 실질적 실존을 부여한다면, 나는 그렇게 하는 것에 어떤 개인적 관심을 가져야 한다. 즉, 나는 그것에 개인적으로 관여해야 하며, 그 일의 성취를 통해 만족을 얻고자 희망한다. 다시 말해, 나 자신의 관심[이해관계]이 걸려 있어야 한다. 어떤 것에 관심[이해관계]을 가진다는 것은 그것에 연루되어 관여한다는 것을 의미하며, 내가 적극적으로 추구하는 목적은 어떤 식으로든 나 자신의 목적이어야 한다."

72 나는 (Pinkard 1992)에서 이에 대해 주장을 제기했지만, 그 시도는 결함이 있었다. 헤겔을 도덕 심리학에서 '내재주의'(internalism)의 한 버전으로 보는 사례는 (Moyar 2010)에서 길게 설명되었다. 로버트 피핀은 일찍이 이 점을 지적했다. (Pippin 1997) 및 (Pippin 2008) 참조. 또한, (Padgett-Walsh 2010); (Padgett-Walsh forthcoming) 참조. 내재주의 논쟁에 대한 훌륭한 개요는 (Wallace 2005)를 참조할 것.

변할 수도 있는 만큼, [특정한 삶의 형태 속에 사는] 그러한 사람들에게는 발전할 수 없거나 적어도 구속력이 없는 이유들도 있을 것이다. 어떤 삶의 형태가 그 안에 사는 사람들에게 더 이상 의미가 없어지면 [이해될 수 없으면], 삶의 형태의 직접적인 자의식적 통일성은 더욱더 반성적이게 되는 경향을 보이며, 그 삶의 형태가 무너져 가는 상황에 관해 '그 삶의 형태가 더 이상 어떤 의미도 없을 수 있다'라는 사실이 더욱더 분명해지면서, 그 삶의 형태는 해체 과정에 돌입할 수 있다. 그 해체의 폐허 속에서 살아가는 사람들은 조각들을 주워서 여전히 유효한 것은 유지하고 나머지는 버리고 새로운 것을 만들어 내야 한다. (이 과정을 헤겔이 독일어로 '소멸'이면서 '보존'으로 표현한 것이 '지양'Aufhebung이며, 영어로는 예술 용어인 '지양'sublation으로 표현된다.) 이러한 재형태화 과정으로부터 '직접적 생명력과 구속력'을 가진 새로운 이유들new reasons이 생겨난다.[73]

따라서 헤겔의 자연주의 기획에서, 어떤 유기적 생물체의 가능성을 고려할 때 행동을 하는 이유는, 그 생물체에게 어떤 것이 갖는 중요한 유의미성significance이다. 자의식적 생물은 자기 유지와 번식에 의해 설정된 가능성을 넘어서는, 즉 비이성적 삶의 기본 목적을 넘어서는 새로운 중요한 유의미성의 영역을 사회적으로 제도화한다. 이러한 새로운 중요한 유의미성의 영역에는, 예를 들어 종교적 준수, 다양한 통치 형식들, 인륜적 의무 등이 포함된다. 말하자면, 동물에게 두드러지게 나타나는 것은 그 이유reasons와 이유의 맥락이며, 따라서

---

73 (Hegel and Hoffmeister 1994), p. 81; (Hegel 1975), p. 70.

이성적 동물에게는 비이성적 동물에게는 나타날 수 없는 다른 많은 것들이 두드러지게 나타날 수 있다.

　이것은 이성[이유]reasons을 정념이나 동물적 성향과 경쟁하는 것으로 보는 더 친숙한 모습에서 그 토대 자체를 교체한다. 이성적 동물의 다양한 욕망, 충동, 성향이 자의식적 주체의 더 발달된 개념성 conceptuality을 파악할 수 있는 이유는, 이러한 충동, 욕망, 성향이 행위 준칙들maxims로 '종합'되거나 '이성적 감시 기관'에 의해 통제되어야 하는 비개념적 자연 사건들이기 때문이 아니라, 이것들[충동, 욕망, 성향]이 이미 유의미하기meaningful 때문이다. 이것들은 실천적 이성의 기획에서 개념적으로 체계화될 준비가 되어 있다. 왜냐하면 이것들은 삶의 목적들로서 이미 개념적 형태를 취할 준비가 되어 있기 때문이다. 성향이 동기로서 자의식적 행동자의 의지로 통합될 수 있는 것은, 성향이 이미 생명체에 대한 동기incentives로, 즉 추정적 이유 [이성]putative reasons로 존재하기 때문이다.[74] 만일 동물이 이유[이성] reasons를 지닌다면, 비이성적 동물과 이성적 동물 사이의 소위 날카로운 단절은 사실상 그렇게 선명하지 않게 된다. 양자 모두 이유[이성] 에 반응한다. 진정으로 날카로운 단절이 발생하는 곳은, '자의식이 있는 이성적 동물'(이 동물은 자신의 목적을 목적으로 간주할 수 있고, 따라서 자신의 이유[이성]를 이유[이성]로 다룰 수 있다)과 '자의식이 없는 동물' 사이의 단절이다.

　헤겔은 정념을 지성과 경쟁 관계에 있는 것으로 본 사람들 가운

---

74 이에 대해서는 (Moyar 2010), chapter 4, "Motivating and Justifying Reasons", pp. 43~80 참조.

데 칸트를 거론하며, 칸트가 정념과 이성의 관계에 대한 쟁점에서 어쩔 수 없이 '가식적이었다[양자를 분리했다]'dissembled고 주장한다.*

이러한 견해에 따르면, 우리의 심정은 우리를 한 방향으로 이끌고 이성은 우리를 다른 방향으로 이끌 수 있으며, 도덕주의자들은 종종 이 쟁점을 인간의 삶에서 그 둘 중 어느 쪽이 우위를 차지해야 하는지에 대한 논쟁으로 표현해 왔다. 적어도 칸트에 대한 매우 친숙한 해석 중 하나에 따르면, 칸트도 정념이 동기의 한 원천을 제공하고 이성은 다른 원천을 제공하며, 이 두 가지가 종종 서로 상충한다고 보았다. 헤겔은 헨리 앨리슨Henry Allison이 칸트의 '통합 논제'incorporation thesis라고 불렀던 것과 같은 것을 칸트도 주장했기 때문에, 칸트가 이 쟁점에서 '가식적이었다'dissembled고 생각한다. 칸트의 경우, 주체가 감성적 동기부여sensible incentive를 행동의 이유로 삼지 않으면(이는 이성[이유]이 어떤 하위 수준의 활동을 '통제'하거나 '규제'하는 것과 매우 유사하게 들린다), 어떤 감성적 동기부여도 실제로는 행동의 이유(또는 동기)가 될 수 없다.[75] 아주 초기부터 헤겔은 개념과 직관을 분리하는 칸트의 공식적 교설이, 대립적 결론을 뒷받침하는 칸트 자신

---

* [옮긴이] 여기서 '가식적이었다[양자를 분리했다]'(dissemble)는 것의 의미는 다음과 같이 해석될 수 있다. 결국, 칸트도 한편으로 정념과 이성, 감성과 지성의 통일을 의도하면서, 다른 편으로는 이 둘을 분리시켜 놓았다는 점에서, 핀카드는 '가식적이었다'라는 표현을 사용한다. 그리고, 본래 'dissemble'이라는 말에는 '분리하다'라는 의미도 있다는 점에 주목한다면, 핀카드는 여기서 이 'dissemble'을 이중적 의미로 사용하고 있는 것으로 보인다.

75 (Kant 1960), p. 19. "[…] 도덕에 매우 중요한 관찰은, 개인이 그것을 자신의 준칙으로 구체화한 한에서만(그것을 그가 스스로 행위하려는 바와 일치하게 일반적 규칙으로 만든 한에서만) 동기가 행동에 대한 의지를 결정할 수 있다는 점에서, 의지의 자유는 전적으로 독특한 본성을 지닌다. 따라서, 동기는 그것이 무엇이든 간에, 의지의 절대적 자발성(즉, 자유)과 공존할 수 있다." '통합 논제'(incorporation thesis) 자체에 대해서는 (Allison 1990)을 참조할 것.

의 주장에 의해 그 자체로 어떻게 훼손되는지를 보여 줌으로써, 개념과 직관을 구분하는 칸트의 방식에 반대 주장을 펼쳤다.[76] (물론, 헤겔의 주장은 개념과 직관 사이에 아무런 차이가 없다는 것이 아니었다. 헤겔의 주장은 개념과 직관은 구별은 가능하지만 분리될 수 없다는 것이었다.)[77]

이러한 견해에 따라 일관되게, 헤겔은 실천 철학에 관한 그의 저술에서, 칸트가 '감성적 동기'sensible motive와 '이성적 준칙'rational maxim(또는 명법)을 분리한 것 자체가 칸트 자신의 논증에 의해 무너졌다고 주장했다. '감성적 동기부여'sensible incentive가 '동기'로 받아들여지지 않는 한, 어떤 '감성적 동기부여'도 '동기'가 될 수 없다는 것이 진실이라고 하더라도, 자의식적 주체에서는 사실상 '동기부여'incentive와 '동기'motive를 분리할 방법이 전혀 없다(칸트의 첫 번째 비판서에서, 자의식적 주체는 '종합되지 않은'unsynthesized 직관을 알 수 없다는 것과 유사한 방식으로 이 양자를 분리할 방법이 전혀 없다). 자의식적 주체는, 예를 들어 어떤 행동이 재미있고, 즐겁고, 풍요로워 보이는 등과 같이, 어떤 것이 그 행동의 '좋은 이유'처럼 보인다는 것을 알 수는 있다. 그러나, 심지어 무자비한 욕망에 대한 인식조차도 아직 그것

---

76 이러한 점에 대해, 칸트에 대한 헤겔의 현상학 이전 논증은, 로버트 피핀에 의해 「독일 관념론을 피하기: 칸트, 헤겔, 그리고 반성적 판단 문제」(Avoiding German Idealism: Kant, Hegel, and the Reflective Judgment Problem)라는 논문에서 탐구되었다. (Pippin 1997), pp. 129~156. 샐리 세지윅(Sally Sedgwick)은 칸트에 대한 헤겔의 주장을 주로 초기 저술에 근거하여 주의 깊게 설명하고 변호하는 데 책의 많은 부분을 할애했다. (Sedgwick 2012) 참조.

77 칸트와 헤겔에서 '구별 가능하지만 분리 불가능한'(distinguishable but not separable)이라는 개념에 대해서는 (Pippin 2005)를 참조할 것. 칸트의 '통합 논제'가, 헤겔의 논의와 연결되는 낭만주의식, 비트겐슈타인식 주제로 어떻게 옮겨 가는지에 대한 논의에 관해서는 (Eldridge 1997)을 참조할 것.

을 행동으로 옮기려는 의도의 형성, 즉 사유의 형성은 아니다.[78]

칸트의 관점은 단지 어떤 이의 경험에 호소하는 친숙한 관점이다. 그리고, 만일 우리가 칸트의 '통합 논제'incorporation thesis를 칸트의 실제 입장으로 받아들인다면, 한 개인 안에서 두 개의 거대한 힘이 서로 만나서 충돌하는 것처럼 처음에는 보이는 점, 다시 말해 한쪽으로부터 개인 안에 정념이 등장하고 다른 쪽으로부터 개인 안에 이성이 등장하는 것이, 왜 사실상 '이성의 이성 자신과의 투쟁'struggle of reason with itself인지를 쉽게 알 수 있다. '정념과 이성의 싸움'은 개인이 진정으로 무엇을 해야 할 이유가 있는지에 대한 '개인 내부의 싸움'이다. '이성의 이성 자신과의 투쟁'을 '정념적인 타자에 대한 이성의 투쟁'으로 보여 주려는 시도는, 사실상 서로 다른 주인들 사이의 실제 갈등real conflict이 아니라 '새도복싱'shadowboxing일 뿐이다.[79] 따라서, 쟁점은

---

78 이것은, 욕망이 결국 주체를 압도하여 행동처럼 보이는 어떤 것에 이를 수 있는 가능성을 부정하는 것은 아니지만, 그러한 경우에, 그것은 어떤 행동자를 상실하는 문제이다. 마치 폭풍우나 파고에 휩쓸려 우월한 힘에 이끌려 가는 것처럼, 어떤 행동자는 자신 외부의 어떤 것에 의해 단순히 휩쓸려 갈 뿐이다.

79 『정신현상학』에서, 헤겔은 '미덕의 기사'(knight of virtue)와 이 세계의 방식을 대조하면서 그러한 점을 주장했다. '미덕의 기사'는 세계의 사악한 방식(정념과 이기주의의 세계)을 구현하는 주체에 대립하는 '선'을 실현하기 위해 자신이 고군분투하고 있다고 생각한다. '미덕의 기사'는 스스로 이성을 자신의 동기로 삼는 반면, 그는 '세계의 방식'의 주체가 자연스러운 이기적 욕망에 의해서만 움직인다고 생각한다. 이것은 '새도복싱'(또는 '거울 보고 펜싱하기'Spiegelfechterei)에 불과하다. 왜냐하면 위태로운 것은 그들 각자에게 선이나 최우선적 이유로 간주되는 것이기 때문이다. 헤겔의 이야기에서, '세계의 방식'은 동물적 정념이 미덕을 이기기 때문이 아니라, 떠오르는 초기 근대 세계에서 작동하는 이성의 별자리[이유들의 무리]가 미덕이라는 낡은 개념을 이겼기 때문에 승리한다. 맨더빌(Bernard Mandeville)과 같은 저자가 이미 『꿀벌의 우화』에서 새롭게 등장한 근대 세계에서 '사적 악덕'(private vice)이 실제로는 '공적 미덕'(public virtue)이 될 수 있다고 주장한 이후, 헤겔은 우리가 가진 이유[이성](reasons)의 구조 자체가 그것의 사회성과 역사적 내재성의 관점에서만 이해될 수 있으며, 시장 지향적 관행이 존재하는 근대 세계에서는 '이기적 이유들'이 실제로는 합법적이고 윤리적

'어떻게 우리가 정념을 극복할 수 있는 이성[이유]reason을 획득할 수 있을까?', '어떻게 하면 한쪽의 힘을 키워 다른 쪽을 무너뜨릴 수 있는가?'가 아니다. 오히려, '이 경우 나의 직접적 욕구를 따르는 것이, 다른 책무[공속행위]들commitments에 대한 신념을 지키는 일보다 더 나은 행동의 이유가 되는가?'가 쟁점이다.

본성에 따라 자신에게 나타나는 이유[이성]reasons에 자연스럽게 반응하면서, 의무와 욕망 사이나 이론과 삶 사이의 갈등을 자주 경험하는 인간 주체의 '양서류와 같은 이중적 성격'amphibious character은, 이성적 동물의 삶에서 이성 자체가 자신과 갈등을 일으킬 수 있는 방식의 특징이다. 헤겔의 다소 화려한 표현 방식을 빌리자면, '이성'은 (자신의 주장을 제한하는 경계를 포함하면서, 그 자신의 경계를 승인하는 권한을 지닌) 절대자the absolute이며, 그래서 '기본 갈등의 특정 유형들에 대한 경험'은 절대자가 자신에 대해 불만족스러워하는 경험이며, '삶의 전체 형태들'이 삶 내부의 근본 대립들로 구축될 수 있는 방식이다. 헤겔의 구상에서 이러한 종류의 갈등은, 이성이 기능하는 '무수히 많고 구별되는 경험적 조건들'만이 아니라 '이성 자체의 핵심적 특징'이라는 점이 다소 독특하다. 권한이 있는 일련의 이유들에서 발견되는 부적절함은, 그 이유들이 토대로서 기능하는 삶의 형태의 부적절함이다.

따라서 헤겔이 종종 그렇게 하듯이, 본성[자연]에 '몰입된' 또는

으로 토대를 갖춘 이유들이 될 수 있다고 생각하는 데 근거를 제공한다는 관점으로 그와 같은 고려를 확장했다. 이에 대해 나는 (Pinkard 1994)에서 논의했다. 어떻게 이것이 헤겔 사상에서 자기 개체화의 측면에서 전개되는지에 대한 논의는 (Yeomans 2015)를 참고할 것.

'침잠된' 의지에 대해 말할 때, 그는 일련의 어떤 욕망이나 정념이 저절로 이유들을 생성하는 의지에 대해 말하고 있다. '자연스러운[본성적] 의지'natural will는, 예를 들어 '그것은 매력적이다'와 '그러므로 내가 그것을 추구해야 할 충분한 이유가 있다'를 동일시하는 의지이다. 따라서, 사실상 '좋은 이유로 간주되는 것'은 그 주체가 속한 '사유 질서'의 일부일 것이며, 이러한 부분은 원칙과 정념이 제도적으로나 실천적으로 어떤 식으로 연결되는가에 해당하는 것이다. 따라서 이런저런 정념이 이런저런 식으로 행동해야 할 충분한 이유가 된다는 것은, '정념과 원칙이 특정한 방식으로 함께 연결된다'라는 전반적인 견해와 맞물려 있다. 아리스토텔레스가 고결하지 않은 행동을 변명하는 근거로 지적한 것처럼,[80] 어떤 것들이 특히 저항하기 어렵다는 것은, 그것들이 매우 매력적이거나(예를 들어 돈, 권력, 섹스) 또는 매력적이지 않으므로(수치심, 극심한 고통, 심각한 지위 상실), 사람들이 그러한 동기부여를 정당한 이유로 받아들이기 위해 '이유의 경제'economy of reasons를 재정렬하는 일을 합리화하기가 매우 쉽다는 점을 진술하는 것에 불과하다. 무엇을 정당화가 가능한 것으로 간주할지는, 작업에서의 사유 질서와 그 질서의 맥락에 달려 있다.

역사 발전에 대한 헤겔의 핵심 가설 중 하나는, 역사는 '자연적' 의지가 '이성적' 의지로 발전하는 과정을 보여 준다는 것이다. 즉, 특정 삶의 형태가 어떻게 특정 사태들을 주어진 것으로 실질적으로 받아들이고, 그 사태들이 저절로 이유들로 기능하는지에 대한 실례

---

80 (Aristotle 1998), book III.

들을 역사는 제공할 것이다. 그러한 삶의 형태들은 '실제 이유들'real reasons로부터 '삶의 형태에 주어진 이유들'reasons-as-given-in-a-shape-of-life을 분리할 수 있는 적절한 비판 능력을 아직 발전시키지 못한 상태였다. 이렇게 양자를 분리하는 작업을 하려면, 적어도 특정 사회 규칙들에 얽매이지 않고 그것들과는 구별되는 것으로서, 우리에게 스스로를 현시하는 어떤 이유들이 있어야 한다. 그리고 이 이유들은, 어떤 이유들이 실제로 권한 있는 것으로 받아들여지는 특정 방식의 단순한 소여 상태를 넘어서는 '비판의 원칙들'principles of criticism이기도 하다. 우리가 이러한 '비판의 원칙들'을 이해하려면, 헤겔이 말한 것처럼 '더 고차적인 어떤 것'에 호소할 수밖에 없다. 헤겔은 이 '더 고차적인 관점'이 종교와 예술에서 먼저 달성되며, 그렇게 외적으로 보이는 원칙들이 발전한 후에야 그 관점은 '철학적 사유'에 나타난다고 생각한다.

따라서 헤겔이 보기에, 우리가 한발 물러서 자신이 어떤 욕망과 동일시되어야 하는지에 대해 반성하는 모습은, 기껏해야 '자의식적 영장류'인 우리에 대한 더 기본적인 관점으로부터 파생된 모습일 뿐이지, '우리가 항상 그 안에 이미 몰입되어 버린 연관들'을 통해 우리의 방식을 반성적으로 처리하는 과정은 반드시 아닐 수도 있다. 그러한 연관들의 더 깊은 곳에 자리 잡은 긴장과 모순이 우리 삶에서 드러나기 시작하고 그 긴장이 더 명확해질 때, 우리는 그러한 연관들에 대해 비로소 반성에 돌입하게 된다.

따라서 헤겔의 '내재론'internalism은 두 가지 방식에서 특이하다. 첫째, 이성이 주체에게 실질적 이성이 되기 위해서는 이성과 정념 사이에 연결고리가 있어야 하지만, 이 정념과 원칙의 연결고리는 삶의 역사적 형태에 따라 상대적이다. 삶의 형태들 자체는 역사적으로 다른 형태들에 의해 대체되며, 헤겔의 주장대로라면, 그러한 대체는 합리적 구조를 갖는 부분들에서 드러날 수 있다.[81]

둘째, 개인은 정념과 원칙의 '복합체'composite가 아니라, 비록 깨지기 쉬울지라도 하나의 '단일체'unity이다. 주체는 '이성적 동물'이지, 단순히 '이성을 덧붙인 동물'이 아니다. 이성적 생물체인 자신과 스스로 관계 맺는 것이 주체이며, 주체는 그러한 생물체의 개념 아래로 자

---

81 딘 모야르(Dean Moyar)는 이를, 헤겔의 내재론에 대한 기본 골격을 제공하는 다른 목적들 안에 목적들이 중첩되어 있다는 관점에서 생각한다. (Moyar 2010), p. 75 요약을 참조할 것. 헤겔이 그러한 중첩을 염두에 두고 있는지는 분명치 않다. 왜냐하면 그것은 항상 목적을 위해 수단을 선택하는 것과 같은 행동에 대한 커다란 '흄식 그림'(Humean picture)을 그리기 때문에, 어떤 행동은 특정 목적을 위해 즉시 도구적으로 이끌리지 않더라도, 항상 적어도 그것이 이끌리는 더 넓은 일련의 목적들의 일부이기 때문이다. 주체는 의식적 활동의 문제로서 더 넓은 일련의 목적들과 연결되지 않고도, 행동에서 나타나는 특정 목적의 관점에서 행동할 수 있으며, 이는 모야르가 인정하는 것이다. 모야르의 주장은, 우리가 항상 이러한 더 넓은 목적들을 염두에 두는 것이 아니라(물론 우리가 그럴 수는 있지만), 더 넓은 목적들은 동기를 부여하는 이유들을 정당화하는 역할을 할 수 있고 종종 그렇게 한다는 것이다. 그리고 이 이유들은 우리가 행동할 때 그것들을 염두에 두지 않아도 더 넓은 목적들에 중첩되어 있다는 것이다. 이러한 주장을 하면서, 모야르는 '동기를 부여하는 이유들'과 '정당화하는 이유들'이 일치하는 '주관적 방식'과 '객관적 방식'(더 넓은 목적들 안에 목적들이 중첩되는 것과 관련 있는)을 구분한다. 그리고 그는 "헤겔의 관점에서 완전한 정당화는 인륜적 삶의 제도들의 체계적 전체에 달려 있다"라고 언급한다. (Moyar 2010), p. 74. 비록 실천 이성의 '수단-목적 모델'이 더 복잡한 중첩 관계로 재구성되어야 한다고 해도, 모야르의 중첩 제안에서 그 모델이 여전히 유효하다고 가정하는지는 불분명하다. 반면에, 헤겔은 행위들을 도구적 이성 모델에 맞도록 정렬할 수 없어도 전체적인 목적의 현현들이 있을 수 있다고 생각한다. 정신이 진정으로 무엇인지에 대해 자의식적이게 되려는 '정신의 목적'은, 궁극적으로 다른 모든 것을 수단으로 삼는 목적이 아니다. 우리의 다른 모든 목적은 정신의 자기 이해의 수단이 아니며(비록 그 목적들이 정신의 자기 이해의 구성 요소이기는 하지만), 정신의 자기 이해는 그러한 모든 목적을 포괄하지도 않으며, 다른 목적들은 정신의 자기 이해에 대해 단지 근사치에 불과하다. 정신의 전반적인 목적이 의식적 행동의 목적을 모델로 삼을 필요는 없다. 예를 들어, 헤겔은 다음과 같이 서술한다. "여기서 어려움은 주로 목적론적 관계를 외적인 것으로 표상하는 데서 나오며, 목적이 의식 속에만 존재한다는 통념에서 비롯된다." (Hegel and Miller 2004), p. 389; (Hegel 1969c), §360, p. 473.

신을 가져감으로써 그러한 생물체가 된다. 따라서 주체는 칸트식 이성 행동자처럼 우연히 인간 형태로 구현된 것이 아니다. 오히려, 주체는 그 개념 아래로 자신을 가져감으로써 '이성적 동물'이 되지만, 이 행동 자체가 '반성적 행동'reflective act일 필요는 없다. 주체는 자신이 그 개념에 속한다는 생각을 현실화함으로써 자신을 실현한다(그렇다고 해서, 이것이 주체가 그 개념이 무엇인지, 또는 그 개념이 무엇을 더 수반하는지에 대해 항상 명확히 알고 있다는 것을 의미하지는 않는다). 따라서 개념 아래로 자신을 가져갈 때, 모든 정념 자체가 그렇게 철저하게 사회적으로 색인화[정렬]되지는 않더라도, 주체는 자신이 그 속에서 살고 있고 사회적으로나 역사적으로 색인화[정렬]된 구체적 삶의 형태에 의해 매개되는 자신과 관계를 맺는다.

헤겔의 주체성 구상이 옳다고 하더라도, 서커스 단장이 모든 출연자를 지휘하는 것처럼, 주체가 어떻게든 행동의 배후에 있으면서 '의지'의 능력에 의해 주체가 자신의 행동들을 연출한다는 익숙한 개념은 매력적이긴 하지만 오해의 소지가 다분하다. 행동의 원인은 '주체의 정신적 사건'이 아니라 '신체로 구현된 주체'embodied subject이며, 주체 자체는 레버를 당기거나 쇼를 연출하는 인간 안의 '작은 호문쿨루스homunculus'가 아니다. 의지의 능력은 '신체로 구현된 형태'를 취하는 사유 바로 그것이다. 그러한 모든 활동은, "심지어 우리의 팔다리에서 즉각적으로, 외부를 향하는 활동에서 발생하는 모든 경우에서조차 특정한 지식이나 활동 종류를 곧바로 고려하는 데서 성립하는"[82] 세계에 존재하는 어떤 방식에 관여한다.

따라서, 핵심 구분은 (완전한 행동들이 아닌) '동물의 흡수 활동', '자의식적 흡수 활동'과 '반성적으로 자의식적인 활동' 사이에 있다. 헤겔이 말했듯이, 우리가 지각 판단 속으로 '자의식적으로 흡수된 상태'(헤겔의 용어로는, 우리가 그 자체로[즉자적으로] 이성적 동물 인 경우)로부터 동일한 지각 판단에 관해 '반성적으로 자의식적인 상 태'(우리가 대자적으로 이성적 동물일 경우)로 이행할 때, 비록 어떤 새로운 내용이 전혀 추가되지는 않지만, 여기서 초래되는 형식의 차 이는 결정적으로 중요하다. 칸트의 '통합 논제'incorporation thesis에 대 한 헤겔의 재작업은, 정념이 사람들을 행동으로 이끄는 힘을 상실한 다거나, 정념이 각자가 지닌 이유들을 상호 공정하게 저울질하는 더 엄정한 관념 속에서 해체된다는 식의 관점이 아니다. 오히려 헤겔의 재작업이 주장하는 바는, 정념은 그것이 자의식이 없는 동물과 맺는 관계와는 다른 관계를 주체와 맺는다는 것이다. '통합 논제'는 헤겔이 말하듯이 '대자존재의 형식', 즉 '자의식의 형식'을 정념에 가져다준 다. 그리고 헤겔이 말하듯이 "세계사에서 문제가 되는 거대한 차이는 이 차이와 관련되기"[83] 때문에, 이것[자의식의 형식]이 모든 차이를 이룬다. 동물은 욕망에 따라 행동한다. '인간다운 동물'human animal은 욕망에 따라 행동할 때 '자의식의 형식'을 가지고 행동하는데, 이 형 식은 욕망에 따라 행동할 때 그가 자신을 '욕망에 따라 행동하는 종류 의 인격person'으로 만든다는 것을 의미하며, 그러한 종류의 인격이 되

---

82 (Hegel 1969b), §66, p. 156; (Hegel et al. 1991), p. 115. 반성이 필요해 보이는 '인륜적인 것'을 '습관적인 것'과 일치시키는 일과 연관된 퍼즐에 관해서는 (Novakovic 2015)의 논의를 참조 할 것.

83 (Hegel 1969g), p. 40; (Hegel 1963), p. 21. "그 자체로[즉자적으로](an sich) 이성적인 사람 (Mensch)은, 그가 대자적으로 이성적일 때 더 이상 나아가지 못했다. 그 자체[즉자]는 보존 되지만, 그럼에도 불구하고 그 차이는 엄청나다. 새로운 내용이 산출되지는 않지만, 그러나 이러한 형식은 큰 차이다. 모든 세계사는 이 차이에 관한 것이다."

는 정당성은 '삶의 구체적 형태'와 관련된다. '자의식의 형식'으로 인해, 심지어 욕망에 따라 행동하는 수준에서도 우리는 이미 '집단적 업무'collective enterprise에 연루된다.

헤겔은 그의 저술들에서 일관되게 자유를 '자기 자신과 하나가 되는 것', 즉 '자기 자신과 함께with oneself 있는 것'으로 파악한다(이는 독일어 표현인 'bei sich selbst'를 문자 그대로 번역한 것이다). 따라서 자유는 '자기 통일self-unity의 형식'이며, 더구나 '자의식의 형식'이다. 이 점에서 헤겔이 객체나 원칙을 '나의 것'mine으로 간주한다는 점에서, 자유가 '자의'willing의 객체나 원칙과 '동일시'되는 어떤 형식이라고 헤겔이 주장한다고 오해하기 쉽다. 이는, 마치 자유의 주요 기능이 모든 것을 '나의 것'으로 만드는 것인 것처럼 해석하는 지나치게 자기중심적인narcissistic 이해다. 해설자들이 자주 강조하는 구절에서, 헤겔은 "우리는 이미 우정과 사랑에서 […] 이러한 자유를 소유하고 있다"라고 말한다.[84] 이보다 더 자기중심적인 해석이라면, 특정 타자의 필요와 이익이 나에게 효과적 동기가 될 수 있도록, '나'라는 것이 어떻게든 나 자신의 목표와 계획에 타자를 통합한다는 의미로 위 구절을 받아들일 수밖에 없다. 그러나, 헤겔은 훨씬 더 사회적인 의미로, 즉 그러한 관계 속에서 나는 나 혼자서는 가질 수 없는 목적을 발견한다는 의미로 위 구절을 사용한다. 이러한 자유의 구상은 공동체에서 주권자이자 주체가 되는 루소와 칸트의 자유 구상에 크게 빚지고 있다. 즉, 나는 지배로부터 자유롭게 공동체를 구성하는 원칙의 '저자'author

---

84 (Hegel 1969e), §7, p. 57; (Hegel 1991), p. 42.

이면서 동시에 그 원칙의 적용을 받는 '주체'이며, 따라서 여기서 각자는 (원칙을 구성하는) '주권자'sovereign이자 (타자가 제공하는 입법에 종속되는) '주체'이다. 헤겔 자신의 용어로 하자면, '주권자'로서 나는 무규정적이며 기껏해야 순전히 반성적 의지에 불과하지만, '주체'로서 나는 '목적들의 더 넓은 묶음'a wider set of purposes을 획득한다. 실제로, 헤겔은 자신의 변증법적 개념만이 '동등한 주권자와 주체 되기' 사이의 그러한 관계를 이해하는 적절한 방법이라고 주장한다.[85] 군림domination과 비합리성을 수반하는 다른 모든 사회적 통합은 그 정도에 따라 '진정한 자유의 개념'에 부합하지 않는 왜곡이며 실패이다.

헤겔은 각각의 경우에, 우리가 이 '자의식적 사유의 힘'을 어떻게 행동으로 실현하는지에 대해 전해 주는 '발전적 이야기'developmental story가 있다고 주장한다. 자유는 '어떤 이의 사유 질서가 그의 행동을 어떻게 규정하는가'라는 문제이다. 우리는 우리 몸의 움직임이 그 움

---

85 헤겔은 "자유는 무규정성이나 규정성에 있지 않고, 양자 모두에게 있다"라고 말한다. 이것은 헤겔이 정통 칸트주의를 거부한 잘 알려진 요소이다. 의지는 그 자체로는 단지 반성적이고 무규정적이며, 대자적으로 내용을 생성할 수 없다. 헤겔이 같은 구절에서 말한 내용은, 자연이나 정신으로부터 나올 수 있다. 그 내용이 정신에서 나온다면, 그것은 타자에 의해 생성된 내용이며, 그것은 관습의 형식을 취하거나(사실상, 타인들이 하는 일을 하기), 또는 정신의 목표를 성공적으로 달성하는 데 필요한 것(이것이 헤겔이 관심을 갖는 개념이다)의 형식을 취할 수 있다. 따라서 '반성적 거리'를 취할 수 있는 행동자의 의지는 '무규정적'으로 남으며, 그 의지가 타인들의 (이성적) 의지에 의해 취해질 때(즉, 타인들의 의지와 함께, 그리고 최상의 경우에는, 타인들이 공유된 이성적 의지를 구현하는 한) 규정된 상태가 된다. 어쨌든, 타인들의 공유된 의지는, 구체적으로 말하면 사회적이며, 그리고 공유된 의지가 합리적이지 않은 한, 그것은 그 자체로 무의미하므로 결함이 있고 해체 과정에 종속된다. 자의식 자체는 동시에 다음과 같은 두 측면 모두이다. 즉, 그것은 자신에 대한 인식이며, 따라서 그 자체로 무규정적이다. 그리고, 그것은 자신 외부로부터 오는 내용을 인식하며(따라서 규정된 것이며), 그리고 자의식이 자신을 주체로서 인식하면서, 자의식은 이 자기 인식에 대한 별도의 뚜렷한 반성 행위가 없어도 객체에 대한 인식으로서 자신을 인식한다. 이 자의식의 '하나이면서 둘인 구조'가 실제로 헤겔 변증법의 핵심이다. (Hegel 1969e), §7, p. 57; (Hegel 1991), p. 42.

직임의 통일을 형성하는 '생각의 적절한 표현'일 때 자유롭게 행동하는 것이다. 이러한 이유로, 헤겔은 자유란 '진정으로 중요한 것'을 자신의 삶에서 유효하도록 만들 수 있는 능력이며, 그래서 근대에 자유는 자연이나 신, 또는 '자연법으로 우리를 지배한다고 주장하는 사람들'이 우리를 이끈다는 막연한 느낌보다, 우리 자신의 이유[이성]에 따라 행동하는 것으로 귀결된다고 결론짓는다.

　이유[이성]에 따라 행동하려면, 행동에 대한 설명인 이유[이성]를 행위자가 알아야 하므로, 행동을 구성하는 과정에서 구체화되는 것이 오직 '나의 사유'뿐일 때, 나는 진정으로 자유롭게 행동한다. 나의 행동이 완전히 '무의식적인 이유'unconscious reasons와 같은 것의 실현인 그 정도만큼, 나는 자유롭지 않다(또는, 나는 적어도 충분히 자유롭지는 않다). 나의 '의식적 사유'conscious thoughts가 최종 항소 법원과 같은 것이 되지 않는 한, 나는 자유롭지 않다. 마찬가지로, 헤겔이 거듭 지적하듯이, 경험적 문제들과 관련하여 나는 또한 자유롭지 않다. 왜냐하면 그러한 경우에 내가 무엇을 생각해야 하는지를 결정하는 것은 내가 아니라 사실들facts이며, 그러한 문제에서 내가 '절대자'인 척하는 것은 한심하거나 정말 위험하기 짝이 없기 때문이다.[86] (음식, 수면, 물 등) 기본적 필요의 압박에 시달릴 때도 나는 자유롭지 않다.[87] 나의 사유를 타인이나 내 생각과 무관한 외적 타자의 지도에 맡긴다면 나는 자유롭지 않다(예를 들어, 신하가 주인에게 말하는 "당신

---

86 (Hegel 1969g), pp. 41~42; (Hegel 1963), p. 23. "정신은 스스로를 되돌아봄으로써 자유를 획득한다. 진정한 자기 소유와 진정한 확신은 오직 이것에서만 나타난다. 정신은 오직 사유에서만 이러한 자유를 획득한다. 직관과 느낌에서 나는 나 자신을 규정된 것으로 보며 자유롭지 못하다. 그러나, 이 나의 느낌에 대한 의식을 내가 가질 때 나는 자유롭다."

의 뜻이 이루어지이다"라는 관념처럼).[88] '진정으로 중요한 것'을 '현실적인 것'으로 만들 수 있을 때 나는 자유롭지만, 이것은 또한 타인이나 내가 통제할 수 없는 상황에 의해 자유를 박탈당할 수 있음을 뜻한다. 노예로서 나는 자유롭지 않다. 자녀를 돌볼 수 있는 능력이 중요한 사람으로서 나는 사회적 상황이나 부당한 권력이 나로부터 그러한 능력을 박탈할 때 자유롭지 않다.

행동자는 자신과 하나가 될 때 자유롭다. 즉, 그 행동이 행동자 자신에게 달려 있고, 그 생각들이 자신에게 완전히 명확하지는 않을지라도 그가 그러한 생각들을 어느 정도 이해할 수 있고, 그의 '의식적 사유들'로 이해할 수 있으며, '그 이유[이성]에 비추어 중요한 것'이 세상에서 유효하도록 만들 힘을 가지고 있을 때 그는 자유롭다.[89] 행위자는 단지 '주어진 것'이 아니라 '이해 가능한 이유'에 따라 행동할 때만 자유로우므로, 우리가 '모두가 자유롭다'라고 말할 수 있는 입장에 선다. 그리고, 원칙적으로 그러한 이성적 동물 각자가 그 '자유로운 사유의 힘'을 실현할 수 있는 능력을 지니게 된 것은 오직 근

---

87 (Hegel 1969g), p. 42; (Hegel 1963), p. 23. "의지할 때, 사람은 규정된 목적과 규정된 이해관계를 지닌다. 나는 이 '나 자신의 것'(das Meinige)이라는 점에서 정말 자유롭다. 그러나, 이러한 목적들은 항상 타자를 포함하거나 충동, 성향 등과 같은 타자가 나에게 존재하는 그런 종류의 사태들을 포함한다."

88 (Hegel 1969h), p. 493; (Hegel 1956), p. 413. "이 경건함 속에는 미신이 있으며, 감각적인 것과 일반적인 것에 묶여 있는 존재가 있다. 그것은 가장 다양한 형태들로 나타난다. 즉, 권한에 예속된 노예제의 형태는, 정신에 대해 그 자체 내에 있는 자신의 외부로서, 자유롭지 못하고, 그 자체로 외적인 것에 속박되어 있다."

89 (Hegel 1969g), p. 42; (Hegel 1963), p. 23. "오직 사유 속에서만 이질적인 모든 것이 투명해지고 사라진다. 여기서 정신은 절대적인 방식으로 자유롭다. 이념의 관심과, 그리고 동시에 철학의 관심이 표현된다." (Yeomans 2015)에서 자기 소유, 내용의 구체화, 효과라는 3중 활동에 대한 요먼스의 개념에서 비슷한 맥락의 논의를 볼 수 있다.

대에서이며, 이러한 참된 개념이 실현될 수 있는 것은 오직 합리적인 사회적 조건, 즉 각자가 원칙적으로 (자신의 '개념' 안에서) 동등한 주권자이자 주체가 되는 조건에서만 가능하다. 이 헤겔적인 의미의 자유는, 마치 누군가가 그것을 '자유 의지'에 따라 작동하는 일종의 '원인 없는 인과성'uncaused causation의 문제로 간주할 수 있는 것처럼 '전부 아니면 전무의 사안'an all-or-nothing affair이 아니다. 헤겔적인 의미의 자유는, 어떤 이가 자신의 행동에 대해 제시하는 근거들이 그 자체로 정당화될 수 있는 '자기 관계'relation to self를 포함하며, 이 '자기 관계'에서 그 근거들은 유의미하다[이해된다]make sense(예술과 종교를 포함하는 이해의 확장된 의미에서). 따라서 자유는 '자신이 영위하는 삶'이 '실제 이유가 아닌 것처럼 보이는 이유'에 의해 산산조각이 나지 않도록 '자신과 하나가 되는 방식'way of being at one with oneself에 대한 방식이다. 대다수 사람이 그들의 생각을 신이나 더 나은 사람의 지도에 따르게 해야 한다는 규범적 압박에 시달리고, 그러한 배치로부터 벗어날 제도적 방법이 없었던 전근대 시대에는, 기껏해야 '몇몇만이 자유롭다'. 따라서 자유는 궁극적으로 우리가 타자들과 맺는 관계에 달려 있지, 자연적인 인과 영역으로부터 벗어날 수 있는 어떤 힘에 달려 있지 않다. 자유는 '자의식의 형식'form of self-consciousness에 달려 있다.

2. 관념론자의 역사 개념 구축

무한한 목적들의 역사적 현현

헤겔이 '철학적 역사'philosophical history라고 부르는 것은, 그가 말했듯이 "영원히 그 자체로 현존하며, 과거가 없는 정신spirit"을 자신의 주제로 삼는다.[1] 헤겔이 지적하듯이, 다음과 같은 물음, 즉 "역사 밖에 있

---

1 전체 인용문은 다음과 같다. "철학적 세계사의 일반적 관점은, 추상적으로 일반적이지 않고 구체적이고 절대적으로 현존한다. 왜냐하면 그것은 영원히 그 자체로 현재하고 과거가 없는 정신이기 때문이다(또는, 그것은 이념이다)." (Hegel and Hoffmeister 1994), p. 24; (Hegel 1987), p. 11. 헤겔은 또한 다음과 같이 언급한다. "[…] 철학사는 동시에 내적 갈등을 포함한다. 왜냐하면 철학은 불멸하고 영원하며 즉자대자적인 것을 목표로 하기 때문이다. 철학의 목표는 진리이다. 그러나, 역사는 한때 존재했지만 다른 시기에는 소멸하고 그 후대에 의해 대체된 것과 관련이 있다. 만일 우리가 진리의 영원성으로부터 출발한다면, 진리는 일시적인 것의 영역에 속할 수 없고 진리는 역사를 지니지 않는다. 그러나, 만일 진리가 역사를 지닌다고 해도, 그 역사가 일련의 과거 지식 형태들을 보여 주는 것에 불과하다면, 진리는 역사 속에서 찾아질 수 없다. 왜냐하면 진리는 과거의 것이 아니기 때문이다." 헤겔의 또 다른 정식화는 다음과 같다. "본질적으로 사유인 사유는 즉자대자적이며 영원하다. 진정으로 참된 것은 사유 속에만 포함되어 있다. 그것은 오늘과 내일뿐만 아니라 시간 밖에서도 참이다. 이 사유의 세계는 어떻게 역사를 가지게 되었을까? 역사에서 드러나는 것은 일시적이고, 지나간 것이며, 과거의 밤 속에 잠겨 더 이상 존재하지 않는 것이다. 진정으로 참되고 필연적

는 것은 변화에 종속되지 않는데, 그것이 어떻게 여전히 역사를 가질 수 있는가?"[2]라는 물음은 그 자체로 모순처럼 보인다. 이에 대한 대답은, '인간의 사회적 마음 상태'social human mindedness에 해당하는 정신은 자신의 발전 과정에서 동일한 것이면서, 동시에 정신의 발전이 경로 의존적path dependent이어서 그 경로를 거치지 않고는 그것이 생성되는 것일 수 없다는 것이다.[3] 어떻게 그러한 모순이 잘 해소될 수 있

인 사상은 변할 수 없다. 그리고 이것이 바로 우리가 여기서 다루는 그러한 사상과 관련된다. 여기서 제기된 질문은, 우리가 우선 고려해야 할 그러한 문제들 중 하나를 구성한다." (Hegel 1969d), pp. 23~24; (Hegel 1963), p. 5.

2 (Lauer and Hegel 1983), pp. 68~69.

3 헤겔 자신의 질문에 대한 또 다른 가능한 대답은 일반적으로 헤겔에게 귀속되지만, 나는 그렇게 대답하는 것이 헤겔이 전혀 아니라고 주장할 것이다. 그것은 다음과 같이 진행된다. 즉, 정신은 미발달 상태로 시작하여 그 본질에 따라 스스로를 발전시켜, 1807년경(또는 늦어도 1820년경)에 역사 속에서 자신의 완성을 이룬다는 것이다. 그것은 마치 어린아이가 어른으로 성숙하는 것과 같으며, 그 역사는 그 본질에 변화를 수반하지 않는다. 이는 사실상 헤겔의 '역사주의'(historicism)를 부정하고, 헤겔이 거부하는 어떤 종류의 '본질주의'(essentialism)를 지지하는 것이다. 이러한 해석의 가장 정교한 버전은, 모든 서양 형이상학자들과 마찬가지로 헤겔이 '존재신론적'(ontotheological) 접근 방식을 취했다는 취지로 하이데거가 헤겔을 비난하는 데서 비롯된다. 하이데거에 의하면, 헤겔은 암묵적으로 '존재(Sein)의 의미'가 '어떤 존재자(Seiendes)'에 들어 있는 규정으로 구성되며, 그러한 존재자가 모든 존재 중에서 가장 실재적이거나 아마도 유일하게 실재적인 존재자라고 일반적으로 주장하는 것을 포함한다고 가정했다는 것이다. 일단 문제가 그런 식으로 구성되면(하이데거에 따르면 모든 서양 형이상학이 그런 식으로 문제를 구성한다), 가장 실재적인 존재자와 다른 모든 것 사이에 일종의 '반-인과적 관계'(semi-causal relation)를 우리는 찾게 된다. 이러한 관계는 (아리스토텔레스의 원인들에서처럼) 명백한 인과관계일 수 있거나, 또는 (플라톤의 형상에 대한 '참여'라는 개념에서처럼) 위장된 인과관계일 수도 있다. 따라서, (진리, 규범성, 의미 등의) 기원들에 대한 모든 탐구는, 다른 존재들을 그 존재들이 되게 하는 '원인'으로서 '존재'를 그것들이 찾기 때문에 '존재신론적인 것'으로 드러난다(하이데거는 이러한 모든 탐구가 유대-기독교의 창조 이야기를 재현하는 방식 때문에 '존재신론적'이라고 불렸지만, 그것들이 모두 명백하게 신학적이기 때문에 그렇게 불렸던 것은 아니다). 하이데거의 독해에서 볼 때, 헤겔에게 존재의 의미는 실체 대신 '정신'(주체)으로 여겨졌다. 하이데거는 헤겔 자신이 쓴 것이 아니라 게오르크 라손(Georg Lasson)이 본문에 잘못 삽입한 구절에 근거하여 헤겔을 읽었으며, 그것을 하이데거는 인용하고 있다. 해당 텍스트에서, 헤겔은 정신이 시간 속으로 '낙하하는'(falling into) 것에 대해 말하고 있는 것으로 추정된다. 그러나, 헤겔은 그런 말을 한 적이 없다. 이에

을까?

사유 질서에 선다는 것은, 인륜적 원칙ethical principle과 개인의 심리individual psychology가 다양한 제도와 관행을 매개로 해서 연결되는 삶의 형태 안에 자리를 잡는 일이다. 개인의 심리와 원칙 사이의 이러한 연결은 완전히 우연적이지도 않으며, 동시에 오늘날 분석적 개념 결합과 같은 것을 보여 주는 것으로 표현되지도 않는다. 예를 들어,

---

대해서는 (Bouton 2004)를 참조할 것. 그러나, 이는 단순히 헤겔의 정신 개념을 오해하는 것이다. 정신은 본체(entity)가 아니지만, 모든 구성원의 합과도 동일하지 않다. 정신은 별도의 본체라기보다는, 공동의 책무[공속행위](commitment)와 같은 것이다. 확실히, 헤겔은 역사에서 '정신'이 하는 일에 대해 말하면서 다양한 행동들과 동기들을 정신에 귀속시키지만, 이것은 헤겔이 말하는 '언어[독일어]의 문법적 특징'(grammatical feature of the language)이지 그의 '형이상학의 특징'이 아니다. 독일어에서는 (영어에서와 마찬가지로) "개똥지빠귀는 봄에 짝짓기를 한다"(The Robin mates in Spring)와 "아메리카 개똥지빠귀는 다른 지역들에서 다르게 발성한다"(The American Robin vocalizes differently in different regions)라는 문장들에서처럼, 정관사 'the'의 사용이, 그것에 관해 어떤 특별한 형이상학적 가정을 하지 않고도 하나의 '속'(屬, genus)을 지칭할 수 있다. 헤겔이 하이데거의 의미에서 '존재신론적 이론'을 추구하고 있다는 이 가정은 (Hodgson 2012)의 해석을 도출한다. 이 '존재신론적 해석'은 (Dale 2014)에서도 찾아볼 수 있다. 또한, 역사 운동의 최종 원인으로 기능하는 '하나의 정신'(a spirit)이 있다는 생각은, 벌리 윌킨스(Burleigh Wilkins)가 헤겔의 역사 철학을 평가하는 데 헤겔의 『논리학』을 사용하려는 시도에 활기를 불어넣는다. 그리고 그 전제를 고려할 때, 이 시도로 인해 벌리 윌킨스는, '어떻게 역사가 그 목적의 측면에서 발전하는가'에 대한 헤겔의 견해는 고귀한 노력으로 받아들여져야 하지만 충분히 방어될 수는 없다고 생각하게 된다. "월터 카우프만(Walter Kaufmann)이나 J. H. N. 핀들레이(Findlay)가 헤겔의 변증법을 부활시키기 위해 노력하는 것보다 더 나는 헤겔의 내재적 목적론의 부활을 위해 노력하는 것에 끌리지 않는다." (Wilkins 1974), p. 120. 이로 인해 또한 데니스 오브라이언(Dennis O'Brien)은, 헤겔이 역사의 과정을 효율적, 물질적, 최종적 원인의 범주들이 적용되는 일종의 단일한 '어떤 것'으로서 취하고 있음에 틀림없다고 생각하며, 그래서 국가와 헌법이 물질적, 형식적 원인들이며, 정념과 세계사적 개인이 최종적 원인이라고 생각한다. (O'Brien 1975) 참조. 그럼에도 불구하고, 그것에 관해 무엇이 옳은지를 보는 더 오래된 '일원적 해석'에 대한 철저한 비판은 (Kreines 2008)에서 찾을 수 있다. 프레더릭 바이저(Frederick Beiser)는, 헤겔이 그러한 유형의 내재적 목적론과 단일 구조를 의도하고 있다는 것이 텍스트적으로 명백하다고 생각하는 것처럼 보이며, 그리고 헤겔의 말에 대한 충실한 독해라면 단순히 그것을 따라야 하는 것이 텍스트적으로 명백하다고 생각하는 것처럼 보인다. (Beiser 2005) 참조.

'명예honor를 다른 모든 것보다 우선시하는 초기 근대적 원칙'과 같은 원칙과, '명예를 구속력 있는 이상理想, ideal으로 여기는 개인의 특정한 심리'가 실제로 그것이 그렇게 가정한 형태를 취한다는 사실은 완전히 우연한 문제가 아니다. 그러한 맥락에서, 명예에 대한 공격들은 동기를 부여하는 이유들이다. 법치나 협상 같은 것을 가장 중요하다고 생각하는 '후기 근대적 개인late-modern individual의 심리'의 경우에는, 명예를 위해 법의 테두리를 넘어서까지 복수를 해야 한다고 생각할 가능성이 적다는 사실은 단순한 우연이 아니다. 그리고 '개인의 심리와 원칙 사이의 연결'은 가능한 모든 경험의 조건인 선험적 종합 연결도 아니다. 그러한 연결은 헤겔의 난해한 '개념의 논리'와 관련이 있으며, 이 논리는 "보편자는 대자적으로 실존하면서 자신을 특수화하고 그 안에서 자신과 동일하다"[4]와 같은 것이다. 세계와 자신을 이해하려는 주체에게 '진정으로 실재하는 것'(또는 '현실적인 것')은 '개념과 객관성의 통일'unity of concept and objectivity이며, 헤겔은 이를 '이념'이라고 부른다. 그렇다고, 헤겔이 인간의 욕망은 무한히 가변적이라고 주장하지도 않는다(그리고 헤겔은 그러한 생각에 대한 입장을 취할 필요조차 없다). 주체인 인간은 '자의식적 영장류'self-conscious primates이며, 우리는 영장류의 유기체적 욕망을 지닌다. 더구나, 헤겔은 '모든 사람이 직면해야 하는 인간 조건에 관한 특정 사실들이 있다'라는 아리스토텔레스의 생각도 받아들인다. 즉, 두려움, 분노, 지위(부와 명예)에 대한 욕망, 쾌락, 고통 등이 그러한 것들이다. 이것들은 아

---

4 (Hegel 1969b), §383; (Hegel et al. 1971), p. 16.

무리 사회적으로 변화를 겪는다고 하더라도, 그렇다고 이것들이 전적으로 사회적으로만 구성되는 사안들은 아니다. 우리는 이성적 동물이기 때문에, 즉 우리가 그 안에서 살고 있는 '삶의 형태'를 알기 때문에 그것들을 안다. 따라서 '사유 질서'orders of thoughts는 단순히 '원칙들의 집합들'collections of principles이 아니다. 사유 질서는 규범과 실천, 원칙과 심리의 통일을 포괄하며, 그 전체가 어떻게 조화를 이루는지에 대한 모습을 포함한다. 이러한 심리와 원칙의 통일들에는, 헤겔의 용어로 하자면, 우리의 기본 개념들이 현상계에서 어떻게 실현되는지에 대한 더 구체적인 개념 파악이라고 할 수 있는 '이념'이나 몇 가지 '이념들'이 포함된다.

사유 질서들은, 어떤 질서에 적합한 정념들, 원칙들 및 실천들의 구체적 위상들constellations이 있을 때 존재한다.[5] 그러한 사유 질서들에서 항상 쟁점이 되는 것은, 그 질서가 일관성이 있는지를 따지는 일 이상의 문제이며, 원칙들이 서로 모순되지 않는지를 따지는 일 이상의 문제이다. 항상 쟁점이 되는 것은, 질서 자체가 성공적으로 살거나 실천할 수 있는 일종의 '도덕적 심리'moral psychology를 생성하는지와 관련되며, 또는 원칙이 원칙의 권한을 약화하는 정념을 생성하는지와 관련된다. '이념'은 '일종의 필요성[필연성]을 내포하고 있다고 여겨지는 세계'(예를 들어, 고대 세계가 노예제도의 경제적 필요성에 대해 생각했던 방식)와 더불어 '그 세계를 규범적으로 이해해야 하는 방

---

5 원칙의 진술과 심리의 진술 양자의 필요성 간의 관계는, 어떻게 서양 영화들이 그러한 정치 심리에 대해 편파적 설명을 제공하는가에 대한 로버트 피핀의 논의에 의존한다. (Pippin 2010) 참조할 것.

식'(고대 세계에서도 노예제도는 윤리적 관점에서 볼 때 매우 문제가 많은 개념이었다)을 나타낼 수 있다는 점에서, 이념 자체와 상충할 수 있다. 이 경우 원칙과 규범은 '세상이 불가피하게 작동해야 하는 방식'에 대한 이해와 상충하는 것으로 드러난다. 예를 들어, 노예제도의 경우, 고대의 노예제 형태부터 특히 잔인했던 근대 노예제에 이르기까지, 많은 사람이 노예제도의 존재 자체를 정당화하는 데 어려움을 겪으면서도 경제적으로, 즉 실용적인 면에서는 노예제도를 피할 방법을 찾지 못했다. 그러나, 이것은 단순히 이성과 세계 사이의 불일치만은 아니었다. 그것은 '이성의 이싱 자신과의 불일치'였다.[6]

따라서, 역사적 사건 자체와 구별되는 '기록된 역사'written history는, 이러한 사유 질서인 '법과 원칙' 또는 더 일반적으로는 '이념과 방향'이, '인간의 심리' 및 '발생하는 사건들을 생성하는 주변의 물질문화'와 결합하는 방식에 대한 설명이다. 이러한 관점의 일부를 예로 들자면, 그것은 '특정 원칙의 위상'이 다른 것보다 '특정 형태의 심리'에 더 많이 구속되어 있다는 것이다(예를 들어, 중세 귀족의 심리 및 미덕은 19세기 회계 관리인의 심리 및 미덕과는 다를 것이다). 헤겔의 질문은, 정신의 '현현'manifestation으로 간주되는 이러한 질서들에 어떤 논리 같은 것이 존재하는가, 라는 것이었다. 이 질문에 답하기 위해서는, 그 현현들에 어떤 통일성, 어떤 통일적 의미uniting sense가 있는지를 물어야만 할 것이다.[7]

이는 다양한 사유 질서들에 어떤 목적Zweck이 있는지를 묻는 것

---

6 노예제도와 고대 세계에 관해서는 (Finley 1964)를 참조할 것.

과 같으며, 만약 그런 목적이 있다면, 사유 질서들은 그 목적을 얼마나 잘 현시하고 구현하는지에 따라 평가될 수 있을 것이다. 게다가, 그러한 목적이 있다면, 그것은 '무한한 목적'일 것이다. '유한한 목적'은 특정한 어떤 일을 함으로써 달성할 수 있는 목적이다. 모든 일상적

---

7 본질적으로 이것은 헤겔과 레오폴트 폰 랑케(Leopold von Ranke) 사이에 벌어진 논쟁의 기초였으며, 1820년대와 1830년대에 랑케와 그의 추종자들이 헤겔 학파에 반대하거나 그 역의 상황에서 벌어진 유명한 논쟁으로 이어졌다. 표면적으로는 '사실 중심의 경험적 역사가'와 '고상하고 추상적인 역사 철학' 사이의 논쟁처럼 보이지만, 논쟁의 골은 더 깊었다. 양쪽 모두 특정한 삶의 형태들을 식별하고 기술할 수 있다고 생각했다. 그러나, 랑케는 각각의 삶의 형태는 독자적이며, 그의 유명한 표현을 빌리자면 '신과 직결된 것'(immediate to God)이라고 생각한 것 같다. 랑케가 보기에, 역사가로서 그는, 이러한 삶의 형태들을 자세히 묘사하고, 전체 의미는 신에게 맡김으로써 신의 일을 하고 있었다. 그러나, 랑케의 저작을 연구한 학자들이 밝혀낸 것처럼, 그는 사실상 역사에 어떤 의미가 있다고 생각했고, (자신과 같은) 재능 있는 역사가라면 그것에 대한 체계적 논증 없이도 '신의 손길'을 분별할 수 있다고 생각했다. 랑케가 말했듯이, 삶의 형태의 통일은 "정신적 통일이므로, 그것은 정신적 통각으로 파악될 수 있다". "Idee der Universalhistorie 1831 bzw. 1831-32" (Ranke, Fuchs, and Schieder 1964), p. 78. 이것은 다음과 같이 철학자(즉, 헤겔)를 그 자신과 구분한다. "인간적 사태들을 아는 것을 배우는 방법에는 두 가지가 있다. 하나는 단일한 것(the singular)에 대한 지식이고, 다른 하나는 추상에 대한 지식이다. 그중 하나는 철학자의 방식이고, 다른 하나는 역사의 방식이다." Ibid., p. 87. 물론, 헤겔은 이러한 대안, 즉 단일한 사건과 사실을 더하거나 그 모든 것들을 추상화하여 더 큰 의미의 패턴을 발견함으로써 역사에 접근해야 한다는 것을 거부했다. 헤겔의 기획은 사실상, 추상화 과정(마치 어떤 사람이 그리스, 로마, 독일을 보고, 그러한 추상화에서 발견된 공통점들을 통해 역사에서 무슨 일이 벌어지고 있었는지를 규정할 수 있는 것처럼)을 통해 역사의 패턴이 분별될 수 있다는 생각을 거부했다. 그 대신, 헤겔은 역사 발전에 '무한한 목적'이 있었는지를 알고자 했다. 헤겔은 랑케와 그의 스승인 바르톨트 게오르크 니부어(Barthold Georg Niebuhr)에 대해 두 가지 다른 주요 반론들을 제기했다. 첫째, 역사에서 신의 손길을 직관한다는 랑케의 주장은 공허하며, 우리가 그런 공허한 개념에서 출발하면 어떤 것에 대해서도 결론을 내릴 수 있다는 것이었다. 둘째, 헤겔은 많은 사람이 랑케의 장점, 즉 사실들로 설득력 있는 서사를 구성하는 랑케의 능력으로 여기는 것을 거부했다. (니부어도 비슷한 주장을 했다.) 헤겔에게 그러한 서사는 그저 지어낸 것일 뿐이었다. 랑케가 프랑스의 앙리 4세에 대해 "그는 위대한 생각으로 가득 차 있었다. 그는 여전히 자신의 별이 자신을 맴돌고 있는 것을 보면서, 놀라운 일을 할 운명이라고 생각했다"라고 말하는 대목에서 알 수 있다. 헤겔은 이런 이야기는 월터 스콧(Walter Scott) 소설의 소재이며, 역사가가 아니라 소설가가 지어낸 이야기라고 인정하는 소설가에게 맡기는 것이 가장 좋다고 반박했다. 헤겔이 단순히 랑케의 장점 중 하나를 폄하한 것인지는 분명치 않으며, '학술적' 역사 작업에서 이야

욕구들은 유한한 목적들에 관한 것이다. 어떤 이가 특정 영화를 보고 싶을 때, 그가 그 영화를 보고 나면 그 목적은 사라진다. 어떤 이는 목이 말라서 물을 마시고 싶을 수 있고, 물을 마시고 나면 물 한 잔에 대한 욕구가 사라진다. 유한한 목적들은 반복해서 발생할 수 있으며, 원칙적으로 무한히 많을 수 있고, 그 목적들의 한계는 인간 삶의 불확정적인 우연한 한계에 의해서만 설정된다. (어떤 사람은 이웃보다 더 많은 소비재를 원할 수 있고, 그 이웃은 당신보다 더 많은 소비재를 원할 수 있으며, 그렇게 해서 그 소비재 목록은 원칙상 무한대로 늘어날 수 있다. 우리는 목이 마를 때 물을 마시고 더 이상 갈증을 느끼지 않지

기하기의 역할은 역사가들 사이에서 여전히 논란의 여지가 있는 섬광으로 남아 있다(구체적 인용은 (Gay 1974)에서 했다. 게이Peter Gay는 극작가 랑케, 과학자 랑케, 신학자 랑케 사이의 긴장에 대해 논의한다). 프레더릭 바이저는 헤겔의 접근 방식과 랑케의 접근 방식 사이에 기술적 측면을 제외하고는 큰 차이가 없다고 생각하는 것 같다. "전반적으로, 랑케에 대한 헤겔의 논쟁은 [랑케의] 역사(Geschichte) 서술 기법에 대한 그의 의혹에 국한된다. [⋯] [그리고] 랑케 자신도 [⋯] [나중에] 이 단점을 인정했다." 바이저는 헤겔이 반대한 이유는, 랑케가 너무 세세한 부분에 치중하여 사건들의 통일성을 적절히 드러내지 못했기 때문이라고 생각한다(Beiser 2011). 그러나 비록 바이저는 랑케와 야코비(F. H. Jacobi)가 모두 직관에 호소한다는 점에 주목하지만, 바이저의 견해는 일반적으로 '정신적 통각'(spiritual apperception)이라는 랑케의 생각에 대한 헤겔의 반대를 과소평가한다. 헤겔도 비판했던 당대 프로이센 정치에 대해 논쟁하기 위해 니부어가 로마 역사를 활용한 것에 대해서는 (Ziolkowski 2004)를 참조할 것. 역사에는 신의 은총을 받은 기독교 역사가만이 분별할 수 있는 의미가 있다는 생각에 대한 랑케의 더욱 분명한 전념에 대해서는 (Krieger 1977) 및 (Toews 2004)를 참조할 것. 테이브스(John E. Toews)의 설명은, 1830년대와 1840년대에 발생한 '탈헤겔주의적 역사주의'에서, 노골적인 모순은 아니더라도 긴장에 대해 특히 통찰력 있는 것이다. 테이브스는 랑케의 사상에서, 삶의 최종 목적이 완전히 초월적이라는 입장("당신의 뜻이 이루어지이다")을 주장하는 것과, 삶의 최종 목적이 본질적으로 특정 공동체의 발전과 구성에 묶여 있다는 개념("우리의 뜻이 이루어지이다") 사이의 긴장을 찾아낸다. 랑케의 역사적 실천에서 나타나는 일종의 역사주의 프로젝트(예를 들어, 싱켈K. F. Schinkel의 건축과 멘델스존Felix Mendelssohn의 일부 음악에서도 나타나는 것)는 그러한 긴장을 안정시킬 수 있어야 했다. 헤겔은 그러한 접근 방식이 하나의 '유한함'(특정한 신적 의지)과 다른 '유한함'(특정한 공동체적 의지)을 대립시키는 것이기 때문에 실패할 수밖에 없다고 생각했을 것이다.

만, 그리고 나서 다시 목은 마르게 된다.)

반면에, '무한한 목적'은 어떤 한 가지 행동으로 달성될 수 없고, 다양한 행동들에 의해서만 드러날 수 있다(아리스토텔레스의 개념에 따르면, 행복은 이러한 무한한 목적 중 하나이며, 그래서 수많은 다양한 행동들은 '행복의 현현'이 될 수 있다). 반면에 물 한 잔을 마시는 것의 목적은 물 한 잔을 마심으로써 완전히 소진된다. '유한한 목적'은 단순히 더해질 수 있지만, '무한한 목적'은 목적을 드러내는 특정 행동들에 의해 소진되지 않는다. 물을 마시는 것과 같은 유한한 목적은 소진되지만, 무한한 목적에는 본질적 한계가 없다. 이 무한한 목적이 효과를 발휘하려면 부단한 지속적 활동이 요구된다. 예를 들어, 정의 justice라는 것은, 어떤 집단적 업무가 해야 할 일의 목록을 미리 수립하여 점검할 수 있는 것이 아니다. 정의는 거듭 실현되어야 한다. 무한한 목적에는 최종적으로 달성될 수 있는 한계가 없다.[8] 그 목적을 드러내는 모든 행동을 합산했을 때가 아니라, '그러한 행동들이 그 목적을 드러내는 방식에 작동하는 원리'를 이해했을 때, 우리는 그 무한한 목적을 이해하는 것이다. 헤겔 자신의 용어로 다시 돌아가 설명하자면 다음과 같다. 즉, '개념'과 '객관성'이 어떻게 함께 작동하는지에 대한 포괄적 이해인 '이념'의 관점이 지시하는 인간 행동에서, '무한한 개념'은 '유한한 행동들'에서 실현될 수 있다(마치 우리가 정의롭게 또는 덕스럽게 행동할 때처럼). '인간다운 삶을 영위한다는 것이 궁극적으로 무엇을 의미하는가'라는 개념은 '무한한 목적'이다.[9]

---

8 '무한한 목적들에는 내적 한계가 없다'라는 생각에 대해서는 (Rödl 2010)을 참조할 것.

역사에 그런 무한한 목적이 존재하려면, 주체들의 어떤 특정한 조직의 특정한 목적이 아니라 '집단체collectivity의 목적'을 필요로 하며, 여기서 이 집단체는 스스로를 '우리들 모두'all of us가 아니라, '하나의 우리'a we로 생각하는 그런 집단체로서 자신을 취한다. 헤겔은 많은 곳에서 역사의 최종 목적이 '자유'라고 말하지만, 이는 단지 헤겔이 자신의 학생들(항상 주의를 기울이지는 않았던 이들)과 그의 강의를 듣던 일반 대중을 위해 강의에서 채택한 편의상의 언급일 뿐이다.[10] 물론, 헤겔의 이 언급은 역사의 모든 주요 사건들이 자유라는 하나의 특정 목적을 지향한다는 것을 확실히 보여 줄 수 있다. 그러나 만약 그렇다면, 자유는 '유한한 목적'이 되어 버릴 것이고, 자유가 그 역할에서 그렇게 절대적 중요성을 가질 수 있을지 매우 불분명해진다. 결국 그렇게 되면, 자유는 많은 좋은 것들many goods 중 하나로서, 모든 사람의 목록에서 높은 순위를 차지하지만, 그러나 따지고 보면 안정stability도 마찬가지이며, 다른 가치 있는 것들(안전, 번영, 경건

---

9 헤겔은 역사 초기의 종교철학과 종교적 예배의 성립과 관련하여 다음과 같이 언급한다. "신의 목적으로서, 그것은 현실적 정신 안에 존재한다. 그래서 그것은 내적 보편성을 가져야 하고, 그 자체로 진정으로 신성한 목적이어야 한다. 그리고 그것은 실체적 목적이어야 하며, 실체적 보편성을 지닌 목적이어야 한다. 정신에 내재적인 실체적 목적은, 실존하는 정신적 개인들이 자신들을 하나로 알고 하나로 행동하며 연합하는 것과 같은 것이다. 그것은 본래 내적으로 보편적이고 무한한 목적, 인류적 목적이다. 왜냐하면 그 토양은 자의식에, 자유에, 실현된 자유에 있기 때문이다. 여기에서 실천적인 면이 처음으로 나타나며, 즉 [신의] 목적이 현실적 의식에서 처음으로 나타난다." (Hegel and Hodgson 1984), p. 435.

10 헤겔의 장모는, 헤겔이 자신의 역사 철학 강의는 '심지어 여성도' 이해할 수 있을 것이라고 그녀에게 약속했다고 전한 바 있다. 이 발언의 성차별을 논외로 한다면, 이 언급은 헤겔이 자신의 역사 철학 강의를 매우 일반적인 청중이 이해할 수 있도록 의도했다는 사실을 분명히 보여 준다. 이 강연들의 수용 역사가 보여 주듯이, 헤겔은 이 점에서 대체로 성공했다. (Hegel and Hoffmeister 1961), Letter #664 참조.

등)의 전체 목록도 마찬가지이다. 게다가, 만일 자유가 그런 유한한 목적이라면, 우리가 그것을 달성할 경우 역사는 끝나 버릴 것이다. 그렇게 되면, '역사의 종말'이 도래할 것이며, 다시 말해 더 이상 역사는 존재하지 않을 것이고, 자유를 유지하기 위해 필요할 만한 것(그것이 무엇이든)이 끝없이 반복될 것이다. 물론, 헤겔은 종종 이러한 구상을 인정받기도 했지만, 그러나 사실 알고 보면, 그러한 구상은 '자유가 무한하다'라는 헤겔 자신의 주장을 왜곡할 것이다. 만약 역사가 그렇게 무한한 목적을 포함한다면, 역사는 더 이상 사람이 존재하지 않을 때만 끝날 것이다.

여기에 역사를 생각하는 한 가지 방식이 있다. 역사의 '무한한 목적'은 특정한 기술을 배우는 일보다 건강health과 더 비슷하다. 사람은 다양한 수준의 건강을 달성할 수 있지만(병에 걸렸다가 회복할 수도 있고, 병에 걸렸다가 회복하지 못할 수도 있다), 건강이라는 상태는 그것을 달성한 다음 다른 일로 넘어가면서 목록에서 지워지는 것이 아니다. 또한, 건강은 행동할 때 항상 마음 한가운데에 있는 것도 아니다. 1806년이나 1989년에 역사가 끝났다고 생각하거나 생각했던 모든 사람을 포함하여, 역사 완성의 의미로 종말을 주장하는 모든 사람은 '무한한 목적'과 '유한한 목적'을 혼동하고 있다.

헤겔이 제안하는 것은, '자유에 대한 요구'가 '더 심오한 요구' deeper need의 필수 구성 요소가 되기 위해서는 '자유에 대한 요구'로부터 발생하는 '더 심오한 요구'가 있다는 것이다. 그는 이 더 심오한 요구를 신학적으로 '화해'reconciliation라는 용어로 특징짓는다. 이러한 의미에서 화해는 사람들이 세계와 자신들 서로를 이해하게 되었을 때 이루어진다. 넓게 말하면, 화해는 사태들을 이해하는[의미화하는]

making sense of things 문제이며, 여기서 '이해하기[의미화]'making sense는 좁은 의미보다 넓은 의미로 이해되어야 한다(우리는 원칙적으로 예술, 종교, 이론의 실천들에서 다양한 방식들로 사태를 이해할 수 있으며, 또한 합리적 계획에 구성 요소들을 맞추려고 노력함으로써 사태를 이해할 수도 있고, 그 외의 방식으로 사태를 이해할 수도 있다). '진정한 화해'는 인간 세계를 '수용 가능한 이유들에 근거한 것'으로 보는 것, 다시 말해 가능한 한 느슨하게 표현하자면, 인간 세계를 '합리적 근거가 있는 것'으로 보는 것과 관련이 있다. 따라서 화해는 '무한한 목적'이기도 하다. 이 짐에서 화해는 헤겔이 (『정신현상학』전 초기 글들을 제외하고) 자주 사용하지 않은 다른 개념, 즉 '정당성[합법화]'legitimation이라는 개념과 밀접한 연관이 있다. 헤겔의 최종 논지는, 역사가 그러한 '화해에 대한 인간의 요구', 즉 '이해하기[의미화]making sense에 대한 요구'를 드러낸다는 것이다. 따라서 '자유에 기초한 정의'에 대한 사유 질서, '원칙과 심리의 제대로 된[적절한] 통일'proper unity of principle and psychology과 같은 것이야말로 제대로 된 정당성[적절한 합법성]proper legitimation을 가질 수 있는 유일한 질서이며, 이러한 질서는 초기 및 다른 사유 질서들의 특정한 실패들을 통해 삶의 형태들이 발전하는 과정에서 매우 뒤늦게 출현한다고 헤겔은 주장한다.

역사가 모든 지점에서 드러내는 화해에 대한 욕망desire은, (비록 모든 사건에서, 아니 아주 많은 사건에서 드러나지는 않지만) 인류의 깊은 생물학적 기반에 뿌리를 둔 욕망이 아니다. 만약 그렇다면, 그 욕망은 배고픔이나 영광, 명예, 지위와 같은 유한한 목적에 불과할 것이다. 그것은 자의식 자체의 본성에서 비롯된 욕망이다.[11] 지배와 예속의 기원들에 대한 헤겔 논의의 요점 중 하나는, '이유들을 제시하고 이유들을 묻는 행위'가 '생사를 건 투쟁'으로 변형될 때, 어떻게 '비반 성적 의식'이 '반성적 의식'으로 나아갈 수 있어야 하는지를 보여 주기 위한 것이다. 일단 그러한 권한이 강압에 의해 장악되어 타자를 자기 안으로 끌어들이면, 다시 한번 그것이 지닌 권한이 박탈될 가능성이 있다. 지배자와 피지배자 사이에 구분이 생기면, 그러한 지배권의 정의와 정당성 문제가 발생한다. 실제적이고 현실적이며wirklich 유효한 권한이 되기 위해 그러한 권한이 '인정받은 권한'recognized authority 이어야 한다면, 지배자와 피지배자의 위계가 정당성을 갖지 못할 가능성은 항상 열려 있다. 따라서, 인류사를 관통하는 것은 '사태들을 이해하려는[의미화하려는] 욕망'이며, 이 욕망 자체가 유한한 인간에게 '정의에 대한 욕망'desire for justice을 불러일으킨다고 말하는 것은 믿기 어렵지 않다. 정의, 화해, 정당성[합법화]과 같은 이 모든 것은 '정신Geist의 무한한 목적'이 스스로를 이해하는 구성 요소들이다. 이들 중 어느 것도 다른 목적을 위한 수단이 아니다. 또한 이것들은 우리가

---

11 (Hegel and Hoffmeister 1994), p. 108; (Hegel 1975), p. 91. "사람들이 도덕적으로 불만을 품게 만드는 것은(그리고, 사람들은 이러한 불만에 대해 어떤 자부심을 가질 수도 있지만), 현재가 그들의 관념들, 원칙들, 의견들에 적합하지 않다는 것을 그들이 발견한다는 사실이다. 그리고 이것들은, 그들이 옳고 좋다고 생각하는 더 보편적인 내용의 목적들(오늘날에는 이것들에 우리는 특히 정치적 헌법의 이상들을 포함해야 한다)에 관련된다. 그리고, 그들은 현재가 열정을 쏟아서 자신들의 이상을 건설하려는 그들의 성향에 적합하지 않다고 생각한다. 그들은 '있는 그대로의 실존'과 '사태가 마땅히 그래야 한다는 그들 자신의 견해들'을 대조한다. 이 경우 만족을 요구하는 것은 특정한 이해관계나 정념이 아니라 이성, 정의, 자유이다. 그리고, 이러한 제목이 붙으면, 그러한 요구들은 스스로에게 권한의 분위기를 부여하고, 세계의 상황과 사건들에 대한 불만의 형식뿐만 아니라 그것들에 대항하는 현실적 반란의 형식을 쉽게 취할 수 있다. 그러한 감정과 태도를 정확하게 감상하려면, 우리는 그러한 요구들 자체와 그에 동반되는 고도로 위압적인 관점과 태도를 철저히 검토해야만 한다."

우연히 갖게 된 단순히 주어진 것이나 날것의 욕망도 아니다. 이것들은 자의식의 본성과 결부되어 있으며, 우리가 인간의 '이유[이성]의 공간'에서 거주하는 구체적 방식과도 결부되어 있다.[12]

헤겔의 역사 철학에서 중요한 부분은, '사태를 이해하려는 요구'가 어떻게 '정의의 개념'으로 이어지고, 이 '정의의 개념'이 역사가 발전함에 따라 '자유의 필요성[필연성]에 대한 개념'으로 변모하는지와 관련이 있다. 역사에서 작동하는 무한한 목적은 '자기 이해'의 목적이며 따라서 '정의의 목적'이고, 그리고 우리 시대에는 '정의에 대한 요구'가 '자유에 대한 요구'가 되었다. 이러한 변형이 발생하기 위해서는, 인간이 자신에 대한 이해를 변형시켜야 했다. 역사 운동의 핵심에는 개인적 주체이면서 집단적 행동자인 '인간 주체성 자체의 본성'에 대한 심오한 쟁점이 있다. '인정 투쟁'struggle over recognition은 역사 운동의 무한한 목적인 정의의 바탕이 되는 '역사의 지속하는 실타래 ongoing thread'이다. '지배와 예속의 변증법'의 근간이 되는 '권한에 대한 투쟁'은 헤겔이 '보편적 자의식'이라고 부르는 다양한 제도와 관행으로 구체화되며, 이 제도와 관행은 그로부터 스며 나오는 권한을 실천에 정착시키는(또는 정착시키려고 시도하지만 단기적으로나 장기적으로 종종 실패하는) 역할을 해 왔다. 정의의 무한한 목적은, 사회 정치적 삶에서 권한이 개별 주체에 의해 수용되고 거부되는 무수한

---

12 "이제 여기서, 우리는 정신적 실재 세계의 상태를 더 정확하게 논의하고 있으므로, 의지의 측면에서 그것을 다루어야 한다. 왜냐하면 정신이 그러한 것으로 존재하게 되는 것은 의지에 의한 것이기 때문이다. 그리고, 실재의 직접적인 실체적 결속들은, 의지의 지침, 즉 인륜과 법의 개념, 간단히 말해 우리가 일반적으로 정의라고 부를 수 있는 것이 활성화되는 구체적 방식으로 표시된다." (Hegel 1969c), pp. 235~236; (Hegel 1988), p. 179.

방식들에서 형성되고 집단적으로 추구되는 목적이다. 그러한 권한 부여를 둘러싼 투쟁으로부터, '영원한 정의'의 표준은 본질적으로 이원적dyadic 인간관계의 '제대로 된[적절한] 질서 세우기'proper ordering 로 형태를 갖춘다. 사람들 사이에서 '제대로 된[적절한] 질서'를 구성 하는 것은, 역사가 돌아가는 '느리게 움직이는 이념'으로 드러난다.

따라서 정신은 확장된 시간적 형태를 가지고 있다. 우리는 사유 질서의 계기들이 됨으로써, 우리 자신을 사유라는 개념 아래로 가져 가는 생물체가 됨으로써, 우리인 바로 존재한다. 그리고 그러한 사유 질서는 전후로 두껍게 확장된다. 마찬가지로, 우리 각자는 더 큰 시간 적 질서 속에서 우리의 조상을 되돌아보고 후손을 전망해 보는 하나 의 계기다.

이와 같은 점은 헤겔 자신의 변형된 '아리스토텔레스적 자연주 의'Aristotelian naturalism의 일부로 남아 있다. 동물은 자신의 속屬, genus 이 요구하는 바에 비추어 행동한다. 예를 들어, 토끼가 하는 행동 대 부분은 토끼이기 때문에 하는 행동이다. 토끼는 자신의 속屬에 일치 하게 행동하고, 지능적으로 행동하며, 일종의 계획을 세우고, 심지어 마치 선택을 하는 것처럼 어떤 것을 하지만, 그러나 토끼가 자의식적 으로self-consciously 어떤 것을 하지는 않는다. 인간은 자신의 속屬에 따 라 행동하지만 그러한 행동은 자의식적이다. 헤겔이 말하듯이, 이성 적 동물이라는 속屬은 스스로를 속屬이라고 인식하는 속屬이다.[13] 사자

---

13 (Hegel 1969a), p. 143; (Hegel 2010), ¶¶ 172, 173. "생명 자체의 움직임에서 이 '단순함'으로 그 자체로 실존하지 않는 것은 바로 단순한 속(屬, genus)이다. 오히려 이 결과에서, 생명은 그 자체가 아닌 다른 것, 즉 의식을 가리키며, 이 의식에 대해 생명은 이러한 통일체로서, 즉 속 (屬)으로서 실존한다. […] 그러나, 그에 대해 이러한 속(屬)이 그렇게 실존하며 그 자체가 속

는 사냥을 하고, 인간도 마찬가지로 사냥을 할 수 있다. 그러나, 인간 주체는 또한 화해된 세계를, 즉 그것이 자신에게 이해되고 그 속에서 자신이 어떤 정당한 지위를 갖는 세계를 열망한다. 인간은 사유 질서 아래에 놓임으로써 인간으로 존재하며, 이 질서 아래에 자신을 가져 감으로써 이 질서 아래에 존재하게 된다. 결국, 구체적으로 그러한 사유 질서는 '사회적 공간'social space이며, 이 공간의 '그림자들'은 『논리학』에서 발견된 더 추상적인 개념들이다.[14]

찰스 테일러Charles Taylor의 유명한 표현을 빌리자면, '스스로 해석하는 동물'self-interpreting animals이 바로 우리 인간이라는 시실은, 헤겔에게 있어서는, 칸트 이후 최근에야 비로소 우리가 실제로 이해하게 된 것이다. 그리고, 헤겔은 그것을 바로 '차이를 만드는 차이'the difference that makes the difference라고 주장한다.[15]

근대성의 철학적 역사란 무엇인가?

헤겔이 스스로에게 던졌던 세 가지 질문은 다음과 같다. 첫째, 역사에 어떤 무한한 목적이 있다는 것을 우리가 이해할 수 있는가? 헤겔의

(屬)인 이 다른 생명, 즉 자의식은 처음에는 그 자신이 보기에 단지 이렇게 단순한 본질로서만 실존하며, 그 자신이 보기에는 '순수한 나'(pure I)로서 객체이다."

14 (Hegel 1969e), p. 55; (Hegel and Di Giovanni 2010), p. 37.

15 "자유는 정신 그 자체인 바이다. 정신은 자신이 그 자체로 무엇인지 알아야 한다. 우리는 그 것을 알지만, 처음에 정신은 그것을 알지 못한다. 세계사는 이러한 자기 인식과 더불어 시작하며, 그리고 그것은 정신이 자신을 알기 위해 3000년 동안 만들어 온 작품이다." (Hegel 2005), p. 37.

논증은, 그러한 목적이 존재하며 이 목적은 역사가 시간적으로 진행하면서 다른 현현들manifestations로 나타난다는 것이다. 물론, 그러한 목적은 아직 드러나야 할 상태로 남아 있으며, 더 나아가 그 목적은 우리가 그것이 그러했으면 하고 바라는 대로가 아니라, 우리가 알 수 있는 바와 같은 역사와 일치해야 한다. 둘째, 역사적 시간 동안 그 목적이 실현된 방식에서 우리가 '진보'progress라고 표시할 만한 어떤 방식이 있는가? 다시 말해, 우리가 더 나은 방식으로 그 목적을 드러내고 있는지를 표시할 수 있는 방식이 있는가? 결국, 그러한 진보가 있다는 것은 '가능한 경험의 선험적 조건'이 아니다. 셋째, 진보에 대한 질문에 답하려고 시도하는 과정에서, 우리는 그러한 진보에 대한 판단들을 정당화할 수 있는 운동에 '논리'가 있는지, 또는 그러한 진보에 대한 주장이 실제로는 우리 자신의 현 시대에 대한 '자기 축하'self-celebration에 지나지 않는지 질문해야 한다.

역사 철학에 대한 칸트의 윤곽 제시와 기원전 2세기 역사가 폴리비오스Polybios를 비교하면, 이러한 의문을 더 쉽게 해소할 수 있다.[16]

칸트는 '세계 시민적'cosmopolitan 세계 질서의 도덕적 바람직함에 대해 자신이 입증했다고 생각하는 바와, 그러한 질서가 결국 '우리의 다양한 자연적 적대감'이 거의 모든 우리 자신의 의도와는 반대로 우리를 그러한 세계 시민적 질서로 이끌도록 하는 방식으로 우리의 '반사회적 사회성'unsocial sociability을 이용함으로써 적어도 그럴듯하게 실현될 것이라는 점을 자신이 어떻게 보여 주었는지를 중심으로, 역

---

16 칸트와 헤겔의 역사 철학을 비교한 것에 대해서는 (Sedgwick 2015)를 참조할 것. 또한, (Dale 2014)의 유용한 논의도 참조할 것.

사 철학에 대한 그의 개요를 구성했다. 그렇다면, 칸트는 다음과 같은 질문을 던진다. 즉, '역사는 우리를 어떻게 판단할까?' 이 질문을 더 구체적으로 표현하면 다음과 같다. '성취된 세계 시민적 세계 질서 속에서, 역사를 쓰는 미래의 역사가들은 우리를 역사적으로 어떻게 다룰까?' 이를 더 구체적으로 표현하면, '우리가 그러한 질서를 촉진하거나 그 도래(어떤 사건에서도 필수적인 도래)를 방해한 방법의 관점에서, 미래의 역사가들은 우리 자신의 행동과 노력을 어떻게 판단할까?'[17]이며, 이를 더더욱 구체적으로 표현하면, '역사는 나를 어떻게 판단힐까?'이다.

사실상 칸트는 '가설적 미래'hypothetical future의 관점에서 역사를 주시함으로써 세계 시민적 세계 질서(따라서 부분적으로는 화해된 세계)가 어떻게 발생할 수 있고 발생하는지에 대해 질문을 던진다. 비교적 먼 미래의 세계 시민적 역사가가 우리에 관해 글을 쓴다는 가설적 관점에서 우리 세계를 바라보면, 현 상황(칸트가 글을 썼던 1784년경)에서 무엇이 결국 도래할 세계 시민적 세계를 촉진하고, 다른 한편으로 무엇이 그 길을 방해하는지에 대해 우리는 질문할 수 있다. 칸트에게 철학적 역사란 바로 그러한 가설적 미래의 관점에서 쓴 것이다.[18]

그러나, 왜 미래의 관점에서 역사를 써야 하는가? 헤겔의 관점은 칸트와 달리, 우리가 역사를 쓰기 위해 미래를 바라볼 필요가 없다

---

17 이에 관해서는 (Rorty and Schmidt 2009)의 논의들을 참조할 것.
18 역사 철학에 대한 칸트의 짧은 요약이 보여 주는 특이한 목적론적 본성[자연]에 대해서는 (Deligiorgi 2012)를 참조할 것.

는 것이었다. 우리는 단지 '여기 지금'here and now만을 바라보면 된다. 왜 그런가? 프랑스 혁명 이후 '근대성'modernity이 본격화되었으며, 그리고 우리에게 필요한 질문은 다음과 같은 것이었다. 즉, 이것이 어떤 '역사적 논리'historical logic의 결과인지, 아니면 그 자체가 단지 우연한 '현상'appearance에 불과한 것인지, 다시 말해, '근대성'이 세계 무대에 등장한 왜소한 등장인물일 뿐이므로 곧 사라질 가능성이 있는 것인지, 아니면 우리 시대에 '절대적인' 어떤 새로운 위상을 상징하는 것인지에 대해 질문할 필요가 있었다. 이와는 대조적으로, 우리는 진보 대신에 '근대성'이 은총으로부터의 더 잔인한 타락은 아닌지, 즉 인간의 삶에서 진보보다 퇴보를 의미하는 것은 아닌지라는 매우 다른 질문을 던질 수도 있다(이것은 실제로 당시 많은 보수적 귀족들이 근대성을 경험한 방식이기도 했다).

1820년에 헤겔은 권리[법], 도덕적 의무, 사회적 재화를 중심으로 구축된 정치 및 사회 질서로 이루어진 근대 세계의 형태에 대한 개요의 글을 발간했다.* 이 질서는 생명, 자유, 재산에 대한 권리[법]를 그 자체 내로 통합했으며, 보편화 가능한 이유들에 근거한 구속력 있는 의무를 스스로 감당하는 도덕적 주체들로 채워졌다. 근대성은 부르주아 가족, 19세기 신흥 시민 사회, 대의 정부를 갖춘 입헌 군주제 국가가 주도하는 삶의 일부였던 '제도적 재화들[선들]'institutional goods에 기반을 두고 있었다. 그리고 남은 쟁점은 이 근대성이 진정으

---

* [옮긴이] 이 책이 『법철학』이다. 이에 관해서는 다음 번역본을 참조할 것. 헤겔, 『법철학(베를린, 1821년)』, 서정혁 옮김, 지만지, 2020. 헤겔의 『법철학』은 1820년 10월에 베를린에서 처음 출간되었으나, 실제 표지에는 1821년이라고 인쇄되어 있다.

로 화해적인지, 아니면 어디로 향할지 아무도 모르는 길에서 또 하나의 좌절에 불과한 것인지에 대한 것이었다. 따라서 우리는 다음과 같이 질문할 수 있다. 즉, 우리는 어떻게 여기까지 왔으며, 그로부터 어떤 결론을 내릴 수 있을까? 그것은 진보였는가?

헤겔은 칸트의 역사 철학으로부터 수용하여 발견한 몇 가지 주제들을, 기원전 2세기 로마의 부상과 세계 지배에 대해 쓴 그리스 역사가 폴리비오스의 기록과 결합했다. 헤겔과 마찬가지로 폴리비오스도 '여기 지금'이라는 입장에서 저술했다. 폴리비오스의 목표는, 동시대 사람들에게(그리고 무엇보다도 그의 동료 그리스인에게) 세계사가 최근 어디로 향하고 있는지, 그리고 그것이 어떻게 로마의 지중해 세계 지배에 이어 결국 전 세계 지배로 드러나게 되었는지를 설명하는 것이었다. 그의 역사는, 그 세계사적 사건에서 본질적인 면이 무엇이었으며 왜 그것이 단기간에 되돌릴 수 없는 것이었는지를 보여 주기 위한 것이었다.[19]

로마는 로마 고유의 미덕과 종교 덕분에 압도적으로 성공할 수 있었다. 폴리비오스는 로마의 성공은 일시적 사안이 아니며, 비로마

---

19 폴리비오스는 다음과 같이 말한다. "그러나 로마인들은 일부가 아니라 거의 전 세계를 그들의 통치하에 두었으며, 그 이전 어떤 제국보다 헤아릴 수 없을 정도로 더 클 뿐만 아니라 미래에 경쟁 상대를 두려워할 필요가 없는 제국을 소유하고 있다. 이 작업을 진행하는 과정에서, 이 권력이 어떤 단계를 거쳐 획득되었는지 더 명확하게 이해될 수 있을 것이다. 그리고, 역사를 체계적으로 다룸으로써 학생들에게 얼마나 큰 이점이 발생하는지를 알게 될 것이다. […] 이전에는 세계의 일들이 주도권, 결과, 지역성의 어떤 통일에 의해 한데 묶여지지 않은 채 분산되어 있었다. […] 왜냐하면 내 작업에 독특한 특성을 부여하는 것, 그리고 현 시대에 가장 주목할 만한 것은 바로 이것이기 때문이다. 운명은 세계의 거의 모든 일을 한 방향으로 이끌어 왔으며, 그것들이 하나의 동일한 목적을 향해 기울도록 강요해 왔다." (Polybius et al. 2010), Vol. I, pp. 7, 9, 11.

민족은 이 사실을 직시해야 한다고 주장했다. 더구나, 로마의 승리는 단순히 지역 정복의 승리가 아니라, 로마가 사실상 세계사적 의미를 갖게 되었다는 이 간명한 이유로 인해 세계사적 중요성을 지니게 되었다. 그런 종류의 힘을 행사할 수 있는 다른 후보, 특히 지중해 세계와 국경을 접하고 그 세계에 대한 영유권을 주장했던 또 다른 대제국 페르시아는, 폴리비오스의 설명에 따르면, 본질적으로 손을 놓고 있었고, 폴리비오스가 암묵적으로 생각한 것처럼, 전경에서 사라지는 과정에 있었다. 로마는 자신의 방식대로 그렇게 세계를 장악함으로써, '지역사'에 불과했을 수도 있는 것을 '세계사'로 바꾸어 놓았다.

사실상 헤겔도 이와 비슷한 주장을 하고 있다. '유럽적 근대성'european modernity은 이전 사태가 종료되어 버린 지점에 있었고, 가까운 미래는 불가피하게 유럽적 근대성의 버전이 될 수밖에 없다고 헤겔은 생각했다. 나머지 세계의 위대한 문명들은 유럽의 지배 아래 놓이거나 위축될 운명이었다. 폴리비오스가 동료 그리스인에게, 이것이 역사가 그들을 이끈 목적[종말]이기 때문에, 그리고 거기에는 역사를 위한 부분적 정당성이 있기 때문에, 이러한 상황에 익숙해지라고 사실상 말했던 반면에, 헤겔은 사실상 자신을 '근대의 폴리비오스'로 내세웠지만, 폴리비오스 자신이 상상할 수 있었던 것보다 훨씬 더 강력한 이론적 토대를 갖추고 있었다.

폴리비오스는 실제로 로마의 승리에 대해 두 가지 다른 이유를 제시했다. 한편으로 로마는 (종교를 핵심으로 삼은) 제도와 관행의 강점 때문에 승리를 거두었고 앞으로도 계속 승리할 것이었지만, 그러나 다른 한편으로 폴리비오스가 강조했듯이, 로마의 급속한 부상과 승리를 이끈 것은 '우연'chance(또는 '행운'fortune)의 문제이기도 했다. 2천 년 후 헤겔은 로마의 정복을 되돌아보며, 로마의 승리에 대한 폴리비오스의 설명은 단지 '대체'supersession를 언급한 것에 불과하다고 결론지었다. 즉, 로마가 지중해 세계의 지배권을 놓고 경쟁하던 다른 강대국들을 대체했다는 식으로 서술했다는 것이다. 로마는 뛰어난 미덕뿐만 아니라 권력과 폭력의 관계에 대한 냉철한 이해로 이를 가능케 했다. 로마는 당시의 세계를 로마가 지배하기 이전 시대로 되돌릴 수 없을 만큼 자신이 지배하는 시대의 세계를 기정사실a fait accompli로 제시했다. 헤겔이 보기에, 로마의 우월성에 대한 폴리비오스의 설명은 로마가 언젠가는 다른 권력에 의해 내체될 수 있다는 가능성을 열어 두긴 했지만(이것이 '운명'의 본질이다), 폴리비오스의 설명에는 로마가 어떻게 그 이전 것의 대체가 아니라 지양Aufhebung일 수 있었는지에 대한 이해가 없었다.

헤겔이 그 당대에 던진 질문은 폴리비오스의 설명에 남겨진 질문의 또 다른 버전이었으며, 그것은 다음과 같다. 즉, 그것은 유럽적 근대성이 승리한 것은 단지 맹목적인 행운의 문제였을까(그래서 그 성취에 필연성이 없었던 것일까), 또는 유럽의 제도와 관행에 관해 다른 문명들의 진보 모델로서 기여하도록 정해진 운명이었던 어떤 것이 있었을까? 거기에는 어떤 논리가 있었나? 우리 현대의 관점에서 볼 때, 우리가 다루어야 하는 일은, 어떤 질문에 대해 '그렇다, 그것은 우연이었다'라거나 '아니다, 논리는 없었다'라는 식으로 우리의 전형적인 반응을 끌어낼 수 있는 헤겔의 질문들을 진술하는 것이다. 헤겔이 자신의 사례 중 일부라도 우리에게 성공적으로 전달하기 위해서는, 그의 길에 넘어야 할 장애물이 아직 상당히 많다.

헤겔의 역사 철학에 관해 잘 알려진 축약은, 역사가 오직 한 사람, 즉 황제만이 자유롭다고 생각했던 고대 전제정으로부터, 일부만이 자유롭다고 생각했던 고대 세계의 귀족 사회로 진보하고, 그리고 거기로부터 모두가 원칙적으로 자유롭다는 명제에 헌신하는 근대적 관념으로 진보한다는 것이었다. 이를 통해 헤겔은 '보편적 자유'에 대한 이 개념을 현실화시킨 유럽의 관행에는 무언가가 있었고, 다른 문명들의 관행에는 그들이 스스로를 완전히 변형시키지 않는 한 이러한 결론에 도달할 수 없는 무언가가 있었음을 알 수 있다고 생각했다.

그러한 발전을 허용했을 뿐만 아니라 스스로에게 그것을 실현하도록 압력을 가한 유럽의 관행과 제도는 사정이 어떠했을까? 이 질문에 답하는 과정에서, 헤겔은 자신의 고전주의classicism와 눈가리개[선입견]로 인해 많은 경우에서 '사유 질서의 올바른 형태'에 대한 자신의 견해를 왜곡하게 되었다. 하지만, 그렇다고 해서 그것이 헤겔이 자신의 입장을 밝히는 데 완전히 실패했다는 것을 의미하지는 않는다.

3. 헤겔의 잘못된 출발: 실패한 유럽인으로서 비유럽인

반성적 거리, 자유의 조건

우리가 '오리엔탈리즘'Orientalism이라고 부르는 것에 대해 헤겔이 책임이 있다는 점은 오늘날에는 너무 뻔한 사실이다. 그는 '동양인'에게서 동시대 유럽인의 삶의 형태가 빠질 수 있는 위험을 보았다. 부분적으로는 이러한 '위험'에 대한 생각 때문에, 그는 모든 '동양적 삶'의 형태를 '유럽적 삶'의 형태가 그 자체 발전의 핵심에 두고 있는 진보의 '본질적으로 정체되고 실패한 버전'으로 간주하였다. 물론, 헤겔의 시도가 이러한 점을 보여 주는 첫 번째 시도는 아니었다. 애덤 스미스Adam Smith와 몽테스키외Montesquieu는 이미 세계사에서 동양의 역할에 대해 비슷한 견해를 주장한 바 있다.[1] 그러나 헤겔이 이들을 무시

---

1 중국 역사에 대한 서구의 이러한 관점에 관한 왕후이(Wang Hui)의 비판적 설명은 (Wang 2014) 중 특히 pp. 41~53의 매우 유용한 설명을 참조할 것. 전반적으로 왕후이는 헤겔의 역사 철학을 '단일한 개별자(정신)'의 목적론이라는 측면에서 이해한다. 따라서 중국(또는 일반적으로 '아시아')은 이 개별적인 것이 발전하는 시작 단계로만 나타날 수 있기 때문에, 중국

한 데에는 단순히 심리적 거부감 이상의 이유가 있었다. 그는 주체성의 본질에 대한 심도 있는 자신의 설명과 '동양'에 대한 왜곡된 그림을 융합하여 '동양인'에 대한 그의 설명을 만들었다. 그럼에도 불구하고, '동양 세계'를 그의 역사 철학에 통합하려는 데 실패한 헤겔의 시도는, 그가 무엇을 성취하려고 했는지, 그리고 만일 그가 그러한 실패를 인정한다면 어떻게 그의 견해를 재구성하여 그의 오리엔탈리즘을 벗겨 내는 동시에 그의 전망의 상당 부분을 그대로 유지할 수 있을지에 대해 여전히 많은 시사점을 던져 준다. 이를 위해, 우리는 헤겔을 통해 헤겔을 재해석하고 그것이 우리를 어디로 이끄는지를 살펴볼 필요가 있다.

1807년 발표한 『정신현상학』에서 헤겔은, '유럽인'의 절대적 의미에 대한 우리의 집단적 감각이 어떻게 유럽인의 삶에 대한 철학적 역사를 필요로 했는지에 대해 설명을 제공했다. 왜냐하면 (또는 『정신현상학』이 보여 주려고 했던 것처럼) 논리적 추론, 윤리적 추론과 행위, 또는 심지어 예술과 종교로 간주되는 것에 대한 어떤 설명도, 어떻게 과거에 그러한 설명의 매우 특정한 실패를 통해 우리가 그러한 개념으로 이끌려 갔는지에 대한 설명 없이는 있을 수 없었으며, 어떻게 실패 자체가 새로운 질서로 이행하도록 자극했고, 또한 어떻게

의 가능성에 대한 헤겔(그리고 그의 모든 후계자)의 견해가 왜곡되었다고 주장한다. "헤겔의 역사 철학의 주요 원천은 개인주의적이고 인간 중심적인 전통에서 발전한 심리 이론이다. 이 심리 이론의 목표는, 세계사와 개인 정신의 역사 사이의 유비 관계의 구성을 활용하여 개인주의 담론이 낳은 철학적 어려움을 해결하는 것이다." (Wang 2014), p. 47. 이러한 해석은 실로 전통적인 것이지만, 그러나 이 책에서 주장하듯이, 역사에서 정신에 관한 헤겔의 견해에 대한 결정적 오해이다.

실패로부터 새로운 질서가 출현하도록 조건과 재료를 제공했는지에 대한 설명 없이는 있을 수 없었기 때문이다.[2] 그들의 집단적 삶에서 주체성이 차지하는 위상에 대한 설명은, 다시 말해 일반적으로 사

---

2 물론『정신현상학』에 대한 이러한 해석은 논쟁의 여지가 있다.『정신현상학』은 역사적이지 않으며 가장 피상적인 방식이라고 주장하는 해석가들이 있다. 헤겔을 다소 신플라톤주의적 형식으로 해석하는 스티븐 홀게이트(Stephen Houlgate)는 이러한 해석자 중 눈에 띄는 인물이다. 홀게이트는 다음과 같이 자신 있게 주장한다. "이 발전은 역사적인 것이 아니라 논리적인 것으로 이해되어야 한다. 이 책은 인간의 의식이 실제로 시간이 지남에 따라 근대의 자기 이해로 어떻게 변화했는지 검토하지 않고, 의식의 특정한 일반적 '형태들'이 그 구조로 인해 필연적으로 더 나아간 형태들로 어떻게 변형되는지를 보여 준다. 헤겔이 추적한 발전은 유럽 역사와 일정 부분 겹치지만(예를 들어 '스토아적 의식'의 분석에서), 헤겔의 책에 통일성을 부여하는 것은, '의식이라는 점'에 의해 논리적으로 수반되는 것이 무엇인지를 명확하게 표현한다는 사실이다." (Houlgate 2003), pp. 11~12. 이 글에서 제시된 해석은, 우리가 '역사의 논리'를 취하는 일이 실제로 자의식과 관련된 것으로부터 비롯된다고 주장하지만, 그러나 이는 홀게이트가 허용하는 것과는 다른『논리학』의 개념에 기반을 두고 있다. 홀게이트에게『논리학』은 우리가 단순히 관찰할 수 있는 '존재'의 구조들에 관한 것이며, 그 구조들은 그 자신들 스스로 서로 변형되는 것과 같은 것들이다. 이것은 플라톤에 대한 일부 해석들에서, 철학자가 어떻게 형식들이 서로 혼합되는지를 관찰하는 것과 같다. (Houlgate 2006) 참조. 헤겔이 지지한다고 홀게이트가 생각하는 '자유롭고 자기 규정적인 사유'를 '경험적 실재'와 날카롭게 분리함으로써, 홀게이트는 다음과 같이 말한다. "자유롭고 자기 규정적인 철학은, 인간 의식이 시간이 지남에 따라 그 자신의 자유에 대한 인식을 발전시키고 역사의 과정을 생성하도록 그 자신의 본성에 의해 추동된다는 것을 보여 준다. […] 그러나 마찬가지로, 그것은 인간 의식 자체의 필연적이며 본질적인 특성인 자의식을 향한 추동력에 의해 생성되었기 때문에, 그런 특정한 자연적, 역사적 조건들을 고려할 때, 그것은 자유 의식의 출현으로 이어질 수밖에 없었던 역사의 산물이라는 것이 이해된다." (Houlgate 1991), p. 75. 유사하지만 훨씬 더 내재적인 견해는 (Winfield 2013)에 의해서도 표현된다. 홀게이트와 마찬가지로 윈필드는 헤겔을 자유롭고 자기 규정적인 사유의 과정을 관찰하는 것으로 간주한다. "전제된 주체는 자신의 자기 검토를 통해 스스로를 발전시키기 때문에, 우리가 관찰하는 것은, 우리 주체가 어떻게 자신의 객체와 자신의 앎을 구별하는 작용 과정에 있는 상태로 자신을 아는가 하는 점이다." (p. 382) 홀게이트와 마찬가지로 윈필드는 헤겔이 역사에서 외적 예시화를 발견하는 무시간적 설명을 제공했다고 간주한다. "우리는 근대에 자유의 제도들이 생겨나기 시작했음을 경험적으로 관찰한다. 이러한 비철학적, 경험적 서술 판단에 기초하여, 우리는 주어진 역사적 기록을 되돌아보고, 일어나야 할 일에 대한 선험적 규범적 역사의 관점에서 그것을 해석할 수 있다. 그리하여 우리는 일어난 일을 우리 시대에 그것이 성취된 자유의 역사로 표상한다." (p. 365)

태들을 이해 가능한 위치에 놓은 것이 무엇인가에 대한 설명은, 그러한 사태들을 포함하는 것이 불가피한 것처럼 보이는 '이유'에 대한 설명 없이는 이루어질 수 없었다. 그러나, 『정신현상학』은 (페르시아 종교, 이집트 종교, 유대 종교에 대한 지나가는 듯한 아주 피상적 언급들이 있기는 하지만) 유럽에 대해서만 그러한 설명을 제공했으며, 자신의 원칙에 따라 헤겔은 유라시아 반도가 고대 그리스 아테네로부터 19세기 유럽에까지 어떻게 발전했는지에 대한 이야기뿐만 아니라, 세계사에 비추어 자신의 완전한 주장도 펼쳐야 한다는 것을 깨달았다.

헤겔의 역사 철학 강의는 그가 동양에서 세계사의 기원들로 간주하는 것에 관한 논의로 시작하며, 그리고 세계사 강의에 관해 수집된 문서들의 대부분을 차지한다. 분명히 헤겔은 여기가[동양이] 친숙한 고향home으로 갈 중요한 점을 지닌다고 생각했다. 그러나 헤겔의 설명이 가장 많이 빗나간 부분은 바로 이러한 논의들에서이며, 그리고 비유럽인의 삶의 방식을 다소 정보에 근거하지 않은 채 헤겔의 논의들이 묵살한 일은, 그 논의들이 비유럽인에 대한 참된 설명으로 지닐 수 있는 타당성을 훼손한다.

『정신현상학』에서 비유럽인의 삶의 방식에 대한 헤겔의 언급들은 거의 전적으로 이집트인에 대한 그의 논의에서 비롯된 것이었고, 어느 정도는 페르시아인에 대한 그의 논의에서 비롯된 것이기도 했다. 이집트인에 관한 논의에서, 헤겔은 지식 대부분을 자신이 헤로도토스Herodotos를 읽으면서 얻은 것으로부터 취한 것처럼 보인다. 그는 나중에 더 최신 자료들을 통해 고대 이집트와 인도에 대한 그의 지식을 갱신하려고 시도했지만, 원래 만들었던 전체 그림을 여전히 고수했다. 1820년대 세계사 강의에서 헤겔이 아프리카, 중국, 인도, 페르시아를 언급할 때, 그는 이들에 관한 모든 것을 제한적이고 심지어 적대적인 방식으로 해석하는 경향을 보인다. 아프리카인의 경우, 헤겔은 오늘날에도 많은 사람이 그러하듯, 그곳에 존재하는 다양한 문화에 대해 무지한 나머지, 아프리카인을 지리적으로 동일한 지역에 사는 하나의 동질적 집단으로 해석했다.[3]

아프리카인, 중국인, 그리고 다른 민족들에 대한 헤겔의 특징 부여가 얼마나 현실과 동떨어져 있는지를 지적하는 것은 너무나 쉬운 일이며, 속담처럼 '통 속의 생선 잡기'를 너무 많이 하는 것과 같다.[4] 그렇다고 헤겔을 변명하거나 그에게 면죄부를 주려는 것은 아니다. 그러나, 일단 헤겔 변증법에 대한 찬반을 넘어서서, 그의 경멸적이며 명백한 유럽 중심적 세계관 뒤에 어떤 철학적 관점이 있는지를 우리가 묻고, 그러한 관점이 필연적으로 그렇게 경멸적인 전망을 낳을 수밖에 없는지를 묻는 것이 더 생산적이다.[5]

---

3 헤겔이 아프리카에 대한 자신의 자료들을 다소 부주의하고 편향적으로 사용한 점에 대해서는 (Bernasconi 1998)을 참조할 것.
4 헤겔은 그 당대 대부분의 유럽인(그리고, 그후 아주 많은 유럽과 미국의 역사가들)과 마찬가지로, 18세기와 19세기 아프리카 대륙에서 벌어진 역동성과 변화에 대해 전혀 알지 못했다. 아프리카에 대한 수정된 견해(그리고, 그 시기 아시아 사회의 역동성에 대한 헤겔의 관점에 대한 수정)는 (Bayly 2004)를 참조할 것. 아프리카가 어떻든 역사 밖에 있다는 헤겔의 견해에 대항하면서, 역사에서 아프리카의 '역할'에 대한 논쟁에서 무엇이 위태로운가에 대해 간결하게 잘 정리한 사례는 (Appiah 1998)에서 찾을 수 있다. 헤겔이 아프리카의 삶을 무시한 것이 가져온 지속적 피해에 대해서는 (Taiwo 1998)을 참조할 것.
5 헤겔은 아프리카인에 대해 다음과 같이 말하면서, 그들을 폄하하고 무시하면서도 동시에 그들을 어느 정도 신뢰하고 있기도 하다. "그들에게서 교육의 능력은 부인될 수 없다. 그들은 여기저기서 가장 감사한 마음으로 기독교를 받아들이고 오랜 정신적 노예 상태 끝에 기독교를 통해 얻은 자유에 대해 감동적으로 말할 뿐만 아니라, 아이티에서는 기독교 원칙에 따라 국가를 형성하기까지 했다. 그러나, 그들은 문화를 향한 내면의 노력을 보여 주지 않는다. 그

헤겔이 아프리카인과 동양인을 '실패한 유럽인'failed Europeans으로 본 이유의 목록 중 그 첫째 이유는 헤겔 자신이 깊이 간직하고 있던 '고전주의'classicism이다. 그것은 확실히 그의 주체성 형이상학에 영향을 미쳤으며 예술에 대한 그의 논의에도 퍼져 있다. 또한, 이로 인해 헤겔은 헤로도토스와 투키디데스를 역사 서술에서 자신의 훌륭한 모델로 삼았다. 이 과정에서 헤겔은 헤로도토스의 기본 주제, 즉 '그리스의 자유가 동양(그리고 아시아) 전제주의에 승리한다'라는 주제를 받아들여 자신의 논의에서 핵심 주제 중 하나로 삼았다. 따라서 멋진 '오리엔탈리스트'orientalist 방식을 취하면서, 헤겔은 그리스와 페르시아의 갈등에 대한 헤로도토스의 생각, 즉 그리스의 승리를 '전제주의에 대한 자유의 승리'로, 동양의 사치로 인해 유발된 느슨함과 나태함에 대해 힘겹게 얻은 '용기의 승리'로 간주하는 헤로도토스의 생각을 활용한다. 헤겔은 헤로도토스 시대 이후 유럽사를 이해하기 위해 헤로도토스가 발명한 이 비유를 일반화한다. 이러한 고전적 관점에 근거하여, '동양'은 결국 헤겔이 자신의 당대에 반대했던 모든 것들을 대표하게 된다. 따라서 헤겔에게 중요해 보인 것은, 아시아다운 전제적 삶이라는 개념이 이미 역사가 지나쳐 간 것, 패배한 개념으로 이해된다는 점이었다. 아시아 전제주의는 더 이상 합리적 선택 메뉴에 포함될 수 없으며, 이렇게 되면 근대 유럽의 어떤 전제주의도 근대성의 일반적 진보 움직임에 반하는 것으로 판단되어야만 할 것이다.

들의 모국에는 가장 충격적인 전제주의가 만연하고 있다. 그곳에서 그들은 인간다운 인격성을 느끼지 못한다. 그들의 정신은 매우 휴면 상태이며, 그 안에 가라앉아 아무런 진전을 이루지 못하고 있으며, 따라서 아프리카 대륙의 작고 분화되지 않은 덩어리에 상응한다." (Hegel 1969a), §393, p. 60; (Hegel et al. 1971), pp. 42~43.

그러나 그와 같은 것이 헤겔의 유일한 동기였다면, 그는 자신이 하고 있는 일을 스스로 해체하고 있는 것이나 마찬가지일 것이다. 비유럽인에 대한 그의 오독은 그보다 더 깊게 진행되는데, 이는 주체성 자체에 대한 그의 가장 기본적인 특징 부여와 관련이 있다. 그리고, 이러한 특징 부여는 자연과 정신 자체의 관계와 관련이 있다.[6] 또한, 헤겔은 단순히 그 당대에 이 주제에 관한 문헌이 부족했다는 이유로 면죄부를 받을 수는 없다. 그의 실패는 더 깊게 진행되며, 단순히 그가 참고할 만한 아프리카, 중국, 인도에 관한 책들이 충분하지 않았다는 문제가 아니다.[7]

첫째 쟁점은, 윤리학에서 헤겔 자신의 복잡한 '내재론'internalism의 형식으로 거슬러 올라간다. 어떤 이가 어떤 것을 '이유'로 삼을 수 있는 적절한 '심리'心理, psychology를 소유하고 있는 경우에만, 그 어떤 것은 그 사람에게 '이유'로 간주될 수 있다. 헤겔에게 있어 정념과 원칙은 하나의 묶음으로 등장한다. '원칙에 대한 호소'와 '매우 특정한 관행'을 결합하는 방식이라는 측면에서, 삶의 방식에 주어진 '일반적 형식'은 그 관행에 의해 알려진 '제2의 자연[본성]'과 그 자체로

---

6 앤드루 부호발터(Andrew Buchwalter)의 「헤겔의 역사 철학은 유럽 중심적인가?」("Is Hegel's Philosophy of History Eurocentric?", Buchwalter 2012)를 참조할 것. 부호발터 자신의 이 질문에 대한 답변은 다음과 같다. "그러한 차원의 현존을 논쟁 삼지는 않더라도, 나는 그것이 일반적으로 가정하는 것보다 덜 유해하다고 주장했다."(p. 252) 부호발터의 헤겔 독해에서 각 문화는 그 자체로 목적이며 (유럽을 포함하여) 그 자신만의 탁월성을 요구한다. 물론 이것은 사실이지만, 그럼에도 불구하고 헤겔은, 사태들이 유럽 근대성에 기여하는 문제와 관련하여 어떻게 위치하는가에 대한 '우선순위'를 가지고 있다. 그래서, 비록 헤겔의 개념이 그 자체로 수정될 수는 있다고 해도, 부호발터가 신뢰하는 것보다 그것이 훨씬 더 유해하다고 이 글에서 나는 주장한다.

7 헤겔의 자료들에 대한 뛰어난 설명은 (Hegel et al. 2011)을 참조할 것.

의미 있는[이해되는] '원칙들'을 함께 합친다. 지상에서 어떤 사람에게 이유로 간주되는 것은 그의 시대(즉, 그가 속한 삶의 형태)의 기능 function이 될 것이지만, 그러한 삶의 형태들 자체가 발전하고 그 형태들과 함께 '이유의 공간'space of reasons 자체도 발전한다.

당연히 헤겔은 비유럽적 삶의 방식에서 사람들은 사실상 '준아동'quasi-children과 같은 기능을 했을 것이라고 생각한다. 그들은 옳고 그름, 좋고 나쁨, 선과 악을 배울 수 있고, 그러한 문제에 대해 어느 정도 세련되게 숙고할 수는 있지만, 그러나 그들은 기존 규칙들을 적용하여 이유에 관해 추론할 수 있을 뿐이다. 헤겔의 관점은 그런 사람들이 비합리적이라는 것이 아니다. 그들은 자신의 자연 세계와 사회 세계에 완전히 또는 거의 전적으로 흡수되어 있으면서도, 그들은 아직 그 침잠의 방식을 작업하지 않았다. 따라서 그들은 예술 분야에서 많은 유용한 기술들과 높은 수준의 장인 정신을 발전시켰는지는 모르겠지만, 자신들의 인륜적 삶에 대한 그들의 자세에는 '제대로 된[적절한] 비판적 거리'proper critical distance가 부족하다. 자신이 인용한 민족지학 문헌에서 헤겔이 이러한 사실을 확인했다고 생각하는 것은, 그가 이 문제에 대해 이전에 어떤 견해를 가지고 있었는지에 대해 많은 것을 말해 주며, 또한 헤겔 자신의 당대 관점들에 관해서도 많은 것을 말해 준다. (예를 들어, 헤겔은 인도에 대한 영국인들의 기록에 상당 부분 의존했는데, 이는 헤겔의 관점이 인도인을 후진적이고 피지배 민족으로 간주하는 사람들의 보고報告를 중심으로 형성되었다는 것을 의미한다.)

만약 헤겔이 그들(아프리카인, 중국인, 인도인)을 다룰 때 그러한 민족들이 일종의 신화myths라는 점을 우리가 명심한다면, 헤겔이 그들에게 무엇이 부족하다고 생각했는지를 물어보는 것은 가치가 있다. 첫째, 앞서 언급했듯이, 그러한 민족의 특징은 세계에 흡수되어 버린 상태absorption이다. 정신이 자연에 '침잠' 또는 '침몰'해 있다는 것은, 자의식적 주체들이 자신의 세계에 완전히 흡수되어 있다는 것이다. 그들의 추론reasoning은, '단순히 일을 처리하는 방법이 있으며, 모든 탐구는 거기서 멈춰야 한다'라는 무비판적 수용을 배경으로 해서 작동할 수밖에 없다. 따라서 전형적으로 그들은 모든 것이 과거에 행해졌던 방식 그대로 정확히 행해져야 하는 '전통 사회'로 편입된다. 설령 이것이 사실상 잘못된 것이고, 그래서 그들이 시간이 지남에 따라 자신의 기존 행동 규범을 실제로 변경한다고 해도, 그러한 변화는 그들이 알아차리지 못하게 일어나거나 단지 우연한 변화로 간주되어야 한다. 그들은 자신이 하고 있는 일이 자연스러운 일이며 항상 그래 왔던 방식이라고 생각할 수밖에 없다.

그들[동양인]은 충분히 참여하는 주체가 아니라 '규칙을 따르는 자'rule followers일 뿐이다. 헤겔에 의하면, 그들이 따르는 법과 원칙을 기록할 가치가 있다고 그들은 생각하지 않기 때문에, 또는 기록한다고 해도 그것들은 그들에게 항상 그래 왔던 기존의 관행을 기록하는 것에 불과하기 때문에, 그들에게는 진정한 역사 서술이 없다. 이것은 또한 '신화적 시간'(모든 전설의 '옛날 옛적에…'와 같은 것)을 실제 '역사적 시간'과 분리할 필요가 없다는 것을 의미하기도 했다. 따라서, 헤겔이 보기에, 그들은 '정신이 그들의 활동에서 스스로 드러나지 않는다'거나 '그들이 자의식이 결여되어 있다'라는 의미에서가 아니라, 그들 스스로 진보에 대한 개념을 가질 수 없기 때문에 '그들이 역사의 진보에 아무 기여도 하지 않는다'라는 의미에서 역사의 '바깥'에서 있다. 즉, 그러한 진보가 크게 눈에 띄지 않을 수도 있는 제한된 기술 영역들(예를 들어, 석기 시대로부터 청동기 시대로의 기술 전환도 그 도입 바로 직후에는 단순히 향상 해 왔던 과거 방식으로만 여겨졌을 뿐이다)을 제외하고는, 그들은 역사의 '바깥'에 서 있다.

둘째, 그러한 기본이 되는 '반성적 실천'reflective practice을 발전시키지 못했기 때문에, 그러한 사람들은 본질적으로 개인의 자기충족self-sufficiency이라는 요소가 부족하다. 헤겔이 보기에, '아프리카'와 '동양'의 삶의 형태에서 주체는 자의식이 있지만, 그 관행을 위해 강력한 '비판 규칙'rules of criticism을 개발하는 방식에서는 자의식적이지 못하다. (헤겔은 아프리카인과 동양인에 관해 완전히 틀렸지만, 그것은 또 다른 문제다.) 자신에 대해 특별히 반성하게 된 삶의 형태가 있을 때만, 그래서 종종 숙고를 뛰어넘어, 이미 주어진 것으로 여겨지는 것이 실제로는 의심받을 수 있다는 것을 보게 될 때만, 주체는 역사를 찾는다. 그래야만 주체는 동일한 방식으로 계속 실행하는 일 그 이상의 무언가를 하고 있는지를 주시한다. 사태에 관한 헤겔의 관점에서 볼 때, 이렇게 '진정으로 반성적인 자세'truly reflective stance는 고대 그리스인에게서 처음 등장한다. 그 이전의 모든 삶의 형태들로부터 고대 그리스인을 구별하는 점은, 개인과 그 또는 그녀(대부분 그) 자신의 주체성이 그 자체로 힘과 타당성을 지닌 상태로 나타난다는 것이다. 그리스인과 유럽 근대인을 '아프리카인'과 '동양인'으로부터 구별하는 것은 바로 이와 같은 점, 그리고 이 점 하나뿐이라고 헤겔은 말한다.[8]

전반적인 구분은 다음처럼 충분히 명확하다. 즉, 그리스인 전에는 사람들이 단순히 자연과 사회생활 모두에 흡수되어 있어서 거기에 개체성individuality을 위한 자리는 전혀 없었다. 그리스인 이후에는 이렇게 흡수된 상태absorption와 반성적 자의식의 구분이 전면에 등장 했으며, 그 사람들의 삶에는 완전히 '새로운 형이상학적 문제'가 등장 했다(아마도 처음으로 진정으로 '형이상학적인 문제'로 등장했을 수 있다). 그런데, 이러한 전반적인 개념 구분이 근대 유럽인과 아프리카 인 및 동양인 사이의 실제 구분과도 잘 어울린다는 헤겔의 추가 믿음 은 그다지 만족스럽지 않다.

중국, 정치적 무신론의 화신

헤겔이 중국을 이와 같은 그림에 끼워 맞추는 데 사용한 그 자신의 용 어에는 특별한 문제가 있다. 그는 아프리카인에 대한 거의 완전한 무 지를 바탕으로 아프리카인을 무시하고 넘어갈 수 있는 면허까지 얻 은 것처럼 보였다. 반면, 중국에 대한 그의 제한된 지식이 보여 준 점 은, 중국인이 오랫동안 유명한 제국을 소유하고 있었고, 분명히 위대

---

8 "아프리카와 아시아 민족들과 그리스인, 로마인, 그리고 근대인의 유일한 차이점은, 후자는 자신이 자유롭다는 것을 알고 있다는 것이다. 자유는 그들을 위해 존재한다. 전자도 또한 자 유롭지만, 그들은 그것[그들이 자유롭다는 것]을 알지 못하며, 그래서 그들은 자유로운 상 태로 실존하지 않는다. 이것이 그들의 조건 변화에서 엄청난 차이를 이룬다." (Hegel 1969b), p. 40; (Hegel 1963), p. 22. 헤겔의 '야만성'(savagery) 개념에 대한 논의는 (Alznauer 2015), pp. 77~78을 참조할 것. 알츠나우어는, 이에 대해 개인이 전혀 책임이 없으므로 (알츠나우어가 헤겔에게 귀속시키는 확장된 의미에서) 실제로는 전혀 행동자가 아니라는 것을 이것이 의미 한다고 생각한다. 왜냐하면 그나 그녀는 법질서에 대한 자기 준수에 동참하지 못하고, 단지 일종의 처벌받는 두려움 때문에만 사회적 규범을 따르기 때문이다. 이 글을 읽어 보면 알 수 있지만, 헤겔은 야만인이 실제로는 행동자이지만, 그들에게는 최고 원칙이 단순히 사회적 규범에 불과한 그러한 사람들이라고 생각한다.

한 문화적 성취를 이루었으며, 장대한 역사 서술의 전통을 가지고 있었으며 지금도 가지고 있다는 것이었다. 실제로 18세기에 접어들면서, 중국인은 일부 유럽인에 의해, '중국인이 유럽인의 가르침을 받을 필요가 있다'라는 문제보다 '유럽인이 중국인으로부터 배워야 할 것'으로서, 심지어 '문명의 대안적 모델'로서 높게 평가받기 시작했다. 결국, 유럽인은 중국의 명품을 수입하기 위해 엄청난 금액을 지출했던 반면, 중국인은 유럽에서 수입할 만한 가치를 지닌 물건을 사실상 거의 찾을 수 없었다. 볼테르Voltaire는, '교회가 서지 않으면 위대한 문명이 존재할 수 없다'라고 주장한 모든 사람에게 중국인을 훌륭한 반례로 제시하기도 했다.

이에 대한 헤겔의 반응은, 중국 역사가 '중국이 사실상 변하지 않는 문명'이라는 사실을 보여 준다고 주장한 것이었다.[9] (중국이 변하지 않는 문명은 아니었지만, 그러한 주장은 헤겔 당대와 서양에서는 심지어 최근까지도 일종의 상식적 견해였다.) 게다가, 헤겔이 보기에 중국은 변하지 않을 뿐만 아니라 본질적으로 반성적이지 않은 자의식의 버전 안에 갇혀 있었다(구체적 증거를 고려한다면, 중국에 대해 이렇게 말하는 것은 놀랄 만한 일이다). 헤겔이 알고 있던 약간의 중국 사상에서 유교적 효의 미덕이 매우 중요하다는 사실은, 중국인이 국가를 가정을 대하는 것과 같은 관점에서 바라본다는 확신을 그에게 심어 주었다. (헤겔만이 이러한 견해를 가진 것은 아니었으며, 군주

---

9 (Hegel 1996), p. 123; (Hegel et al. 2011), p. 214. "그 정도로 중국에는 역사가 없다. 따라서, 이 제국의 가장 오래된 역사에 대해 이야기할 때, 우리는 과거의 것이 아니라 그것이 오늘날 지니고 있는 형태에 관해 말하는 것이다."

와 신하의 관계를 부모, 특히 아버지와 자식 간의 관계와 유사하다고 보는 것은 고전 유교의 일부 내용이다.) 이와 같은 점은 헤겔에게, 중국인이 인륜적 요구사항을 '삶의 형태 자체 내에서 자연스럽게 느껴지는 가정의 요구사항'과 동등한 수준으로만 생각할 수 있었다는 것을 의미했다.

비록 헤겔 자신은 사실상 '가정의 요구사항'이 '자연적 요구사항'일 뿐이라고 생각하지는 않았지만, '가정의 요구사항'이 인간의 성, 노화, 성숙 등에 대한 자연적 사실에 근거한다고 생각했다. 아리스토텔레스가 미덕을 두려움, 명예에 대한 사랑, 부에 대한 욕망과 같은 인간의 기본 특성들에 대응하는 것으로 생각했던 것과 마찬가지 방식으로, 가정의 요구사항은 인간 삶의 그러한 특징들에서 드러나는 문제들에 대응하고, 형태화하고, 대처하는 방식이었다. 그럼에도 불구하고, 헤겔이 보기에, 근대 유럽인의 삶에서 가족들 사이의 의무들은 다른 정치 사회적 관계와는 구별되는 것이었다.

따라서, 칸트가 동료 유럽인에 대해 '계몽이 없으면 종속적 후견 상태에 머물게 된다'라고 주장한 것을 되풀이하면서, 헤겔은 중국인이 자신들이 국가와 맺는 관계를 '자녀와 부모의 관계'에 적합한 용어로 생각하기 때문에 '영구적 후견 단계'permanent stage of tutelage에 머물러 있다고 주장한다.[10] 이로부터 다음과 같은 결과가 따라 나온다. 즉,

---

10 따라서, 헤겔은 다음처럼 주장한다. "중국에서 행정으로부터 법의 상황으로 넘어가면서, 우리는 가부장적 정부의 원칙에 따라 신민들이 후견 상태에 있는 것으로 간주되는 것을 발견한다. 인도에서처럼, 어떤 독립적인 계급들이나 질서도 방어해야 할 자신들의 이해관계를 전혀 지니고 있지 않다. 모든 것이 위에서 지시를 받고 감독을 받는다. 모든 법적 관계는 법적 규범들에 의해 분명하게 해결된다. 그래서, 일반적으로 도덕적 관점인 자유로운 정서는

중국인에게 필요한 모든 요건은 중국인의 정치 심리에서 '더 심층적인 도덕적 근거를 갖추지 못한 단순한 사회적 요구사항'으로 기능해야 한다는 것이다. 그러한 요구사항은, 마치 어린 자녀가 부모의 말씀을 명령으로 받아들이고 순종해야 하는 것과 같은 방식으로, 단순히 필수적 명령으로 받아들여져야 한다는 것이다. 후대의 유럽 관료들이 자국 문화를 비난하는 방법을 특정한 방식으로 예시하는 비판에서 헤겔은, 헤겔 시대 이후 '대중'masses이라고 불리게 된 중국 인구는, 정치에 무관심하고 문화적으로 극히 평범하며 전제적 통치에 종속될 뿐만 아니라 실제로는 전제정을 환영하는 상태에 있다고 경고한다. 따라서 헤겔은 다음과 같이 말한다. "중국에서는 황제 앞에서 모두가 평등하므로, 즉 모두가 똑같이 강등되기 때문에 예속과 자유의 구별이 그렇게 중요하지 않다. 거기에는 명예가 없으며, 타인들에 대한 특정 권리를 가진 사람이 아무도 없으므로 비하 의식이 우세하며, 이 의식은 그 자체로 쉽게 타락depravity의 의식이 되어 버린다."[11]

볼테르에게 중국은 서구 절대주의의 타락에 대한 '대안'처럼 보였지만, 헤겔에게 중국은 유럽이 지향해서는 안 될 범례에 가까운 것이었다. 헤겔은 전제적 삶의 형태인 중국 문제에 대해 몽테스키외 편을 더 많이 들었다. 헤겔이 언급한 '중국'이 단순히 중국이 아니라는 점은, 헤겔이 말하는 '신화적 중국'mythical China을 특징짓는 '심리와 원칙의 위상'을 구현할 수 있는 삶의 형태에서 결핍될 수 있는 것에 대한 헤겔의 논증과 섞이면 안 된다. 중국과 같은 법치주의 체제

완전히 소멸된다." (Hegel 1969d), p. 161; (Hegel 1956), pp. 127~128.

11 (Hegel 1969d); (Hegel 1956), pp. 130~131.

는, 영국의 법사상가 존 오스틴John Austin의 19세기 법 개념처럼, 군주가 내린 명령과 이를 뒷받침하는 '신뢰할 수 있는 무력 위협'credible threat of force이라는 법 개념에 어느 정도 부합하는 '실증주의적 법 개념'positivist conception of law에 가까운 측면에 기초할 수밖에 없다(오스틴의 저작은 헤겔이 사망한 직후 영어로 출간되었다). 이러한 체제에서는, 인간을 그 자체 목적으로 존중한다는 식의 칸트에서 영감을 받은 더 근대적인 사상은 불가능할 것이다. 그 자신이 목적인 사람에 대한 진정한 존중은, 상급자의 명령이나 사실상의 사회 규칙의 지시를 넘어서는 '원칙에 대한 의식'이 있을 때만 나올 수 있다.[12] 중국인은 자신들의 관행에 포함된 것들보다 더 높은 원칙은 없으며, 결국 법은 어떤 다른 상위 원칙에 의해 매개되지 않은 군주의 명령에 의존하기 때문에, 중국인의 정치적 삶은 헤겔이 말한 대로 '정치적 무신론'political atheism이다.[13]

비록 헤겔이 중국을 다룬 것이 중국에 대해 실제 깊이 있는 어떤 것을 전혀 보여 주지는 못하더라도, 적어도 그가 중국을 다룬 방식은 그의 견해를 더욱 선명하게 드러내 준다. '인륜성'Sittlichkeit이라고 할 수 있는 '제도화된 인륜다운 삶'institutionalized ethical life에 대한 헤겔 자신의 개념이, 특정 시기의 사회에서 '규칙'의 일부로 요구되는 것이 무엇이든 그것을 지지하는 것에 불과하다고 주장하는 사람들에 대해, 헤겔은 "[그렇게 생각한다면] 중국 제국보다 더 인륜다울 수 있는

---

12 "사람들은 더 높은 것에 대한 의식이 있을 때만 서로를 존중할 수 있다." (Hegel 2005), p. 68.

13 (Hegel 2005), p. 84. "국가의 공무원은 황제의 뜻을 완수하고 그의 법을 집행하는 것 외에 다른 종교를 갖지 않는다. 따라서, 이를 정치적 무신론이라고 부른다."

것은 없다"라고 응수했다.[14] 분명히 헤겔 자신의 이해에 따르면, 제도
화된 인륜다운 삶, 즉 인륜성은 그 자체만으로 충분할 수 없다.[15] 인륜
다운 삶에 대한 추상적이고 독립적인 입장을 제공하는 역할을 하는
'권리'의 관념과 '도덕'의 관점을 모두 자체 속에 통합하지 못하면, 인
륜성Sittlichkeit은 단순한 관습Sitte으로 퇴보한다. 마찬가지로, 근대 유
럽 국가에 대한 헤겔 자신의 묘사가 너무 모든 것을 포괄하고 질식시
킨다고 주장한 이들과 대조를 이루기 위해, 헤겔은 중국은 그 자체 내
에 '차이의 여지'room for difference를 갖추지 못한 국가에 불과하다는
대조로 반박했다.[16] 이와 같은 것이 진정한 의미의 중국이 아니라는
사실은, 물론 헤겔의 묘사에 대한 심각한 지적 그 이상이 될 수도 있

---

14 (Hegel 2005), p. 72.
15 헤겔은 『철학백과』에서 그리스인에 대해서도 다음과 같이 언급한다. "그러나 직접성에 짓눌
린 상태에서, 주체의 자유는 양심의 주관적 내면성이 없는, 자신에 대한 무한한 반성이 없는
관습(custom)일 뿐이다. 그것에 따라 아름다운 예술 종교의 기도와 예배도 결정된다." (Hegel
1969a), §557, p. 368; (Hegel et al. 1971), pp. 293~294.
16 (Hegel 1969d), p. 201; (Hegel 1956), p. 151. "만약 중국이 온전히 하나의 국가라면, 이에 비해
인도의 정치적 실존은 민족일 뿐 국가는 아니다." 왕후이는 중국의 철학과 정치사상을 조명
한 그의 저서에서, 헤겔이 중국은 국가가 아니라 제국이며 근대적이기 위해서는 국민 국가
가 되어야 한다는 견해를 주장했다고 말한다. 그는 이러한 헤겔의 견해가 잘못되었다고 생
각하며, 이러한 견해는 국민 국가(nation-state) 대 제국(empire)이라는 서구식 이분법에 기인
한다고 주장한다. 그리고 이러한 이분법은 중국이 가지고 있던 다양한 형태의 정치 조직을
이해하는 데 적합하지 않으며, 따라서 중국이 어떤 진전을 이루기 위해서는 마치 완전히 유
럽화되어야 하는 것처럼 주장하는, 일종의 역사적 목적론에 중국을 빠지게 한다고 주장한
다. 따라서 "헤겔이 아시아에서 생산된 유럽을 구세계의 중심이자 종착지로 제시할 수 있었
던 것은, 제국과 국가 사이의 이러한 절대적 대조 속에서만 가능하다." (Wang 2014), p. 46. 그
러나, 왕후이는 또한 헤겔이 중국의 국가 구조와 유럽의 국가 구조를 비교한다는 사실을 인
정한다. "헤겔의 동양 개념은 유럽 사상의 동양 담론에 대한 철학적 대응이다. 그 핵심에서
보면, 그것은 유럽 국가 구조와 아시아 국가 구조를 비교하는 것이다." (Wang 2014), p. 49. 그
러나, 중국에 대한 헤겔의 부정적 주장은, 국가가 되지 못한 중국의 후진성보다는, 오히려 '국
가 내 차이의 억압'과 법의 위상을 이해하는 데 있어 '실증주의'(positivism)라는 형식의 역할
에 관한 것이다.

다. 그러나, 헤겔이 제기하는 논증은 첫째, 더 단호한 종류의 '법적 실증주의와 절대주의'legal positivism and absolutism에 반대하는 더 심오한 종류의 것이다. 그리고 둘째, 그 논증은 도덕을 사실상의 사회 규칙들과 동일시하는 것에 반대하며, 셋째, 내면의 삶을 규제하고 통제하려는 모든 정치 체제에 대한 깊은 적대감을 표현한다.[17] 도덕이 사회 규칙과 동일시되면, 그러한 사회 규칙은 변증법적으로 도덕이 결여된 것으로 드러나고, 도덕이 결여된 사회 규칙은 그 자체로 개인들 사이의 차이가 들어설 자리가 없는 사회 규칙으로 드러난다. 전적으로 '실질적 사회 규칙'de facto social rules으로만 구성된 인간 거주지는 이성다운 주체가 살기에 적합하지 않으며, 주체가 내적으로 느껴야 할 것을 법제화하는 체제도 자존감 있는 주체가 살기에 적합하지 않다.

사실상, 헤겔은 중국인의 삶의 형태가 중국에서 '부정성'negativity이 작동하는 것을 허용하지 않았다고 비판한다. 즉, 중국인의 삶의 형태는 주어진 문제들을 해결하거나 다스리기 위해, 주어진 일련의 문제들이 종종 영역을 구분하고 분리가 필요한 방식을 촉진하지 않았다는 것이다. 이론적으로 그러한 방식은 새로운 개념과 개념의 위상constellations을 필요로 하지만, 실질적으로는 사회생활에서 '새로운 권한의 영역'을 개척하는 것을 의미한다. 중국인과 중국 철학이 모순들을 인식하고 해결하려고 노력하지 않은 것은 아니지만, 그러나 단지 비철학적 방식으로만 그렇게 했다는 것이다. 중국인은 모순에 부

---

17 헤겔은 중국이 법과 관습을 도덕과 혼동하는 것을 비판하면서 다음과 같이 말한다. "적법성은 감정의 문제를 침범해서는 안 된다. 어떤 도덕적 요점을 명령하는 경우라면, 그렇게 하는 법은 솔로몬의 언어로 훌륭한 울림을 줄 수 있다. 하지만 이는 법이 얼마나 훌륭한지에 비례하여 훨씬 더 큰 전제주의의 문을 열게 된다." (Hegel 1996), p. 144; (Hegel et al. 2011), p. 233.

딪혔을 때 다음처럼 우리가 경험적 담론 수준에서 일상적으로 하는 것처럼 모순을 해결하려고 한다는 것이다. 즉, 그들은 모순되는 '약속들' 중 하나를 버리거나, 아니면 약속을 재구성하여 모순처럼 보이는 약속을 양립 가능한 약속으로 만들어야 한다는 점을 깨닫는다. 이러한 활동에는 심오한 인식론이나 형이상학이 필요치 않다. 헤겔은 중국인이 도달할 수 있는 곳이 여기까지라고 생각했기 때문에, 공자와 같은 철학자들을 진리를 더 깊이 탐구하기보다 실질적 사회 원칙들을 올바른 순서로 배열하려는 '단순한 도덕주의자'simple moralists로 보려는 경향이 있다.[18]

그 대신, 중국에 대한 헤겔의 비난은 '도덕과 실제 사회적으로 허용되는 것을 동일시하는 사회 세계는 어떤 모습일까?'라는 일종의 가설로 간주될 수 있다. '도덕'을 '이미 주어진 사회적 규칙'과 동일시할 수도 있지만, 그렇게 하면 이 두 가지를 동일시하는 측면에서 작동하는 삶의 형태 안에서 볼 때, 보이지 않을 수도 있는 중요한 차이가 간과될 수도 있다. 헤겔이 중국 사례에서 특히 혼란스럽다고 생각한 점은, 법과 도덕에 대한 중국의 초기 실증주의적 태도가 한 방향으로만 나아갔다는 점이다. 즉, 피라미드 구조의 꼭대기에서 지휘하는 사람

---

18 헤겔은 심지어 중국 고전 문명의 위대한 업적 중 일부는 중국인이 스스로 생각해 낼 수 없었기 때문에, 사실상 그리스로부터 수입한 것이었다는 점을 암시하기도 한다. "아시아로 깊숙이 뻗어 나간 시리아 제국으로부터 그것은 비롯되었으므로 [⋯] 인도와 중국 내륙으로 이주한 그리스 식민지들에 의해, 비록 번성하지는 못했지만 전통처럼 남아 있던 빈약한 과학 지식이 그곳에 전해진 것은 의심의 여지가 없다. 예를 들어, 중국인은 자신의 달력을 직접 만들 수 있을 만큼 숙련되지 않았고, 개념적인 모든 면에 적합하지 않은 것 같다. 그러나 그들은 자신들의 어떤 작업에도 적합하지 않은 고대 도구들을 보여 주었고, 직접적인 추측으로는 이것들이 박트리아로부터 왔다고 생각했다. 중국인과 인도인의 학문에 대한 관념은 틀렸다." (Hegel 1963), Vol. II, pp. 123~124; (Hegel 1969c), p. 138.

들은, 그 바닥에 있는 사람들에게는 전혀 권리가 없으므로 명령을 받는 아래쪽 사람들의 권리에는 전혀 관심을 기울일 필요가 없다는 것이다. 따라서 이 체제는 일부가 다수를 비합리적으로 지배하거나, 심지어 한 사람이 모두를 지배하는 경향이 있다고 헤겔은 주장한다.[19]

중국의 예속 상태와 정치적 오작동을 입증하려는 헤겔의 논거 중 상당수는, 중국의 일부 지역에서 청 왕조의 위기와 붕괴의 초기 단계로 밝혀진 동시대의 쇠퇴에 대한 프랑스와 영국의 논평에서 주로 비롯된 것으로 보인다(물론 청 왕조의 완전한 붕괴는 헤겔이 사망한 훨씬 후에 발생했다). 헤겔은 중국사에서 특정 시기(청나라 말기)의 쇠락에 대한 일부 증거를 중국 문명 일반과 혼동한 것처럼 보인다. 그는 자신이 아는 모든 사람이 중국이 '변하지 않는 문명'이라는 데 동의했기 때문에, 19세기 초 청 왕조와 관련된 특정한 역사적 난점들은 중국 문명 자체의 더 깊은 결함의 징후일 것이라는 취지의 추론을 한 것처럼 보인다. 예를 들어, 송나라(960~1279) 시대에 유럽인이 그러한 것을 꿈꾸기 훨씬 전에, 중국이 어떻게 활기찬 시장 사회를 만들어 낼 수 있었는지에 대한 헤겔의 인정은 찾을 수 없다.[20] 또한, 헤겔은 '그 통치의 본성에 대한 청나라의 공식적 진술'과 '중국인의 삶에서

---

19 헤겔은 중국 주재 영국 사절단의 일화를 소개한다. "영국에서 온 마지막 사절단이 황제에게 조공을 바치고 떠날 때, 집주인은 채찍을 사용하여 황실 고관들을 위해 길을 열었다. 체벌은 어떤 의미에서는 완전히 하찮은 것으로 간주될 수 있다. 왜냐하면 인간은 단지 외형적으로만, 단순한 필멸의 존재 상태에, 그의 하찮은 측면에만 손상을 입기 때문이다. 그러나 체벌은 인간의 내면을 강압적으로 고통받게 한다는 바로 그 이유로 인해 가장 굴욕적이다." (Hegel 1996), pp. 147~148; (Hegel et al. 2011), pp. 235~236.

20 이에 관해서는 「중국은 어떻게 최초의 시장 사회가 되었나」(How China Became the First Market Society)의 설명을 참조할 것. (McNeill and McNeill 2003), pp. 121~127.

통치의 실제 현실들'을 동일시한 것 같다. 청나라 황제들은 황제가 명령을 내리면 그 아래 모든 현령이 이를 원활하게 수행하는 중앙집권적 통치 방식을 선호했다. 그러나 이 방식은 실제로는 원활한 통치와는 거리가 멀었고, 지역 및 사회 계층의 위아래로 관리, 시민, 농민 간에 많은 타협, 즉 일반적 의미의 '정치'를 포함했다.[21]

　이런 식으로 말하면, 헤겔이 묘사하고 있는 것은 실제 중국이 아니라 '중국', 즉 '중국에 대한 헤겔의 환상fantasy'일 뿐이므로, '중국인'에 대한 그의 묘사는 실제 중국인과 무관하여 무시해도 된다고 치부함으로써 헤겔에게 면죄부를 주는 것은 결과적으로 너무 쉽게 일을 처리하는 것처럼 보일 수 있다. 그러나, 그렇게 무시하는 태도가 단순

---

21 이 점에 대해 고전적이지만 논쟁의 여지가 있는 학설은 (Fairbank and Goldman 2006)에서 찾아볼 수 있다. 전반적으로 페어뱅크 학파(Fairbank school)는 중국이 근대화에 '왜' 실패했는지, 그리고 19세기와 20세기 서구와의 경쟁에서 중국이 '왜' 실패했는지를 이해하려고 한다. 왕후이는 [중국을 이해하는 데] 서구의 범주가 밝히는 것보다 모호하게 만드는 것이 더 많다고 생각하지만, 그렇게 생각하는 맥락에 서구의 범주를 끼워 넣고 있다는 점에서 전반적으로 '페어뱅크 학파'를 따른다. (Wang 2014) 참조. 중국이 제국의 위상과 전략과 관련해 동시대 로마인과 유사하다는 생각에 대해서는 (Burbank and Cooper 2010)을 참조할 것. 중국의 고대 문명 발전이 인류의 다른 문명 발전과 그것의 결합을 성공적으로 통합한 방식에 기반을 두고 있다는 점은 (McNeill and McNeill 2003)에서 잘 설명되어 있다. 맥닐 부부는 세계사의 근본적인 이야기를 '인간 망'(human web)이라고 부르는 것으로 구성하는데, 이들은 이 '인간 망'을 다음과 같이 정의한다. "사람들을 다른 사람들과 연결하는 일련의 결합으로서, [⋯] 우연한 만남, 친족 관계, 우정, 공동 숭배, 경쟁, 적대, 경제 교류, 생태 교류, 정치적 협력, 심지어 군사적 경쟁 등과 같은 많은 형식들을 취할 수 있다. [⋯] 인류사를 이끄는 것은 자신의 희망에 맞게 자신의 조건을 바꾸려는 인간의 야망이다. 그러나, 사람들이 물질적, 정신적 측면에서 무엇을 바라고, 어떻게 자신들의 희망을 추구했는지는 그들이 활용할 수 있는 정보, 아이디어, 사례에 따라 달라졌다. 따라서 망은 일상적인 인간의 야망과 행동을 전달하고 조정했으며 지금도 여전히 그러하다." pp. 3~4. 헤겔 자신의 관심은, 역사를 주도하는 것이 무엇인지에 대한 이 준인과적 조건들(quasi-causal conditions)에 있지는 않다. 여기서는 다루지 않지만, '자신의 희망에 맞게 자신의 조건을 바꾸려는 인간의 야망'에 대한 맥닐 부부의 견해와 헤겔의 철학적 세계사 구성 시도가 어떤 관련이 있는지 좀 더 자세히 살펴보는 것은 흥미로울 것이다.

히 실수라고 해도 그 태도 자체가 무시될 수는 없는 노릇이다. 중국인에 대한 헤겔의 비교적 명시적인 주장은 다음과 같은 것이었다. 즉, "당신이 중국인이기를 그만두고 유럽 근대인이 되기 전까지, 당신은 아무 소용이 없을 것이다."

그럼에도 불구하고, 어떤 종류의 정치 심리학이 어떤 원칙들의 연결 고리concatenation와 관련이 있는지에 대한 논쟁은 중요하다. 따라서 헤겔 자신의 용어로 하자면, 일단 중국에 대한 헤겔의 설명을 무시한다면, 헤겔 자신의 역사 철학의 많은 부분을 재고해야 할 수도 있다는 것을 그 논쟁은 보여 준다. 헤겔이 자신의 설명 근거로 삼은 것 중 일부는, 중국이(그리고 인도 등이, 그리고 아프리카를 완전히 배제하고) 유럽 근대성이 직면한 문제에 대한 대응 모델countermodel은 아니라는 것이었다. 헤겔이 언급한 중국과 여타 비유럽 삶의 방식은 본질적으로 발전이 정체되어 있었기 때문에 유럽 근대성의 대안이 아니었다. 그리고, 그 정체停滯 현상에 대한 그의 설명은, 그들이 궁극적으로 자신들에게 중요한 점에 대해 일종의 '집단적 반성적 자의식'collective reflective self-consciousness을 발전시키지 못했다고 헤겔이 간주하는 방식과 관련이 있었다. 헤겔의 관점은, 유럽 문화에서는 유럽인이 그러한 개념들을 사용하는 방식 속에 깃든 긴장tension이 명시화되었고 '자기 반성'self-reflection을 할 수 있게 되었다는 것이었다. 헤겔은 비유럽 문명에서는 이러한 '반성적 긴장'reflective tensions을 표면으로 끌어낼 수 있는 실질적 가능성이 없었다고 생각했다.

따라서 많은 찬사를 받는 중국 철학이 사실상 철학이 아니라, 종교와 삶에 대한 비체계적 사유의 연장선상에 있는 것일 뿐이라고 헤겔이 주장한 점이 중요했다. 중국인에게 정말로 철학이 있었다면, 그들은 자신들의 삶의 형태에 대한 반성적 태도, 즉 사회 규칙들의 바깥에 서서 그것들을 비판하는 방식을 발전시켰을 것이다. 중국 철학자들은 실제로 그렇게 했지만, 헤겔은 그가 참조한 문헌들에서 그 점을 미처 보지 못했고, 그 문헌 중 많은 부분을 깊이 있게 참조하지 않은 것 같다.[22] 그는 특정 군주와는 무관하게 중국의 모든 정권을 통치하는 반성적 기준으로 '천天의 원리'를 발전시킨 신유가 운동과 같은 명백한 반례들을 간과하고 있다.[23] 오히려 지금은 헤겔이 다른 다양한 중국 사상 학파를 무시한 것에 대해 부분적으로 아마도 용서받을 수 있을지도 모른다. 왜냐하면 결국 헤겔이 사용할 수 있었던 자료가 그리 많지 않았기 때문이다. 그러나, 또한 헤겔은 예를 들어 다음과 같은 다소 명백한 방식을 간과하기도 했다. 즉, 덕을 갖춘 사람은 자기충족적이어야 하며, 잘 사는 '고귀한 요소들'에 집중함으로써 이러한 자기충족을 획득할 수 있다고 강조한 유교의 가르침을 간과했을 뿐만 아니라, 한 사회의 '조화'를 위해서는 내부의 차이와 불협화음이 필요하다는 유교의 주장(공자는 이를 음악적 조화의 비유로 사용했다)도 간과했다. 그러나, "추상적 주체, 즉 현자賢者라는 관념은 중국과 스토아 도덕주의자 모두에서 그러한 학설의 정점"이었기 때문에,

---

22 (Hegel et al. 2011)의 첨부된 주석들에 있는 논의를 참조할 것.

23 이와 관련해서 (Wang 2014)의 "Chapter 3: Heavenly Principle/Universal Principle and History", pp. 61~100을 참조할 것. 왕후이는 일종의 '내재주의자'(internalist)인 헤겔의 원리를 송(宋)시대의 일부 신유학 학자들에게 귀착시킨다. "… 변화를 평가하는 그들의 기준은 시간이 아니라 오히려 내부 기준, 즉 '원칙의 성향'(历史, lishi)이었다." (Wang 2014), p. 91. 특정 학파의 방법론에 대한 그의 특성화도 참조할 것. "그들의 방법론은 천주 원리와 우주 원리의 세계관에 본질적으로 필요한 것이지만, 그러나 천주 원리와 우주 원리의 세계관 내에 위기를 불러일으키며 그 자체의 무게로 인해 무너지게 하는 힘이기도 하다." (Wang 2014), p. 95.

헤겔은 중국 도덕주의자들을 서양 고대의 일부 철학적 입장과 비교하면서 적어도 어느 정도는 인정했다.[24] 그러나, 헤겔이 보기에 이 '높은 지점'이 실제로는 그리 높지 않았기 때문에, 그것은 헤겔 자신의 편에서 넌지시 그냥 인정한 것일 뿐이다. 로마의 스토아주의stoicism는 그 자체로 '율법주의적'legalistic 삶의 형태의 또 다른 산물일 뿐이었다. 자유를 좌우명으로 삼는 삶의 형태에 필요한 구별을 끌어냄으로써, 유럽의 철학과 과학에 등장하는 부정성negativity이 스토아주의에는 부재했다는 것이다.[25] 헤겔의 설명에 따르면, 중국인의 삶은 '일원적'monadic 주체의 개념을 발전시킬 수 있었을 뿐이며, 이 일원적 주체의 경우 책무[공속행위]와 요구사항은 오직 법체계에서만 나온다. 그리고 그러한 책무[공속행위]와 요구사항은 그러한 법들에 순종하여 책무[공속행위]를 이행하는 개인들에게 적용되지만, 그러나 사회적 책무, 가정의 책무에 대한 그러한 순종에 '부정성'의 요소를 제공할 수 있는 '개인주의의 감각'이 전혀 없이 개인들에게 적용된다는 것이다. 중국의 고전 사상과 정치 실천이 그러한 일원적 개념들 이상의 것을 그 속에 지닌다는 점을 누군가가 헤겔에게 보여 줄 수 있다면, 헤겔은 자신의 역사 철학에서 그 부분을 다시 생각해야 할지도 모른다.

---

24 (Hegel and Hoffmeister 1994), p. 176; (Hegel 1975), p. 145.

25 따라서, 아프리카인에 대한 헤겔의 주장은 중국인에 관한 그의 주장의 일부이기도 하다. 헤겔은 아프리카인에게 유리할 만한 점을 거의 발견하지 못하는 반면, 아프리카인이 '정체된' 삶의 방식으로 살고 있다는 점에서는 중국인과 비슷하다고 본다. 그러나 헤겔의 설명에 따르면, 아프리카의 사회생활은 자의적 방식 외에 어떤 변화도 없으며, 따라서 문명 자체가 형성되지 않는다. 소위 아프리카인의 정체된, 따라서 비역사적 본성에 대한 헤겔의 매우 왜곡된 견해에 대해, 그리고 헤겔이 이러한 견해를 입증하는 증거라고 생각한 것이 무엇인지에 관해서는 (Bernasconi 1998)을 참조할 것.

인도, 유럽이 스스로 창조한 유럽인의 공상의 거울

헤겔이 인도를 다룰 때, 그는 중국과 마찬가지로 인도가 변하지 않고 본질적으로 발전이 정체되어 있지만 수 세기 동안 유럽인에게 동경의 대상이 되어 왔다고 언급한다. 헤겔이 인도에 관해 말하는 것은, 인도인의 삶을 해석하기 위한 그의 전체 계획을 드러낸다. "인도는 항상 사람들이 동경하는 땅이었으며, 여전히 우리에게 경이로움의 영역으로, 마법에 걸린 세계로 나타난다."[26] 인도를 '마법에 걸린 세계'enchanted world로 보는 것은, 인도가 '계몽되어 마법에서 풀려난 유럽인'에게 대응 모델을 제공하지 못한다는 헤겔의 핵심 관점이다.[27]

아마르티아 센Amartya Sen은, 인도를 다루는 유럽의 태도가 세 가지 이상적 유형들ideal types로 구현되는 경향이 있다고 지적한 바 있다. 즉, '권위자 유형'(그들의 식민지를 통치하던 영국의 태도처럼), '큐레이터 유형'(전통적인 나비 수집가가 자신의 수집품을 설명하는 방식으로 그것의 차이를 분류하는 방식), '이국주의자 유형'(센의 말처럼, 인도인의 삶에서 경이로운 것을 찾는 방식)이 그것이다. 헤겔 자신이 이 세 가지 유형 중 하나를 선택해야 했다면, 거의 확실하게 그는 '큐레이터 진영'에 속한다고 했을 것이다. 하지만, 센이 생각하는 것처럼, 헤겔은 실제로는 '이국주의자 진영'에 더 속하는데, 그렇다고 헤겔에게 인도의 경이로움이 찬양할 대상은 아니었다.[28] 인도 사상에

---

26 (Hegel 1969d), p. 174; (Hegel 1956), p. 139.

27 인도에 대해 헤겔이 참고한 자료가 무엇이며, 어떻게 그 자료들로 인해 헤겔이 인도를 오해했는지에 대해서는 (Viyagappa 1980)을 참조할 것.

28 (Sen 2005).

대한 헤겔의 출처는 대부분 영국 자료이며, 이는 그의 '큐레이터 충동'과 '이국주의자 충동'을 강화하는 경향이 있다.[29] 헤겔이 인도에 관해 주장하고 싶었던 것은, 유럽인의 산문적[무미건조한] 삶prosaic life에 대한 균형추로서 자신들의 공상을 인도에 투영하는 다수의 유럽인에게 인도가 너무도 그들이 갈망하는 초점을 구현했다는 것이었다. 헤겔이 보기에, 유럽인의 삶에서 '마법에 걸린 세계'가 사라진다는 것은, 진보의 징표이자 동시에 심지어 어떤 손실이기도 했다. 어떤 관점에서는 그렇게 '마법에서 풀려난 관점'이 정서적으로 불만족스러울 수도 있지만, '마법에서 풀려난 자연'을 받아들이는 것은 근대적 삶이 치러야 하는 대가의 일부였다. 사실상, 헤겔은 인도가 기본적으로, 유럽인이 자신의 향수와 우울한 공상을 쉽게 투영할 수 있는 '몽환적인' 삶의 방식이라고 주장하고 싶었다.[30] 그러나 그의 관점은, 단순히 유럽인이 자신의 불만족 상태를 인도의 현실에 투영했다는 것은 아니었다. 오히려, 인도의 현실은 유럽인이 자신의 불만족 상태에 대한 공상에 빠져들 수 있게 해 주는 비옥한 토양이었다는 것이 헤겔의 관점이었다.

따라서, '마법에 걸린 세계'로 돌아가고자 하는 삶에서 기대할 수 있는 '사랑의 정원'처럼 처음에는 '마법에 걸린' 것처럼 보였던 것이,

---

29 (Halbfass 1988), p. 87을 참조할 것.

30 이러한 비판은 헤겔이 『바가바드 기타』(*Bhagavad Gita*)에 대한 빌헬름 폰 훔볼트(Wilhelm von Humboldt)의 1826년 글에 대한 서평을 통해 강화된다. *Jahrbüchern für wissenschaftliche Kritik* in (Hegel and Hoffmeister 1956), pp. 131~204 참조. 이 서평에서 헤겔은, 인도 사상에 대한 자신의 기각을 거부하는 학자들과 대면하면서, 자신이 인도 사상과 종교의 근본적인 추상성과 공허함으로 간주한 것을 숙고하며, 그러한 공허함이 조장하는 통치 체제에서 폭정을 위한 공간을 구체화하는 방식에 대해 숙고한다.

인간의 존엄성과 자유에 대한 근대적 개념에 비추어 보면 완전히 결핍된 상태로 드러난다고 헤겔은 주장했다.[31] 헤겔이 보기에, 만일 이국주의자를 지향하는 유럽인이 상실해 버린 것의 자신의 거울을 인도에서 찾았다면, 그 거울은 유럽인 자신의 몽상적 상태가 얼마나 결핍된 것이었는지를 반영할 뿐이었다. 헤겔이 보기에, 낭만적이고 향수에 젖은 유럽인은, 인도의 공허함이라는 형식에서 유럽인 자신에게 되돌아 반사된 자신의 공허함을 바라보면서, 기이하게도 그것을 자신의 잠재적 충만함을 확인하는 상태로 단지 취할 뿐이었다.

　중국인은 세계 속에 흡수되어 있어 '산문적인 상태'prosaic(상상력이 없고 주어진 것 외에는 생각할 수 없는 상태)인 반면, 인도인은 집중력이 없고 몽상적이며 세계 속에 충분히 흡수되지 않았기 때문에 '시적'poetic이다. 중국은 상상력이 없는 반면 인도는 상상력이 넘친다. 중국은 자유롭고 근대답기 위해 필요한 이론적, 실천적 구분을 발전시키지 못하는 반면, 인도는 모든 구분을 자의적으로 발전시키고 단순히 허공에서 맴돌고 있다. 중국인에게는 신성神性, divinity에 대한 진정한 개념이 없으므로, '존재'(주어진 사회 세계)와 '당위'(신성이라는 더 고귀한 위상만이 사람들에게 처음 부여할 수 있는 것)를 구분할 방법이 없다. 반면에, 인도인은 실제로 신성에 대한 '더 고귀한 개념'을 가지고 있지만, '더 고귀한 요소'에 대한 그들의 구상은 본래 공허하다. 그것은 모든 것들의 '하나'one일 뿐 그 이상은 아니다. 더구나,

---

31 '마법에 걸린 세계'에 대한 언급과 인간 존엄성의 측면에서 그 세계를 평가하는 것은, 헤겔이 낭만주의화된 독일의 과거로의 회귀를 요구하는 것에 맞서, 헤겔이 이미 강경한 견해를 굳히고 있던 1831년 후반 강의들에서 나온 것으로 보인다.

인도인은 모든 것을 신성한 것으로 보고 모든 것을 끊임없이 변화하는 것으로 보기 때문에, 그들에게 진보라는 개념은 있을 수 없다. 이러한 관점에서 보면, 중국과 인도의 전제주의despotism의 실질적 차이는 무너지며, 따라서 실제로 중국과 인도는 폭정Tyranny이라는 동일한 결과를 낳는다. (또한, 중국과 인도에 대한 헤겔의 관점도 이와 마찬가지다.)

헤겔은 중국인이 주어진 사회 관행과 분리된 '이성의 개념'을 발전시키는 데 완전히 실패했다고 생각했지만, (헤겔의 성숙한 설명에 따르면) 인도인은 비록 그들이 도달할 수 있는 유일한 철학적 결과가 본래 공허했음에도 불구하고, '철학적'이라고 적절하게 부를 수 있는 '반성적 사유'의 버전을 실제로 만들어 내기는 했다. 헤겔은 그의 생애 마지막 10여 년 동안 인도 철학에 대해 더 많은 것이 알려지고 그 독창성에 대한 더 많은 주장이 제기됨에 따라 자신의 관점을 수정하지 않을 수 없었음에도 불구하고, 다음과 같은 관점을 어느 정도 고수했다.[32] 즉, 1827년에 헤겔은 인도 철학에 대한 빌헬름 폰 훔볼트의 최근 작품에 대한 서평을 발표했고, 헤겔은 그 마지막 분석에서 '인도 철학은 진정한 철학의 수준으로 발전할 수 없다'라는, 기본적이며 오랫동안 유지한 자신의 관점을 더 자세하게 반복했다(인도 철학은 고대 그리스와 그리스 이후 철학의 수준은 못 된다고 헤겔은 주장했다). 왜냐하면 인도 철학이 드러내는 모순은 실질적 해소에 이르지 못하고, 단지 '일자'의 공허하며 형식적인 사유에만 이르기 때문이다. 헤

---

32 (Bernasconi 2002)의 논의를 참조할 것.

겔이 보기에 이렇게 된 이유는 다음과 같다. 즉, "인도인의 의식에서 가장 고귀한 것이라고 할 수 있는 추상적 본질로서 브라만Brahman은 그 자체로 아무 규정이 없으므로, 거기에는 결과적으로 통일성[하나] 외부의 규정, 즉 단지 외적이며 자연적인 규정만 있을 수 있기 때문이다. 보편자와 구체자의 이 분열에서 보편자와 구체자는 모두 정신이 결핍된 상태이다. 다시 말해, 보편자는 공허한 통일성이고 구체자는 자유롭지 못한 다양성이다. 이러한 상태로 타락한 사람은 자연적 삶의 법칙에 구속될 뿐이다."[33] 실제로, 훔볼트가 '요가'yoga라고 번역한 '몰입'Vertiefung을 인도 사상과 삶의 기본 원리로서 강조한 것은, 헤겔의 전반적 관점을 강화했을 뿐이다.[34] 인도의 공허함은 진보에 이

---

33 헤겔의 1827년 서평(「빌헬름 폰 홈볼트의 바가바드 기타라는 이름 아래 알려진 마하바라타 이야기」Über die unter den Namen Bhagavad-Ghita bekannte Episode des Mahabharata von Wilhelm von Humboldt)은 (Hegel and Hoffmeister 1956)에서 찾아볼 수 있다. 여기서 헤겔은 다음과 같이 말한다. "이러한 해체는 불가능하다. 왜냐하면 인도인의 의식에서 가장 높은 것, 추상적 본질인 브라만은 그 자체 내에 어떤 규정도 없기 때문이다. 규정은 결과적으로 통합의 외부에만 있을 수 있으므로 외면적이고 자연적인 규정일 수밖에 없다. 보편자와 구체자의 이러한 분리에서 이 둘은 모두 정신이 결핍되어 있다. 전자는 공허한 통일성이고 후자는 자유롭지 못한 다중성이다. 이러한 분리 상태에 빠진 사람은 삶의 자연적 법칙에만 구속되어 있다. 그래서 전자[보편자]의 극단으로 자신을 끌어올리면, 그는 모든 구체적이고 정신적인 삶으로부터 도피하고 부정하게 된다."(p. 158) 헤겔의 서평과 홈볼트의 원래 글 사이의 관계에 대해서는 (Viyagappa 1980)을 참조할 것.

34 (Hegel 1999), p. 148을 참조할 것. "폰 홈볼트는 [요가Yoga라는] 단어를 몰입(Vertiefung)으로 번역한다. 요가의 관점에서 생각되는 사람의 가장 두드러진 특징은 '자기 자신으로 돌아가기'(returning-into-itself)이며, 그 안에는 또한 그 자체의 신비로운 마음의 성향이 있다. 물론 전적으로 한 언어의 특이한 관점에서 나온 표현을 다른 언어의 특정 단어로 표현하는 것은 불충분할 수밖에 없다." 헤겔은 이 '몰입'(Vertiefung)을 다음과 같이 '흡수'(absorption)와 동일시한다. "여기서 발현되는 더 높은 자극, 즉 가장 숭고한 깊이는, 우리가 이렇게 설명을 시작한 유럽의 대립, 즉 실천적인 것과 이론적인 것의 대립을 뛰어넘도록 우리를 단숨에 인도한다. 행위는 앎에 흡수되거나, 오히려 그 자체 내에서 의식의 추상적 흡수[몰두]에 흡수된다." (Hegel 1999) p. 147.

를 수 없고 오직 끝없는 폭정에 이를 뿐이며, 이러한 폭정은 '자신의 의지를 강제할 [외부의] 힘을 지니면서, 그들이 해명해야 할 어떤 인륜적 이유도 그들을 방해한다고 생각하지 않는 사람들'의 통치를 의미한다.[35]

헤겔이 이러한 방식으로 사태를 바라보게 된 것은, 특히 그것이 사회적이든 자연적이든 모든 형태의 주어진 것으로부터 '비판적으로 거리를 두는 능력'이 '매우 구체적 역사를 가지지만 발달해야 하는 역량'에 어떻게 달려 있는가에 대한 '헤겔의 기본 철학 관점'과, '두 삶의 형태들과 관련해 19세기 초 유럽인의 영향을 받은 헤겔 자신의 해석'이 연결되어 있기 때문이다. 만일 중국의 철학과 실천이 실제로 비판적 반성의 모든 양식을 발전시켜 왔다는 것이 사실이라면, 자유롭고 근대다운 국가 발전을 위해 종교, 특히 기독 개신교의 필요성이 그다지 필수적이지 않아 보이기 때문에, '정치적 무신론'political atheism이라는 혐의는 헤겔에게 특히 유력한 것이다. 개인과 집단이 자유를 누릴 위치에 있다는 것이 이론적으로나 실천적으로 무엇을 의미하는지에 대한 '적절한 개념 파악'adequate conception과, 그리고 그러한 위치에

---

35 헤겔은 또한, 그의 절친한 친구였던 게오르크 프리드리히 크로이처(Georg Friedrich Creuzer) 처럼, 인도 종교가 더 오래되었을 뿐만 아니라 기독교와 동일한 방향을 목표로 삼는 것으로 보인다고 주장한 사람들의 강한 흐름을 반박하기 위해 고심하고 있었다. 인도인은 초기 신적 계시를 받은 사람들이며, 따라서 인도의 문화와 종교는 그리스인(그리고 유럽인)에게로 직접 이어졌다고 이들은 주장했다. 이 때문에 헤겔은 약간 불안해했지만, 헤겔은 인도 종교에서 나온 철학은 물론 종교 자체도 자세히 살펴보면 기독교와는 다른 종류라고 여전히 주장했다. 그는 또한 인도가 원래 기독교 계시의 근원이었지만 이후 타락되었다는 프리드리히 슐레겔(Friedrich Schlegel)의 추측(1808년, 크로이처의 저술보다 더 이른 시기에)을 철저하게 거부했다. (Crawford 2014)의 토론을 참조할 것. 독일의 '오리엔탈리스트' 기획에 관한 홀륭하고 훨씬 더 자세한 설명은 (Marchand 2009)에서 찾을 수 있다.

도달하는 방법이 별들이나 플라톤의 천상에 쓰여 있지 않고 역사와 발전의 문제라는 점에 대한 '적절한 개념 파악'이 성패를 좌우한다는 것을 헤겔은 깨달았다. 헤겔은 중국과 인도가 그들 삶의 형태가 보여 주는 가장 기본적인 책무[공속행위]commitments 때문에 더 이상 진보하지 못했으며, 삶의 형태를 그대로 유지하게 만든 것이면 뭐든지 여전히 고수했다고 생각했다.

'인도인' 및 특히 '중국인'이 보여 주는 것은, '변증법이 와해로부터 와해로 끝없이 이행한다'라는 [헤겔식의] 그림 자체가 무너진다는 것이다. 헤겔이 '중국'에서 긴파한 일부 문제는 그와 동시대 어떤 사람들은 '중국'에서 오히려 칭찬한 면인데, 그것은 '고대의 불변하는 문명'이라는 점이다. 따라서 중국은 그 자체 무게로 인해 와해되지 않는다. 이로부터 헤겔은 진보의 길은 '자기 외부의 것과의 대면'으로부터 비롯될 수밖에 없다는 결론을 내렸다. 헤겔이 선호하는 전문 용어로 표현하자면, 중국은 '자기 자신의 부정성'을 산출하지 못하므로, 그 부정성은 중국 외부에 있으면서 중국과 무관한 어떤 것에서 비롯될 수밖에 없다(중국과 그의 '타자' 사이의 대면에 더 심오한 의미 연결이 없다는 의미에서 보자면 그렇다). 물론, 헤겔은 이 대면을 중국(인도를 포함해)과 서구(특히 북유럽) 사이의 대면으로 간주했다.[36] 헤겔은 비유럽 역사에 대한 자신의 지식이 매우 제한적이었으므로, 중국 문명이 실제로 근대 세계의 내부 압력에 나름대로 대응하고 있었고, 헤

---

36 헤겔은 유럽인과 관련하여 인도인과 중국인에 대해 이렇게 말한다. "영국인 또는 동인도회사가 이 나라[인도]의 지배자이다. 왜냐하면 아시아 제국들이 유럽인에게 종속되어야 하는 것은 이들의 필연적 운명이기 때문이다. 그리고 중국도 어느 시점에는 이 운명에 묶일 것이다." (Hegel 1969d), p. 179; (Hegel 1956), pp. 142~143.

겔 당대의 청 제국도 그 시대 다른 국가가 겪고 있던 것과 동일한 많은 긴장 상태를 다루고 있었다는 생각을 선호하지 않았다. 또한, 헤겔은 인도가 직면했던, 인도 내부에 작동하던 힘들을 이해하지 못했다. 즉, 헤겔은 인도도 유럽뿐 아니라 전 지구적 변혁의 시기에 자신의 길을 찾으려고 노력하고 있었으며, 예를 들어, 인도의 면직물 생산이 영국의 섬유 산업 혁명을 유발한 자극 중 하나였다는 사실을 이해하지 못했다.[37] 만일 헤겔이 이를 깨달았더라면, 그 때문에 헤겔은 자신의 서사를 다소 극적인 방식으로 변경했을 수도 있다. 또한, 헤겔은 유럽 근대성과의 대면이, 유럽인을 추동한 동일한 종류의 압력으로 인해 형성된 '국가 정체성'national identity을, 중국인, 일본인, 인도인 등에게 되살려 새로운 국가 정체성의 감각을 촉진할 것이라고는 예상하지 못했다.

그럼에도 불구하고, 헤겔 자신의 서사에서 중국인과 인도인만이 '실패한 유럽인'failed Europeans으로 비난을 받은 것은 아니다. 페르시아인과 이집트인도 마찬가지로 비난을 받지만, 미묘하게 다른 방식으로 비난을 받는다.

페르시아인과 이집트인, 실패한 그리스인

이러한 방식으로 자신의 의제를 설정함으로써, 헤겔은 페르시아를

---

37 (Bayly 2004)에서 논의를 참조할 것.

그리스의 대항마로 보는 '고전 그리스 개념'을 소생시켰으며, 동시에 페르시아를 중국이나 인도보다 더 진보적이면서도 여전히 패배하고 사라진 제국으로 볼 수 있는 수단을 마련할 수 있었다. 헤겔 당대에는 중국과 인도가 모두 식별 가능한 국가들로 남아 있었고, 잠정적으로 '유럽 근대성의 대안'으로 제시될 수 있었거나, 아니면 적어도 '유럽 근대성의 발전'에 기여할 수 있는 독특한 공헌을 한 것으로 여겨졌기 때문에, 헤겔은 중국과 인도 중 어느 쪽도 실제로 그런 식으로 취급될 수 없는 이유를 보여 주는 논증을 자신이 제공했다고 생각했다. 앞서 살펴본 바와 같이, 그러한 논증은 중국과 인도에 관한 헤겔의 서술이 옳은지 여부에 달려 있다. 왜냐하면 만약 중국과 인도가 헤겔이 그렇다고 생각한 방식대로 존재하는 것이 아니라면, 그 나라들이 그 나름의 방식으로 자유의 조건으로 발전할 수 없다거나 유럽 근대성에 제공할 것이 전혀 없다고 말할 수 없기 때문이다.

따라서 '동양인'에 대한 헤겔의 논증은, 동양인은 그들만의 조건 내에서 문제로부터 벗어날 자신의 방식을 생각할 수 없었을 뿐만 아니라, 심지어 문제를 문제로, 해결해야 할 어떤 것으로 인식하지도 못했다는 것을 보여 주기 위해 의도된 것이었다.[38] 헤겔이 보기에, '동양

---

38 "동양 세계는 또한 그 자체 안에서 퇴락한다. 그러나, 동양의 원리에는 다음과 같은 규정성, 즉 그 자체와 반대되는 원칙, 그 자체 안에 자신을 갖지 않는다는 원칙이 있다. 그것은 그 자체 내에서 정신을 자유로 풀어 주어 그 자신이 스스로를 반대하게 하지 않는다." (Hegel and Lasson 1923), p. 639. 나는 때때로 '에두아르트 간스(Eduard Gans)와 칼 헤겔(Karl Hegel)의 표준판'에는 없는 자료가 포함된 경우, '라손(Lasson)판' 역사 철학을 참조한다. 그러나, 나는 세계사 철학 강의의 서론의 더 제한된 '호프마이스터(Hoffmeister)판'과 상충하는 경우에는 '라손판'을 절대 참조하지 않는다. 비록 라손이 '간스와 칼 헤겔 판'을 개선하여, 다양한 강의 자료를 매끄러운 책으로 엮어 내고자 했지만, 그 계획은 현대 문헌학 표준에 잘 부합하지는 않는다. (Hegel et al. 2011)의 편집자 서론의 논의를 참조할 것.

의 전제주의'oriental despotism라는 고전적 범주는 심지어 '동양인' 자신에 의해 틀린 것으로 취급되지 않았고, 비참한 사실이지만, 세계에 대한 필연적 사실로 받아들여져야만 했다.

사실상, 헤겔은 이와 같은 점을 그들의 적인 페르시아인에 대한 고전 그리스 개념의 정확성을 뒷받침하는 것으로 취했다. 한편으로, '부정성'의 요소는 페르시아인의 경우에도 비록 완전히 부적절한 방식이기는 하지만 출현하기는 했다. ('빛'의 종교는 자신의 '규정적 부정'인 '어둠'의 종교와 대조를 허용하며, 그리고 이것은 규범적인 것과 자연적인 것의 차이를 생각하기 시작한 점에서는 추상적이지만, 아직 부적절하고 불만족스러운 방식이었다.) 다른 편으로, 페르시아인은 다른 모든 '동양인'과 마찬가지로 성공을 변명 삼아 사치에 빠지고 나약해지는 경향이 있었다. 페르시아인은 전사로서 위대한 용맹을 보여 줄 수 있었지만(헤겔이 지적하듯이, 이것은 모든 야만인에게 사실이었다), 궁극적으로 지속 가능한 제국을 건설하지도 못했고, 주목할 만한 철학을 만들어 내지도 못했다. 그들의 철학은 기껏해야 종교를 다시 진술한 것에 불과했다.

마찬가지로, 고대 이집트인은 페르시아인이 불충분하게 고안한 '부정성' 위에 뭔가를 건립할 수는 있었지만, 수수께끼enigma의 수준까지만 그것을 세울 수 있었다. 헤겔은 영혼이 육체와 다르며 불멸할 수 있다는 생각을 처음으로 고려한 사람들이 이집트인이라는 헤로도토스의 생각을 받아들인다.[39] 그러나, 이집트인에게 '정신'과 '자연'은

---

39 (Hegel 1969d), p. 266; (Hegel 1956), p. 215. 헤겔은 이를 "인간 개인은 그 자체로 무한한 가치를 지닌다"라는 생각과 동일시한다. (Hegel 1969d), p. 266; (Hegel 1956), p. 216.

'규범적인 것'과 '자연적인 것'과 마찬가지로 서로 통합되어 있으면서도 여전히 서로 상충하는 것이었고, 이집트인은 그것에 대한 그러한 진술을 뛰어넘을 수 없었기 때문에(헤겔의 설명에 따르면, 그들의 예술에서 그렇게 한 것처럼 이집트인은 진정한 철학이 없었기 때문에), 그들의 삶의 형태는 '널리 알려진 기본적 이해 불가능성unintelligibility'에 놓여 있었다. 이집트인에게 자연은 정신과 동일했지만, 그러나 정신은 자연과 다르고 상충하였으며, 그런 식으로 세계를 이해하면 그 안의 모든 것을 이해할 수 없게 된다. 이와 같은 점이 의미한 바는, 이집트인의 예술은 풀 수 없는 거대한 수수께끼를 표현하는 것처럼 항상 보였다는 것이며, 그리고 세계의 불가해성에서 탐구를 멈추면, 더 이상 진전할 수 없다는 것이다. 여기서 주체는 스스로를 지극히 자연적인 것으로 여기며, '규칙 따르기'(여기서는 규범이 사회적 규칙들과 동일시된다)의 주체일 뿐이라고 여기며, '공허한 생각 속에서 일체의 상상적 방황' 등과 같은 것이라고 여기는데(이 모두는 '아프리카'와 '동양' 세계의 특징이다), 이러한 주체성의 형식은 이 막다른 끝에서 절정을 이룬다. 거기에는 기껏해야 변화change는 있을 수 있지만 진보progress는 없으며, '더 나은 방향으로의 변화'change for the better에 대한 심오한 의미도 없다. 이것은 결국 불만족스러운 주체성의 형식이다. 왜냐하면 그 최종적인 '이집트'의 형식에서, 주체는 결국 스스로에 관해 이해할 수 없는 상황에 빠지기 때문이다.

여기서 헤겔이 내린 평결은 다음과 같다. 즉, 페르시아인과 이집트인은 중국인의 '정치적 무신론'과 인도인의 '비현실적 몽상'을 뛰어넘으면서도, 그들 세계의 이해 불가능성unintelligibility에서 멈출 수밖에 없었다. 그들은 주체성에 대한 자신들만의 이해를 발전시켜, 그들만의 발전의 결과로서 '무제약자'the unconditioned에 대한 사유에서 작동하는 형이상학적 모순들에 관해 힌트를 얻었지만, 그러나 그들은 바로 그 사유를 넘어서지는 못했다. 따라서, 그들이 만든 주체성 개념은 이해 불가능성이라는 운명에 처했으며, 결국 그들은 스스로를 이해할 수 없었다.*

결국, 헤겔이 주장했듯이, 유럽인의 삶의 형태는 '동양의 폐허'에서 구축되었으며, '동양의 폐허'에서 잔해를 끌어모으면서 주체성에 대한 또 다른 자기 이해를 발전시켰다. 따라서 비유럽 세계에 대한 제한된 감각을 가진 헤겔에게, '동양'은 반드시 사라지는 것이 아니라, 자기 영속적인 폐허a self-perpetuating ruin로만 남으며, 동양 고유의 조건에서는 진보하지 못한다.[40] 그러나, 페르시아아인과 이집트인은 이성과

---

* [옮긴이] "그들은 스스로를 이해할 수 없었다"의 원문은 "they could make no sense to themselves"이다. 여기서 'make sense'는 '이해하다. 의미화하다, 말이 되다' 등을 뜻한다. 이 책에서 일관되게 주장하듯이, '동양인이 스스로를 이해할 수 없었다'라는 것은 '동양인이 충분한 자의식을 가지지 못했다'라는 것으로 해석 가능하다. 핀카드에 의하면, 자신이 처한 사태에 대해 반성적으로 거리를 두고 제대로 된 이유를 제시할 수 있는 자만이 '자의식적'이라고 할 수 있다.

40 조지프 매카니(Joseph McCarney)는 다음과 같은 흥미로운 제안을 한다. 즉, 역사에 막이 내리기 시작한(그러나 아직 내리지는 않은) 위대한 드라마가 있다고 헤겔이 말한 것이 의미할 수 있는 바를 표현하기 위해, 헤겔은 동쪽에서 해가 떠서 서쪽으로 지는 것에 대한 자신의 은유를 사용하는데, 이 은유를 통해 헤겔의 논의가 오해될 수 있다는 것이다. 매카니는 헤겔이 자신의 은유에 너무 많은 비중을 두고 있다고 주장한다. "헤겔은 그의 표현을 제한하는 조잡한 회화적 사유에 사로잡혀 있다고 주장할 수 있다." (McCarney 2000), p. 174. 그러나, 만일 여기에 주어진 독해가 정확하다면, 헤겔이 '동양인'(Orientals)을 '그들의 영광이 이제는 과거의 것이 되어 버린 문명'으로 오독한 것은 실패한 은유 때문이 아니라, 문명의 기원인 동양에서 규칙에 의해 지배되고 본질적으로 꿈을 추구하는 사회를 발견할 수 있다는 그의 믿음에 기인한 것이다. 소위 '역사의 종말'에 대한 논의는 (Dale 2014)도 참조할 수 있다. 톰 브룩스(Thom Brooks)는 다양한 버전의 '역사의 종말' 논의를 분석한 후, '역사의 종말'에 대한 헤겔의 견해를 단지 잠정적인 것으로 간주한다. "우리는 그 견해[역사의 종말에 대한 헤겔의 논의]를 체계적 맥락에서 바라봐야 하며, 세계 심판의 법정은 시간이 지나면서 항상 그 평가를

자연에 대한 초기 사유에서 작동하는 모순의 감각을 발전시킴으로써, 그들 자신 안에 반성의 요소를 도입했다. 그리고 헤겔이 생각했듯이, 이와 같은 점은 잇따르는 그들의 와해에 별 중요하지 않은 역할을 했을 뿐이다.

때때로 헤겔이 비유럽인에 대한 이러한 관점을 취한 것에 대해, 마치 그것이 경험적 데이터를 오해한 문제인 것처럼 변명하거나, 아니면 당시 편향된 문헌을 고려할 때 그러한 나쁜 출처로부터 잘못된 결론을 도출한 것에 대해 헤겔이 비난받을 수 없는 것처럼 변명하는 사람들도 있다. 결국, 헤겔의 시대에는 이미 편향된 여행자들의 보고서 등을 제외하고는 동양의 이렇게 상이한 삶의 방식들에 대해 그가 이용할 수 있는 자료가 그리 많지 않았다고 할 수 있다(만약 그런 자료가 있었다고 한다면, 헤겔은 그러한 보고서를 좀 더 신중하게 받아들일 줄 아는 좋은 감각을 지녔어야만 했을 것이다).[41] 그러나 헤겔 자

수정해야 한다는 것을 인정해야 한다. 따라서, 세계사는 영원히 잠정적이고 수정 가능한 평결들의 법정이다." (Brooks 2013), p. 157.

41 헤겔은 때때로 민족적 후진성을 지리적 측면에서 설명하는 것처럼 보이는데(이 점에서 헤겔은 부분적으로 몽테스키외를 따르는 것처럼 보인다), 만일 그렇다면, 비유럽 민족이 유럽 기후로 이주하면 그들도 더 '정신적'이고 자유로워질 것이라고 말해야 할 것이다. 그러나, 헤겔은 실제로는 그런 결론을 내리지는 않는다. (전제가 거짓이라는 점을 고려하면, 그가 그렇게 하지 않는 것은 어쩌면 당연하다.) 헤겔의 역사 철학을 세심하게 연구한 조지프 매카니는 헤겔의 '민족'(Völker, 볼커) 개념은 보통의 민족(ethnic) 개념이 아니라고 아주 강하게 주장한다. 대신 그는 다음과 같은 주장을 헤겔에게 귀속시킨다. "세계사적 민족을 특정 민족 집단(ethnic groups)으로 생각하지 않는다는 것은, 헤겔이 명백히 확고하게 취한 입장이다." (McCarney 2000), p. 141. 그러나, 헤겔은 이에 대해 '명백히 확고하지는' 않기 때문에, 매카니의 주장은 헤겔에게 과하게 사과하는 것처럼 보인다. 예를 들어, (Hegel 1969a), §394 참조. 그리고, (Hegel et al. 1971), p. 46에서 그는 이렇게 말한다. "반면에, 역사 철학은 인종[민족]races의 세계사적 의의를 자신의 중요한 주제로 삼는다. 즉, 만일 우리가 세계사를 가장 포괄적 의미로 받아들인다면, 민족 성격이 지닌 원래적 성향이 도달하는 가장 높은 발전, 민족(nations)에 내재하는 자연 정신이 스스로를 고양시키는 가장 정신적인 형식을 역사 철

신의 용어로 하자면, 헤겔의 실수는 그의 '주체성' 개념이나 '자유' 개념 자체에 있지 않고, 오히려 전체 문명이 결국 '올바른 유형의 반성적 주관성'right type of reflective subjectivity으로 나아갈 수 없다는 헤겔의 생각에 있다.

마지막 분석에서, 헤겔이 비유럽적 삶의 형태들에 대해 다소 부정적으로 특징지은 것은, 사실상 그 형태들에 관한 것이 아니라(헤겔 자신은 실제로 그렇게 생각했음에도 불구하고), 오히려 '도덕'과 같은 것을 '실제로 현존하는 사회적 규칙들'과 동등한 것으로 간주하거나, 또는 그 자체의 집단적 계획이 단지 이해 불가능하므로 신비로운 것만 적용 가능하다고 간주하는 '모든 집단적 작업collective enterprise에 고유한 내재적 문제들'에 관한 것으로 밝혀졌다. 비록 그와 같은 것이 헤겔이 논의하는 비유럽적 삶의 형태들에 대한 '기본적으로 잘못된 특징화'라고 하더라도, 헤겔의 시대에는 위와 같은 두 가지 선택지들 모두 유럽인의 삶 자체를 위해 생동적인 것이었다. 결국, 헤겔은 "이것이 당신을 어디로 향하게 하는지 아는가?"라고 말하고 있었던 것이다.

학은 자신의 중요한 주제로 삼는다." 또한, 매카니는 슐레겔과 셸링의 생각에 반대하는 헤겔의 논증을 취한다. 슐레겔과 셸링은, 다른 모든 인류에 선재하는 '하나의 원초적 민족'(a primitive people)이 반드시 존재한다고 생각했다(이것은 에덴 동산의 아담과 이브라는 관념을 대체하는 것이다). 헤겔의 논증은 "근대 독일인이 거기에 속하며, 그로부터 '모든 학문과 예술이 단순히 우리에게 전수되었다'라고 전해지는 원민족(Urvolk)으로서 아리안족(Aryan race)이라는 관념"에 반대하는 것이다. (McCarney 2000), p. 140. 이러한 '아리안 원민족'이라는 관념은 1819년경 프리드리히 슐레겔의 작품에서 등장했지만, '아리안 인종'이라는 관념은 헤겔 시대 후에야 실제로 무대에 등장했다. 어쨌든 헤겔의 논증은 대부분 '태곳적 자연 상태'(premordial state of nature)라는 개념에 반대 입장을 표명하려고 했다. 그리고 이러한 자연 상태는 [만일 그것이 존재한다면] 가장 순수한 형식이자 따라서 가장 진실한 상태로서 인류일 것이며, 이러한 관점은 헤겔이 지적하듯이, 순수 환상에 근거하여 단순히 역사를 쓰는 관점일 것이다.

4. 유럽의 논리

그리스, 자기충족의 조건인 노예제

따라서 헤겔의 세계사는 헤겔이 그리스로 전환할 때 실제로 그 초점이 맞춰지는데, 이는 그리 놀라운 일은 아니다. 왜냐하면 그리스는 (헤겔적 의미에서) '철학적 역사'philosophical history를 추진하는 일종의 '반성적 자의식'이 처음으로 땅에 단단히 발을 내딛는 곳이며, 아프리카, 중국, 인도, 페르시아, 이집트에 대해 알고 있는 것보다 헤겔이 더 잘 알고 있는 곳이기 때문이다. 또한, 헤겔의 세계사가 의미하는 바는, 폴리비오스의 로마처럼 (헤겔에게) 근대 유럽은 근대 질서의 결정 요소이므로, 헤겔의 강의가 '철학적 세계사'에 대한 것이라는 주장에도 불구하고, 일련의 강의 나머지 부분은 유럽에 관한 것이라는 점이다. 그것은 또한, 그러한 지적으로부터 헤겔의 이야기는 전적으로 유럽적이며, 헤겔은 이 유럽적인 것만이 '근대성의 역사'로서 적절하다고 생각한다는 것을 의미하기도 한다(하지만 그것은 근대성의 전체 이야기는 아니다. 비록 헤겔 자신의 당대에도 헤겔이 이 사실을 알

기는 어려웠을 테지만).[1]

그 전후의 다른 사람들처럼, 헤겔은 고전 그리스classical Greece의 출현을 경이로운 일로 여겼는데, 흔히 인용되는 '그리스의 기적'Greek miracle이라는 개념은 전례가 없었던 것이지만, 알고 보면 전례가 전혀 없었던 것은 아니다. 헤겔의 설명에 따르면, 그리스 이전의 고대 세계는, 특히 이집트는 전형적으로 그 자체의 이해 불가능성unintelligibility에 기반을 두고 있었다. 그러나, 그리스의 삶은 고대 세계에게 '더 발전된 자의식의 형식'을 제공했고, 다른 방식으로는 부족했던 '반성적 거리'reflective distance를 제공했다. 그리스 세계는 이제 '의미를 만드는[이해하는] 행동자'sense-making agent가 무엇을 의미하는지를 이해하는 것[의미화]making sense에 의거했다.[2]

---

1 (Bayly 2004), p. 470 참조. 베일리(C. A. Bayly)는 근대성의 기원을 전 지구적 관점에서 바라봐야 하며, 경제적, 사회적, 지적인 이야기가 유럽에만 국한되거나 단순히 유럽의 선례를 따르는 것이 아니라는 점을 설득력 있게 보여 준다. 그는 자신의 연구 결과를 다음과 같이 요약한다. "유럽과 유럽의 아메리카 식민지들은 이미 1750년 초에 여러 분야에서 경쟁 우위를 점하고 있었을 것이다. 그들은 현지 생산과 소비에서 그들 자신과 타자의 근면한 혁명을 가장 효과적으로 활용할 수 있었을 것이다. 그러나 이것이 모든 중요한 변화가 그곳에서 시작되었다는 것을 의미하지는 않는다. 세계사에서 변화의 기원은 전반적으로 다중심적으로 존재했다. 우리는 세계사의 방향을 바꾸는 것만큼이나 세계사를 분권화[탈중심화]할 필요가 있다."
2 "이집트인의 정신이 문제(problem)의 형식으로 그들의 의식에 나타났음을 보여 주기 위해, 우리는 사이스(Sais)에 있는 네이트(Neith) 여신의 내부 성소에 있는 유명한 비문을 상기할 수 있다. '나는 전에도 있었고, 지금도 있고, 앞으로도 있을 것이다. 아무도 내 베일을 벗기지 못했다.' 이 비문은 이집트 정신의 원리를 대변하지만, 사람들은 종종 이 비문이 모든 시대에 타당할 수 있다는 의견을 표명하기도 했다. […] 이집트 네이트에서는 진실이 여전히 드러나지 않은 채 잠겨 있다. 그리스 신 아폴론은 그 해답을 다음과 같이 제시한다. '인간, 너 자신을 알라.' 이 격언에는 자신의 약점과 결함의 특수성을 고려하는 자기 인식이 의도되어 있지 않다. 자신의 특수성을 알아야 하는 것은 개인이 아니며, 인류[인간다움](humanity) 그 자체가 자기 인식에 도달해야 한다. 이 임무가 그리스인에게 주어졌으며, 그리스 정신에서 인간은 그 명료성과 발전 속에서 자신을 드러낸다." (Hegel 1969j), pp. 271~272; (Hegel 1956), p. 220.

헤겔은 그리스 세계가 고대 세계의 격동과 현재 우리가 지중해 지역에서 '청동기 시대'라고 부르는 문명의 붕괴 과정에서 어떻게 성장했는지에 주목한다.[3] 이를 초래한 것은 일부 원인이나 몇 가지 식별 가능한 원인이 아닌 것처럼 보인다. 이를 설명하기 위해 에릭 클라인Eric Cline이 제안한 것은, 기후 변화, 지진, 외세의 침략, 내부 반란, 무역로 단절, 질병, 화산 폭발, 그리고 대량 이주 등이 합쳐진 '더할 수 없이 나쁜 상황'perfect storm과 같은 것이었다.[4] 지중해의 고대 문명이 붕괴했다는 것은, '오직 한 사람만이 자유로웠던' 이전 조직, 즉 '모든 권력을 스스로 구현한 신성한 통치자 자체'가 붕괴하여 그 지위를 상실했다는 것을 의미했다.[5] 그 결과는, 고전 그리스 초기 선조들의 감소된 인구가, '오직 한 사람'만이 자유로웠던 고대 조직으로부터 단절된 '촘촘히 짜여진 단위들'closely knit units에서 생활해야만 하는 상태로 나타났다. 그리스의 기적은 역사상 사회 및 정치 조직의 새로운 형식인 '폴리스'polis를 탄생시킨 것이었다. 이 폴리스에서는 공동체를 방어하는 능력이 '고대의 정의 개념'과 통합되어, 과거와 단절된 새로운 종류의 통일체로 이어졌으며, '전통적 부족 생활의 정서적 친밀감과 연대의 장점들'을 '도시 생활의 반성적이며 경제적인 장점들'과 결합했다.[6]

---

3 (McNeill and McNeill 2003)의 설명을 참조할 것.

4 (Cline 2014).

5 (McNeill and McNeill 2003), p. 68 참조할 것. 맥닐 부부는 이 지역의 청동기 시대 고대 문명 구조가 이집트의 통치 구조와 어느 정도 닮았다고 주장한다. "파라오가 자신의 권력 기반이 된 나일강의 배들을 통제한 것처럼, 해외 해운을 통제했을 것으로 추정되는 신성한 통치자의 손에 자원이 집중되어 있다는 점에서, 크레타섬은 이집트와 닮았다."

6 이것은 다음과 같은 문헌에서 강조된 점이다. (McNeill and McNeill 2003), p. 72.

헤겔의 고전주의classicism는 역사 철학 강의에서 헤겔이 고대 그리스를 다룰 때 가장 분명하게 드러나지만, 그러나 이 역시 그렇게 놀랄 만한 일은 아니다. 그리스에 대한 헤겔 자신의 관점은 헤로도토스와 투키디데스로부터 배워 이 둘을 혼합하여 재구축한 것이며, 이를 통해 헤겔은 고대 그리스인이 문명의 정점을 이룬 이유와 그 문명이 아무리 훌륭했더라도 지속될 수 없었던 이유에 대해 자신의 설명을 제시한다. 헤겔은 그리스인이 페르시아인을 영웅답게 물리친 것은 그리스의 자유를 지키려는 그리스인의 결단이었다는 서사를 헤로도토스로부터 넘겨받아, 헤로도토스와 마찬가지로 이 전쟁을 단순히 여러 전투 중 하나가 아니라, 그리스의 자유가 아시아 전제주의에 맞선 '세계사적으로 결정적인 대면'으로 본다(헤로도토스의 이러한 생각은 유럽 사상에서 오랫동안 지속하여 유지된 주제가 되었다). 헤겔은 페리클레스 시대 아테네의 영광이 눈부시면서도 근본적으로 파멸에 이르렀으며, 외부로부터 아테네에 닥친 운명에 굴복했다는 서사를 투키디데스로부터 넘겨받는다. 페르시아의 패배는 헤겔에게 역사의 '경로 의존성'path-dependency을 보여 주는 핵심 현현manifestations 중 하나로 작용한다. 이 점에서 헤겔의 표현을 빌리자면, "세계사의 이해관계는 균형을 이루었다"world history's interests hung in the balance.[7] 만약

---

7 "우리 이전 경우에는 세계사의 이해관계가 팽팽하게 맞물려 있었다. 한 명의 통치 군주 아래 통합된 세계인 동양[페르시아] 전제주의와, 영토와 자원은 미미하지만 자유로운 개체성에 의해 움직이는 분리된 국가들[폴리스들]이 서로 대립하고 있었다. 대중에 대한 정신적 힘의 우월성, 그것도 경멸할 수 없을 정도의 우월성이 역사상 이렇게 찬란하게 드러난 적은 없었다. 이 전쟁[페르시아 전쟁]과 전쟁을 주도한 국가들의 후속 발전은 그리스에서 가장 눈부신 시기다. 그리스의 원리와 관련된 모든 것이 완벽하게 꽃을 피우고 시야에 들어왔다." (Hegel 1969j), p. 315; (Hegel 1956), pp. 257~258.

페르시아인이 그리스인에게 승리했더라면, 헤겔이 역사에 대해 철학적 의미를 부여하는 것은 불가능했을 것이다. 그러면 모든 것이 달라졌을 것이다.

그러나, 헤겔은 아테네의 쇠퇴와 붕괴에 대해 투키디데스가 설명한 내용의 바탕이 전반적으로 올바른 방향이지만, 그 진단은 한 가지 근본적인 면에서 잘못되었다고 생각했다. 투키디데스는 자신의 진단을 주로 그리스인의 오만함hubris이라는 특징에 대해 내렸다. 이 오만함은 '자신의 한계를 넘어서는 과욕overreach'이며, 아테네인 쪽에서 미덕의 경계를 넘어서는 일로서, 이로 인해 아테네인은 자만심이 넘쳐 침략으로 나아갔으며, 다른 그리스 도시국가 중 스파르타가 아테네인의 세력 확장을 두려워하여 결국 아테네에 맞서 싸워 아테네인을 물리치는 일이 발생했다. 투키디데스가 제안하듯이, 아테네를 특징짓는 과욕은 인간 본성에 내재해 있어, 미래에 성공한 어떤 국가에서도 같은 일이 다시 발생하리라고 예상할 수 있다.

그러나, 헤겔이 투키디데스의 설명에서 없다고 아쉬워한 부분은, 아테네와 그리스의 민주정 도시국가 체제 전체는 그러한 도시국가 조직에 필연적으로 수반되는 '원칙과 정념의 위상'constellation of principle and passion으로 인해 처음부터 파멸의 운명을 지니고 있었다는 점이었다. 헤겔에 의하면, 아테네의 운명을 구축했던 것은 '오만과 미덕의 부패'가 아니라, '정념과 원칙의 위상'에 작동하는 '깊은 모순'deep contradiction이었으며, 그 결과 그리스의 삶은 그 자체에 대한 심각한 이해 불가능성deep unintelligibility으로 종말을 맞이했다. 헤겔은 '아테네인의 과욕과 같은 것이 인간 본성에 내재한다'라는 투키디데스의 제안에 이의를 제기하지는 않았다(그와 같은 일이 역사에서 다시 일어날 가능성이 높다는 점에 대해서도 이의를 제기하지는 않았다). 그러나, 역사 발전의 논리를 이해하는 데 본질적이었던 점은, 자의식적 주체가 된다는 것이 의미하는 바를 이해하는 과정에서 우리가 여전히 진보할 수도 있다는 생각을 그러한 확신이 배제하지 않은 것이었다.

헤겔의 설명에 따르면, 우리를 그리스적 삶의 형태에 주목하게 만든 것은 바로 그리스적 삶이 해체되는 그 중심부에 있었다. 중국, 인도, 페르시아, 이집트의 삶의 형태를 부정적으로 그려 낸 헤겔의 신화적 버전에서, 개별 주체는 자신의 자연 세계와 사회 세계에 완전히 흡수되어 자신의 실천에 대해 직질한 비판적 거리를 확보할 수 없있거나, 또는 자신의 사회 세계와 너무 추상적으로 단절되어 있어 그 세계에 대한 적절한 비판적 파악이 불가능했다.[8] 기본 규칙들이 단순히 '주어져 있는' 이러한 실정적[긍정적] 질서들에서는, 지성이 원칙들을 변경하고 조정할 여지가 많을 수도 있다. 그러나 거기에는 '더 급진적이고 이성적인 반성'을 위한 여지는 없으며, 각 주체는 전체에 대한 자신의 참여에 전적으로 의존하는 상태로 머문다(심지어 예외처럼 보이는 경우, 즉 예를 들어, 통치권에서 타인들에 대해 법을 제정했지만 자신들을 통치하는 어떤 법에도 종속되지 않은 지배하는 개인들의 경우에도 사정은 마찬가지였다). 이와 대조적으로, 그리스적 형태는 '개인의 형성'을 현실화했으며, 이 개인은 충분히 자기충족적이라고 설득력 있게 주장할 수 있었다. 그리스적 삶에서 실재하는 개인들

---

8 사실 헤겔은 '중국과 그리스의 대비'를 통해 부정성에 관해 연관은 있지만 다른 점을 지적한다. '중국'이 그 구성원의 만족스러운 삶을 영위하는 데 필요한 차이와 구별을 발전시키지 못했다면, 개인의 자기충족(자립성, Selbständigkeit)을 발전시키는 데 성공한 그리스는 그 차이를 너무 과장한 것에 불과할 수 있다는 것이다.

이 이상적 모델로 삼았던 열망을 구체화한 '개인'이라는 개념은 자기충족적 개인의 개념이었으며, 아리스토텔레스가 미덕을 갖춘 사람의 특징을 묘사한 것처럼, '그 자신에게 법'law unto himself이었다.[9]

혜겔의 표현으로 하자면, 그리스는 '아름다운 개체성'beautiful individuality이 나타나는 곳이다. 그리스 주체성의 형태는 그 기원에 있어, 주체가 추구하는 선들[좋은 것들]goods이 객관적이며 자연의 일부라는 확신에 기초한다. 신들 자체도 시간과 공간 밖의 '피안'에 있지 않고 세계의 일부이다. 그러나, 혜겔이 상상한 '동양인'과는 차이 나게 그리스인에게도 '자의식적 주체성'self-conscious subjectivity은 믿음, 느낌, 행동의 이유들로 제시되는 모든 선들[좋은 것들]보다 위에 놓일 수 있는 위상을 차지했다. 그리스인은, 예술가들이 아무리 그것을 영웅적으로 표현했고 철학자들이 아무리 체계적으로 그 함의를 도출했다고 해도, 이러한 개념들 사이에 존재하는 명백한 긴장을 해소하지는 못했다. 혜겔은 이를 이렇게 요약했다. "오히려 양극단의 사이로서 정신은 구체적 추상화이다. [⋯] 인간 본연의 감각성과, 사유의 형식 및 추상 속에 깃든 인간의 정신성 사이에서 특정한 주체는 [양극단을 매개하는] 중간 매체이며, 이것이 그리스의 특성을 아름다운 개체성으로 만들며, 이 아름다운 개체성은 자연적인 것을 정신의 고유한 표현으로 재형태화하는 과정에서 정신에 의해 생겨난다."[10]

따라서, 자기충족적이며 미덕 있는 개인self-sufficient virtuous individ-

---

9 (Hegel 1969e), p. 244; (Hegel 1988), p. 185. "그러나 실체적인 것과 '성향, 충동, 의지의 개체성', 이 둘의 직접적 통일은 그리스 미덕에 내재하므로, 개체성은 독립적으로 존재하는 법, 판단, 재판의 지배를 받지 않고 그 자체로 법이 된다."

10 (Hegel and Lasson 1923), pp. 570~571.

ual으로서 자신의 이상적 형식을 지닌 그리스적 주체는, 완전히 흡수된 삶에서는 불가능한 일종의 '자기 거리두기'self-distancing를 성취했다. 그리스적 주체는 주체들의 모든 것을 구성하는 사회 및 자연 세계와 거리를 둘 수 있었고, 그리스의 경우 아주 짧은 기간 이러한 유형의 개인이 사회 세계와 조화를 이루며 살았다. 헤겔은 이러한 관점을 다음과 같이 간결하게 요약했다. "그리스인은 자신의 직접적 현실성 속에서, '자의식적인 주체적 자유'와 '인륜적 실체' 사이의 행복한 중간[매개된] 지점에서 살았다."[11] 그럼에도 불구하고, 이 '행복한 중간 지점'은 그가 사는 사회 공간이 본질적으로 이원적이었던(폴리스의 시민으로서) 자기충족적 개인을 포함했다.

그러나, 그리스 삶을 함께 묶어 준 것은 원래 '완전히 정립된 개념적 파악conceptual comprehension'이 아니라 '심미적 통일'aesthetic unity 에 가까웠다. 헤겔의 개념에 따르면, 모든 진정한 예술 작품에는 어떤 기본적 긴장들을 단순히 목록화하여 늘어놓는 것이 아니라, 작품 자체에서 일종의 조화가 나타나도록 그 긴장들을 함께 묶으려는 열망

---

11 (Hegel 1969f), p. 24; (Hegel 1988), p. 436. 그리고, 헤겔은 같은 책의 p. 24(p. 437)에서 다음과 같이 계속 말한다. "반면에, 그리스인은 개별 주체가 자신의 내적 상태에서 자립하기 위해 전체와 우주로부터 자신을 분리하는 '주체적 삶의 심화'로 나아가지는 않았다. 순수한 정신적 세계의 내적 총체성으로 향하는 더 높은 복귀를 통해서만 그리스인은 실체적이고 본질적인 것과의 재통합을 이룬다. 이와 반대로, 그리스 인륜적 삶에서, 개인은 현실 상태에 존재하는 보편적 이해관계와 현세적 현재에 속하는 정신적 자유의 긍정적 내재로부터 자신을 분리하지 않고도, 그 자체로 자립적이고 자유로웠다. 인륜적 삶의 보편적 요소와, 그리고 내외적 삶에서 개인의 추상적 자유는, 그리스 삶의 원리에 상응하여 서로 방해하지 않고 조화를 이루며 유지된다. 그리고 이 원리가 여전히 손상되지 않은 순수한 상태로 실제 현존하면서 주장될 그 당시에는, 정치 영역과 구별되는 주체적 도덕성에 대비되는 정치적 영역의 독립성에 대해 어떤 의문의 여지도 없었다. 정치적 삶의 실체는, 개인이 전체의 보편적 목표를 추구할 때만 개인 자신의 자유도 추구하는 그 정도만큼 개인 안에서 융합되었다."

이 있으며, 그 경험이 '아름다움'beauty(그러나 자연미가 아닌 '심미적인'aesthetic)이라는 개념에 해당한다. 평등한 조건에서 시민들의 민주적 참여에 대한 책무[공속행위]라는 '아테네인의 이상'으로 이어지는 그리스 정치 생활은 그러한 '심미적 아름다움의 이상'ideal of aesthetic beauty을 구현했다. 정치 질서는 외적으로 사람들의 참여를 강요하는 토대에 기초하여 존립하지 않았다. 시민 개개인이 자유롭게 심의 기관에 참여했다. 개인들이 단체로서 무엇을 해야 할지를 심의하기 위해 모인 만큼, 아무리 열정적으로 특정 정책에 대한 찬반 논쟁이 진행되더라도, 각 시민은 도시국가(특히 아테네)의 이익을 염두에 두고 심의하고 있다는 확신을 가질 수 있었다. 의견의 차이는 아테네의 이익에 가장 잘 부합하는 방법에 관한 것이지, 서로 다른 이익들 자체에 관한 것이 아니었다. 따라서 아테네의 이익을 위한 공동의 책무[공속행위] 외에도, 각 개인은 자신의 특이한 성격과 재능을 어느 정도는 마음껏 개발할 수 있었다. 토머스 홉스Thomas Hobbes도 언급한 것처럼, 자신의 동지인 아테네 시민들에게 행한 페리클레스의 연설에서 페리클레스는 다음과 같이 자랑했다. "우리는 국가 운영에 있어서 자유로울 뿐만 아니라 서로의 일상을 건드리는 질투심도 없다. 자신의 농담을 따른다고 해서 어떤 사람에게도 불쾌감을 느끼지 않으며, 어떤 사람에게도 검열의 시선을 던지지 않는다. 이런 시선을 받으면 그들은 처벌되지는 않지만, 슬퍼한다."

아테네의 모델은, 각 시민이 자기충족적이어야 하며 각자의 견해가 경청되고 토론될 수 있다는 확신을 가질 수 있어야 한다는 것이었다. 특정 기관이 그러한 통일체를 자신의 목표로 삼지 않은 상태에서도, 동물의 기관들이 서로 협력하여 전체를 생산하고 유지하기 위해 작동하는 것과 유사한 방식으로, 그 전체는 유기적으로 작동했다. 각 시민이 자신의 역할을 수행한다면, 비록 커다란 정념들이 유발되고 큰 분쟁이 발생할 수도 있지만, 그래도 사회 전체는 자발적으로 조화를 이룰 수 있다. 완전한 평등이 자기충족적인 시민들 사이에서는 유지되었지만, 그러나 그 아름다움은 '실제 차이가 드러나지 않은 평등'으로 이루어지지는 않았다(이 '실제 차이가 드러나지 않은 평등'은 헤겔이 '중국'에 대해 평등한 '대중' 사회가 전부라고 생각한 것이었다). 그리스를 아름답게 만든 것은 '부정성'negativity의 요소였으며, 시민들의 매우 뚜렷한 개체성, 행동에서 서로를 구별히는 방식, 시민들의 전체 개체성이 공적 생활에서 필연적으로 나타나는 방식이었다. 헤겔이 지적했듯이, "민주정은 그리스 정신에, 즉 살아 있고 자기충족적인 개체성에 적합한 것이었다. 그 도시에서는 각자는 적극적으로 공공에 공헌할 수 있도록 자신의 온전한 특수성으로 현존할 수 있었다."[12] 따라서 통합하는 원칙이 원칙이라기보다 '아름다움에 대한 감각적 직관'에 더 가까웠던 세계가 바로 그리스였다. 예술가는 아테네인의 삶의 진실을 감각적 작품으로 표현할 수 있었으며, 그것을 자체 외 다른 어떤 요소도 필요 없는 완전한 상태로 만들 수 있었기 때문에, 예술은 그곳에 터를 잡았다. 그리스의 황금기에는 어떤 그리스인이라도 심미적 형식으로 제시된 진리를 이해하는 데 철학적 해설이 필요하지 않았다. 그리스인은 폴리스의 정치 생활에서 그러한 [심미적 형식으로 제시된] 진리를 살았고, 예술 작품에서 그 진리를 보고

---

12 (Hegel 2005), p. 125.

청취했다.[13]

하지만 그것이 바로 그리스의 문제였다. 여성과 노예는 이 모든 면에서 배제되었고, 이 배제는 그리스 폴리스의 본성상 우연이 아니었다. 시민이 되려면 남자는 자기충족적이어야 했고, 자신에게 법이 되어야 했다. 폴리스 구성원의 개인적 자기충족을 위해 요구된 것은, 일상생활의 잡다한 일들을 타인이 해 주는 것이었고, 그래서 시민은 육체노동이나 기술적 작업에서 벗어나 자유로울 수 있었다. 아리스토텔레스의 표현을 빌리자면, "타인의 명령과 요구에 따라 살지 않는 것이 자유인의 표식"이며, 기술자나 노동자는 타인의 명령을 받아야만 했다.[14] 따라서 그리스 삶의 아름다움, 예술과 철학에서 그 성취는

---

13 이것이 이상화된 모습이라는 것은 사실이다. 그러나 자기충족적인 남성 평민(대부분 노예 소유자)들이 서로에게 명령할 수 있는 어떤 자연적 권한도 없이 모이는 곳으로서, 이 폴리스의 이면에 숨어 있는 역동적 관념은, 비록 헤겔이 묘사하는 충분한 민주적 참여 환경은 아니더라도, 정말로 그리스 삶의 실재였다. (Finley 1983)와 (Osborne 2004)의 논의를 참조할 것.

14 (Aristotle 1941b), 1367a 30~34, p. 1356. 이 구절은 '타인의 강요 아래서'라고도 표현할 수 있다. 데이비드 브론스타인(David Bronstein)은 이 구절에 표현된 생각 배후에 자리한 모델은, 건축가가 하급 노동자에게 명령하듯이 타인에게 명령하는 '진정으로 고귀한(noble) 남성'의 모델이라고 나에게 제안한 바 있다. 즉, 고귀한(따라서 자유로운) 남성은 아내나 노예 등 타인의 명령을 받지 않는다는 것이다. 이처럼 자기충족적 개인으로서 그는 폴리스라는 민주적 영역에서 다른 고귀하고 자유로운 남성들을 만나며, 여기서는 누구도 자연스럽게[본성적으로] 타인에게 명령을 내릴 자격이 없다. 아리스토텔레스는 『정치학』에서 타인에게 '연극조(演劇調)의 과장된 태도'(theatricality)를 보여 주어야 한다는 이 관념을, 본질적으로 비천한 것처럼 타인의 인도를 받아야 하는 것에까지 확장한다. "그러므로 우리는 음악[시가]에서 전문적인 악기와 전문적인 교육 방식을 거부한다(여기서 전문적인 것은 경연에서 채택되는 것을 의미한다). 왜냐하면 이 경우 연주자는 자신의 발전을 위해서가 아니라 청중에게 저속한 종류의 즐거움을 주기 위해 예술을 연습하기 때문이다. 이러한 이유로 그러한 음악의 실행은 자유인이 아니라 유료 공연자의 몫이다. 그리고, 그 결과 공연자가 겨냥하는 목적이 나쁘기 때문에 공연자는 저속해진다. 관객의 저속함은 음악과 연주자의 성격을 낮추는 경향이 있다. 관객은 연주자를 주시하며, 연주자는 관객들을 그런 상태로 만든다. 그리고, 연주자가 보여 줄 것으로 관객이 예상하는 몸짓까지도 연주자는 멋지게 꾸며 낸다." (Aristotle 1941a), p. 1314 (1341b).

노예제(헤겔의 주된 관심사는 아니었지만 여성에 대한 억압도 포함해)라는 큰 대가를 지불한 것이었다.

그리스 민주주의 모델은 (헤로도토스와 투키디데스의 설명에 따르면) 자유를 옹호하고(적어도 그리스 삶의 형태 내에서 예상하는 모습에서는), 개별 시민들은 타인의 자의적 의지가 아니라 스스로에게 의존한다는 점에서, 소위 아시아 전제주의 모델과 달랐다. 물론 다소 인정하지 않는다고 하더라도, 그리스 남성 시민들이 사실상 그들의 동아리 내에서 전제 군주들과 마찬가지라는 사실을 제외하면, 그러한 시민들이 자신들의 미덕을 발휘하는 한, 어떤 독재자도 시민들로부터 권력을 빼앗을 수는 없었다(이는 또한 남성의 전제 통치를 벗어난 동아리는 정치 생활에서 배제되어야 한다는 것을 의미하기도 했다).

고대 그리스적 주체에게 자기충족의 두 번째 의미는, 그가 자신의 행동을 결정하기 위해 자기 자신 외에 다른 누구와도 상의할 필요가 없다는 것이다. 이러한 삶의 형태에서 자유의 모범적 모델은 '신화 속 그리스 영웅'이었다. 그리스 영웅은 심미적 창조물이다. 영웅은 원칙 없이 행동한다는 점에서 완전히 자기충족적 상태로 묘사되지만, 자신이 해야 할 일을 스스로 감당하고 해낸다.[15] 헤겔이 즐겨 지적한 것처럼, 영웅은 법에 근거하여 도시를 세웠지만, 그 자신은 어떤 도시의 법에 따라 살지 않는다. 본래 도시를 설립한 사람에게는 정념과 원칙 사이에 실질적 차이가 없기 때문에, 정념과 원칙은 그의 인격 안에서 하나가 된다. 그의 정념에 따라 행동하는 것이 곧 그의 원칙이며,

---

15 (Pinkard 2008)을 참조할 것.

영웅이 그런 방식으로 행동할 때 그는 정당화된다. 영웅은 무반성적이지는 않지만, 그러나 영웅은 자신의 욕망들(영웅이 욕망들에게 부여하는 서열이 무엇이든 간에)과 영웅 자신을 반성적으로 동일시할 필요가 없으며, 자신이 하는 일을 반성적으로 정당화할 필요도 없다. 왜냐하면 영웅은 자신이 누구인지에 따라 자신이 해야 할 일을 할 수 있는 자격을 갖추고 있기 때문이다. 따라서 영웅은 '자기 자신에게 법'인 것이 의미하는 바로 그 본보기이다.

영웅은 필시 허구의 인물이자 일종의 문화적 이상이며, 만일 그가 실재한다면 그는 소시오패스와 닮았을 수도 있다.[16] 그러나 자신이 해야 할 일을 하고 그렇게 함으로써 정당화되는 주체는 여전히 강력한 자유의 모습을 유지하며, 시, 회화, 조각에서 예술이 제공하는 감각적 묘사에서는 이러한 종류의 자유가 심미적 묘사를 위한 가장 풍부한 가능성들을 제공한다. 자유가 이보다 더 감각적이고 직관적으

---

16 헤겔은 미학 강의에서 영웅주의(heroism)라는 개념이 신화적일 뿐이며, 근대의 사유 질서에서 설 자리가 없다는 점을 명확히 밝혔다. 예를 들면, 헤겔은 다음과 말한다. "이러한 상황은 우리가 영웅주의 시대라고 부르는 데 익숙한 상황이다. 그러나 문명화되고 발전된 국가의 삶과 영웅시대 중 어느 쪽이 더 나은지, 이 자리가 이 문제를 설명할 곳은 아니다. 여기서 우리의 유일한 관심사는 예술의 이상(Ideal)이다. 그리고, 예술에서 보편자와 개별자의 균열은, 아무리 이 차이가 정신적 존재가 실현된 다른 방식에게 필요하더라도, 위에서 설명한 방식대로 아직 무대에 등장하지는 말아야 한다. 왜냐하면 예술과 그 이상은, 보편자가 우리의 전망(vision)을 위해 구상되고 따라서 여전히 특정한 개별자와 그들의 삶과 직접적으로 하나인 한에서만 보편자이기 때문이다. / (αa) 이것은 그리스어 아레테(αρετη)의 의미에서, 미덕이 행동의 기초가 되는 시대로 등장하는 소위 영웅시대에 발생한다. [···] 그러나 실체적인 것과 '성향, 충동, 의지의 개체성'의 직접적 통일은 그리스 미덕에 내재하므로, 개체성은 독립적으로 존재하는 법, 판단, 재판의 지배를 받지 않고 그 자체로 하나의 법이다. 따라서 예를 들어, 그리스 영웅들은 법 이전 시대에 등장하거나 스스로 국가의 창시자가 되어, 권리와 질서, 법과 도덕이 그들로부터 시작되어 그들과 연결된 그들 자신의 개별 작품으로 실현된다. 이러한 방식으로 헤라클레스는 고대 그리스인에게 칭송을 받았으며, 본래적인 영웅다운 미덕의 이상으로 그들을 대표한다." (Hegel 1969e), p. 244; (Hegel 1988), p. 185.

로 표현될 수 없다는 의미에서, 헤겔은 이러한 종류의 자유가 '어떤 것도 그것을 능가할 수 없는 종류의 예술'을 낳는다고 말한다.

그런데, 영웅은 일반적 원칙을 예시를 들어 설명하지 않는다. 그는 그저 행동하고, 자신이 해야 할 일을 한다. 인간과 신의 아들이나 딸인 영웅은, 한편으로 인간이기 때문에 새로운 정치 질서를 세우는 데서 여느 인간과 마찬가지로 행동하지만, 다른 편으로는 영웅이기 때문에 유한한 인간은 할 수 없는 방식으로 이를 수행한다. 영웅은 자기 자신에게 법이기 때문에 자율적autonomous이다. 그러나, 영웅에 대한 심미적 표현이 간과하고 있는 것은, 그러한 완전한 자율성은 하나의 이상으로서, 본질적으로 타자에 대한 지배를 기반으로 하는 사회 질서, 다른 말로 하자면 '고대 그리스의 노예 사회'에서만 결국 '유의미한[이해 가능한]'make sense 것처럼 보인다는 점이다.

그리스의 몰락은 부분적으로는 '그리스가 그리스 자신을 이해할 수 없는 방식'에 내재한다. 즉, 그리스는 노예제도 없이 존재할 수 없었지만, 그러나 노예제도는 결국 그 삶의 형태에 문제가 있는problematic 것이었다. 예를 들어, 노예는 해방될 수 있었는데, 그러면 노예와 해방된 노예ex-slave 사이의 실제 차이는 무엇이었을까? 아리스토텔레스는 어떤 사람들은 스스로를 다스릴 수 없기 때문에 주인이 필요하다는 '타고난 노예'natural slaves라는 관념으로 노예제도에 설득력 없는 정당성을 부여했다. 그 이후 그리스인 대부분은 노예제도를 옹호하려는 시도를 포기했을 뿐, 사실상 어느 누구도 노예제도를 포기하자는 제안을 진지하게 하지는 않았다. 고대 세계의 다른 국가들과 마찬가지로, 그리스인에게 노예제도는 정당화될 수 없는 것처럼 보이는 제도였지만, 그러나 권력을 가진 그 누구도 노예제도 없이 무엇을 할 수 있다고 생각하지 않았다. 그 중심에는 고전 그리스 내부의 긴장이 있었고, 그 긴장은 점차 '자의식적 모순'self-conscious contradiction으로 드러나는 긴장으로 자라났다. 결국, 용어를 재정의하거나, '타고난 노예'를 주장하거나, 노예 소유주와 노예 사이의 의무를 더 구체적으로 명시함으로써 모순을 피하려는 다양한 시도는 부적절한 것으로 간주되었고, 이제 모순은 모순을 생각하는 사람들이 그로부터 벗어나는 데 일시적으로 실패한 상태가 아니라, 오히려 사물의 핵심에 있는 일종의 '해소될 수 없는 이해 불가능성'insoluble unintelligibility으로 나타났다.

노예제도의 필요성과 옹호 불가능성 사이의 긴장과 관련하여, 고전 그리스의 삶이 그 핵심 가치로 요구한 방식은 일종의 '자기충족적 개체성'self-sufficient individuality이었다. 그리고, 이 개체성이 실제 현실에서 충분히 발달했을 때, 실제로는 그것을 육성한 체제와 완전히 상충하였다. 시민으로서만 어떤 이는 자족할 수 있었고 그 자신에게 법이 될 수 있었지만, 시민이 되기 위해 그는 다른 시민들로부터 인정받아야 했다. 그리고, 이 다른 시민들은 인정받는 그에게 그의 고유 권한을 인정하기 위해 필수 권한을 갖추고 있어야 했다. 또한, 그런 의미에서 자기충족 상태를 그가 인정받기 위해서는, 그는 지저분한 일이나 일상의 문제들로부터 자유로워야 했다. 따라서, 시민들이 이렇게 일면적 방식으로 자기충족에 대한 열망의 관점에서 자신을 생각하는 세계는, 비록 노예 사회가 궁극적으로는 납득될 수가 없었더라도, 노예 사회로 자신을 지탱할 수밖에 없었다.[17] 헤겔은 생각하기를, 노예 사회 그 자체의 이해 불가능성으로 인해, 그 사회는 이전에 페르시아의 패배를 가져온 '열정적인 규범적 충실성'passionate normative allegiance을 장기적으로 계속 유지할 수 없었다. 그럼에도 불구하고, 노예제도라는 경험으로부터 그리스는 자유라는 개념을 발전시켰고, 그리스의 경험으로부터 '자유와 노예의 대립'은 그 이후에 일어난 일들을 규정하는 개념이 되었다.

자유가 그리스에 처음 등장했을 때, 자유는 부정적으로 정의되는 현상으로 인식되었다. 즉, 자유롭다는 것은 '노예가 아니라는 것'이었다. 자유는 삶의 형태의 새로운 구성 요소로서, 자신의 삶에 대해 권한을 행사하는 사회 질서에 속하는 것이었으며, 자유는 그나 그녀가 노예가 되었을 때 노예가 상실한 것을 가리키는 명칭일 뿐이었다. 그러나, 부정적 의미에서 벗어나 자유의 긍정적 의미가 그 자체로 발전했다. 즉, 자유는 자기 자신의 삶을 스스로 주도하는 것selfdirection이며, 이는 폴리스 내에서 '시민'citizen이라는 원칙적 지위에 대한 자격 부여에 전적으로 의거했다.[18] 폴리스 밖의 사람들은 인간다운 자유를 행사할 수 없었다. 아리스토텔레스가 지적했듯이, 폴리스 밖에서 사는 이들은 짐승(인정의 실천에 참여할 수 없으므로 전혀 자유롭지 못한 상태)이거나 신(권한이 완전히 자신으로부터 유래한 피조물로서

---

17 "여기서 특별한 주의가 필요한 또 다른 상황은 노예제이다. 이것은 미적인(아름다운schön) 민주주의의 필수 조건이었다. 이러한 민주주의에서는 모든 시민이 공적 집회 장소에서 국가 운영에 관해 연설하거나 경청하고, 체육(Gymnasia) 활동에 참여하고, 각종 축제 축하에 참여하는 것이 모든 시민의 권리이자 의무였다. 그러한 일의 필수 조건은, 시민들이 수작업 노동에서 해방되는 것이었으며, 따라서 우리 중 자유 시민이 수행하는 일(일상의 일)을 노예가 수행해야 한다는 것이었다." (Hegel 1969j), p. 311; (Hegel 1956), pp. 254~255.

18 아도르노(Theodor Adorno)는 자유를 규정적 부정, 즉 자유롭지 못한 어떤 조건에서 상실된 것의 관념으로만 보고 있다. 아도르노의 표현을 빌리자면, 자유는 "자유롭지 못한 어떤 구체적 표현의 규정적 부정"이다. 이것은 아도르노가 '부정 변증법'만을 인정한 것과 관련이 있다. (Adorno and Tiedemann 2006), p. 243.

신화적일 뿐인 지위)이 될 수밖에 없었다. 따라서 자유는 모든 인간이 본래부터 타고난 소유물이 아니었다. 자유는 소수의 사회 계층만이 소유한 지위였다. 자유로운 사람은 자신의 삶과 세계에서 실제로 중요한 것을 유효하게 할 수 있었다. 자유롭지 못한 사람들은 그럴 수 없었고, 아리스토텔레스가 말한 것처럼 '타고난 노예'가 실제로 존재한다면, 중요한 것을 진정으로 유효하게 할 능력을 갖추지 못한 사람들이 있다는 것이었다. 그들의 지위는 어린아이와 짐승 사이 어딘가에 있었다.

그러나, 헤겔이 보기에, 소크라테스 이전 고전 그리스 예술은 결코 다른 것이 능가할 수 없었다. 왜냐하면 근본적으로 심미적 방식으로 결합된 삶의 형태로서, 그 예술 자체에 대한 궁극적인 이해 가능성intelligibility의 양식이 기본적으로 심미적이었기 때문이다.[19] 시민들이 서로 응답하고 자신을 정당화하도록 요청받은 방식은, 각자가 '요구를 받지만 그래도 자발적인 자신의 방식'대로 행동함으로써 사회 전체가 자발적으로 조화를 이루도록 하여, '아름다운 정치적 작품'political work of beauty이 그 결과가 된다는 의미에 닻을 내리고 있었다. 그리스 시민들이 이유를 제시하고 묻는 과정은 심미적, 종교적 조건에 뿌리를 둔 것이었으며, 기본적으로 그보다 더 좁은 의미의 '개념적 파악'conceptual comprehension은 아니었다. 왜냐하면 '자발적으로 산출된 조화'로서 그것[이유를 제시하고 묻는 과정]은 자신을 인도할 개념이(칸트가 심미적 판단을 특징짓는 방식으로 말하자면) 필요 없

---

19 (Pinkard 2007) 및 (Pinkard 2008)을 참조할 것.

었기 때문이다. 그러나, 그것[그 과정]은 또한 스스로를, 심미적으로 묘사된 사태들의 바로 그 본질에 내재한 필연성으로부터 나온, '영원한 정의'의 감각에 따라 행동하는 것으로 파악했으며, 그리스 정신의 형태 자체에 의해 발달된 '반성적 능력'을 통해서만 접근 가능한 것이었다.

그러나, 이 '심미적 이상'aesthetic ideal은 시민 각자를 위한 자기충족의 원형을 포함하고 있었기 때문에, 그것은 기본적으로 그 자체와 상충하기도 했다. 자발적 조화가 요구하는 것에서 비롯된 일종의 필연성으로서 '정의에 대한 그리스적 관념'과, 그러한 심미적 개념 자체에 요구되는 '아름다운 개체성의 이상에 대한 필연성' 사이의 긴장은, 헤겔이 생각하여 잘 알려졌듯이, 소포클레스Sophocles의 『안티고네』 Antigone에서 가장 완전한 모습을 드러낸다. 이 작품에서 자신에 대한 인정을 요구하는 주인공은 사실상 '그 자신'himself이 아니라 오이디푸스Oedipus의 딸 '안티고네'이며, 그녀는 죽은 오빠의 시신에 종교적으로 요구되는 장례 의식을 치르지 말라는 숙부 크레온Creon의 명령에 자의식적으로 불복종한다. 안티고네는 그리스 삶의 거의 모든 모순을 자신의 내면에서 구현한다. 지배 가문의 딸로서 그녀는 완전한 인정을 요구하는데, 이는 당시 삶의 형태에서 여성의 지위와 완전히 상충하는 것이다. 그녀의 숙부인 크레온은 공동체의 선을 위해 명령을 내릴 수 있는 무제한적 권리를 지녔으며, 그는 단호하게 말했다. 크레온에게 복종하든 불복종하든, 폴리스 자체의 관점에서 볼 때 안티고네가 하는 모든 행동은 동등하게 옳으면서도 동시에 잘못된 것이다. 더 나쁜 것은, 그녀가 무엇을 하든 그것은, 그녀의 실천적 요구사항이 어디에 있는지를 그녀 스스로 결정해서는 안 된다는 기본 원칙을 위반한다는 점이다. 왜냐하면 폴리스와 그것의 자발적 조화밖에는, 그녀가 자신의 결정을 스스로 내리는 데 기준으로 작용할 수 있는 입장이 없기 때문이다. 안티고네는 이러한 모순들로 인해 종말을 맞이한다. 그녀는 기본적으로 '시간 속에 스스로를 펼친 그리스'로 존재하기 때문에, 연극의 여주인공이다.[20]

『안티고네』와 같은 비극들을 통해, 그리스 대중은 그들의 집단생활에 작동하는 더 깊은 모순들을 대면했다. 신성한 유기적 질서 속에 배태된 '영원한 정의'의 법들 자체는, '사태의 자연스러운 유기적 질서'의 전복이 그 영원한 정의의 법들에 부합하는 '어떤 형벌의 형식'에 의해 바로잡히는 종류의 아름다움을 자발적으로 산출하는 데 필수적이다.[21] 그러나, 연약한 인간에 의해 그 법들이 실행될 때, 그 법들이 항상 서로 일치하지는 않을 것이다. 왜냐하면 인간의 맹세에 대해 '무조건적이지만 상충하는 요구'를 하는 상충하는 신들의 세계에는, 비극적인 인간 갈등의 세계가 항상 존재할 것이기 때문이다. 그리고 이렇게 비극적인 이유는, 그러한 갈등들이 단순히 다른 삶의 형태의

---

20 레이먼드 고이스(Raymond Geuss)는 고대의 권한 개념의 바탕에서 발견된 결함에 대해 이와 동일하지는 않지만 비슷한 지적을 다음과 같이 한다. "고대의 상황은 특정 종류의 비극을 위해 공간을 열어 준다. 즉, 적절하거나 부적절하게 사용될 수 있는 재량적 권력과, 그 권력의 부적절한 사용으로 인해 불이익을 받을 수 있어서 이 권력에 종속된 사람들에 대한 효과적인 도덕적 구제 수단을 명시하지 못하는 것 사이의 불균형에 대한 공간을 열어 준다. 근대적 개념은, 사람들 사이에 일정한 도덕적 평등을 가정하면서, 각 개인에게 '원칙적으로' 저항할 수 있는 권리를 의미하는 자기 보호에 대한 명백한 권리를 부여함으로써 이 특정 공간을 차단한다." (Geuss 2014), p. 118의 매우 유용한 논의를 참조할 것.

21 (Hegel 1969e), p. 513; (Hegel 1988), p. 400. "예를 들어, 그리스인의 디케(Dike)는 우화라고 할 수 없다. 이 여신은 보편적 필연, 영원한 정의, 보편적 권력자, 자연과 정신적 삶 사이의 관계에 대한 절대적으로 실체적인 기초, 따라서 개별자인 신과 인간 모두가 따라야 하는 절대적으로 독립적인 존재이다."

종교와의 갈등이 아니라 삶의 형태 자체에 내재하기 때문이다. 『안티고네』와 같은 비극은 일종의 '실패한 화해'failed reconciliation를 제시하기 때문에 그러한 갈등들을 곱절로 문제가 있는 상태doubly problematic로 만든다. 이 비극은 안티고네의 운명적 파멸이 '사태의 신성한 질서'의 결과로 일어날 수밖에 없는 세계를 보여 준다. 즉, 그 세계의 기본 구조가 비정상 상태로 내던져졌기 때문에 그것이 다시 바로 세워져야 하며, 그리고 바로 이러한 상황이 안티고네의 고통을 수반한다. 그러나, 그 문제 자체를 명시적으로 거론하지 않고서도, 이 비극은 그러한 질서가 의미가 있는지에 대한 의심을 암묵적으로 불러일으켰다. 만약 그 질서가 의미가 없다면, 안티고네의 고통도 의미가 없게 된다.

그리스 민주 정치의 이상이 실현되려면, 시민 각자가 '폴리스의 선'을 자신의 '기본적이며 굴복하지 않는 책무[공속행위]'로 확고하게 삼는 방식으로 공공장소에서의 토론이 실행되어야 한다는 것을 시민들은 가정해야 했다.[22] 그러한 개인의 책무[공속행위] 자체는 숙의deliberation를 넘어서는 것이었고, 합의된 정책들에 대한 책무[공속행위]도 마찬가지로 엄중할 수밖에 없었다. 『안티고네』와 같은 비극들은, 인간의 모든 숙의가 신의 질서를 위배하는 정책을 낳을 수도

---

22 (Osborne 2004)의 논의를 참조할 것. 폴리스의 자유에 대한 헤겔의 그림보다 덜 장밋빛 그림은, 다음과 같은 핀리(M. I. Finley)의 논의를 참조할 것. "그리스에서 흔치 않은 반전을 가져온 것은, 친밀감과 공동체를 강조하고, 구성원 자격에 따른 개인의 자유와 존엄성을 강조하는 도시국가였다. 시민은 공동체에 대한 단순한 의무가 아니라 공동체에 대한 청구권(claims)이 있다고 느꼈고, 정권이 자신을 만족시키지 못하면 할 수만 있다면 정권을 없애 버리는 것도 마다하지 않았다. 그 결과 고전 그리스에서는 정치와 선동(sedition, 그리스인은 이를 정체政體, stasis라고 불렀다)의 경계가 희미해졌고, 종종 선동은 무자비한 내전으로 발전하기도 했다." (Finley 1977), pp. 59~60.

있기 때문에, 신이 그러한 최선의 숙의조차도 무익하게 만들 수 있다는 철저히 불안한 생각을 불러일으켰다. 만일 사정이 그렇다면, 가장 평범한 시민들조차도 '신의 법'과 '인간의 법' 중 어느 법을 따라야 하는지, 심지어 여러 '신들의 법들' 중 어느 법을 따라야 하는지 스스로 생각할 수 있어야 했을 것이다. 이로 인해, 시민들은 자기 자신과 갈등하면서도 서로들 간에도 잠재적으로 상충하였다. 이러한 세계에서, 기본적으로 사물에 대한 '종교적이며 심미적인 파악'으로부터 '더 세속적이고 이성적인 파악'으로의 움직임이 갑자기 의제로 떠올랐고, 이러한 사정은 '비극'을 '철학'으로 대체해야 한다는 것을 의미했다. 세계가 유의미하다면[이해되려면]make sense(그리고 우리가 세계와 화해하려면) 세계는 합리적으로[이성적으로] 유의미할 수밖에 없었다. 그러기 위해서는, 초기 그리스의 주체성 개념의 붕괴로부터 발전된 '새롭고 더 소외된 자기 관계의 형식'more alienated form of self-relation이 필요했다. 이는 그리스인이 자신을 이해하는 심미적 방법인 '비극'으로부터 사태에 대한 '비심미적인 개념적 파악'을 추구하는 '철학'으로 나아가도록 자극했다. 그리스 삶은 비극의 세계관으로부터 철학의 세계관으로 옮겨 갔다.

그 아름다움과 문화적 업적에도 불구하고, 그리스는 궁극적으로 스스로를 이해할 수 있는 체제가 아니었다. 그리스가 페르시아를 물리치고 누린 행운이 영원히 지속되리라 기대할 수 없었다(그럴 수 있다고 생각하는 것은 지나친 욕심이었다). 민주적 평등을 실현하기 위해 그리스는 작은 규모를 유지해야 했고, 이로 인해 그리스는 결국 더 크고 강한 힘들(처음에는 마케도니아, 나중에는 로마)에 대항할 수 없게 되었다. 더 중요한 점은, 자기충족하는 개인들 각자가 자신의 이익보다 아테네의 이익을 우선시해야 한다는 이상을 유지할 수 있는 한에서만, 자기충족이라는 그 이상 자체가 지속할 수 있다는 것이다. 그리스 민주주의의 핵심이었던 '사회 전체'로부터 개인 자신을 분리하는 바로 그 활동들은, 결국 사람들이 사회 전체보다 자신의 이익을 우선시하게 된다는 것을 의미했다. 그렇게 되었을 때, 소피스트들은 공적 토론에서 사적인 이익을 얻는 데 필요한 기술들을 판매할 준비가 되어 있었다. 헤겔은 이 아름다운 체제가 만개한 시기가 고작 60년 정도밖에 되지 않았다는 사실이 그리 놀랄 만한 일이 아니라고 지적한 바 있다.

항상 '위대한'great이라는 수식어가 붙는 알렉산더Alexander의 부상浮上은, 고전 그리스의 삶의 형태가 과거와 같은 권한을 행사하지 못하게 된 이후에 발생했다. 아리스토텔레스의 제자였던 알렉산더가 타인들을 조직하여 더 많은 사람이 그의 뜻을 실행하도록 영감을 줄 수 있는 카리스마 넘치는 한 개인이었다는 것은 사실이지만, 그는 또한 그 이야기의 끝[목적]이기도 했다. 그가 정복한 제국은 (엄청난 잔인성을 바탕으로 성취된 것으로서) 우리가 정복 국가라고 부르는 것이었다. 이 제국은 독립된 민족들을 자신의 통치하에 복속시키고 약탈을 통해 재정을 조달했다. 일반적으로 정복 국가의 경우 약탈의 요소가 더 이상 존재하지 않으면 정복 국가는 빠르게 사라지는데, 알렉산더의 '위대한 제국'도 그랬고, 그가 죽자마자 바로 무너졌다. 헤겔은 자신의 당대와 그 이후 다른 많은 이들과 마찬가지로, 그러한 정복과 소위 고상한 성품 덕분에 알렉산더가 '위대한'이라는 수식어를 받을 자격이 있다는 생각을 어느 정도 받아들였으며, 헤겔은 알렉산더의 가혹한 방법과 잔인한 성격을 비판하는 사람들을 일축했다. 알렉산더가 그가 정복한 민족을 시켜, 사랑하는 스승 아리스토텔레스에게 동방의 표본들(특히 코끼리나 코끼리에 관한 세부 사항들)을 보내도록 하여, 아리스토텔레스가 자신의 동물사를 쓸 수 있도록 했다는 플리니우스Plinius의 이야기를 헤겔은 받아들인 것 같다(그러나 이 이야기는 논쟁의 여지가 있다).[23] 그러나 심지어 헤겔 자신의 설명에 따르더라도, '알렉산더의 위대함'은 오래된 삶의 형태가 무너지고 그것이 동시에 성장하고 있던 새로운 형태로 대체되는 과정에서만 발생한 것이었다.[24]

자기충족이라는 이상의 필요성으로 인해, 폴리스는 얼굴을 맞대고 상호 작용할 수 있을 만큼 충분히 작아야만 했다. 이로 인해 그리스의 폴리스는 스스로를 방어하기에는 너무 작았고, 잘 조직된 다른 강력한 제국이 자신의 문 앞에 등장했을 때, 그것은 동기를 부여받든 그렇지 않든 상관없이 더 이상 저항할 힘이 없었다.[25] 고전 그리스가 길고 느리게 붕괴하면서 뜻밖에도 로마 통치에 최종적으로 굴복하게

---

23 그 허구성에 대한 논증은 (Romm 1989)에서 찾을 수 있다. 그 타당성에 대한 논증은 (French 1994)에서 찾을 수 있다.

24 후대 역사가들의 알렉산더에 대한 과대평가와 신화화에 대해서는 (Beard 2013)을 참조할 것. 메리 비어드(Mary Beard)의 설명에 따르면, '위대한'(the great)이라는 별칭은 아마도 알렉산더의 이름에 로마가 추가한 것으로 보이며, 이는 지중해 세계에서 자신을 정당화하려는 새로운 정복 국가[로마]에게 의미 있는 일이었을 것이다(비어드는 이 생각이 자신의 독창적인 생각이 아니며, 다른 사람들도 '위대한'이라는 별칭이 로마의 발명품이라고 주장했다는 점을 지적한다). (Green 2012) 및 (Osborne 2004)를 참조할 것.

25 "작은 국가들이 서로 분리되어 있어서, 그리스의 인륜적 삶은 그리스가 하나의 공동 국가를 형성하기에 부적합하게 만들었다. 그리고, 전체에 퍼져 있는 관심과 정신적 교육이 한결같을 수 있는 도시들로의 집중은 자유의 필수 조건이었다. 그것은 트로이 전쟁에서 일어난 일시적 결합에 불과했으며, 메디아 전쟁에서도 하나의 통합을 이룰 수는 없었다." (Hegel 1969j), p. 324; (Hegel 1956), p. 265.

된 것은, 결국에는 알고 보면 전혀 갑자기 발생한 일이 아니었다. 그 후계자들은 그러한 삶의 형태에서 더 이상 작동하지 않은 것을 버리고, 그 바탕 위에 새로운 실재(세계 지배를 향한 로마의 부상)로부터 새로운 이해를 만들어 내야만 했다. 좀 더 헤겔적인 비유로 하자면, 이제 정신이 움직여야 할 시간이었다.

로마의 지배와 내면의 도야

헤겔의 역사 철학에서는 한 시대로부터 다른 시대로의 이행을 '규정적 부정'determinate negation의 운동으로 특징짓는다. 삶의 한 방식의 실패는, 그 방식이 자신에 대한 충실성忠實誠, allegiance을 유지하지 못하는 방식으로 표현된다. 그리고 그러한 삶의 방식이 해체되는 동안, 그 해체 과정에서 살아가는 사람들은 여전히 작동하는 것처럼 보이는 해체된 조각들을 집어 들고는, 더 이상 쓸모없거나 가치가 없는 것은 버리고 남은 것에서 새로운 전체를 만들어 내야 하는데, 이것은 거의 항상 그들이 하는 일에 대한 전반적 계획 없이 이루어진다. 후속하는 삶의 형태는 다르지만, 그것은 자신이 계승한 형태의 '추상적 부정'abstract negation이 아니다. 즉, 후속하는 형태는 그 이전의 형태와 동일하지 않은 것만이 아니다. 오히려, 그 이전 형태의 실패를 개선하려고 노력하는 방식에 의해, 그리고 후속하는 형태가 자신을 그 이전 형태의 실패와 성공을 다루는 것으로 보는 방식에 의해, 후속하는 형태는 그 형태를 갖춘다. 후속하는 형태는 매우 특정한 방식으로 그 이전 형태가 아니다.

그리스로부터 로마로 이행하는 과정은 이를 잘 보여 준다. 이 이행은 그리스로부터 로마가 변증법적으로 생성되는 것이 아니며(그리스는 로마를 산출하지 않았으므로), 따라서 헤겔의 다른 대부분의 저작에서 진행되는 방식과는 다르다. 예를 들어, 『논리학』은 '존재'를 이해하려는 필요성으로부터 '본질'로 진행되는 종류의 주장들을 산출한다고 주장한다. 헤겔의 주장에 따르면, 우리가 객체들을 기술하고, 세고, 분류하는 방식에 대한 바로 그 이해 가능성intelligibility을 위해, 우리는 사태들이 현상들로 기술되거나 다른 것의 인과적 산물로 기술되는 방식에 주목해야 한다. 그리고, "무엇이 그것을 유발했는가?" 또는 "왜 그것이 그런 방식으로 나타나는가?"라는 [본질과 관련된] 질문에 대한 대답들은, 단순히 [존재에서처럼] 기술하거나 분류하거나 셈하는 문제가 아니다. 그러나, 로마는 그리스로부터 논리적으로 파생된 것으로 보이지 않는다. 로마는 독립적인 건국(대부분 신화화된)을 이루었으며, 이는 헤겔 『논리학』의 관점에서 보면 자의적인 것이었다. 그리고 로마는 그 건국자들이 건국 과정에서 수행한 행동들에 의해 로마 자신이 한정된다고 해석했다.[26] 단순히 우리(또는

---

26 메리 비어드는 기원설이 로마인 자신들에게 얼마나 갈등을 일으켰는지에 대해 다음과 같이 언급한 바 있다. "하지만 고대 이론은 로마 문화에 관한 많은 논쟁의 근간이 되는 여러 가지 문제를 다루고 있는 경우가 더 많다. 즉, 이 로마의 특징적 제도에 관해 로마다운 것은 무엇이었는가? 로마 문화 관행의 뿌리는 그 도시 외부에 있는가? 로마의 전통문화는 어디까지를 '외래'라고 정의할 수 있을까? 이러한 주제들은 로마 국가의 기원에 대한 상반된 이야기에서 대체로 익숙한 것이다. 여기서 이탈리아 고유 정체성(로물루스 신화의 형태)의 관념과, 로마 국가가 트로이에서 유래했다는 경쟁 버전(아이네이아스 신화의 형태)은 긴장 관계에 있다. 그리고 위와 같은 주제들은 또한 로마가 원래 그리스 도시였다는 것을 증명하는 것이 고대 로마시대(Antiquitates Romanae)(로마의 고대)의 목표였던 디오니시오스(Dionysius of Halicarnassus)의 더 자의식적으로 지적인 버전에서도 친숙한 것이다." (Beard 2007), p. 322.

어떤 우주적 정신)가 '로마'라는 새로운 범주를 생각해 냄으로써 그리
스를 이해해야 한다는 것은 아니다. (이 주장은 너무 터무니없는 주장
이어서, 어떤 이가 그 주장을 헤겔에게 귀속시키려 한다면 왜 그렇게
하는지 의아할 것이다.) 로마의 건국과, 그것의 그리스 문명과의 관계
도, 양자 모두 지중해 지역에서 활동했다는 비논리적 사실에 분명히
의거했다.

그럼에도 불구하고, 로마는 그리스 삶의 실행 가능한 요소들을
자체 속으로 통합하고, 그렇게 하는 과정에서 필연적으로 그 요소들
을 변화시킴으로써 그리스를 계승했다. 헤겔이 보기에, 그리스인은
더 자연스러운 통일성을 지녔던 반면, 로마 세계의 통일성은 명백히
인위적인 것이었다. 헤겔의 원칙에 의하면, 이와 같은 점의 중요성은
세계가 기본적으로 질서를 갖추고 있다고 보는 일종의 형이상학을
그리스인이 구체화하였다는 것이었다. 그래서 만약 사람들이 사회에
서 각자 자신의 지위에 따른 요구사항을 수행한다면, 전체 세계가 저
절로 그 자신과 조화를 이룰 것이라고 그리스인은 생각했다는 것이
다. 초기 그리스인은 전체 요소들이 어떻게 서로 조화를 이루는지에
대한 많은 이론적 설명이 필요 없었다. 자발적인 조화가 아름다운 어
떤 것을 산출한다는 점으로 충분했다. (화가가 그림을 그릴 때 다양한
색들의 통일에 관한 이론이 필요 없는 것처럼, 초기 그리스인은 그 삶
의 요소들의 통일에 대한 이론적 설명이 필요 없었다. 중요한 점은 전

더 최근의 작업에서, 그녀는 서로 다른 기원설들이 서로 충돌하는 방식의 측면과 각 이야기
자체 내의 갈등의 측면에서, 서로 다른 기원설들이 로마인 자신들에게 얼마나 문제가 되었
는지를 설명한 바 있다. 이에 대한 로마인의 '자의식'은 상당히 발전했다. (Beard 2015) 참조
할 것.

체가 어떤 개념을 나타내는가가 아니라, 그것들이 모두 어떻게 아름다운 전체에 통합되는가 하는 것이다.) 그러나, 이것이 의미한 바는, 헤겔이 '하나의 국가 형성'formation into a state[27]이라고 부르는 정치적 통합을 위해, 누가 시민이고 누가 시민이 아닌지에 대해 시민들 간의 상호 인정이 필요했으며, 그리스적 맥락에서는 이러한 인정이 사람들을 식별하는 비교적 자연스러운 방식으로 이어졌다(예를 들어, 아테네에서 아테네 남성과 여성 사이에서 태어났다는 것 등)는 것이다. 따라서 일부 사회적 요구사항들은 '자연스럽지만, 삶에 관한 규범적이며 원칙적인 사실들'에 뿌리를 둔 것으로 취해졌다. 또한, 이와 같은 것이 함축하는 바는, 설립될 수 있는 유일한 정치적 단결체는 '소규모 단결체'라는 것이며, 이는 궁극적으로 그리스 도시국가들이 더 큰 강대국들로부터 스스로를 방어할 수 없음을 의미하기도 했다(또한, 초기 성공에도 불구하고 그리스가 로마를 대면했을 때처럼, 그들의 운이 다할 수밖에 없었다는 것을 의미했다).

반면에, 로마 제국은 분명히 구축된 하나의 실체a constructed entity 였다.[28] 로마의 통치를 받았던 민족들에게는 [그들 모두를 하나로 묶

---

27 헤겔은 역사는 국가에서만 가능하다고 생각했다. 헤겔이 그렇게 생각한 이유는, '민족'이 국가로 조직되기 전까지는, 그러한 국가라는 점을 통해 인정을 부여하거나 보류할 수 있는 권한을 가지는 다른 국가들로부터 '진정한 민족'으로 인정받을 수 없기 때문이다. 정치적 통합을 이루고 인정을 위해 싸우기 전까지는 '민족'은 자신이 누구인지에 대해 몰형식적이거나 모호할 수밖에 없을 것이기 때문에, 인정을 받기 위해 집단적으로 투쟁할 수 없었다. 이는 논쟁의 여지가 있어 보인다. 예를 들어, 그리스인은 하나의 국가를 형성할 수 없었지만, 그럼에도 불구하고 '그리스인'으로 인정받았다. 페르시아는 단일 그리스 국가와 정치적 관계를 맺을 수는 없었지만, 그러나 페르시아는 그리스를 단일 세력으로 인정했다. '하나의 국민'(a nation)이 '하나의 민족'(a people)으로만 존재한다는 생각으로 인해, 민족은 '하나의 국가'(a state)로 인정받을 수 있다.

어 주는] 민족적 통합이 없었다. 대신, 로마를 하나로 통합해 준 것은, 권력을 사용하여 다른 사람들을 지배하는 방법에 대한 명확한 이해였다. 그리스의 도시국가들은 때때로 서로 성공적인 동맹을 맺을 수는 있었지만 '단일한 정치 통합'single political unity을 이룰 수는 없었다. 따라서, 그리스와 로마에는 매우 다른 정치 심리가 작동해야만 했다. 본질적으로 로마는 하나로 뭉칠 수 있는 다른 실질적 근거가 없었기 때문에 상시 전쟁할 수밖에 없는 정치적 단일체였으며, 이는 매우 다른 심리를 만들어 냈다. 그리스가 여성과 노예의 입장을 제쳐 둔 채 '완진한 참여 민주주의'의 역동성을 추구했다면, 로마는 그 목적 달성을 위해 권력과 폭력을 사용하는 것을 중요시했다. 그리스의 심리는 폴리스의 선에 대한 충실성忠實誠으로부터 비롯된 용기의 미덕을 보여 주었다. 헤겔의 독서에 따르면, 로마의 정치 심리는 도적떼에게 더 적합한 용기와 용맹을 그 뿌리에 두고 있었다.[29] 지배를 무엇보다 가치 있다고 여기는 사람들의 가치, 그리고 그러한 가치가 낳은 가족 관계와 일련의 미덕의 종류들이 바로 그러한 것이었다. (헤겔은 로마가 처음부터 세계 지배를 염두에 두고 있었다는 폴리비오스의 견해를 액면 그대로 받아들인 것 같다. 그러나, 로마가 제국으로 부상한 것은

---

28 "로마인은 자연적 통합으로부터 산출되지 않았다. 로마인은 만들어진 것이었고, 따라서 폭력적으로 만들어졌다. 탄생 때부터, 로마인은 독자적 근원을 갖춘 것(Ursprüngliches)이 아니었다." (Hegel 2005), p. 143.

29 "그러한 기원은 그 자체로 가장 어려운 규율을 가져왔다. 자신들 이외의 모든 사람과 적대적 관계를 맺고, 그들이 존경하는 다른 민족과 달리 정당성이 없는 강도의 무리에서, 희생은 가장 강력한 것이어야 한다. 왜냐하면 로마인은 다른 이들이 태곳적부터 그들의 땅을 점령했다는 것을 알고 있었기 때문이다. 그 유대는 자유로운 유대가 아니라 강제적인 종속 조건의 유대였다." (Hegel 2005), p. 144.

폴리비오스나 헤겔이 생각하는 것보다 훨씬 더 우연적이었다고 볼 수 있다.)[30]

알렉산더 제국과 마찬가지로, 로마도 처음에는 정복 국가로서 본래 그 세력과 지배력의 지속적 확장을 둘러싸고 조직되었다. 알렉산더의 정복 국가와 마찬가지로, 로마의 경제는 기본적으로 약탈에 기반했으며, 로마는 더 이상 팽창할 수 없게 되자 붕괴의 문제에 직면해야 했다. 로마는 그 특유의 실용주의를 통해 자신을 조공을 받는 국가로 변모시켰는데, 이 국가는 일반적으로 지역 엘리트들과 관계를 맺고 관료제를 설립하여, 세금을 징수하고 세금 징수 및 제국의 기타 요구를 안정화하기 위해 신하들을 두는 방식을 취했다.[31]

따라서 로마는 같은 민족, 종교, 지역적 책무[공속행위], 가정생활 등을 공유하지 않는 사람들을 '하나로 기능하는 정치 통합체'로 끌어들였다는 점에서, 그리스 삶을 지배했던 원칙들과는 다른 원칙을 정립했다. 그리스 삶은 기본적으로, 대면 접촉이 사태들을 하나로 묶는 접착제 역할을 하는 비교적 작은 공동체, 즉 도시국가에 의존했다. 이에 비해, 로마는 더 큰 사회 통합체가 작동하는 것을 허용했고 요구했다.

로마는 의도적으로 고안된 것은 아니었지만, 건국 서사에서 로마 자체가 여전히 민족적 용어로 표현되었음에도 불구하고, 하나의 다민족 정치 통합체를 형성했다. 즉, 로마인은 자신들의 이야기에서,

---

30 로마의 제국적 야망이 형성되는 우연한 상황에 관해서는 (Woolf 2012) 및 (Beard 2015)를 참조할 것.

31 로마가 정복 국가이자 조공을 받는 국가라는 점에 관해서는 (Woolf 2012)의 논의를 참조할 것. 또한 (Finley 1983)도 참조할 것. 또한 (Burbank and Cooper 2010)의 논의도 참조할 것.

에트루리아 왕들의 통치, 즉 다른 민족에 의한 통치를 버리고, 스스로에 대한 자신 고유의 통치로 대체했다고 전해졌다.[32] 그러나 동시에, 로마사 전반에 걸쳐, 로마는 그 핵심 구성원을 신민臣民이 아닌 '시민'citizens으로 생각했으며, 결국 로마 시민권을 제국 내에 거주하는 다양한 사람들에게까지 확대했다. 이 과정에서 로마인은 '우리'we를 '한 민족의 구성원들'로 생각하는 것에서 벗어나 '우리'를 '여타의 시민들'로 생각했다.

지배와 정복에 성공한 이후, 로마는 스스로를 '보편적 사명'universal mission을 지닌 것으로 생각함으로써, 다시 말해, 지금 우리가 지중해에서 '고전적'classical 문명이라고 부르는 모델이라고 생각함으로써 자신의 지배를 정당화하기 시작했다.[33] 로마 자체의 입장에서, 로마의 성공은 어떻게든 신을 기쁘게 하는 것이어야만 했다. 즉, 로마의 성공을 단순한 우연이 아니라 사태의 본성에 내재한 것으로 간주했기 때문에, 로마는 '후마니타스'humanitas라는 그 자신만의 개념을 야만인들도 열망할 수 있는 적절한 모델로 생각해 냈다. 그러나, 후마니타스의 이상은 너무 추상적이어서, 주피터 신전[의사당]capitol에서 벌어지고 있었던 일을 모방하는 것을 제외하고는, 로마의 권력 아래에서 삶에 대한 어떤 실제 방향을 제시해 주지는 못했다. 로마는 그렇게 강력했다는 이유만으로 어떤 귀감paragon이 되지는 못했으며, 오히려 자신을 모방하기를 요구하거나 모방을 위해 자신을 내세우는 어떤 것이었다.

---

32 (Woolf 2012), p. 37을 참조할 것.
33 (Woolf 2012), p. 226을 참조할 것.

사실상, 로마인은 자신들이 통치할 운명이었기 때문에 스스로를 통치자로 여겼고, 처음에는 공화국에 그리고 나중에는 제국 안에 권한이 있어야 한다고 생각했으므로 스스로 권한이 있다고 믿었다. 그들은 권한의 본질에 대한 더 심오한 개념을 갖추지 못했고, 헤겔의 용어로 하자면, 실제로 실행된 권한의 개념은 단순히 지배와 그 지배를 정당화하기 위해 사후에 구성된 설명에 불과하다는 불편한 현실을 안고 있었다. 로마의 권한 개념은, 과거 위대하고 고결한 건국 인물들에 대한 신화적 설명(그리스 영웅과 다소 유사하게)에서부터, 그 '권한'이 실제로는 무력에 의해 뒷받침되는 힘의 권한에 불과한 그 당대의 권한들에 대한 설명에까지 왔다 갔다 하며 유동적이었다. 그런 식으로 '공화국'으로부터 '제국'으로 이동한 점은 로마의 정치 심리에 큰 변화를 수반하지는 않았다. 초기 로마사에 활력을 불어넣었던 '공적 삶'public life의 의미는, 전쟁과 같은 정복 활동 외에는 그 자체를 위한 토대를 지니지 못한다는 압박을 받으며 이미 해체되기 시작했다. 그리고, 그 의미가 어느 정도 완전히 해체되자 공화정은 제국에 자리를 내주었지만, 그럼에도 불구하고 로마 제국은 로마식 사후 방식을 취하여 자신을 공화정의 연장으로 계속 이야기했다. 로마의 자기 이해는 그 건국의 신념을 지키는 것이었기 때문에, 어떻게 공화정으로부터 제국으로의 전환을 나타낸 '거대한 혁신'great innovation이 실제로는 전혀 혁신이 아니며 사태들을 처리하는 동일한 방식을 지속하는 것에 불과했는지에 관해, 로마 스스로 신화들을 발명해 냈다.

그러한 권한 개념은 로마 철학이 기본적으로 추상적일 수밖에 없음을 의미했다. 왜냐하면 로마의 정치 생활은 풍성하고 섬세했지만 그 윤곽은 기본적으로 추상적이었기 때문이다.[34] 그 전체 사태를 하나로 묶는 근본 원칙은 존재하지 않았다. 대신, 기껏해야 로마의 애국심patriotism이라는 본래의 미덕이 있었을 뿐이며, 이 미덕조차 로마 삶의 형태 자체의 대립적 압력들로 인해 그 자체로 해체되었다. 로마인이 로마 삶의 본질을 구성하는 것으로 인용할 수 있던 다양한 세부 미덕들 그 자체는 추상적으로 생각되었으며, 권력의 요구가 변화함에 따라 다른 용도로 사용되었다. 로마를 하나로 묶어 주던 심리는 정복 국가가 되는 데 따른 압박들을 견디지 못했고, 조공을 받는 국가가 되면서 더 많은 지배에 대한 욕구만 강해졌다.

　　그리스인은 다양한 신들로 표현되는 심미적 종교와 같은 것에 대한 충실성忠實誠, allegiance에 의해 자신들을 통합했다. 그리스인은 사태들의 본성에 기록되어 있는 매우 특정한 요구사항들에 자신을 한정했으며, 모든 사람이 자신의 사회적 지위에 따른 요구사항을 수행하면 전체가 저절로 조화를 이루어 하나의 '아름다운 작품'이 될 것이라는 확신에 근거해 그러한 요구사항들에 정당성을 부여했다. 로마에는 통치에 불가피한 아름다움에 대한 그러한 믿음도 없었고, 그러한 통치의 원칙들이 무엇이어야 하는가로부터 비롯된 어떤 발전된 작업도 없었다. 로마는 그저 자신의 통치를 유지하기 위해 해야만 한다고 생각한 일을 했을 뿐이다. 그렇다고 이것이 어떤 종류의 퇴보를

---

34 "그리스의 영향은 로마 세계에도 미쳤기 때문에, 우리는 로마 세계의 영역에서 철학에 대해 말해야 한다. 그러나, 로마인은 제대로 된 시인보다 제대로 된 철학을 더 생산하지 못했다. 비록 로마인이 종종 기지(esprit)를 발휘해 이것을 수행하기는 했지만, 그들은 타자로부터 받아들이고 모방했을 뿐이다. 그들의 종교조차도 그리스로부터 왔으며, 로마 종교의 특별한 성격은 철학과 예술에 근접하지 않지만, 철학적이면서도 비예술적이다." (Hegel 1969h), p. 123; (Hegel 1963), Vol. I, p. 101.

의미하지는 않았다. 로마인이 그리스인과 비교될 때, 헤겔과 같은 고전주의적 기질에는 좋지 않게 보일지는 몰라도, 로마인은 더 이상화된 그리스인의 그러한 측면을 능가하는 혁신을 이루었다. 헤겔에 따르면, 그리스인이 '시'poetry와 같은 아름다움을 추구했다면, 로마인은 '산문'prose으로 말하는 법을 배웠다고 한다. 로마인은 도로를 건설하고, 법전을 만들고, 공학적으로 경이로운 결과물들을 구축했으며, 냉정하고 실용적인(그리고 심지어 일종의 다문화적인) 통치 기구들을 창안했다.[35] 로마인은 과거 문화의 업적들, 특히 그들이 정복한 그리스인의 업적들에 대해 개방적이고 감탄했으며, 그리스 삶에서 유효하다고 생각한 것을 로마인 자신의 삶의 방식 안으로 통합하려고 했다. 로마인은 다른 민족들을 로마의 통치에 종속시키면서 다른 문명의 조각들을 취하여 자신들에게 유용한 것을 이용했다.

사실상, 헤겔은 로마사가 상이한 계급들과 집단들 간의 지속적 투쟁이라고 생각했다. 로마의 주요 기원 신화 중 하나에 따르면, 로마는 자신의 고유한 시초를 외국(아마도 에트루리아) 왕들에 의해 억압받던 한 민족으로 간주했으며, 일련의 귀족 가문들이 이 왕들을 가까스로 몰아내고 귀족들이 통치하는 시민 공화국을 겨우 만들어 냈다고 한다. 따라서, 이 특별한 기원 이야기에서, 로마의 정치적, 사회적

---

35 "로마인의 일반적 성격에 대해, 우리는 동양에서 볼 수 있는 원초적인 거친 시나 모든 유한한 것의 반전과 대조적으로, 그리고 그리스인 정신의 아름답고 조화로운 시나 똑같이 단련된 자유와 대조적으로, 로마인과 함께 삶의 [무미건조한] 산문(prose)이 등장한다고 말할 수 있다. 즉, 유한성의 자의식, 이해의 추상화, 법적 인격의 경직성, 가정 내에서도 드러나는 로마인의 난해함은 자연적 도덕에까지 확장되지 않으며, 오히려 추상적 보편성 속에서만 이 통합의 통일성을 정립하는 무감각한 비정신적, 무정한 통합으로 남아 있다." (Hegel 1969j), pp. 350~351; (Hegel 1956), p. 288.

권한은 로마의 최고 구성원들이 이끄는 통합된 '인민'people에 의해 주도되는 '해방 운동의 신화'에 이념적으로 그 기반을 두고 있었다. 이러한 통합체는 그 내부에 잠재된 압력이 밖으로 나타나기 시작할 때까지 지속하였고, 그 후 누가 고위직을 차지할 수 있는지에 대한 투쟁을 포함하여 권력과 지위를 둘러싼 평민과 귀족 간의 투쟁이 이어졌다. (이 이야기 자체에도 고도로 신화화된 핵심 내용이 들어 있다.)[36] 평민이 자신들을 위한 입지를 어느 정도 차지한 후, 로마 국가는 점차 로마 사상가들이 만들고 싶어 했던 투쟁 속으로 분해되었다. 사적 이익과 공적 미덕 사이에서 진행하면서, 로마인은 자신들의 건국과 함께 유지해 왔던 관념을 따르면서도, 로마 국가는 더 실질적으로 로마인 자신과 그들의 피보호자들을 위해 권력과 부를 차지하려고 시도하면서 모든 종류의 주요 구성 요소들을 포괄했다. 이러한 상황에 직면하면서, 로마 삶의 형태는 사람들의 미덕이 지속적으로 쇠퇴하는 것을 고려하지 않고는 결코 이해될 수 없었다. 따라서 로마 삶의 형태는 '국가의 선'과 '로마의 선을 위한 희생'이 사람들의 심리에서 가장 중요하다고 생각되던 황금기에 관한 이야기를 들려줄 수 없었다. 이 황금기는, 인정을 받기 위해 지금은 고군분투하는 사람들이 그렇게 부릴 만한 만용을 그때는 전혀 부릴 수가 없었던 그러한 시기였다.

로마인의 뛰어난 실용주의great pragmatism 덕분에 그들은 다양한 위기에도 살아남을 수 있었고 더 많은 정복을 위한 에너지를 만들어 낼 수 있었다. 그럼에도 불구하고, 로마 생활과 그 심리에 영향을 준

---

36 (Beard 2015)의 좋은 논의를 참조할 것.

더 심오한 원칙은 순수하고 단순한 지배Herrschaft라는 원칙이었기 때문에, 그 정당성은 타자들에 대한 지배를 획득하고 행사함으로써 계속 보장되었다.[37] 따라서 헤겔이 주장했듯이, 그러한 상태를 뛰어넘어 사람들을 통합할 수 있는 원칙은, 재산, 가족력family history, 군사적 지위, 명성 등과 같은 원칙, 즉 사회적으로 인정받은 일련의 다양한 자격(타인을 노예로 삼을 수 있는 자격을 포함하여)일 수밖에 없었다. 이러한 것은 결국, 주체들이 기본적으로 '공직 보유자'office-holders로서만 유효한 사회적 인정을 부여받았다는 것을 의미했다. 한 주체로서 어떤 이의 지위는 토지와 사람에 대해 지배권을 부여한 실제 규칙들에 의해 정의되었다(또한 그 지위는 노예의 경우처럼 자신에 대한 자격 부여를 거부하는 데 적용될 수도 있었다). 따라서 헤겔이 생각한 것처럼, 로마사의 거대한 묘사들에서 다양한 인물들이 다양한 관행을 통해 모범적인 미덕의 소유자, 전투의 영웅 등으로 인정받았다는 것은, 로마 생활에서는 공직 보유자 외에는 어떤 인정을 위한 실제 근거가 없었다는 더 기본적인 생각을 무너뜨리지 않는다. 로마의 주체성에는 '규범적 사회 공간'에서 자리를 차지하는 것 이상의 어떤 더 심오한 면도 없었다. 따라서 유일하며 진정한 사회적 현실은 권한의 형태를 가장한 권력 관계, 한 의지가 다른 의지에 맞서 투쟁하는 관계였으며, 따라서 로마 삶의 형태는 인정을 받기 위한 오랜 투쟁이 그 토대였다.

---

37 "로마 세계를 고려할 때, 우리는 그 자체로 풍부한, 구체적인 정신적 삶과는 관련이 없다. 그러나, 로마 세계 안에 있는 세계사적 순간은 보편성의 추상이다. 그리고 그 추상성을 정당한 힘으로 만들기 위해, 정신이 없는 상태에서 엄격하게 추구되는 목적은 단순한 지배다." (Hegel 1969j), p. 340; (Hegel 1956), p. 279.

형이상학적으로 보자면, 로마인에게 주체성은 사회적으로 규정된 자격과 약속 외에는 아무것도 없었다. 따라서 아우구스투스 Augustus와 후대 황제들이 어떤 권한을 주장할 수 있을지 고민하던 중, 그들은 아우구스투스의 권한이 '가부장적'patrimonial이라는 관념, 즉 그가 사실상 모든 로마와 영토의 '자연적 가장家長'the natural head of the household이다, 라는 관념에 의지했다. 비록 그 관념은 잘못된 생각이었지만, 아우구스투스의 황제적(지휘 통솔하는) 권한 주장에서 후속하는 것처럼 보이는 퇴보를 그러한 관념이 중단시켰다.

제국이 공화국을 대체한 일은 우연이 아니었다. 사실상 그 지배 원칙은, 결국 적절한 상황에서 누군가가 권력을 쟁취하고 성공할 수 있도록 보장했다. 후대 로마 사상가들은 공화정의 붕괴가 미덕의 쇠퇴decline of virtue와 같은 문제들 때문에 발생했다고 생각했을지도 모르지만, 사실상 공화정의 붕괴는 로마 삶의 원리 그 자체의 결과였다.

다름이 아니라, 로마의 재산 소유자의 제한된 자유는, 방대한 노예 집단과 계층 구조의 하위 지점에 있는 타인들의 부자유unfreedom를 배경으로 규정되었다. 로마인의 자유 개념은 그리스인보다 더 부정적으로 정의되었다. 그리스인이 자유를 처음 공식화했을 때와 마찬가지로, 로마인에게 자유의 의미는, '자유는 다른 어떤 것이 아니다'라는 것이었다. 자유는 노예와 지배받은 모든 이에게는 없는 것이었다.

헤겔은 그리스인이 페르시아를 물리치고 그리스 정신이 역사 진보의 선두에 서게 된 것을, 헤겔 자신의 지적대로 하자면, "정신이 자연을 떠난"spirit takes its leave of nature 방식이라고 특징 있게 표현한다.[38] 따라서, 만일 그리스 삶이 여전히 그 자체로 권한 있는 이유들을 제공하는 우주적 질서라는 관념에 묶여 있었다면(자연적이고 신성한 조화가 아름다운 것을 산출한다는 측면에서), 로마는 '정신이 자연을 떠난다'라는 것에 대해 더 성공적인 대안을 제시했거나, 아니면 적어도 로마는 그것에서 한 걸음 더 나아갔을 것 같지만, 헤겔은 그런 결론을 내리지는 않는다. 각자의 의지가 다른 모든 의지와 경합하고 있다는 사실, 그리고 어떤 이가 다른 이들보다 더 강력한 힘을 가지고 있다는 사실은, 주체가 그것을 주도하거나 이해하려는 모든 노력을 벗어나는, 사태들의 과정에 개입하는 일종의 '운명'fate이 있어야만 한다는 결론을 내릴 수밖에 없게 만들었다. 로마의 주체성은 공적 영역 public sphere에 참여함으로써 자신의 형태를 갖추고 내용을 채울 수 있었으며, 그 주체성은 그러한 영역에서만 현실적으로 존재했다.

그러나, 그 자체의 논리로 인해, 오랜 세월에 걸쳐 로마 삶은 '공적 영역에서 찾을 수 있는 어떤 종류의 유의미한 주체의 삶'도 실질적으로 공허하게 만들어 버렸고, 따라서 로마인은 적어도 그들의 주체성이 여전히 작동하고 있다고 느낄 수 있는 '새로운 형태의 내면성 Innerlichkeit'을 발명하도록 자극받았다.[39]

---

38 (Hegel 1969j), p. 273. "페르시아인의 빛으로 정신적 직관이 시작되고, 그리고 그와 같은 것에서 정신은 자연에 작별을 고한다"(Mit dem Lichte der Perser beginnt die geistige Anschauung, und in derselben nimmt der Geist Abschied von der Natur)라는 독일어 표현을 시브리(John Sibree)는 다음과 같이 멋지게 영어로 표현한다. "페르시아인의 빛으로 사태들에 대한 정신적 관점이 시작되며, 여기서 정신은 자연에 작별을 고한다"(With the 'Light' of the Persians begins a spiritual view of things, and here Spirit bids adieu to Nature). (Hegel 1956), pp. 221~222.

39 그리스 주체성과 대조되는 로마 주체성에 대한 전반적 개념은 (Hegel 1969j), pp. 239~240 및 (Hegel 1956), pp. 278~279에 요약되어 있다. "여기 로마에서 우리는 이제부터 이 자유로운 보편성, 이 추상적 자유를 발견한다. 한편으로 이 자유는 구체적 개체성 위에 추상적 국가, 정치와 권력을 전제하고 개체성을 정치와 권력에 철저히 종속시키는 반면, 다른 한편으로 이

헤겔의 표현에 따르면, 이로써 우리 자신의 것과는 전혀 다른 의미 연결 고리인 고대 세계의 진행과정passage이 시작되었다. 헤겔의 동시대 많은 이들은, 고대 세계와 그들의 세계 사이에 더 많은 연속성이 있다고 생각했기 때문에, '로마'나 '그리스'의 미덕으로의 회귀를 요구할 수 있었다. 헤겔이 보기에, 그러한 주장은 헤겔 당대의 세계와 고대 세계를 분리하는 틈새를 보지 못했다. 즉, "이러한 관점에서, 우리가 자주 듣는 그리스와 로마의 선례들에 대한 끊임없는 호소만큼 천박한 것은 없다. […] 그 나라들의 성격과 우리 시대의 성격 사이의 차이보다 더 차이 나는 것은 있을 수 없다."[40]

후기 로마인에게 가장 큰 관심사는 자신들의 '내면의 자아'inner self를 도야하는 것으로 전환되었다. 로마인을 둘러싼 세계는 로마인의 열망이나 요구와 무관하게 우연한 방향으로 진행되었을지라도, 사유와 감각의 내면 세계는 로마인 자신의 주도하에 있다고 생각했다. 이 새로운 내면성의 형식은 스토아주의stoicism, 회의주의skepticism, 에피쿠로스주의Epicureanism 철학에서 처음으로 표명되었다.[41] 로마인에게 주체의 본질적 목적은, 그 자신의 무목적성purposelessness으로 드러났을 뿐만 아니라, 또한 그 무목적성 속에서 자신의 본질적 의미를

자유는 이 보편성에 반대되는 법적 인격(Persönlichkeit), 즉 자아 그 자체(Ich in sich)의 자유를 낳으며, 이것은 개체성과는 실제로 구별되어야 한다. 왜냐하면 법적 인격은 권리의 기반 수준의 규정을 구성하기 때문이다. 즉, 그것은 주로 재산 제도로 존재하지만, 개체성과 관련된 살아 있는 정신의 구체적 규정에는 무관심하다. 로마를 구성하는 이 두 가지 요소, 즉 정치적 보편성과 개인의 추상적 자유는 처음에는 내면성 그 자체의 형식과 관련이 있다. 이 내면성, 즉 우리가 그리스 정신의 타락으로 보았던 자아로의 전환은, 여기서 세계사의 새로운 측면이 생겨나는 기초가 된다."

40 (Hegel and Hoffmeister 1994) p. 19; (Hegel 1975) p. 21

발견하고 운명을 담담하게 받아들이며 그것을 자신의 의지 일부로 만들면서 그 자신을 지탱하는 것으로 드러났다.[42] 이런 식으로 로마인은 자유의 개념을, 노예가 아니라는 부정적 개념에서 벗어나, 개인의 '의지'와 그 의지가 명령하는 바를 성취하는 데 있어서 의지의 강점이나 약점이라는 더 긍정적인 사안으로 전환했다. 그렇게 함으로써, 로마는 허무주의nihilism로부터 벗어나 한 걸음 더 나아갔다. 그리고 로마가 멸망했을 때, 비록 많은 이들이 실로 괴로워했지만, 헤겔이 그리스 멸망 때 그렇게 표현했던 것처럼, 세계의 심장이 '부서지지는' 않았다.[43] 그것은 단지 슬픈 통과과정이었을 뿐이었다.

---

41 "그러므로 인간의 마음속에 항상 존재했던 것은 그들의 국가나 어떤 종류의 인륜적 통일성이 아니다. 오히려, 그들은 오직 운명에 자신을 내맡기고 삶에 대한 완전한 무관심, 즉 사상의 자유나 직접적인 감각적 즐거움에서 그들이 추구하는 무관심을 달성하는 것을 지향했다. 따라서 사람들은 현존과 상충하거나 아니면 감각적 현존에 완전히 굴복했다. 사람들은 황제의 총애를 통해서나 폭력, 유언장 사기, 교활함을 통해 즐거움의 수단을 획득하는 일에서 자신의 운명을 찾았거나, 아니면 어떤 확고한 것, 즉자대자적으로 존재하는 것을 여전히 제공할 수 있었던 철학에서 안식을 찾았다. 왜냐하면 당대 체계인 스토아주의, 에피쿠로스주의, 회의주의는 서로 대립하는 것이었지만, 동일한 것, 즉 현실 세계가 제공하는 모든 것에 정신이 절대적으로 무관심하게 만드는 것을 지향했기 때문이다. 따라서, 이러한 철학들은 교양 있는 사람들 사이에서 널리 확산되었다. 즉, 이 철학들은 사유를 통해, 보편자를 낳는 활동을 통해 인간 내면에 부동심을 산출했다." (Hegel 1969j), pp. 384~385; (Hegel 1956), pp. 317~318.

42 "[…] 회의주의의 부동심은 의지의 목적을 무목적성 자체의 의욕으로 만들었다." (Hegel 1969j), p. 385; (Hegel 1956), p. 318.

43 "인륜적 삶을 사는 개인이 국가에 희생되어야 한다는 것이 국가 목적이 되었기 때문에, 세계는 우울한 상태에 빠졌다. 즉, 그 마음은 상했으며, 그것은 비참한 느낌으로 가라앉은 정신의 자연스러운 측면과 더불어 모두 끝나 버렸다." (Hegel 1969j), p. 339; (Hegel 1956), p. 278.

역사의 분수령: 로마로부터 기독교로

이제, 이렇게 지속 불가능한 삶의 형태에 발을 들여놓은 것이 바로 '기독교'Christianity라고 헤겔이 생각했다는 점은, 정확히는 아니지만 이미 알려져 있기는 하다. 더 이상 실제로 작동할 수 없는 로마 제국의 삶의 요소들을 일소하고, 진리가 실제로 (주체적인 것처럼) 우리 '안에' 있다고 생각하며 동시에 (그리스 철학자들이 생각했던 것처럼) 보편적이고 시대를 초월한 관점으로 그 요소들을 대체하는 탈출구를 제공한 것이 바로 기독교라고 헤겔은 생각했다.[44] 그래서, 로마 삶은 야만인들에게 '후마니타스'를 전한다는 사명으로 자신을 비우고 보편화했으며, 기독교는 이 보편화와 일치하는 목적을 로마인에게 다시 부여했다는 점에서, 헤겔의 기획에 부합하는 일종의 해결책을 제시하는 것처럼 보였을 것이다. 그러나, 이것은 제국의 붕괴가 우연한 것이었다는 점을 의미했을 수도 있다. 결국, 헤겔의 관점에서 볼 때, 왜 로마 삶은 개혁을 이루지 못했으며, 점차 살기 좋고 지속 가능한 것으로 변모할 수 없었을까? 어쨌든, 제국은 콘스탄티누스Constantinus 치하에서 기독교화되었고, 그 후 수 세기 동안 서양 기독교인들은 자신들을 '로마인'이라고 계속 생각했다.

---

44 헤겔은 '신성이 삶에서 스스로를 현시하는 이성 그 자체이다'라는 취지의 「요한복음」의 방향으로 이것을 다음과 같이 받아들인다. "이미 「요한복음」(태초에 로고스가 있었고 로고스는 신과 함께 있었으며 로고스는 신이었다εν αρχη η ο λογος, και ο λογος ην προς τον θεον, και θεος ην ο λογος [I, 1])에서 우리는 더 심오한 이해의 시작을 본다." (Hegel 1969j), p. 401; (Hegel 1956), p. 331. 사실상, 헤겔은 기독교 신을, 『니코마코스 윤리학』의 마지막에 그 신성이 서술된 아리스토텔레스의 신으로 만들어 버린다. (또는 반대로, 그는 기독교를 아리스토텔레스의 신이 '육화된 상태', '사유를 생각하는 사유'의 구체적인, 살과 피의 구현체라고 본다.)

그렇다면, 헤겔은 왜 로마가 계속 존속할 수도 있었지만 우연한 이유로 존속하지 못했다고 결론을 내리지 않았을까? 헤겔은 로마의 정치 심리의 이러한 종류의 보편화가 그 자체로 지속 불가능했다고 생각한 것 같다. 왜냐하면 로마 스스로 자신의 주체성의 형태에 기본이 되는 것으로 발전시켜 온 것을 로마가 부정해야 했기 때문이다. 로마가 부정했던 것은, 그 구성원들에게 삶의 기본 방향을 제공하는 '구속력 있는 사회 공간'의 필요성과 같은 것이었다. 즉, 이것은 공통의 일 처리 방식 및 이 방식을 세계의 실천적 지식으로 전달하는 '제도들'institutions이라는 요소로 구성된 특정한 선[좋은 것]goods이 사람들에게 이용 가능한 사회 공간이었다. 그렇게 선[좋은 것]은 만족스러운 삶을 이루는 요소들이다. 여기서 만족스러운 삶은, 실제로 주체가 달성할 수 있는 실질적 힘 안에 있는 중요한 것들이 거기에 존립하는 삶이지, 단순히 백일몽 속에서만 적용 가능한 것이 아니다. 그렇게 선[좋은 것]은 일정한 수준의 연대가 유지될 수 있는 구속력 있는 공동체에서만 형성되고 지속할 수 있다. 그래서, 헤겔은 이 선[좋은 것]은 더 작고 특정한 공동체에서만 유지될 수 있다고 생각했다. 로마의 '보편주의'universalism는 그 자체의 자기 이해의 양식 내에서 그러한 공동체들의 권한을 인정할 방법을 지니지 못했기 때문에, 그렇게 선[좋은 것]을 이해할 방법도 갖추지 못했다. 헤겔이 말했듯이, 로마인에게 "다른 민족들은 아직 합법적인 것으로 간주되지 않았고, 다른 국가들은 아직 본질적으로 존재하는 것으로 상호 인정받지 못했다".[45] 로마

---

45 헤겔은 다른 '민족들'에 대한 로마의 정복에 대해 논의하면서 다음과 같이 말한다. "다른 국가들과의 관계는 순전히 힘의 관계였다. 로마인의 시대와 같은 초기에는, 오늘날처럼 민족

시대에 실행 가능한 유일한 공동체 개념은, 그리스인이 가졌던 것처럼 민족 공동체ethnic community, 즉 민족Volk의 개념일 수밖에 없었다. 그런데, 로마가 자신의 보편화 운동을 하나의 압도적인 민족 공동체 안으로 성공적으로 투영할 방법이 거기에는 없었다.

따라서, 로마 삶은 로마의 지배에도 불구하고 그 공동체에 제한된 더 특정한 선[좋은 것]을 유지한 다른 공동체들에 기생했다. 그리고, 일단 로마의 지배 기반 위에서 세워진 사태들이 바뀌기 시작하자, 그 전체를 하나로 유지할 수 있는 것은 아무것도 남지 않게 되었다. '한 명의 로마다운 주체'a Roman subject가 되는 데 성공하는 일, 즉 법적 지위나 사회 공간에서 '직무'office와 같은 것을 차지하는 것에 성공하는 일이 불가능해졌고, 그것은 한 명의 로마인이 되는 일이 불가능해진 것과 마찬가지였다. 그리스의 폴리스가 너무 작아서 스스로를 방어할 수 없었다면, 로마 제국은 너무 커서 로마가 가진 자원들로 스스로를 통치할 수 없었다. 왜냐하면 로마는 그 규모로 인해 멀리 떨어진 지방에서 로마의 이름으로 통치하는 사람들의 미덕에 의존할 수밖에 없었기 때문이다. 지배에 기반을 둔 로마의 심리는 로마가 지배를 계속하는 것에 그 토대를 두었으므로, 그러한 유형의 미덕을 영원히 유지할 수는 없었다. 헤겔이 생각한 것처럼, 로마를 결속시키려면 개인들의 동등한 지위를 인정하는 다른 형식의 보편주의universalism가 필

들의 국민적 개체성이 존중을 요구하지 않았다. 다양한 민족들은 아직 정당한 것으로 인정받지 못했다. 그리고, 다양한 국가들은 아직 서로를 본질적으로 현존하는 것으로 인정하지 않았다. 동등한 존재 권리는 근대 유럽에 현존하는 것과 같은 국가들의 연합에 이르거나, 아니면 델포이 신의 보호 아래 국가들이 동등한 현존 권리를 가졌던 그리스의 연합과 같은 조건에 이른다." (Hegel 1969j), p. 374; (Hegel 1956), p. 308.

요했다. 서로 다른 공동체적 정체성들에 대한 동등한 존중은, '하나의 다원적 정치 국가'a pluralistic political state에서가 아니라(적어도 이념적으로는 그런 국가에서가 아니거나, 적어도 역사상 그 당시에는 아니었다), 국민 국가들nation-states 간 일종의 '상호 인정'mutual recognition에서만 존립할 수 있다. 로마 삶에는 그 자체 안에 그러한 관점을 발전시킬 수 있는 자원들이 없었다.

그러나, 로마 삶에서 이러한 결핍은 그 자체로 더 깊은 문제에 뿌리를 두고 있었다. 로마 삶은, '주체성이란 사회적으로 정의된 책무[공속행위]를 수행하고 사회적으로 규정된 자격을 부여받은 사회 공간을 점유하는 것만으로 구성된다'라는 생각에 그 기반을 두어야 했다. 사실상 이러한 삶은 '더 두터웠던' 그리스의 주체성 개념을 '얄팍하게' 만들어 버렸다. 그리스의 주체성 개념은 그리스의 행복Eudaimonia이라는 '무한한 목적'을 구성하는 일종의 삶의 탁월함을 확보하는 방식으로 이루어져 있었고, 타고난 탁월함의 표준을 통해 번영하는 것이었다. 그런데, 로마의 이 얄팍해진 주체성 개념이 실제로는 진보를 이룰 수 있는 길을 제시했다. 로마는 사실상 처음으로 주체성의 '사회적 성격'sociality of subjectivity을 전면에 드러냈으며, 주체성 개념을 자연 세계로 다시 통합하기 위한 첫 단계로서, 적어도 처음에는 자연에 작별을 고해야만 했던 우리의 주체성 개념의 방식을 위해 실천적 토대를 마련했다. 그러나, 로마의 주체성이 사회 공간에서 그것이 차지하는 위치와는 별개로 '주체성의 규범적 위상'의 개념이 결핍되어 있다면, 이 결핍은 정확히 어떠한 것일까? 그리고 어떻게 그것이 로마 주체성의 발전 자체에 내재하는 결핍일까?

그리스 개념으로부터 로마 개념으로 넘어가는 과정은, '주체성의 형이상학'에 대한 우리 개념뿐만 아니라 주체성의 형이상학 자체가 역사적 시간 속에서 발전한다는 헤겔의 생각을 잘 보여 주며 결정적인 역할을 한다. 주체성의 '추상적 개념'은 원칙적이고 규범적인 논리적 공간에서 움직이는 '자기 서술적 주체'a self-ascribing subject의 개념이다.[46] 추상적으로 취해진 주체성의 '이념'Idea은 자의식적인 이성적 동물이 소유하는 위상, 즉 다른 주체들의 인정이 필요한 위상이다. 그러한 개념 구상에서는 주체성 '이념'의 가장 얄팍한, 불변하는 도덕적 또는 규범적 핵심만 여전히 존재할 수 있다. 따라서, 주체성의 다양한 개념들은 우리의 실천에서 직동하는 주체성의 종류에 대한 더 심오한 의미의 표현이자 명료화다.[47] 자신의 목적을 실현하고 '목적으로서 목적'purposes as purposes을 이해하려는 자의식적 인간 삶의 핵심에는, 다른 모든 동물과 마찬가지로 자신에 대한 공격 등을 격퇴하려는 어떤 것이 있다. 그러나, 이것을 행동에 영향을 주는 일련의 규정적 원칙들로 바꾸려면 '인정 공동체'community of recognition가 필요하다. 개별 주체들의 '존엄성'dignity과 같은 더 근대다운 원칙들은 인정 투쟁으로부터만 출현할 수 있었다. 그리고, 가장 중요한 점이지만, '그러한 원칙들을 자체 속으로 통합하지 못한 삶의 형태'가 하나의 전체로

---

46 이전 인용문으로 돌아가 보면 다음과 같다. "단순한 논리적 이념에 이미 포함된 인식은 우리가 생각하는 인식 개념의 인식일 뿐, 대자적으로 현존하는 인식은 아니며, 현실적 정신이 아니라 단지 그 가능성일 뿐이다." (Hegel 1969c), §381, p. 18; (Hegel et al. 1971), p. 8.

47 로마의 경우 스토아주의, 회의주의, 에피쿠로스주의와 같은 추상적 철학만이 로마 철학의 실재 가능성이었다고 헤겔은 생각했다. "그리하여 철학은 로마 세계로 넘어왔다. 비록 이 철학들이 그리스에 속해 있었고 로마인의 위대한 스승들은 항상 그리스인이었지만(이 철학들은 그리스에서 발생했다), 특히 이러한 체계들은 로마의 통치 아래 로마 세계의 철학을 구성했다." (Hegel 1969i), p. 252; (Hegel 1963), vol. II, p. 234.

서 자신을 이해하는[의미화하는]making sense 데 실패하면서 '그 개념 들에 의해 작동하는 주체들'이 그러한 규정적 개념 아래로 자신들을 가져감으로써, 그 지점에서 주체성이 취했던 역사적 형태에 대해 본 질적인 것으로서 자신들이 제시한 목적들을 달성할 수 없었을 때, 그 삶의 형태가 붕괴되는 방식들로부터 더 근대다운 원칙들은 출현할 수 있었다.[48]

이러한 종류의 운동은 헤겔의 『논리학』의 윤곽을 따른다. 거기 에는 문제시되는 주체들의 '즉자'An sich를 형성하는 의미를 띤 초기 '사변적'speculative 개념이 있다. 이 개념은 그런 종류의 존재가 된다는 것이 의미하는 바, 즉 그것의 '개념'이다. 이 개념이 명료화되고 작동 (헤겔의 용어로는 '정립'gesetzt)되면서 그 개념 내의 긴장들은 더욱더 분명해진다. 이러한 '정립'은 결국 주체들이 자신의 관행을 이해하려 고 시도하는 실천들과 조건들에 대한 재작업을 유도한다. 이러한 상 황에서 관행을 적절한 개념적, 언어적 형식으로 표현하는 방법은 그 자체로 논쟁거리이다. 왜냐하면 그렇게 하는 하나의 방식은 어떤 것 들을 포함하고 다른 것들을 배제할 수 있으며, 또 다른 명료화는 그와 는 같게 하지 않을 것이기 때문이다.

이유와 동기에 대한 헤겔의 독특한 '내재론'internalism은 이러한 전체 관점 속에서 그 뿌리를 찾을 수 있다. 헤겔은 아리스토텔레스를

---

48 "다시 말해, 그 자체로만 존재하는 것은 아직 내면에서 존재로 드러나지 않은 가능성이나 잠 재력(Vermögen)이다. 그것이 현실성을 획득하며, 즉 작동되거나 실현되기 위해서는 두 번째 계기가 필요하다. 그리고, 그 원리는 세계 전체에서 인류의 활동인 의지이다. 이 활동을 통해 서만 즉자적으로 존재하는(an sich seiende) 원래 개념이나 규정(지성)이 실현되고 현실화된 다." (Hegel and Hoffmeister 1994), p. 81; (Hegel 1975), p. 69.

따르면서, 인간 조건에는 항상 문제가 되는 특정 부분이 있을 것이라고 주장한다. 예를 들어, 두려움과 분노와 같은 감정을 다루는 법, 지위에 대한 욕망을 다루는 법, 부를 다루고 더 많은 부에 대한 욕망을 다루는 법, 노화와 유아기의 사실 등이 그러한 특정 부분이다. 이러한 것들은 자의식을 지닌 유기체에게 이유reason로 간주될 수 있는 것의 한계를 설정한다. 만일 이유[이성]에 비추어 행동함으로써 일이 성공적으로 이루어진다고 해도, 우리 자신의 주체성이 충돌할 때, 즉 우리 자신의 경우 이유들이 이유 자체들과 내재적으로 충분히 갈등을 빚을 수 있는 수준에 있을 때, 그러한 주체성의 형식은 자신의 목적을 달성할 수 없다. 점점 더 명시적으로 자신 및 타인들과 상충하게 되고, 그것의 삶의 형태가 그 자신에게 더 이상 의미가 없어지면서[이해 불가능하게 되면서] 해체의 과정이 쉽게 시작된다.

　　로마의 생활과 관행은 사회의 인정 구조를 '주체성의 구성적 측면'으로 만드는 주체성 개념의 역사적 발전을 보여 준다. 로마의 생활과 관행으로 사람들이 계속 살 수 없게 된 것은, 로마의 생활과 관행이 사람들의 정서적, 지적 능력에 큰 압박을 주어 결국에는 그러한 사람들로 존재하는 것을 더 이상 불가능하게 만들었기 때문이다. 로마 삶의 형태에서, 하나의 주체a subject가 된다는 것은 단순히 지방법local laws, 제국법imperial laws 등으로 복잡하게 구분된 로마 법질서의 일원이 되는 것이었다. 주체성subjectivity에는 그 이상의 본질은 없었다. 주체성은 단지 법적 권리의 규범 질서라는 측면에서 작동했을 뿐이었다. 만일 주체성이 법적 질서에서 차지하는 하나의 위치일 뿐이라면, 주체성은 그 법적 질서, 특히 제국의 법적 질서를 유지하는 권력 관계에 의존한다. 따라서 어떤 한 사람의 주체성은 매우 연약하며, 누가 명령을 내리고 있는가에 가장 심층적 의미에서 의존할 수밖에 없다. 개체성을 단지 '공직 보유자'의 개체성으로만 인정하는 식으로 '순수한 사회적 인정 체계'scheme of purely social recognition가 실패함으로써 촉발된 '반성적 움직임'reflective move은 일련의 새로운 이유들을 노출하게 되었으며, 이 새로운 이유들은 로마 통치의 쇠퇴기에 진행된 것처럼, 어떤 개인의 주체성이 여전히 작동하고 있고 실패하지 않은 영역인 '내면성의 도야'cultivation of inwardness에 관한 것이었다.

초기 로마 기독교는 로마 삶이 스스로 유발한 공허함을 채우는 데 그쳤을 뿐이다. 그리스인은 심미적으로나 종교적으로 의미가 있는 것처럼 보였지만 결국 지속 불가능한 것으로 입증된 세계에서 살았다. 로마 세계는 그와는 다른 설명을 제공했지만, 그러나 그 내부 긴장이 점점 더 분명해지기 시작하면서 수백 년 동안 성공적으로 통치해 온 사태들에 부여된 의미가 무너지기 시작했다. 초기 기독교는, 지금은 사태들이 이해되지 않는[의미가 없는] 것처럼 보일지라도 시간이 지나면 그 의미가 실제로 우리에게 알려질 것이며, 그때까지 우리는 이 모든 것이 분명해질 것이라는 '믿음'을 보여 주어야 한다는 주장을 대신 내세웠다. 의미가 사라진 로마 세계는 언젠가 우리에게 그 의미를 드러낼 것이며, 그때까지 우리는 그 의미가 우리에게 드러날 것이라는 희망을 희미하게 바라보면서 유지할 뿐이다.

또한 기독교는 '모두가 자유롭다'라는 원칙을 전면에 내세웠다. 신은 편애하지 않고 모두를 평등하게 사랑한다는 생각에서, 기독교는 그러한 내면을 위한 내용을 제공하기 시작한 것이나 다름이 없었다. 즉, 개인이 자신의 삶을 단순히 어떤 '공직'office을 가졌다고 인정받는 것 이상으로, 그 자체로 가치 있는 것으로 이해할 수 있게 해 주는 선goods을 명시하는 설명을 기독교가 제공했다. 더구나, 그러한 삶에서 개인들 자신의 주체성이 어떻게 작동하는지에 대한 설명을 기독교가 제공하여, 그들의 가치는 예측할 수 없는 '운명'의 문제가 아니라, 이미 주어진 로마의 법적 질서로부터 추상화되고, '더 포괄적이고 신성한 질서'에 종속되는 그들 자신의 주체성의 요구사항에 속하는 문제가 되었다.

　로마의 자유가 지닌 원래 의미는 '어떤 사람이 노예가 아니면 그는 자유롭다'라는 식으로 부정적인 것이었다. 기독교적 대안은 주체성이 사회 공간에서 공직, 즉 특권을 가진 '로마인'이라는 관념에 더 깊이 파고들었고, 그 대안이 개인의 내면과 자기 주도self-direction와 관련이 있다는 것을 처음에는 추상적으로 알아냈다. 기독교 세계 질서에서 주체는 죄를 기꺼이 회개하여 정념과 성향의 예속상태로부터 자신을 기꺼이 해방할 수 있다면, 그 또는 그녀 자신의 인격이 될 수 있고, 헤겔의 용어로는 '자신 곁에'bei sich 머물 수 있다. 왜냐하면 여기서 정념과 성향은 종교적 믿음에서 발견되는 주체성의 주관적 핵심과 상충하는 것이기 때문이다. 기독교의 관점에서 볼 때, 로마에서는 주인조차도 그러한 정념에 대해서는 노예로 판명되었다. 그리고, 기독교 메시지에 구현된 것은, 주인이든 노예든 모두를 자유롭게 할 수 있는 '진리'truth였다.

　로마는 그러한 자유의 의미를 담고 있는 일종의 부화기incubator였지만, 로마는 그 원칙을 사람들의 삶에서 실현하지 못했고, 그래서 로마는 그야말로 로마답게 그대로 유지된다. [기독교에서는] 개별 주체들의 지위는 그들 서로에서 나올 수가 없고, 왕 중의 왕이신 기독교 신 자체로부터만 나올 수 있었다. 바울Paul은 「갈라디아서」 3장

28절에서, "그리스도 안에서는 주인도 노예도, 남자도 여자도, 유대인도 이방인도 없다"라는 잘 알려진 선포를 통해 이러한 기독교 이념을 공식화했다. 이제 기독교인 각자는 '세속적 공직'이 아니라 '신성한 가족'divine family의 '은유적 자리'metaphorical place를 차지했다.[49] 각자는 신의 아들이나 딸이었고, 따라서 신성한 질서 안에서는 서로 형제나 자매였다. 결국, 신의 자녀라는 지위는 그 자녀가 아버지의 바람을 수행하도록 요구했으며, 아버지는 더 이상 명확한 지시를 직접 내리지 않고 '아들'을 통해 지상에 나타난 후에는 인간 매개자를 통해서만 지시와 소원을 전달했기 때문에, 그것을 해석하는 행위act of interpretation가 필요했다. 누가 로마의 권력 중심을 장악하고 있느냐가 아니라, 누가 그러한 지시들을 해석할 수 있는 권한을 가지고 있느냐가 삶의 핵심 문제가 되었다. 인류적 요구사항을 '일신론적이지만 여전히 인격적인 신의 신성한 지시'로 이해함으로써, 인류적 질서에 대한 '이원적dyadic 이해'와는 대립하는, 완전한 '일신론적monotheistic 이해'의 가능성이 열리게 되었다. 이러한 움직임에서, 인류적 삶과 구별되는 도

---

49 자신의 역사 철학 강의에서, 헤겔은 유대교에서 일신론이 발전한 것을 그 원인으로 꼽았다. 그러나, 헤겔은 또한 유대교는 민족 종교일 뿐 진정한 보편 종교가 될 수 없으며, 따라서 유대교는 역사에서 '모두가 자유롭다'라는 장치가 발현된 지점이 아니라는 사실이 드러났다고 주장했다. 비록 유대교에 대한 다소 편협한 헤겔의 견해는 베를린에서 활동하는 동안 실제로 확장되고 변화했지만, 그는 유대교가 실제로 보편적 인류의 철학이 될 수 있다는 생각에는 단호히 반대했다. 로마인에 의한 성전 파괴와 그로 인한 비통함으로 인해, 일부 유대교 일신론자는 민족 종교인 유대교로부터 인류 종교로 개종을 했으며, 여기서 로마의 힘과 그 남용이 기독교의 여건을 조성했다고 헤겔은 강의에서 주장했다. (Hodgson 2012)의 논의를 참조할 것. 유대교에서 보편성의 불가능성에 대한 이러한 생각을, 유명한 신칸트주의자인 헤르만 코헨(Hermann Cohen)이 칸트의 이성 종교에 대한 생각을 갱신하여 반박한 바 있다. (Cohen 1995)를 참조할 것.

덕 개념, 다시 말해 개인과 합리적 도덕 질서의 '일원적 관계'monadic relation인 도덕 개념 그 자체는 더 나아간 발전을 기다리는 가능성으로 나타났다. 도덕은 신 앞에서 그 자체의 정당성의 기준으로 도덕 자체를 측정하는 것을 포함하며, 그래서 도덕은 개인이 더 심층적이고 내면적인 방향으로 나아가기를 요구한다. 사람은 신이 세운 규칙의 신성한 질서와 직접적인 관계를 맺는다. 그러나, 기독교에서는 타인들과의 관계도 신성한 가족의 일부로서, 타인들의 형제나 자매로서 존립하는 것이다. 이와 같은 점은 그 자체로 역사적 측면에서 발전될 수밖에 없는 긴장을 새롭게 만들이 냈다.

신의 아들이자 딸인 이들 각자는, 이제 각자의 삶에서 그러한 원칙들을 실제로 실현하기 위해 개인인 자신에게 요구되는 것이 무엇인지를 이해하도록 요구받았다. 이는 '적극적이며 주체적인 자기 주도의 의미'를 더했다. 따라서 기독교는 부정적으로만 획득될 수 있었던 과거 로마의 자유에 대한 관념을 대체하는 것처럼 보였다. 타인들은 한 사람에게 의존하지만 이 한 사람은 타인들에 대한 의존으로부터 자유로운 상태로 '로마의 자유'는 성립되었다. 처음에 기독교는 우리 모두가 천상의 주인에게 의존하기 때문에 우리 모두는 서로에 대한 관계에서 자유롭다는 관념을 대신 내세웠다. 그리고 이 천상의 주인은 '로마의 아버지'a Roman father처럼 우리에 대한 생살권과 명령 권한을 가지고 있었지만, 로마의 아버지와 달리 우리 모두를 사랑했다. (또한, 후에 밀턴이 말했듯이, "그러나 그분은 사람 위에 사람을 주인으로 만들지 않았으며, [주인이라는] 그 칭호는 그분에게 보존되어 있으며, 인간은 인간으로서 자유롭게 살도록 하셨다.")*

천상의 나라는 올바른 질서였으며, 이 '정의의 체제'system of justice

안에서 우리 모두는 기독교 신앙을 받아들임으로써 특정 유형의 노예 상태로부터 해방되었다. 그러나, 그런 식으로 표현된 믿음의 진술은 로마 삶에는 제도적으로 거의 영향을 미치지 않았다. 그래서, 그 원래 형식에서 로마 삶은 실천 면에서 [기독교의] 그 자유가 어떤 모습일지를 규정할 수 없었다. 그렇다면 이 자유는 어떤 것이었을까? 결국, 기독교의 자유도 처음에는 확실히 예속 상태, 세속적 노예제도나 농노제를 배제하지는 않았다.

이 기독교적 대안은 로마 삶이 붕괴하면서 개인들에게만 '현실적[효력 있는] 이유'actual reason가 되었다. 개인이 도덕 질서와 맺는 관계는, 인류적 삶에 개인을 포함하는 것을 대신해, 반성의 주요 객체가 되었다. 도덕적 삶의 그러한 가능성이 실재적 가능성이 되자, 이제 그 도덕적 삶을 시간을 거슬러 소급해 투사하여, 이전 삶의 형태가 초래한 실패들을 그러한 가능성을 실현하지 못한 것이라고 이해하는 일도 가능해졌다. 새로운 개념으로 인해 각 개인은, 전체 세계가 때로는 개인 자신들을 반대해 동맹을 맺은 것처럼 보일지라도, 결국에는 유의미한[이치에 맞고 말이 되는] 행동들actions that ultimately made sense에서 자신과 하나가 되어 자유로울 수 있었다. 로마 삶은 실패를 겪으면서도, 그 결핍의 무게에서 벗어나 자기 주도self-direction라는 더 긍정적인 그리스식 자유의 수정된 버전을 산출했다. 그런데, 왜 로마의 보

---

* [옮긴이] 핀카드는 이 인용문이 『실낙원』 어디에 나오는지 밝히고 있지 않다. 이 부분은 밀턴(John Milton)의 『실낙원』(*Paradise Lost*) 중 제12편에서 천사장 미카엘(angel Michael)이 신의 인간 창조를 언급하는 내용이다. 그 원문은 다음과 같다. "But Man over men He made not lord; such title to himself Reserving, human left from human free." 우리말 번역으로는 다음을 참조할 수 있다. 존 밀턴, 『실낙원 2』, 조신권 옮김, 문학동네, 2020, 228~229쪽 참조.

편주의와 기독교의 내면성만으로는 충분하지 않았을까? 헤겔은 왜 역사가 필연적으로 '로마 세계'로부터 '게르만 세계'로 이행할 수밖에 없었다고 생각했을까?

'게르만족', 독일인, 그리고 유럽

폴리비오스는 로마의 권력이 부상하면서 갑자기 역사의 새로운 주제, 즉 '보편사'universal history가 생겨났다는 것을 알았다. 이 보편사는 세계가 지향해 온 목적에 대한 관념에 의해 활성화된다. 헤겔은 여기서 한 걸음 더 나아가, 로마가 멸망한 이후 무슨 일이 일어났는지를 물었다. 이는 새로운 심리의 형식, 즉 '원칙'principles과 '정념'passions 사이의 연결 고리에 대한 새로운 심리 형식이 생겨났는지를 묻는 것과도 같다. 그래서 위 질문에 대한 해답은, 새로운 상황들에서 '보편자가 어떻게 자신을 특수화하고 거기서도 여전히 보편자 자신과 동일한가'에 주목하는 것이었다. 그렇다면, 이처럼 뿌리를 내리기 위해 발전되어야 하는 새로운 주체성의 형태가 과연 거기에 있었을까?

이를 위해, 헤겔은 특히 트레비라누스G. R. Treviranus와 블루멘바흐J. F. Blumenbach가 추상적으로 정교화했던 당대의 신흥 민족학sciences of ethnicity에 주목했다. 이 문제에 대한 헤겔의 사유는 직설적이면서도(그런 의미에서 분명하긴 하지만), 또한 약간 특징 없이 혼탁한 상태다. 헤겔은 블루멘바흐의 인종 유형론typology of the races을 확정된 경험적 사실로 어느 정도 받아들였다. 그리고 헤겔은 각 인종 유형마다 그에 상응하는 심리가 있다고 결론을 내렸으며, 이를 유기적인 '민족' 개념으로 확장했다. 그럼에도 불구하고, '민족'을 하나로 묶는 것은 종족 구성이 아니라 그 민족이 헌신하는 '원칙들'이지만, 한 민족의 종족 구성은 부분적으로는 그들이 헌신할 수 있는 원칙들의 종류와 원칙들의 집합을 형성한다고 헤겔은 주장했다. 예를 들어, 헤겔은 다음과 같이 말한다. "역사에서 정신은 본성적으로 보편적이면서 동시에 규정된 것이다. 짧게 말해, 그것이 일반적 의미의 '민족'Volk이며, 우리가 관심을 갖는 정신은 민족정신Volksgeist이다."[50] 더구나, 이러한 종류의 민족 차이는 우연한 것이 아니라 개념적인 것이다. 다양한 민족들Völker은 '보편자'와 '특수자'의 일종의 통합이 작동하고 있다는 측면에서 이해될 수 있다. 즉, 그들 자신의 정신 상태가 그들의 자연적 성향에 얼마나 가까운가, 다시 말해 자기 결정의 정도가 그들 각자에게 얼마나 있고 또 얼마나 나타날 수 있는가라는 측면에서 민족들은 이해될 수 있다. 헤겔은 적어도 민족 차이에 어떤 '논리'가 있을 수 있다는 생각을 만지작거리긴 했지만, 헤겔의 민족성 개념은 사실상 민족지학자 스미스A. D. Smith가 만든 훨씬 더 최근 개념인 '에트니'ethnie[문화적 역사적 공동체]와 유사하다. 민족주의nationalism의 부상에 대한 스미스의 설명에서 '에트니'ethnie는 공통의 신화와 기억을 공유하는 집단으로서, 그 구성원들은 서로 문화적 친밀감을 누린다. 따라서 '에트니'ethnie는 기본적으로 인종적 개념이 아니다.[51]

---

50 (Hegel and Hoffmeister 1994), p. 59; (Hegel 1975), p. 51.

51 헤겔은 다음과 같이 언급한다. "§393의 보충(Zusatz)에 묘사된 인종적 차이는 본질적 차이이며, 개념에 의해 규정된, 자연 속의 보편적 정신의 차이이다." (Hegel 1969c), §394, pp. 63~64; (Hegel et al. 1971), p. 46. 스미스(A. D. Smith)의 '민족'(ethnies) 개념은 그 의미상 다음과 같다. "민족은 육체적 혈통이 아니라, 연속성, 공유된 기억, 집단 운명, 즉 특정 문화 단위의 인

한편으로 어떤 의미에서, 이것은 더 일반적인 헤겔의 관점과 상충하지 않는다. 그의 관점에 따르면, 다양한 종류의 사유 질서들에는 서로 다른 심리들이 작용할 것이다. 바다를 항해하는 상업 민족은 육지에 갇힌 농업 민족과는 다른 심리를 형성할 수 있다. 그러나 19세기에는 경험적 사실을 인종주의적 방향으로만 해석하려는 유혹이 항상 헤겔을 부추겼고, 헤겔은 그 유혹을 항상 뿌리치지는 못했다. 주체성에 대한 헤겔의 견해는 인종주의적 태도를 함축하지도 않고 반드시 그것을 지지한 것도 아니므로, 만일 헤겔의 견해가 그대로 남겨졌더라면, 그의 전반적 관점에서는 어떤 것도 그러한 인종주의적 사상을 그의 저술에서 말소하는 것을 배제하지 않았을 것이다.[52] 원칙적으로, 헤겔은 '자신의 진술'과 '증거가 뒷받침하는 것' 사이의 거리에 직면하여 단순히 자신의 마음을 바꿀 필요성을 느꼈던 것일 수도 있다. 그러나, 헤겔은 그렇게 하지 않고, 민족에 대한 자신의 관점을 한 단계 더 진척시켰다. 헤겔이 때때로 여러 곳에서 주장한 것처럼, 각각의

구가 보유한 신화, 기억, 상징, 가치에 구현된 문화적 친밀감에 의해 구성된다." (Smith 1991). 스미스는 이 개념을 사용하여 '민족주의'(nationalism) 현상을 다음과 같이 설명한다. "국민(nation)은 […] 역사적 영토, 공통 신화와 역사 기억, 공적인 대중 문화, 공통 경제, 모든 구성원에 대한 공통의 법적 권리와 의무를 공유하는 인구를 가리킨다. 정의상 국민은 민족과 마찬가지로 공통의 신화와 기억으로 이루어진 공동체다. 또한, 그것은 영토 공동체이기도 하다. 그런데, 민족의 경우 영토와의 연결이 단지 역사적이고 상징적일 뿐일 수 있지만, 국민의 경우 그것은 영토를 소유한다는 점에서 물리적이며 실제적이다. 다시 말해, 국민은 항상 민족적 '요소들'을 필요로 한다. 물론, 이러한 요소들은 재구성될 수 있으며 종종 재구성되기도 한다. 그러나, 국민은 영토 본거지에 대한 공통 신화와 기억 없이는 이해될 수 없다." (Smith 1991), p. 40. 스미스는 다른 곳에서 '민족'은 기본적으로 "민족이 제공하는 문화적 통일감과 친밀감"의 문제라고 지적한다. "왜냐하면 문화적 친밀감은 민족의 다양한 계급과 계층을 묶는 요소이기 때문이다." (Smith 1998), p. 128.
52 헤겔이 인종주의자였다는 생각에 대해서는 (Bonetto 2006)을 참조할 것.

'민족'은 그 자연적 구성으로 인해 특정 유형의 원리만을 취할 수 있고, 특정 유형의 사유 질서만을 발전시킬 수 있다. 심리와 원칙 사이의 연관성은 매우 긴밀하므로, 만약 어떤 민족 집단이 선천적으로 특정한 종류의 심리 성향을 가지고 있다면, 적어도 그 집단은 결국에는 이성의 요구에 더 부합하는 사유 질서를 발전시킬 것 같지는 않다고 헤겔은 생각했다. 게다가, 헤겔은 우리가 세계의 다양한 민족들을 조사하면 정확히 그런 결론에 도달할 수 있다고 주장했다. 역사 철학은 그러한 민족들과 그 민족들이 낳은 일종의 사유 질서들에 대한 역사이다.[53]

그러나 다른 한편으로, 헤겔은 민족 차이로 인해 어떤 식으로든 한 민족이 다른 민족에게 본래 종속되는 것이 허용된다는 생각에 매우 분명히 반대했다. "혈통은 인간에게 자유와 지배권을 부여하거나 부정할 수 있는 근거가 될 수 없다. 인간은 그 자체로 이성적이다. 거기에는 모든 인간에게 동등한 권리가 주어질 가능성과, 권리가 있는 인종과 없는 인종 사이에 엄격한 구분을 하는 것이 무효하다는 점이 내재한다."[54] 그러나, 헤겔은 여전히 이것이 그의 '인종적 민족'ethnies 개념과 양립할 수 있으며, 역사에서 덜 진보된 단계에 사는 일부 '민족들'의 개념과도 양립할 수 있다고 주장했다.

---

53 이것은 '국민적 성격'에 대한 헤겔의 언급 뒤에 숨어 있는 생각이며, 그로부터 주체성의 역사적 내재성에 대한 더 일반적인 이론이 구별되어야 한다. (Hegel 1969c), §394, p. 64; (Hegel et al. 1971), p. 46을 참조할 것.

54 (Hegel 1969c), §393, p. 57; (Hegel et al. 1971), p. 41. "그러나 혈통은 인간에게 자유와 지배권을 부여하거나 거부할 근거가 될 수 없다. 인간은 즉자적으로 이성다운 존재이다. 여기에 모든 인간에게 동등한 권리가 주어질 가능성이 있다. 권리가 있는 인종과 없는 인종을 엄격하게 구분하는 것은 아무것도 아니다."

그의 역사 철학에 활기를 불어넣는 질문, 즉 폴리비오스 질문의 변형된 버전인 이 질문은, '어떻게 유럽이 근대성modernity을 성취했으며 인류에게 보편적 표준의 담지자인가'를 의심의 여지 없이 주장할 수 있는가와 관련이 있다. 헤겔의 대답은 자신의 이론의 일부 기초와 상충하는 것으로 드러난다. 특히, 어떻게 '정신'이 해체와 계승의 논리에 의해 발전하는가에 대해 헤겔이 진술한 관점은, 민족성이 원칙의 최종 형태를 결정한다는 그의 관점과 완전히 상충하지만, 반면에 유럽이 어떻게 역사 발전에서 전위를 형성하는지에 대한 그의 견해는 '민족들과 원칙 시이의 관계'에 대한 그의 관점에 의존한다.

폴리비오스는 로마 종교의 우월성과 공공의 미덕들로 인해 로마가 세계에서 두각을 나타낸 것은 거의 불가피한 일이었다고 주장했다. 이것이 사실이라면, 로마 자체가 결국 멸망하고 그 뒤를 '독립된 민족국가들의 집합체'collection of independent nation-states인 '근대 유럽'이 어떻게 로마를 계승했는가, 라는 의문을 헤겔은 제기한다.

'유럽'이 로마를 어떻게 계승했는지에 대한 대답은, 로마를 약탈하고 그들만의 지배적 문화를 확립한 사람들로 이루어진 '민족들'과 관련된 것으로 드러나며, 바로 이들이 '게르만족'Germanen(이것은 독일인the Deutsche이 아니다)이었다.* 이렇게 주장하면서, 헤겔은 '로마 국경 너머에 살면서 로마의 지배를 거부하고 싸워서 결국 로마를 압도한 것으로 추정되는 무리들이 게르만족이라는 야만인들이다'라는 폭넓게 설정된 관점, 즉 심지어 수 세기 동안 넓게 견지해 온 관점에

---

* [옮긴이] 핀카드는 원문에서 이 둘을 구분하기 위해, '게르만족'을 *Germanen*으로 이탤릭체로 표기하거나 "Germans"라고 따옴표로 묶어 표기하며, '독일인'을 그냥 Germans로 표기한다.

서 서술했다. 헤겔에 의하면 게르만족은 자신들의 민족 문화를 로마 문명에 가져와 로마 문명을 영원히 바꾸어 놓았다. 게르만족은 원래 카이사르Caesar가 라인강 동쪽에서 로마 통치에 저항하는 모든 무리들을 지칭하는 이름으로 묶이 묘사한 것이다. 이후, 타키투스Tacitus는 서기 98년경 게르만족에 대한 유명한 글을 썼다. 타키투스의 언급에 따르면, 게르만족이 조야한 민족이라는 점은 의심의 여지가 없지만, 게르만족은 일련의 훌륭한 미덕들을 보여 주었다. 즉, 게르만족은 자유(비록 조야하고 완고한 종류의 자유이지만)를 위해 헌신했으며, 미덕을 갖추었고, 서로에게 끝까지 맹렬히 충실성을 다하였고, 취향은 단순했으며, '다른 무리들과 달리' 전투에서 모범적 용기를 발휘했으며, 항상 그들 조상의 땅에서 생활해 왔다. 이 게르만족은 이후 르네상스 시대부터 20세기까지 광범위한 독일 지식인들 사이에서 독일인 the Deutsche의 진정한 조상이자 모델로 받아들여졌다.

그런데, 타키투스의 게르만족을 독일인이라고 믿었던 모든 사람에게는 안타까운 일이지만, 이 모든 것은 대부분 신화에 불과했다.[55] 게르만족에 관한 타키투스의 글은 사실상 로마의 당대 삶의 상태를 비판하기 위한 정치적 논고였다. 이 글에서 타키투스는 사치와 권력으로 타락한 당대 로마인을, 비록 세련되지 못하고 야만적이지만 적어도 당시 로마에는 눈에 띄게 부족한 미덕들을 보여 준 '이상적이고 신화적인 무리[게르만족]'와 비교했다. 사실상 타키투스는 자신이 게르만족이라고 불렀던 사람들을 실제로 관찰한 적이 없었던 것으로

---

55 이것은 크리스토퍼 크레브스(Christopher Krebs)의 훌륭하고 매우 중요한 책의 주제이다. (Krebs 2011)을 참조할 것.

보인다. 그는 게르만족을 거의 꾸며 지어내었다. 그러나, 르네상스 시대 이후, 독일인은 타키투스의 책을 받아들여, 이 책이 독일 민족의 '진정한 본성'true nature을 드러낸다는 믿음을 가지고 그 책의 주제를 변형했다(이 중 가장 비참한 것은, 타키투스의 게르만족에 대한 언급이 고대 문헌에서 흔히 사용되는 단순 비유임에도 불구하고, 독일인이 '다른 종족과 같지 않기 때문에' 인종적으로 순수하다고 생각한 것이었다).[56] 그러한 '신화적 게르만족'은 몽테스키외의 『법의 정신』에도 독일인이 믿은 타키투스적 형식으로 등장한다. 이 책에서 몽테스키외는 아미도 프랑스인 자신(또는 적어도 프랑스 귀족과 왕족)이 덕스럽고 자유를 사랑하는 게르만족의 후손일 것이며, 프랑스인을 제외한 어느 민족도 그렇지 못하다는 점을 제안한다. 하지만, 타키투스의 책에 의존한 모든 이들에게는 안타까운 일이지만, 타키투스가 묘사하는 의미의 '게르만족'은 결코 존재하지 않았다. 게르만족으로 묘사된 무리는, 사실상 다양한 무리들의 집합체였으며, 하나의 순수한 민족 통일체가 아니었다.[57] 게르만족은 '독일인'이 아니었다.

　게르만족에 관해 '새로운 사유 질서의 담지자'를 형성한 것은 무엇이었나? 이에 대답하기 위해, 헤겔은 타키투스의 신화를 거슬러 올

---

56 (Krebs 2011), p. 48 참조. 메리 비어드는, 타키투스의 논증 방식이 타키투스가 그것을 사용하기 전부터 오랜 역사를 가졌다는 점에 주목한다. 이 논증 방식은 '야만인들'(barbarians)이 동시대 로마인보다 더 많은 미덕을 가질 수도 있다는 영향에 대한 것이다. (Beard 2015), p. 183.

57 헤겔은 자연이 '무력하다'라고 주장했기 때문에, 즉 자연은 종들 사이의 뚜렷한 경계를 결정하거나 스스로를 더 나은 존재로 만들 수 없다고 생각했기 때문에, 명확하게 구분된 민족 단위가 존재할 수 있다고 생각하는 것은 헤겔에게는 거의 의미가 없었다. 개념들 사이에는 뚜렷한 차이가 있을 수 있지만, 그 규정성이 항상 어떤 '타자'와의 관계에 의존하는 자연적 통일성에서는 그렇지 않다. 헤겔의 『논리학』에서, '어떤 것'과 그것의 '타자'는, 그들 사이에 서로 넘나들 수 있는 잠정적 경계가 있을 뿐이기 때문에 서로에게로 이행한다고 주장된다.

라간다. 타키투스는 고대 게르만족이 '자유에 대한 사랑'love of freedom 을 지니고 있었다고 주장했으며, 헤겔도 이를 다음과 같이 지지한다. "고대 독일인은 그들의 자유에 대한 사랑으로 유명해졌다. 로마인은 이 점에서 처음부터 독일인에 관해 올바른 관념을 형성했다. 독일에서 자유는 가장 최근까지도 표제어가 되었다."[58]

그러나, 헤겔은 '독일인'이 자유를 사랑한다는 신화를 믿었음에도 불구하고, 자신의 당대까지 형성된 신화에 완전히 빠져들지는 않았다. 헤겔에게 '게르만족'은 루소식의 '고귀한 야만인'noble savages이 아니었고(이 문제라면, 루소조차 게르만족을 자신의 모델로 삼지 않았다), 또한 특별히 존경할 만한 존재도 아니었다. 헤겔의 다양한 묘사들에서, 게르만족은 야만적이고, 둔감하고, 편협하고, 무지하고, 어리석었다. 그들이 가진 장점은, '자유에 대한 사랑' 외에도, 편안함 Gemütlichkeit의 미덕에 따라 살려는 그들의 노력이었다. 이 편안함은 '아늑함에 대한 사랑'과 결부된 '일종의 느긋하고 서두르지 않는 삶의 방식'이었다. 헤겔이 보기에, 이 미덕은 둔감하고 세련되지 못하며 때때로 경박하기까지 하지만, 게르만족이 더 진보된 기독교 미덕을 자신들의 삶의 고갱이로 받아들일 채비를 갖추게 해 준다는 점을 제외

---

58 "고대 독일인(Deutschen)은 자유를 사랑하는 것으로 유명하며, 로마인은 처음부터 그들을 정확하게 전체적으로 그러한 방식으로 이해했다. 독일에서 자유는 가장 최근까지도 표어였다." (Hegel 1969j), p. 425; (Hegel 1956), p. 353. 그러나, 그는 게르만족이 많고 인종이 혼합되어 있다는 점에 주목했다. 예를 들어, 헤겔은 다음과 같이 말한다. "독일은 원래 부분적으로는 게르만 기원과 부분적으로는 게르만화된 슬라브 기원인 부족들의 집합체였다. 그들은 프랑스에서 일어난 것처럼 그렇게 하나의 전체를 만들지는 못했다." (Hegel 2005), p. 200. 1822~1823년 강의에서, 헤겔은 또한 이 게르만족(Germanen)을 독일(Deutschland)과 동일시하는 것처럼 보이기도 한다. (Hegel 1996), p. 451; (Hegel et al. 2011), p. 470을 참조할 것.

하면 그다지 추천할 만한 미덕은 아니었다.

　로마 보편주의와 연결된 기독교의 초기 '도덕 심리'moral psychology를 '게르만족의 습속habits'에 이식하는 데 아무런 문제가 없었던 것은 운이 좋아서였을까? 사실상 헤겔이 보기에는, 게르만족 자신들의 다소 부족한 문화는 오히려 길을 닦는 데 도움이 되었다. 왜냐하면 게르만족 자신들의 종교에 대한 애착은 너무 약해서(지적 생활이 너무 발달하지 않았기 때문에), 그들은 별다른 저항이나 투쟁 없이 기독교라는 새로운 종교를 위해 그들의 토착 종교를 빨리 포기해 버렸기 때문이다. 또한, 그들은 서로에 대해 그리고 충성을 맹세한 지도자들에 대해 강한 충심으로 가득 차 있었기 때문에, 헤겔이 보기에 그들은 근대 유럽인으로 주조될 수 있는 '이상적인 점토'ideal clay였다.

　게르만족에게 부족했던 것은, 그들이 민족 정체성 면에서 어떤 보편성의 의미를 띤 책무[공속행위]commitment가 전혀 없었다는 점이다. 그들은 특정한 권리와 특권만을 인정했기 때문에, 그들이 두각을 나타내기 시작한 첫 몇 백 년 동안 형성된 국가는 그 자체로 '모순들의 혼합체'amalgam of contradictions일 뿐이었다. 그 국가는 자유로운 국가가 되기 위해 국가에게 요구되는 것과는 완전히 상반된 보편성을 주장했다. 그 대신, 게르만족은 서로를 박해하고 끊임없이 전쟁을 벌이는 '비이성적이고 광신적이며 살인적인 국가'를 형성했다. 게르만족의 완고함으로 탄생한 봉건제feudalism는 억압과 불평등의 체제로 수백 년 동안 통치했다. 비록 그 시기를 거치면서 봉건제 자체는 발전했고 그 형태가 바뀌긴 했지만, (헤겔의 주장에 따르면) 봉건제에서 나타나는 독특한 '주체성의 형이상학'은, 봉건제가 마침내 스스로 부과한 압력들에 의해 무너져 다른 것이 될 때까지, 그 재형성 과정 대부분을 거치면서 그대로 유지되었다. 그럼에도 불구하고, 원칙의 문제로서 보편성universality은 학습될 수 있으므로, 자유와 신의에 대한 더 깊은 책무[공속행위]는 근대적 사유 질서를 궁극적으로 형성하는 데 필요한 다수의 좋은 구성 요소들을 가지고 있다는 것을 의미했다. 그리고, 이 근대적 사유 질서는 권리, 도덕적 의무, 근대 가정의 사회적으로 확립된 재화, 규제받지만 시장이 주도하는 시민 사회, 대의제 입헌 정부(헤겔도 입헌 정부는 군주정이어야 한다고 생각했다)에 기반한 것이었다.[59]

헤겔은 독일인에 대한 그 당대의 광적인 민족주의적 신화를 신뢰하지 않았다.[60] 헤겔은 '독일인'이 한때는 순수했지만 고유의 미덕을 타락시키거나 완전히 잃어버렸다는 관점, 따라서 근대 독일인은 그들 고유의 순수성과 미덕을 되찾아야 한다는 견해(당시 다른 많은 사람들이 가졌던 견해)를 거부하면서, 회복해야 할 '독일의 황금기'라는 그 관념 자체가 단순히 우스꽝스러울 뿐이라고 생각했다. 초기 게

---

59 헤겔은 게르만족 신화의 일부에 계속 의존하면서, 게르만족에게는 숲, 특히 고대의 원시림이 중요하다고 언급하는데, 이는 타키투스가 지적하고 독일 신화 민속의 기본 요소 중 하나가 된 것이다. 헤겔은 로마가 '게르마니아'에 침투하여 게르만족이 기독교로 개종하도록 강요한 것이 근대 이야기의 시작이었다는 생각을 암시하면서 다음과 같이 주장한다. "그러므로 북미의 자유 국가들과 유럽 나라들을 비교하는 것은 불가능하다. 유럽에서는 거기서 발생하는 모든 이민에도 불구하고, 인구를 위한 그러한 자연스러운 출구가 존재하지 않기 때문이다. 독일의 숲이 존재했더라면 프랑스 혁명은 일어나지 않았을 것이다. 그 나라가 주민들에게 제공하는 헤아릴 수 없는 공간이 점령되고 시민 사회가 스스로 압박을 받은 후에야 북미는 유럽과 비교될 수 있다." (Hegel 1969j), p. 113; (Hegel 1956), p. 86. 이러한 신화는 헤겔이 알 수 있었던 것보다 훨씬 더 문제투성이다. 타키투스 시대 즈음에는 독일에 더 이상 원시림이 없었다. (Woolf 2012), p. 55 참조.

60 이것은 미리암 비넨스톡(Myriam Bienenstock)이 (Hegel, Bienenstock, and Waszek 2007)의 서론에서 잘 짚어 낸 부분이다.

르만족의 관행과 신념을 되살리려는 노력은 [헤겔에게는] 아무런 가치가 없었다. 헤겔이 지적했듯이, 그렇게 생각한 동시대 독일인들은 이것이 '독일-다움'German-dom을 되찾는 방법이라고 생각했지만, 그러나 그들은 자신들이 '독일-멍청이'German-dumb임을 증명했을 뿐이었다.[61] 헤겔이 지적했듯이, 근대 독일인에게 초기 게르만족이 지녔던 문화적 특성은 "빗자루로 깨끗이 쓸어버린 과거 역사에 불과했다".[62]* 헤겔 당대의 독일인은 예를 들어, 니벨룽겐Nibelungen에 관한 고대 설화를 읽는 것보다 트로이 전쟁을 연구하는 데서 그들 자신에 관해 훨씬 더 중요한 점들을 많이 발견할 수 있었다.

그럼에도 불구하고, 타키투스가 묘사한 민족이 사실상 북유럽인의 조상이며, 자유에 대한 그들의 특별한 사랑이 그들을 자유라는 기독교 원칙의 전달자이자 근대 유럽 '민족'ethnie의 선구자로 만들었다는 식의 일부 신화를 헤겔은 다소 수용했다. 그렇게 해야만 '북유럽인의 심리'와, 프랑스 혁명 이후 유럽의 삶에서 핵심 역할을 하게 된 '자

---

61 (Hegel and Hoffmeister 1961), II, #241. (Hegel, Butler, and Seiler 1984), p. 312. 헤겔에게 있어 순수한 '독일다움'(Deutschtum)을 되찾으려고 시도한 사람들은 자신들이 '독일바보'(Deutschdumm)임을 보여 주는 것에 불과했다.

62 (Hegel 1969g), p. 347; (Hegel 1988), p. 1057. "그리스도, 예루살렘, 베들레헴, 로마법, 심지어 트로이 전쟁에 관한 이야기는, 우리의 국민 의식에게 빗자루로 깨끗이 쓸어버린 과거 역사에 불과한 니벨룽족의 일보다 우리에게 훨씬 더 현재적 실재성을 가진다. 그런 종류의 사안을 우리에게 국민적인 일로 만들거나 심지어 독일 민족의 성전으로 만들 것을 제안하는 것은 가장 하찮고 얕은 생각이었다. 젊은 열정이 새롭게 불타오르는 것처럼 보였던 시기에, 죽어서 사라진 것에 대해 한 시대가 다시 활기를 불어넣고 그 안에서 현재적 실재성을 갖는다는 느낌을 다른 사람들이 공유할 수 있기를 기대하는 것은, 죽음이 접근하는 노쇠의 백발을 나타내는 신호였다."

* [옮긴이] 핀카드는 이 인용문의 『헤겔 전집』을 (Hegel 1969g)라고 표기하고 있으나 이것은 오류다. 이 인용문은 『헤겔 전집』 중 『미학 강의 제3권』에 나오는 내용이므로 (Hegel 1969i)로 표기해야 맞다. 이 책 뒤 '참고문헌' 중 『헤겔 전집』의 약어를 참조하기 바란다.

유의 원칙' 사이의 밀접한 연관을 설명할 수 있었을 것이다. 그렇다면, 헤겔은 게르만족이 정신의 진보에서 선두주자가 될 수 있었던 특별한 심리를 가졌다고 생각했을까? 왜냐하면 헤겔은 또한, '심리'가 단순히 주어진 충동이나 성향의 집합을 지칭하는 경우는 거의 없으며, 그러한 역사적 전환에서 작용하는 정념은 본질적으로 원칙과 결부되어 있으므로, 원칙의 변화는 정념의 지위에도 변화를 가져온다고 주장하기 때문이다. 그런데, 그리스인과 로마인의 경우 정신이 자연에 작별을 고했다면, 어떻게 게르만족에게는 몇 세기 후 자연이 다시 등장하는 것일까?

무한한 목적을 지닌 경로 의존성

유럽의 근대성이 어떻게 생겨났는지에 대한 헤겔의 설명은 분명히 '경로 의존적 이야기'path-dependent story이다. 이 설명에 의하면, 만일 그리스로부터 로마, 기독교 게르만, 그리고 마침내 프랑스 혁명에 이르기까지 그것이 겪은 특별한 우여곡절이 없었다면, 유럽의 근대성은 결코 발생할 수 없었다. 따라서, '근대성으로 향하는 경로'는 현재 그렇게 존재하는 바와 같은 근대성에 반드시 필요했을 수도 있지만, 그렇다고 '근대성으로 향하는 경로' 자체가 반드시 필요했다라는 결론이 나오지 않는다. 더구나, 동일한 지점에 도달할 수 있었을 법한 다른 경로가 없다는 결론이 나오지 않으므로, 동일한 지점을 향하는 많은 대안 경로들이 가능하다는 점이 밝혀질 수도 있다. 어쩌면 그러한 경로들 중 일부는 실제 존재할 수도 있었을 것이다. 설사 헤겔의 논증이 '주체성의 역사성', 즉 매우 구체적인 역사 상황들과 연관된 우리의 기본 규범 개념을 확립했다고 하더라도, 그 논증이 진보에 대한 더 기본적인 헤겔의 주장을 확립하지는 못했을 수도 있다. 헤겔이 게르만식 '자유에 대한 사랑'love of freedom에 호소하지 않고도 자신의 논증을 확립할 수 있었는지가 관건이다.

역사는 정신, 즉 '인간의 집단적 마음 상태'의 현현manifestation이므로, 역사 발전은 자연에서의 발전과 다르다.[63] 정신의 현현으로서 역사는 일련의 삶의 형태들, 즉 '공동의 책무[공속행위]'와 그 책무를 실천한다는 것이 무엇을 의미하며 그렇게 실천하는 데 무엇이 필요한지에 대한 '공유된 이해'에 의해 사람들이 함께 구속력을 갖는 방식을 제시한다. 가장 일반적 수준에서 볼 때, 역사는 우리에게 상이한 형이상학적 주체성의 형태들을 제시한다.[64] 이미 말했듯이, 이 형태들은 '정념과 원칙의 통합'이며, 각 형태는 서로를 상호 강화한다. 이것이 의미하는 바는, 역사 현실의 경우보다 더 냉정한 용어로 표현

---

63 헤겔은 1807년 『정신현상학』에서, 자연과 관련하여 '역사'라는 용어를 사용할 수 없다고 다음과 같이 주장한다. "그러한 방식으로, 보편 정신과 그 개별성 사이의 중간 용어[매체]인 의식, 즉 감각적 의식은 그 자신의 중간 용어[매체]로서 자신을 전체로 질서화하는 정신의 삶으로서 의식의 형태들의 체계를 지닌다. 이 체계가 여기서 검토 대상이며 자신의 객관적 존재를 세계사로서 지닌다. 그러나, 유기적 자연에는 역사가 없다. 즉, 유기적 자연은 자신의 보편자인 생명으로부터 현존의 개별성으로 직접 내려온다. … 이것은 전체가 그 안에 현존하지 않기 때문이며, 전체가 그 안에 존재하지 않는 이유는, 전체가 대자적으로 하나의 전체로서 여기에 현존하지 않기 때문이다." (Hegel 1969a), p. 226; (Hegel 2010), ¶295.

64 (Hegel 1969a), p. 327; (Hegel 2010), ¶440. "정신은, 그것이 직접적 진리인 한에서 한 민족의 인륜적 삶이다. 그것은 하나의 세계이기도 한 개체이다. 그것은 그 자신이 직접적으로 무엇인지에 대한 의식으로 나아가야 하고, 그 아름다운 인륜적 삶을 승화시켜야 하며, 그리고 일련의 형태들을 거치면서 그 자신에 대한 지식을 획득해야 한다. 그러나, 이러한 형태들은 실재적 정신, 진정한 현실이라는 점에서 앞선 것들과 구별되며, 단순히 의식의 형태들이 아니라 세계의 형태들이다."

하자면, 역사에서 사람들은 타인들 가운데에서 자녀를 낳고, 약탈하고, 협상하고, 노동하고, 위협하고, 그냥 버티는 등의 여타 활동들을 함께하면서, 이유들reasons을 제시하고 요구한다는 것이다. 그러나, 자의식을 가진 주체들로서 사람들은 이러한 모든 활동에서 자신의 행동, 신념, 취향에 대한 일종의 권한을 추구하며, 이러한 자의식은 항상 전형적으로 반성적이지는 않지만, 역사 속에서 자신을 드러낸다. 각자는 자신의 사회 세계가 일련의 습관, 기대, 미덕 등으로 자신에게 뿌리내린 방식에 비추어 자신의 세계를 이해한다[의미화한다]make sense(또는 이해하려고 노력한다). 정신의 현현으로서 역사는 사람들이 자신의 사회 세계에서 화해를, 즉 자신의 삶에 대한 일종의 정당화를 추구하고 추구해 온 무대이며, 사람들은 개인으로나 집단으로 이를 추구해 왔다. 이렇게 언급하면, 이러한 개념에는 '역사에 진보가 있다'라는 점을 암시하는 것은 전혀 없으며, 더구나 필연적 진보는 물론이고 필연성을 암시하는 어떤 것도 없게 된다.

헤겔의 논증은 '선의 이념'Idea of the Good과 '진리의 이념'Idea of the True이 어떻게 서로 맞물리는지에 관한 『논리학』의 논의를 바탕으로 한다.[65] 대략, 그 논증은 다음과 같은 형태를 취한다. 적어도 근대적 주

---

65 흥미롭게도 『논리학』의 주장은, 헤겔이 그 본문에서 언급하듯이, 주체는 "자신의 자유를 아는 데서 절대적으로 자유로우며, 바로 이 자유에 대한 지식이 주체의 실체이자 목적이며 유일한 내용이다"라는 취지의 『정신현상학』의 논증에 근거하고 있다. 그는 이러한 논증을 펼치는 근거로 『정신현상학』을 인용한다. "그것[주체]은 그의 자유를 알며, 그리고 바로 이 자유에 대한 앎이 그의 실체와 목적과 유일한 내용이라는 점에서, 그것은 절대적으로 자유롭다." (Hegel 2010), ¶598. 『논리학』의 주장은 (Hegel 1969l), p. 545; (Hegel and Di Giovanni 2010), p. 731에서 찾을 수 있다. "결과적으로 그 관념은 여기서 자의식의 형태로 진입하며, 그리고 이 한 가지 관점에서 자신의 서술과 일치한다."

체의 경우, 선은 주체가 자신에게 무관심한 세계에 직면하여 선호하거나 바람직한 것으로 상정하는 것이며, 주체는 그 선을 유발하는 특정한 세속적 수단들을 사용함으로써 그 선을 실현한다. 그런데, 주체가 주체로서 자신을 이해하게 되면, 다시 말해, 주체가 세계에 대한 자신의 인식적 수용을 통해 단순히 '주체가 어떤 일을 안다'라는 것만이 아니라 '그 자신이 이 일을 안다'라는 사실도 알고 반성적으로 자의식을 갖게 되면, '과거에는 우연에 불과했던 것'이 다른 방법으로는 갖지 못했던 의미, 즉 '무한한 목적의 현현'이라는 의미를 띠며, 이 의미가 기본적으로 '제대로 된 적절한 자의식adequate self-consciousness에 도달한 정신Geist'인 주체성이 지니는 의미이다.[66] 즉, 그것[정신으로서의 주체성]은 자신을 이제 단순히 역사로서가 아니라 자신에게 의미가 있는 역사, 즉 헤겔이 말하는 '개념 파악된 역사'begriffne Geschichte로서 이해한다.[67]

역사의 우연한 '경로 의존적 발전'은, 주체성이 스스로를 이해하고 평가하는 특정 방식의 발전이다. 주체성은 자신을 파악할 때, 성공적 주체가 되기 위해 자신에게 무엇이 필요한지도 파악한다. 그리고 이는 시간을 거치면서 변화하고 발전해 왔다. 아리스토텔레스적 자연주의naturalism의 헤겔식 버전에서, 주체성은 자신의 이성[이유]rea-

---

66 (Tinland 2013), pp. 218~230의 논의를 참조할 것. 여기서 틴랑(Olivier Tinland)은 헤겔을 셸링으로부터 구별하는 것은 바로 이런 종류의 '자기 반성성'(self-reflexivity)이라고 주장한다. 그러나, 비록 틴랑은 헤겔 사유 노선의 '성취' 부분을 부정하지는 않지만, 그는 이것[자기 반성성]을 역사적으로 구조화된 정신성(Geistigkeit) 부분의 일련의 성취로 보지 않고, 주체성의 가능 조건을 밝히는 일종의 '초월론적(transcendental) 기획'으로 본다.

67 (Hegel 1969a), p. 591; (Hegel 2010), ¶808.

son을 사용하는 특정한 방식으로 '번성하는 실체'로서 자신을 파악한다. 그리고, 주체성의 번성은 집단적으로 자신을 다르게 파악함에 따라 상이한 형태를 취한다. 헤겔은 아리스토텔레스의 행복Eudaimonia을 '만족'Befriedigung으로 대체하지만, 두 용어의 전반적 취지는 유사하다. (그러나, 헤겔은 만족을 '행복'happiness으로 대체하는 것을 단호히 거부한다.) 만족스러운 삶은 뭔가를 할 가치가 있고, 고통스럽고 고난을 겪으면서도 즐길 가치가 있는 것을 통해 살아가는 삶이다. 이러한 삶에서는, 반성적 자의식의 요소가 결정적 역할을 한다. 그리고, 헤겔과 아리스토텔레스 모두에게 이러한 삶은 이미 성취된 상태가 아니라 활동activity으로 특징지어진다.[68] 그것은 유한한 목적이 아니라 '무한한 목적'이다. 새로운 사유 질서는 그러한 삶을 영위할 수 있는 새로운 방식을 제시하고, 다른 삶을 효과적으로 배제한다. 만족스러운 삶은 중요한 일을 성취할 수 있는 삶이다. 따라서 헤겔에 따르면, 삶의 '목적'에 대해 말하는 것이 오해를 불러일으킬 수 있는 한 가지 방식이 있다. 자기 이해(그리고 정의justice)의 무한한 목적은, 목표를 설정한 다음 가장 적절하거나 효율적인 수단을 선택하여 달성할 수 있는 목적이 아니다. 최종 목적은 아리스토텔레스가 행복의 삶을 묘사한 것처럼 '미덕에 따른 영혼의 활동', 즉 자의식적 인간 주체의

---

68 행동과 만족에 대한 헤겔의 확장된 논의 중 하나는 (Hegel and Hoffmeister 1956), p. 152에서 찾을 수 있다. "행동은 어떤 목적을 가져오는 것 외에는 아무것도 의미하지 않는다. 행동은 그것으로 무언가를 '이끌어 내는 것', 즉 성공이 이루어진다는 점에서 존재한다. 목적의 실현은 성취(Gelingen)이고, 행동의 성공(Erfolg)은 완성된 행동의 분리할 수 없는 결실인 만족(Befriedigung)이다. 행위와 목적의 달성 사이에 무언가가 끼어들어 둘을 분리할 수 있다. 그리고, 의무에 따라 행동하는 사람은 많은 경우 외적 성공을 거둘 수 없다는 것을 미리 알고 있다. 그러나, 의무는 성공에 대하여 단지 부정적 무관심과는 다른 것이다."

삶이 지니는 특징적 활동과 더 유사하다.

이러한 논증에 의하면, '선'good이라는 개념은, 매우 일반적으로 표현하자면, '사태와 자신의 삶을 이해하기[의미화하기]making sense', '가치 있는 삶을 살기'와 같은 것이다. 이 선은 다양한 방식들을 통해 집단적, 개별적으로 실현되며, 각 방식은 본질적으로 제한되어 있다 (따라서 각 방식은 헤겔의 용어로 '유한'하다). 삶의 형태는 더 이상 '의미가 없어질 때[이해 불가능하게 될 때]'when it stops making sense 해체의 경로로 들어선다. 즉, 그 안에서 살아가는 사람들이 더 이상 (그 삶의 형태에 내재한) 특정한 선[좋은 것]을 (그들을 둘러싼 물질적, 사회적 세계와 같은) 그러한 종류의 환경에서 이해할 방법이 있다는 희망을 포기하기 시작할 때가 바로 [기존 삶의 형태가] 해체의 경로로 들어서는 때이다.

이제, 이러한 시간 진행을 확인하는 방법에는 두 가지가 있다. 한편으로, 이 진행이 진정으로 나타나는 방식대로 그것을 보는 명백한 방법이 있다. 역사는 다양한 삶의 방식들의 연속이며, 변화의 이유들은 다양하고 거의 순서에 안 맞는다.[69] 이러한 관점에서 보면, 역사는 헤겔이 '나쁜 무한'bad infinite이라고 부른 것의 버전을 보여 준다. 즉, 우리는 한 시대, 한 삶의 방식, 한 신기원을 다른 것과 구분함으로써만 그 한계를 정할 수 있으며, 이것은 무한히 진행할 수 있다. 또는, 역사에서 일련의 사건에는 순서가 없으며, 오히려 그것은 '1-1+1-1…'이라는 연속의 순서와 같으며, 무無, nothing로 수렴한다는 사실이 드러날 수도 있다. 이 경우, 그것은 '나쁜 무한'일 뿐이며, '한 왕조가 다른 왕조를 계승한다. 그리고 계속…'이라는 일련의 계열에 따르는 것 그 이상의 아무것도 아니다. 세계가 그렇게 이해 불가능한 무한한 계열[무한급수]unintelligible infinite series이 아니라는 어떤 선험적 보장도 없다. (이것은『논리학』에서도 마찬가지이다. 사실상 어떤 무한한 계열[무한급수]을 위한 원리가 실제로 발전할 수 있다는 것을 보여 주기 위해서는 논증이 필요하며, 이것이 바로『논리학』이 할 수 있다고 주장하는 것이다. 즉,『논리학』은 발견하거나 구성할 수 있다는 보증이 사전에 없었던 어떤 것에 대해 논증을 구성했다고 주장한다.)

그러나, 헤겔의 주장에 따르면 역사에는 실제로 무한한 목적이 작용하고 있으며, 비록 아무도 그 목적을 그러한 목적으로 삼지 않더라도, 그것은 사태들을 이해하는[의미화하는]making sense 과정의 끝[목적]end이다.[70] 물론, 그러한 목적이 모든 행동에서 나타날 필요는 없다. 예를 들어, 어떤 이는 자신이 삶에서 수행하는 모든 개별 행동

---

69 "우리는 국민, 국가, 개인의 무한히 다양한 구성으로 이루어진 광대한 사건과 행동의 광경을 불안하게 연속해서 목격한다. 인간의 마음을 사로잡고 관심을 끌 수 있는 모든 것, 선하고 아름답고 위대한 모든 감각이 작용한다. 우리 자신이 긍정하고 그 성취를 바라는 목표를 추구하는 타인들을 어디에서나 볼 수 있으며, 그리고 우리는 그들의 희망과 두려움을 공유한다. 이 모든 사건과 우발적인 상황에서, 우리의 첫 번째 관심사는 인간의 행위와 고통이다. 우리는 모든 것에서 우리 자신의 요소를 보므로, 우리의 공감은 끊임없이 한쪽에서 다른 쪽으로 진동한다. 때때로 우리는 아름다움, 자유, 부유함에 매료되고, 때때로 우리는 인간의 에너지에 감명을 받아서 악까지도 위대하게 투자할 수 있다. 때때로 우리는 대중적 원인의 누적된 무게가 자신의 추진력을 잃고 마침내 와해해, 아주 작은 긴급 사태들의 무한한 복합 상황에 희생되는 것을 본다. 때로는 엄청난 노력을 기울여도 사소한 결과만 얻거나, 반대로 시원찮게 보이는 일이 어떻게 중대한 결과를 초래할 수 있는지를 우리는 본다. 우리는 어디에서나 우리를 이해관계로 끌어들이는 잡다한 혼란을 보며, 한 가지가 사라지면 다른 것이 즉시 그 자리를 차지한다. 변화라는 관념의 부정적 측면은 우리를 애도하게 만든다." (Hegel and Hoffmeister 1994), p. 34; (Hegel 1975), p. 32.

70 "정신 개념은 그 자신에게로 되돌아가는 것을 포함하며, 이로써 정신은 스스로를 자신의 대상으로 삼는다. 그러므로 끝이 존재하기 때문에, 즉 그 자체로 되돌아가는 것이 존재하기 때문에, 진보는 무한히 진행되는 무규정적 전진이 아니다." (Hegel and Hoffmeister 1994), p. 18; (Hegel 1975), p. 149.

을 건강을 증진하기 위한 수단으로 삼지 않고도, 건강을 목적으로 삼을 수 있다. 또한, 다른 모든 목적을 어떤 무한한 목적에 종속시킬 필요도 없다. 어떤 이가 건강을 원한다고 해서, 그가 다른 모든 행동을 그것이 자신의 건강에 어떻게 기여하는가에 비추어 고려해야 한다는 결론은 도출되지 않는다. 헤겔이 말하는 '긍정적 무한'affirmative infinite 을 이해한다는 것은, 무한한 계열[무한급수]을 그 배후에 있는 원리의 관점에서 이해하는 것이다.[71] 무한한 목적[끝]의 관점에서 역사를 이해하는 방식이 있고, 무한한 목적[끝]이 있으므로 역사에 진보가 있는지를 묻는 방식도 있다. 이에 대한 헤겔의 비유가 '이성의 지략智略'cunning of reason이라는 것이다. 이것은 인류사에 나타나는 좌절과 공포에도 불구하고 그 조각들을 주워 모아 새롭게 출발하는 '자기 이해'를 위한 욕구가 여전히 남아 있다는 것을 나타내는 방식이다.[72] 새

---

71 (Hegel 1969k), p. 289; (Hegel and Di Giovanni 2010), pp. 210~211. "사실상 무한한 계열[무한급수]은 나쁜 무한을 포함한다. 왜냐하면 그 계열이 표현해야 할 것은 여전히 당위로 남아 있고, 그 계열이 실제 표현하는 것은 사라지지 않는 저 너머에 의해 방해받고 있으며, 표현해야 할 것과는 상이하기 때문이다."

72 헤겔이 '이성의 지략'에 대해 말할 때, 그는 종종 그것을 어떤 종류의 법칙에 대한 진술이 아니라 약간의 은유로 자신이 의도한다는 것을 확실히 하기 위해 표현을 얼버무린다. 따라서 그는 『논리학』의 목적론에 대한 논증에서 다음과 같이 말한다. "그러나 목적이 객체와 매개적 관계를 맺고, 그 자신과 이 객체 사이에 또 다른 객체를 끼워 넣는 것은 이성의 지략으로 간주될 수 있다." (Hegel 1969l), p. 252; (Hegel and Di Giovanni 2010), p. 663. 마찬가지로 세계사 철학 강의에서 헤겔은 다음과 같이 말한다. "이성이 자신을 위해 일하도록 정념을 설정하는 것은 이성의 지략이라고 부를 수 있으며, 따라서 이성이 스스로 존재를 부여하는 것들은 반드시 대가를 치르고 손실을 겪어야 한다." (Hegel and Hoffmeister 1994), p. 105; (Hegel 1975), p. 89. 그는 『철학백과』(§209)에서 좀 덜 신중하게 다음과 같이 말한다. "객체적 과정들이 서로에 대해 그들 자신을 마모시키고 서로를 승화시키는 이 과정들을 지배하는 힘으로서 주체적 목적은, 그 과정들에 외적으로 자신을 견지하면서 그 과정들 안에서 자신을 보존하는 것이다. 바로 이것이 이성의 지략이다." 보론(Zusatz)에서 헤겔은 다음과 같이 말한다. "이성은 강력한 만큼 지략이 있다. 이성의 지략은 일반적으로 매개 활동으로 구성된다. 이성

로운 도덕적, 인륜적 권한의 형식은 낡은 권한의 붕괴로부터 촉발된다. 이성[이유]reason은 그 자체로 이성 자신의 권한을 주장하기도 하고 그것을 무너뜨리기도 한다.

게다가, 역사에서 이러한 연속은 복수의 선들의 끝없는 연속일 수밖에 없다. 선은 어떤 주체에 대한 주장을 바람직한 것으로 만드는 것이지만, 모든 주체의 유한성과 그들이 생각하고 행동하고 느끼는 상황을 고려할 때, 헤겔이 다음과 같이 지적한 것처럼 그러한 선은 많을 것이다. "선은 그 내용 면에서 제한된 것이며, 많은 종류의 선이 존재한다. 구체적 실존 상태로서 선은 외부의 우연성과 악에 의해 파괴될 뿐만 아니라 선 자체의 충동과 갈등에 의해서도 파괴된다."[73] 따라서, 역사에 '단 하나의 선'이 존재한다는 헤겔의 주장은, '사태가 항상 나아지고 있다'라는 지나친 낙관주의자의 주장보다 더 나을 것이 없으며, '모든 먹구름 속에 한 줄기 희망이 있다'라는 달콤하지만(그리고 거짓된) 따분한 말 이상의 것이 될 수 없다. 선이 항상 승리한다는 생각은 확실치 않다. 왜냐하면 헤겔이 지적한 것처럼, 선은 '악에 의한 파괴'에 항상 종속되기 때문이다. 사실상, 선에 대한 개념이 없다면 악에 의한 지속적인 선의 파괴에 대한 재인식도 있을 수 없다. '자기 이해의 무한한 목적[끝]'이 항상 또는 결국에는 그 최선의 형식으

은 객체가 그 본성에 따라 서로 행동하고 서로 작용하게 하면서도 그 과정에서 이성 자신은 섞이지 않고 자신의 목적만을 실행한다." (Hegel 1969b), §209, p. 365; (Hegel et al. 1991), p. 284.

73 (Hegel 1969l), p. 544; (Hegel and Di Giovanni 2010), p. 731. "더구나, 이 선[좋음]은 그 내용에 따라 제한을 받으므로, 선[좋음]에는 여러 종류가 있다. 기존 선[좋음]은 외부 우연과 악에 종속됨으로써 파괴될 수 있을 뿐만 아니라 선[좋음] 자체 내의 충돌과 갈등으로 인해 파괴될 수도 있다."

로 승리할 것이라고 자기 확신할 수는 없다.[74]

헤겔의 관점에는 또 다른 난점이 있다. 만약 자유라는 선이 실제로 '선험적인 정서적 참여'a priori affective engagement가 있다는 조건에 의존한다면, 자유 자체는 '무조건적 선'이 될 수 있다(그리고 칸트가 말한 것처럼, 그것은 타율적 선이 아니다). 이 경우 다음과 같은 두가지 측면을 생각해 볼 수 있다. (1) 이 '타고난 정서적 참여' 자체는 개념적으로 필연적이다. 헤겔은 게르만족에게 그러한 '개념적 필연성'conceptual necessity이 있다고 생각했지만, 우리가 보았듯이 이것은 삶의 형태에서 '원칙과 정념 사이의 연결'에 대한 헤겔 자신의 버전과 모순에 빠지며, 게다가 그러한 게르만족은 결코 실존하지도 않았

---

74 비록 헤겔이 종종 역사의 '위인'(偉人, great man) 이론을 떠안는 부담을 지지만, 그가 실제로는 그러한 견해를 견지하지는 않는다는 점을 지적할 필요가 있다. 비록 그 이론은 헤겔 당대에 충분히 상식화되어 있던 견해였지만, 헤겔은 그러한 '위인'은 단순히 운이 좋았을 뿐이라고 지적한다. 그들의 위대함은 본질적으로 그들이 소유한 뛰어난 자질에 의한 것이 아니라, 미래 사건에 의해 그들에게 어쩔 수 없이 닥친 것이다. 그들의 특정 목적 달성은 우연히 역사적으로 중요한 것으로 판명되었지만, 그것이 반드시 그들의 목표는 아니었다. 이것이 헤겔의 역사 발전 관점의 일부이다. 헤겔은 역사에 행동자가 개입할 여지가 없을 정도로 역사가 강력한 힘으로만 구성된다고 주장하지 않는다. 그러나, 헤겔은 적어도 개인의 편에서 행동자가 수행하는 역할은 대체로 작다고 주장한다. 헤겔은 다음과 같이 말한다. "세계사적 개인들의 운명을 살펴보면, 그들은 보편 정신의 전진 단계를 의미하는 목적의 실행자가 될 수 있는 행운을 가졌음을 우리는 알 수 있다. 그러나, 개별 주체로서 그들은 또한 보편적 실체와는 구별되는 실존을 지니며, 이 실존은 사람들이 일반적으로 행복이라고 부르는 것을 그들이 누렸다고 말할 수 없는 그런 것이다. 그들은 어떤 경우에도 행복해지기를 원하지 않았고, 오직 자신들의 목적을 달성하려고 했으며, 그들은 고된 노고를 통해서만 그런 시도에서 성공했다. […] 그들의 행동은 그들의 전체 존재이며, 그리고 그들의 전체 본성과 성격은 그들의 통치 열정에 의해 결정된다. 그들의 목적이 달성되면, 그들은 빈 껍질처럼 옆으로 떨어져 버린다." (Hegel and Hoffmeister 1994), pp. 99~100; (Hegel 1975), p. 85. 이 '위인들'이 세계 정신의 '더 높은 부름'에 응답함으로써 도덕적 책임에서 면제된다고 헤겔이 생각한다는 관념은 (Alznauer 2015)에서도 결국 철회된다. 또한, '위인들'에 대한 헤겔의 논의를 무도덕주의(amoralism)의 형식을 지지하는 것으로 독해하는 방식에 대한 표준적이고 가장 잘 표현된 방어라고 할 수 있는 (Wood 1990)의 논의를 알츠나우어는 효과적으로 다룬다.

다. 또한, (2)이렇게 원래 '타율적 선'이, 게르만족의 심리적 구성에 그것이 이전에 토대를 두고 있었던 상태로부터 분리되어 '무조건적 선'unconditional good으로 변형될 수 있다면, 이것은 '정신 자체의 근대 적 형태'일 것이다. 이 근대적 형태에서 주체다운 기능function은, 그러한 주체성에게 요구되는 합리적 목적들을 달성하는 데서 선으로 규정된다. 특히, 그러한 게르만족이 없다고 한다면, 두 번째 대안(2)이 헤겔에게 열려 있는 유일한 대안이며, 다행히도 그것은 헤겔의 나머지 견해들과 완벽하게 일치한다. 그러나, 헤겔의 실제 논증들은 게르만족에 대한 몇 가지 유감스러운 가정들에 여전히 의존하고 있다.

이러한 의미에서 보자면, '정의의 논리'logic of justice가 있을 때만 역사에는 필연성이 있다. 그리고, 이 '정의의 논리'는, '한 명'만 자유롭다거나 '일부'만이 자유롭다는 관점에 '제대로 된 정의 개념'adequate conception of justice이 의거할 수 없다는 점을 요구한다. 만일 이러한 논증이 가능하다면, 비록 형이상학적으로 인과적인 것은 아니지만, 역사에는 필연성이 존재한다.[75]

봉건적 의존으로부터 자유인 정의로

헤겔의 '철학적 역사'의 관점에서 볼 때, 로마 이후 유럽의 기원은 주로 권력과 지배라는 주제를 중심으로 형성되었다. 지배 집단은 크게

---

75 인과 법칙을 포함하지 않는 역사에 대한 헤겔의 생각에 대해서는, (Stekeler-Weithofer 2001) 및 (Jaeggi 2014)를 참조할 것.

두 가지로 나뉘었다. 즉, 적어도 잠재적으로라도 보편성을 주장할 수 있는 '기독교 교회'가 그중 하나이며, 게르만족의 후손이라고 주장하는 다양한 부족들과 통치자들(비시고트족, 반달족, 오스트로고트족, 롬바르드족, 프랑크족 등)이 또 다른 하나였다. 이들은 지배권을 확립했으며 자신들의 고객들에게 보상을 제공했다. 그들이 주장하였고 자신들의 통치를 정당화하기 위해 시도한 권한의 일부는 교회로부터 자신들이 인정받는 것이었고, 교회도 마찬가지로 그들에게 성유^{聖油}를 뿌리거나 임명할 권리를 주장함으로써 자신의 권력을 유지하고 확장하려고 했다. 이 모든 것의 배후에는, 권력을 잡을 수 있는 곳이라면 어디든 달려가 쟁취하고 붙잡아 두려는 인간의 타고난 성향이 있었고, 이러한 성향은 당시 제도적 장치로는 통제하기 어려운 정념이었다.

초기의 위대한 통치자 중 한 명인 샤를마뉴Charlemagne(748~814)는 정복을 통해 프랑크족의 세력을 확장하고 교황에 의해 로마 황제로 즉위하는 데 성공했다. 샤를마뉴의 초기 신성로마제국은 군소 공국들의 집합체로 이루어진 '유럽'의 시작인 것처럼 보였지만, 그 성공과 업적에도 불구하고 결국 그것은 '유럽'의 잘못된 출발이었다.[76] 샤를마뉴의 제국은 실제로 스스로를 '로마'라고 생각했으며, 더 중요한 점은 자신을 '기독교적'이라고 생각했다는 것이지만, 그러나 아직 '유럽'이라는 관념을 그 핵심에 두고 있지는 않았다(그것은 나중에 '유럽'이 자신을 그러한 관점에서 더 많이 생각하기 시작하면서 부여된 의미

---

76 이 점에 대해서는 (Lopez 1967)을 참조할 것.

였다).[77] 거기에는 정의 개념을 제도적으로 확보하고 적절한 관행 내에서 정교화하는 것이 아직 부족했다. 목적으로서의 정의는 있었으나 안정적으로 보장되지는 않았으며, "종교는 아직 권력자의 난폭함을 세어할 수 있을 만큼 사람들의 정신을 지배할 만한 권한을 갖지 못했다".[78] 따라서 샤를마뉴가 세운 제국은 그의 죽음 직후에 붕괴했다.

'유럽'이 형성된 초기에는, 삶의 형태, 정념과 원칙의 특정한 결합 및 주체성 자체의 형태가 아직 구조화되지 않았기 때문에, 그러한 '유럽적 체제'가 확립될 수 없었다. 그 대신 실천적 이유로 중요하게 간주된 것은, 특정 민족과 특정 군벌 및 성직자에 국한되었다. 헤겔의 설명에 따르면, 세수 증대, 군대 설립, 학교 설립, 법적 정의 체계 확립을 위한 샤를마뉴의 목표와 구체적 제안은 돌이켜 보면 아무리 훌륭해 보일지라도, 적절한 제도적 기반이 부족했다. 그리고 샤를마뉴의 개혁은, 자신들에게 가장 이익이 되는 일을 할 자격이 있다고 생각하는 다른 이해관계자들 앞에서는 무력했다. 샤를마뉴의 죽음 이후 벌어진 폭력 사태에서 등장한 것은 정의가 아니라, 더 강력한 자들의 더 집중되고 지속적인 통치였다. 샤를마뉴의 실패한 시도가 유일한 것도 아니었다. 호엔슈타우펜 왕가Hohenstaufen(약 1138~1254)의 통치와 같은 다른 시도도 잘못된 출발이었다. 호엔슈타우펜 황제 중 한 명인 프리드리히 바르바로사Friedrich Barbarossa는 처음에는 게르만 제국을 이탈리아의 거대한 지역들과 통합할 수 있을 것처럼 보였다. 그러나, 황제나 교황이 극복하기에는 지역 충실도의 힘이 너무 컸다. 게다

---

77 (Le Goff 2005), pp. 4~6을 참조할 것.
78 (Hegel 1969j), p. 438; (Hegel 1956), p. 364.

가, 종속 체제의 합법성 자체가 항상 그 자신의 구성원들로부터 압력을 받고 있었다. 신하들이 자신보다 높은 군주에게 의존하는 정도는 서류상으로는 확고해 보였지만, 실제로는 신하들은 항상 한 눈을 부릅뜨고 종속 상태로부터 벗어나 더 나은 군주에게 갈 길을 찾고 있었고, 기회가 보이면 그 기회를 잡기도 했다. 따라서, 샤를마뉴나 바르바로사의 정복(또는 그 시대의 다른 정복들)에서 '유럽'이라는 명칭은 등장하지 않았다. 하지만 이것들이 모두 '잘못된 출발'false starts이었다는 말은 무엇을 의미할까?

그러한 삶의 형태를 특징짓던 폭력violence으로 인해, 사람들은 폭력을 발견할 수 있던 곳에서 [자신을 방어하는] 보호장치protection를 모색했다. 따라서 이러한 삶의 형태에서 '정의의 이상'ideal of justice은, (헤겔이 '야만인'barbarians의 전형이라고 주장한) 다른 의지들에 대항하여 자신을 방어하는 능력으로만 나타날 수 있었다. 그래서, 실제로 가능한 유일한 정의 체제system of justice는, 보호를 약속할 수 있는 강자의 지배에 의해 부과된 것이었다.[79] 폭력이 만연한 세계에서 이러한 사태의 상황과 의존성이 발전한 것이, 불평등과 개인적 의존들에 기반한 사회 질서인 '봉건제'feudalism였다. 이 봉건제에서는, 모든 사람이 타인에게 종속되어 있었고, 개인의 충실성과 무력의 위협이 결합해야만 전체 체제를 단합시킬 수 있었다. 헤겔의 표현을 빌리자면, '보편적 불의'universal injustice의 체제가 수백 년 동안 확고하게 자리 잡고 영향력을 행사했다.[80] 이러한 체제는 스스로를 유지하고 정당화하

---

79 (Hegel 1969j), p. 445; (Hegel 1956), p. 369를 참조할 것.

기 위해, 그 자체를 '신성하게 이미 정해진 상태'로, 즉 '우주 질서에 기본적으로 순응하는 상태'로 이해하는 면을 발전시켜야 했다. 그러나 그러한 종류의 체제는 자체 발전하면서, 장기적으로는 그 자체가 철학적으로 옹호하기 불가능한 것으로 드러났을 뿐만 아니라, 그 체제가 점점 더 의미가 없어지고[이해될 수 없고], 그에 대한 저항이 점점 더 성공적이게 됨으로써, 그 체제를 가지고는 점점 더 살기 어려워지게 되었다.

그러한 삶의 형태에서, 특정한 형식의 정치 심리political psychology가 아주 자연스럽게 뿌리를 내렸다. 어떤 이가 자신에게 요구되는 일을 하는 것은, 그가 경로 의존성의 질서에서 자신이 서 있는 위치에 따라 타인들에게 지켜야 할 책무[공속행위]에 맞게 행동하는 것에서 성립한다는 의미로, 정치 심리의 초점이 형성되었다. 자유 그 자체가 아닌 '명예'honor와 같은 것은 삶의 최종 목적이라고 보아야 하지만, 그러나 '명예' 자체는 특정 군주에게 자신을 헌신함으로써 자유롭게 취하는 것이다. 신하의 측에서 볼 때, 관계에서 작동하는 주체성의 의미는 주인에게 충성을 맹세하고 자신의 정념을 타인을 위해 바치는 것이었다. 이와 같은 것은 사회 공간에서 지위를 차지하는 것이라고 할 수 있는 '단순한 인정'이라는 로마의 원칙과는 그 뿌리에서 다른 개념이었다.[81] 또한, 사회 공간에 대한 거부나 철수 또는 무관심

---

80 "보편적 불의, 보편적 불법을 사적 의존과 사적 의무의 체계로 끌어들이면, 권리 측면을 구성하는 것은 바로 그 요건을 형식화하는 것에 불과하다." (Hegel 1969j), p. 446; (Hegel 1956), p. 370.

81 인정과 사회적 공간에 대한 더 일반적인 개념에 관해서는, (Testa 2009) 및 (Pinkard 1994)를 참조할 것.

을 재가하지 않았다는 점에서 스토아적인 것도 아니었다. 대신, 그것은 주체들[신하들]이 특정한 명예 규범을 함양하고, 상급자에 대한 자신들의 책무를 사회 공간에서 수행되는 의무들로만 단순히 간주하지 않고, 개인들로서 그들만이 할 수 있는 '주체적 활동들'subjective activities로 간주할 수 있는 이유를 주체들[신하들]에게 제공했다.

이 봉건적 삶의 방식의 무의미함은 그 시대 생활에 깊숙이 내재해 있었기 때문에, 그 시대에도 그 모습을 가끔 드러낼 수밖에 없었다. 헤겔의 관점에서 볼 때, 무의미함과, 심지어 허무주의nihilism 자체에 대한 지속적 위협은 단순히 근대의 현상이 아니라, 유럽사의 오랜 기간에 걸쳐 지속한 현상이었다. 그러한 위협에 대한 우려가 광대한 영역을 휩쓸었고, 회의주의와 허무주의에 대한 이러한 불안은 유럽사 발전에서는 기본적인 것이었다. 이것이 바로 그리스 모델이 해체되면서 그의 말대로 세계의 심장이 깨져 애도 속으로 가라앉았다고 헤겔이 표현한 은유의 배경이다.[82] 삶의 목적들이 사회 세계 안에 내재해 그 목적이 적절히 실현되었을 때 일종의 아름다운 조화를 기대할 수 있던 방식은, 유럽사에 결정적인 기억이자 애도의 객체가 되었으며, 유럽사가 극복해야만 하는 어떤 것이 되었다. 현재가 이제 '이상화된 과거'idealized past에 의해 측정되었고, 현재가 뭔가 부족하다는 것을 알게 되었다. 위협이 된 것은, 그 상실감이 돌이킬 수 없을지도 모른다는 것이었고, 그 위협에 대처하는 일은 이후 유럽사의 많은 부분을 차지한 것으로 보인다. 그럼에도 불구하고, 헤겔은 그러한

---

82 (Hegel 1969j), p. 339; (Hegel 1956), p. 278.

향수nostalgia는 거의 항상 상황에 전혀 어울리지 않는다고 생각했다. 헤겔은 다음과 같이 지적한다. "근래에는 위대하고 심오한 사람들이 […] 과거를 뒤돌아보면서 더 나은 것을 추구하는 상황을 발견한다. 그러나 그것은 잘못된 것이다. 우리는 그리스에 영원히 끌릴 것이지만, 그 아름다움에서 부족한 것은 진리이기 때문에 우리는 거기서 최고 만족을 찾지 못할 것이다. 더 고차적 원리는 그 이전의 더 낮은 원리에 대해 항상 파괴로 나타나며, 이미 현존하는 세계의 법칙을 부정하고 인정하지 않는 것으로 항상 나타난다. 이러한 부정은 국가와 개인으로부터 그들의 기존 미덕을 박탈하는 것이다."[83]

헤겔은 허무주의가 이론적으로는 즐거울 수 있지만, 거의 모든 사람에게 심리적으로 대단히 곤란한 것이라는 점을 깨달았다. 그럼에도 불구하고, 허무주의가 실재할 수 있다는 생각은, 허무주의를 위장하는 데 도움이 되고 따라서 사람들이 허무주의로부터 벗어나도록 도울 수 있는 다양한 방법들을 야기할 수 있다. 여기서 허무주의는 종종 편집광이나 심지어 정신병자에 가까운 행동들에 개입하는 형식을 충분히 취할 수 있다. 그래서, 헤겔은 십자군Crusades을 둘러싼 시기를 특히 이를 잘 보여 준 예로 들었다. 왜냐하면 십자군 자체는 "십자군의 상태가 아무것도 아니라는 보편적 느낌이 전 세계에 퍼졌을 때" 어처구니없을 정도로 무의미한 것으로서 일어났기 때문이다.[84] 십자군이 유발한 용기와 모험의 다른 사례들이 무엇이든 간에, 십자

---

83 (Hegel and Lasson 1923), p. 640.

84 독일어 원문은 다음과 같다. "그 상태의 무실함에 대한 일반적 느낌이 세상에 퍼졌다"(Es ist durch die Welt gleichsam ein allgemeines Gefühl der Nichtigkeit ihres Zustandes gegangen). (Hegel 1969j), p. 449; (Hegel 1956), p. 373.

군은 권력을 향한 다소 미친 짓이었다. 그들은 "수천 명의 유대인을 학살하고 약탈하는 일로 시작했고, 이 끔찍한 서곡 후 기독교 민족들 Christian peoples이 나섰으며", 예루살렘을 정복한 후, "학살당한 주민들의 피가 여전히 뚝뚝 떨어지는 가운데, 기독교인들은 구세주 무덤 앞에 엎드려 그에게 열렬한 기도를 드렸다".[85] 그들은 심지어 자신들의 견해조차도 그들에게 획득 불가능하다고 말해 준 어떤 것을 찾기 위해 이러한 짓을 저질렀다. 기독교 교리에서 예수는 부활했고, 그들이 찾기를 희망할 수 있는 것은 고작해야 '빈 무덤'empty grave뿐이었다. 그리고, 그들이 고백한다고 주장한 기독교 교리에 재치 따르자면, 이 빈 무덤은 아무것도 증명할 수 없고 아무것도 해결할 수 없었다. 헤겔이 보기에는, 16세기에 비슷한 광기가 '마녀 화형'으로 발생했는데, 이 시기는 세계에서 작동할 수밖에 없었던 '어떤 거대하고 불확실한 악'의 측면에서, 도래 가능한 세계의 무의미함senselessness으로 인해 '세계의 결점들에 대한 설명'이 재차 유발되었다. 이 악에 맞서기 위해 수천 명의 여성이 사법적으로 살해당했다.

동시대 낭만주의자들이 중세 시대를 이해한 것과 달리, 헤겔은 중세 시대를 종교가 삶에 박힌 깊은 뿌리에 의해 '무의미에 대한 우려'worries about meaninglessness가 억제된 '종교적 확신의 시대'로 취급했다. 사실상 헤겔의 해석에 따르면, 이 시기는 봉건적 이데올로기, 무자비한 힘의 행사, 광기에 가까운 에피소드들의 가연성 혼합물에 의해 억눌려 있던 잠재적 힘을 가진 사람들의 마음에, 고대 세계의 해체

---

85 (Hegel 1969j), p. 470; (Hegel 1956), pp. 391~392.

를 뒤따른 '세계의 무의미성'이 꿈틀거리기 시작한 시기였다. 중세 세계의 강한 생동감과 색채는 그 세계 자체에 대한 깊은 의심의 표현들이었다. 중세 세계를 휩쓸었던 이러한 한바탕의 어리석은 짓들은 초기 근대 유럽의 세계에까지 연장되었다.

중세 세계의 에토스ethos를 점진적으로 포기하기 위한 제도적이며 실천적인 맥락은, 사람들이 그 전체가 잘 작동하게 유지하려고 노력하면서 이미 그 형태를 갖추고 있었다. 따라서 거의 아무도 의식적으로 그런 생각을 하지는 않았지만, '유럽'이 될 곳 전반에서 낡은 체제ancien régime의 몰락을 위한 경로가 이미 마련되고 있었다. 게다가, 자연 자체가 삶을 만족스럽게 해 주는 '가치의 궁극 원천'일 수 있다는 사실이, '새로운 과학'new science에 의해 점차 붕괴되고 있었다.[86] 기술, 특히 화약으로 인해 전투의 맥락이 바뀌었으며, '귀족정이 군대의 에토스와 영토 방어의 기능으로 필요하다'라고 주장하는 신화의 해체가 더욱 촉진되었다.[87] 경로 의존적 질서의 무의미함과 그 근간에서

---

86 "자연 법칙의 발견으로 인간은 당시의 괴물 같은 미신에 맞서 싸울 수 있었고, 마법만으로 맞서 승리할 수 있었던 강력한 외계 힘의 모든 표상에도 대적할 수 있었다. […] 성체는 단순히 반죽에 불과하며 [성자들의] 유물은 뼈에 불과하다는 것이 밝혀졌다. 주체성의 통치권은 권위에 기초한 믿음에 반대하여 정립되었으며, 그리고 자연의 법칙은 외부와 외부를 연결하는 유일한 결속으로 인정되었다. 따라서 기적은 일절 허용되지 않았다. 왜냐하면 자연은 이제 알려져 있고 인정된 법칙의 체계이기 때문에, 인간은 그러한 자연에서 집처럼 편안함을 느끼기 때문이다. 그리고 구속력이 있는 타당성을 지니는 것만이 인간이 집처럼 편안하게 자신을 발견하는 곳이다. 인간은 자연에 대해 얻은 지식을 통해 자유롭다." (Hegel 1969j), p. 522; (Hegel 1956), p. 440.

87 "그 후 귀족들로부터 무기류에서 그들의 우월한 힘을 빼앗을 수 있는 또 다른 기술적 수단, 즉 화약이 발견되었다. 인류는 화약을 필요로 했고, 화약은 곧바로 등장했다. 화약은 물리적 힘의 지배로부터 세계를 해방하고 사회의 다양한 질서를 평등하게 만드는 주요 도구 중 하나였다. 귀족과 비귀족의 무기 구분이 사라지면서 영주와 농노의 구분도 사라졌다." (Hegel 1969j), p. 481; (Hegel 1956), p. 402. 헤겔은 또한 중국이 정말 화약을 발명했는지에 대해서도

요구된 그들의 불평등은, 구조를 지탱하던 나머지 실천적 구조물의 부식을 초래했다.

그때까지 삶의 그러한 목적들은 사태들을 이해하는 어떤 다른 방식에 머물러 있었던 반면, 점차 형태를 갖춘 새로운 질서에서는 "사람들이 모이는 그 주변에 새로운 마지막 깃발이 펼쳐졌다. 즉, 진리의 영역에 현존하고 실로 그 영역에만 현존하며, 그 자신과 하나인 자유 정신의 깃발이 펼쳐졌다. 이 깃발은 우리가 헌신하고 품고 있는 깃발이다."[88] 정의justice는 사태의 본질에 의해 일부가 타자들을 다스릴 권한을 부여받던 [중세 봉건제와 같은] '종속의 우주적 체계'를 요구하는 대신, '모두가 자유로울 수 있는 세계'를 표현하기 위해, '개인을 위한 자유'를 필요로 하는 것처럼 생각되기 시작했다. '주체성의 형이상학'metaphysics of subjectivity이 변화하기 시작한 것이었다.

이러한 변화와 함께 성장한 세속화secularization는 '정당한 사유 질서'legitimate order of thoughts가 무엇인지에 대해 새로운 의미를 부여했다. 종교는 세속화에 직면하여 사라지지 않고, 새롭게 등장하는 사

의문을 제기한다. 이는 헤겔이 아시아 문제에 대해 사실을 잘못 알고 있는 또 다른 부분이다. (Hegel 1969j), p. 481; (Hegel 1956), p. 137을 참조할 것.

88 헤겔은 이를 '새롭고 최종적인 깃발'이라고 부름으로써, 그 시점까지, 즉 이런 종류의 무조건적 책무[공속행위]로서 자유가 그 이전의 불합리성에 대한 대응으로 등장할 때까지 이것이 작동하지 않았음을 보여 준다. 헤겔은 다음과 같이 말한다. "루터교회에서는 진리의 객관성만큼이나 주체성과 개인 자신의 확신이 필요하다. 루터교도에게 진리는 만들어지는 것이 아니다. 주체가 스스로 참된 것이 되어, 실체적 진리에 대해 자신의 특정한 내용을 포기하고 그 진리를 자신의 것으로 만들어야 한다. […] 그리하여 기독교인의 자유가 실현된다. […] 그것으로 사람들이 모이는 새로운, 마지막 깃발, 즉 진리 안에 참으로 현존하고 그 진리 안에서만 자신과 하나가 되는 자유 정신의 깃발이 펼쳐진다. 이것이 바로 우리가 봉사하는 깃발이며 우리가 짊어지는 깃발이다." (Hegel 1969j), p. 496; (Hegel 1956), p. 416.

태들의 규범 체계에서 새로운 위치를 차지함으로써 변경된 유형의 권한을 계속 행사할 참이었다. 마찬가지로, 그 전체 질서의 요점에 대한 '중세 시대의 깊은 불안감'으로부터 등장한 '새로운 에토스ethos'는 고대인에 대한 연구를 더 매력적인 것으로 만들었다. 따라서, 고대인이 옹호한 미덕들이 기독교화된 세계 내에 나타나기 시작했고, 기독교화된 세계 자체는 더욱 세속화되어 갔다.[89]

이러한 방식으로, 주체성의 새로운 형태는, 어떤 영리한 철학자가 발명한 것이거나 사회적 힘의 소용돌이의 인과적 결과로서가 아니라, 지상에 가까운 곳에서 발생한 어떤 것으로서 주장되었다. 명예에 얽매인 봉건주의 에토스ethos는 그 자체의 무게로 무너졌다. 봉건 질서는 그것의 자기 개념self-conception에서 보자면, 많은 예술에서 표현된 것처럼, 개인의 자유로운 선택에 달려 있었다. 그런데, 여기서 개인은, 그것[자유로운 선택]을 그 자신을 위한 명예의 요점으로 삼는 헌신적인 봉신封臣의 강력함에 의해서만 스스로 다른 의지에 종속되며 그러한 개인에게 구속된 상태로 머무른다.

직접적으로 명예 자체를 지키기 위해서든, 사랑에 관한 문제든, 또는 군주에 대한 충성을 증명하기 위해서든, 아무튼 중세 말기와 르네상스 초기에 자신의 명예를 지키는 일이 보여 준 의미는, 그리스 시대부터 자유인의 기본 자질이었던 '개인의 자기충족'personal self-sufficiency이라는 관념의 잔재와 관련이 있었다. 그러나, 그것[자신의 명예를 지키는 일]은 처음에는 더 오래된 종속의 모델처럼 보였으며, 그

---

89 "[…] 거룩함의 원칙은 고대인들의 미덕을 매력적인 악덕으로 잘못 규정했다. 이것은 중단되었다." (Hegel 2005), p. 204.

리고 그것은 그 모델로부터 자신의 초기 자기 이해를 취했다. 그러나, 미학적 이야기에서 그러한 종속은, 신하가 명예, 사랑 또는 충성이라 는 이름으로 자신의 영주나 부인에 대한 의무를 자유롭게 스스로 떠 맡는 데서 비롯된 것으로 여겨진다. 충성스러운 신하는 일반적으로 '올바름'rightness과 같은 것을 위해 싸우지 않고, 그의 영주나 부인과 같은 '다른 단일 주체'에 의해, 그 스스로 '단일 주체가 인정받으면서 절대적 불가침성absolute inviolability을 지닌다'라는 것과 같은 점을 위 해 싸운다.[90] 봉건적 삶이 보여 주는 종속의 깊은 실타래는 '자유롭게 선택된, 명예로운 종속honorable subordinations'으로 재인식된다.

그러나 그 모든 과정에서, '개인의 자유로운 선택'과 '깊고 자연 스러운 종속' 사이의 긴장은 더욱 고조되었다. 중세 말기와 근대 초기 유럽에서 작동한 모순은 극심했다. 즉, 그들이 자신들의 삶의 형태에 대한 심미적 개념을 통해 자신들을 생각할 때, 그들은 자신들을 본래 '일원적 개인들'monadic individuals로 생각했으며, 특정 타인들에 대한 그들의 '이원적 의무'dyadic obligations는 오직 그들의 자유로운 선택(예 를 들어, 영주에게 충성을 맹세하거나 이상적인 여성에게 충실할 것을 약속하는 것)에 달려 있었다. 그런 종류의 맹세나 충성 서약의 행위 외에, 명예와 기독교적 의무 그 자체를 제외한 다른 의무는 없었다. 그러나 동시에, 전체 질서는 중첩된 의존성들overlapping dependencies 중 하나였다. 모든 이는 어떤 다른 이에게 종속되어 있었고, 모든 이는

---

90 "개인의 자기충족을 위한 명예의 투쟁은, 정치 조직과 정치 조직에서 정의의 요구를 옹호하 거나 사생활의 영역에서 정의를 옹호하는 용기가 아니다. 반대로, 명예의 투쟁은 오직 개인 에 대한 인정과 추상적 불가침성을 위한 것일 뿐이다." (Hegel 1969f), p. 171; (Hegel 1988), p. 553.

특정 타인들에게 의무들을 지정해 주었으며, [충성 서약과 같은] 그러한 '일원적 의무'가 설 자리는 없었다.

결국, 이러한 규범적 압력들하에서, '기사도적 개인의 성격'chivalric individual character은 그 형태를 바꾸어 '셰익스피어적 개인'Shakespearean individual이 되었다. 이 셰익스피어적 개인은 '정의의 우주적 질서'라는 관념으로부터 완전히 단절되지는 않았으며, 이제 무엇보다도 그 자신의 인격person이라는 관념을 최우선시하고 그와 관련된 모든 독특성idiosyncrasies을 받아들이는 개인이었다. 헤겔은 셰익스피어의 등장인물들을 '그들 내면에서 일관된 상태'로 묘사한다. "그들은 자신과 자신의 정념에 대해 진실하게 남으며, 자신이 무엇이든 무엇에 직면하든지 간에 그들은 자신이 누구인지에 대한 자신의 고정된 규정에 따라서만 나아간다."[91] 그들은 그리스 인물들처럼 어떤 신성한 파토스divine pathos의 화신이 아니다. 그리스 인물들의 개별 파토스는 신성한 질서 자체 내에서 더 깊은 갈등을 반영했다(이것은 다신교적 관점에서 예상될 수 있었다). 대신, 그들은 세계의 우발적 상황이 대개 그들을 그들의 경로로부터 떨어뜨리거나 파괴할 수 있음을 알고, 자신과 자신이 속한 사회 세계에 대한 '신념을 지키는 자'인 주체의 '근대적이며 차별적인 개념'이다. 셰익스피어적 등장인물들은 근대적 삶의 전형적인 '양서류들'amphibians이다.

낡은 질서의 사회로부터 '모두가 자유롭다'라는 원칙을 가진 근

---

91 "그러나 셰익스피어의 등장인물들은 자기 일관성이 있다. 그들은 자기 자신과 자신의 열정에 충실하며, 그리고 자신이 어떤 존재인지, 자신이 어떤 상황에 직면했는지에 대해, 오직 자신만의 확정된 성격 규정에 따라 해결책을 모색한다." (Hegel 1969f), p. 202; (Hegel 1988), p. 579.

대 세계로의 전환에 대한 헤겔의 설명은 무엇이었는가? 봉건제가 무너지고 '자유로서의 정의'justice as freedom라는 근대 정치가 등장할 수 있는 형식들로 변화하는 과정은, 다양한 우연적 요인들과 잘못된 출발들false starts을 통해 구체화되었다. 주체성의 새로운 형태에 대한 올바른 제도적 뒷받침이 마련되기 전까지는 그 어느 것도 순조롭게 진행될 수 없었다. 독일에서는 '종교 전쟁' 이후, 더 상위의 영주에게 신하였던 봉건 시대의 옛 제후들이 스스로 독립적인 제후들이 되었다. 처음에는 주로 이탈리아에서, 나중에는 유럽 전역에 걸쳐, 도시들이 독립적인 권력 중심지들이 되었고, 그 도시들에서 도시인들은 스스로 영지와 길드를 형성했으며, 그 결과 제후들은 원칙 때문이 아니라 실질적인 필요로 인해 이 새로운 권력 중심지들에 권한을 양도해야 했다. 이러한 과정은 중단되기도 했고, 순탄하지 않았으며, 폭력이 없는 것도 아니었지만, '개인 권리'individual rights에 대한 개념과 '보편적 도덕 질서'universal moral order라는 전제를 중심으로 움직이는 가정, 사회, 국가의 근대적 형식의 기초로 그 길을 다지며 나아갔다. '자유의 이념'은 (헤겔적 의미에서) 더 구체적인 윤곽을 갖추기 시작했다. '야만인 대 문명'barbarian/civilization의 대립은, 자유가 도시에서 성취될 수 있다는 '시골 대 도시'countryside/town의 대립으로 변모했다. 노예가 아닌 '자유로운 주체성'이라는 낡은 고대 개념은, 농노serf가 아닌 '도시인'townsperson이라는 개념으로 바뀌었다. 하지만, 이러한 변화는 도시에서 장인 교역artisanal trade을 시작하면서 생긴 일종의 '자기 주도'self-direction와, 그러한 조건들에서 등장한 일종의 '새로운 가정생활'의 새로운 뒤틀림new twist과 더불어 이루어졌다. (이에 대한 중세 독일 속담은 "도시의 공기는 사람을 자유롭게 한다"Stadtluft macht frei였다.)[92] 헤겔이 모든 경우에서 주장했듯이, 이러한 전환이 어떻게 이루어졌는가는 '국적들'nationalities에 달려 있었으므로, 거기에는 주체성의 이 새로운 위상을 구축하는 단일한 과정이 없었다.[93] 그리고, 이 국적은 오늘날 우리가 흔히 '문화'cultures와 '전통'traditions이라고 즐겨 부르는 것이지만, 여전히 문제시될 수 있다.

이러한 발전 동안, 초기 근대 세계의 대부분에서 이러한 과정을 겪으면서 살아가는 사람들이 보기에는, 발생하는 사건들의 의미meaning of events는 유럽 열강들이 봉건 질서 사회의 형태를 완성하는 데 가까워진 것처럼 나타났을 뿐, '근대 국가에 대한 충실성忠實誠'으로 전환하는 일과 같은 중대한 어떤 것에 가까워진 것은 아니었다. 신성로마제국 황제 겸 스페인 국왕인 합스부르크가의 카를 5세Hapsburg Karl V의 통치(1515~1556년)는, 처음에는 샤를마뉴가, 나중에는 호엔슈타우펜 왕가가 시도했던 것을 마침내 실현할 수 있을 것만 같았다. 즉, 봉건 질서를 '하나로 통합된 제국과 제도'가 되게 하는 하나의 유

---

92 (Le Goff 2005), p. 100을 참조할 것.
93 (Hegel 1969j), p. 479; (Hegel 1956), p. 400. "여기서 주요점은, 그러한 국가 형성의 기초와 전제가 특정 국민들(particular nations)에 있다는 것이다. 유럽에는 그 본성상 단일체를 구성하고 하나의 국가를 형성하려는 절대적 경향을 가진 특정 국민들이 존재한다. 모든 국민이 이러한 국가의 통일성을 달성하는 데 성공하지는 못했다." 어떤 사람들은 헤겔의 '국민들'(nations) 호소가 문제가 있다고 생각할 수도 있다. 당시에는 '국민'에 대한 진정한 개념이 없었기 때문에(적어도 18세기 후반과 19세기에 그 단어의 의미에서) 헤겔의 표현 방식이 시대착오적이라는 의견도 있다. 대신 '인종', '나라'(country) 또는 '왕국'과 같은 다른 기능적 용어가 비슷한 역할을 했다. 이에 관해서는 (Le Goff 2005), pp. 174~176의 논의를 참조할 것. 다른 한편으로, (헤겔이 특별히 동조하지 않았던) 근대 민족주의가 아직 존재하지 않았지만, 중세 초기에 이미 '국민'이라는 초기 관념이 형성되고 있었다는 헤겔의 견해에 대한 좋은 논거를 제시할 수 있다. 이에 관해서는 (Lopez 1967), pp. 96~98의 논의를 참조할 것. '나라'(country)와 '왕국'(kingdom)의 기능적 유사성과 중세의 '국민'의 초기 관념에 비추어 볼 때, 헤겔의 용어법은 그다지 문제가 되지 않는 것처럼 보인다.

럽, 나아가 전체 지구의 '보편적 군주정'universal monarchy이 실현될 것처럼 보였다. 사실상, 카를 5세의 제국은 샤를마뉴가 꿈꿀 수 있었던 것보다 훨씬 더 보편적이었다. 신성로마제국 황제였던 카를 5세가 독일 영토의 많은 부분을 자신의 재산으로 소유하고 있었을 때, 그는 스페인, 네덜란드, 이탈리아의 많은 지역도 통치했으며, 거기다 아메리카 대륙 대부분을 통치했다. 그의 통치는 진정한 의미의 '전 지구적 왕권'global kingship이라고 주장되었다.

　그럼에도 불구하고, 역사 철학의 관점에서 볼 때, 카를 5세의 통치는 '내적 이해관계가 없는without internal interest 통치'였다.[94] 그가 소유한 영토가 전 세계적으로 광범위하고 그가 한 개인으로서 보여 준 위엄과 관심에도 불구하고, 그의 원대한 야망은 결국 '새로운 형태의 주체성'에 이르지 못했다. 프랑스의 견제를 받으며 봉건 가신들과 부단히 다퉈야 했던 그는 또한 개신교의 부상에 맞서 싸우는 데 앞장섰으며, 그의 재위 기간에 예수회Jesuits와 반종교 개혁 운동이 모두 창설되었다. 잘못 조직된 개신교에 맞서 그가 가톨릭의 편을 들었던 '종교 전쟁'이 시작될 무렵, 결국 매우 놀랍게도 카를 5세는 훨씬 약한 인물인 작센의 모리츠Moritz of Saxony에 의해 평화 협정을 강요당하기도 했다. 더욱 놀랍게도, (펠리페 2세Philip II 치하의) 카를 5세의 제국은 이후에 신교도였던 네덜란드인의 독립 전쟁에서 그들에게 패배했다. 그의 '보편적 군주정'은 봉건제 구조에서 성장했고, 그 안에서 성장한 주체성의 형태와 분명히 상충하는 것이었다. 그의 업적은 아무리 웅

---

94 (Hegel and Lasson 1968), vol. 4, p. 893. 또한 (Hegel 1996), p. 512; (Hegel et al. 2011), p. 510을 참조할 것.

장하고 위풍당당해도 "세계사적 성과를 남기지 못했고 그 자체로는 무력한 것으로 판명되었다".[95] 결국, 카를 5세의 제국은 무너져 그 여파로 아름다운 폐허beautiful ruins만 남기고 말았다.

카를 5세가 싸웠던 개신교Protestantism는 개인의 양심에 대한 예외적 권한을 개척했으며, 개신교 운동 자체는 새롭게 등장하는 삶의 형태에서 작동하는 세속화가 보여 주는 더 심층적인 의미의 표현이었다. 그러나 카를 5세 시대에 "국가는 아직 세속 정치와 교회 정치라는 이원성으로 분리되지 않았다".[96] 이것이 결국 의미한 바는, 이 이원성을 (인륜적으로나 법적으로) '정당한' 구분으로 인정하지 않고서는, 사실상 개신교도가 전쟁 없이 '양심의 권리 해석'의 정당성을 확보할 방법이 없었다는 것이었다. 왜냐하면 "그 문제는 단순한 양심의 문제가 아니라", 기성 교회의 소유자들을 포함하여 "공공 및 사유 재산의 소유자들을 존중하는 결정과 관련되어 있었기" 때문이다.[97] 이러한 맥락에서는 상대적 불신이 아닌 '절대적 불신'absolute mistrust의 상황이 발생할 수밖에 없었다. 그러한 '절대적 불신'은 독특한 종류의 내전[시민전쟁]civil war으로 귀결되었다. 이 전쟁들은 삶의 형태에 '내재되어' 있었으며, 정치적 형태를 띠고 힘을 행사하는 그 안의 모순들에

---

95 (Hegel and Lasson 1968), vol. 4, p. 893. 또한 (Hegel 1996), p. 512; (Hegel et al. 2011), p. 510을 참조할 것.

96 (Hegel and Lasson 1968), vol. 4, p. 895.

97 "전쟁 없이는 개신교도들(Protestants)의 실존이 보장될 수 없었다. 왜냐하면 정작 문제는 단순한 양심의 문제가 아니라, 교회권에 위반하여 점유된 공공 및 사유 재산을 존중하는 문제였고, 교회는 이에 대한 반환을 요구했기 때문이다. 절대적 불신의 조건이 지배적이었다. 그것이 절대적인 이유는, 종교적 양심과 결부된 불신이 그 뿌리였기 때문이다." (Hegel 1969j), p. 515; (Hegel 1956), p. 434.

의해 형태를 갖추었지만, 권력의 한쪽 중심이 다른 쪽 중심을 향해 반란을 일으키는 전형적 내전은 아니었다.[98] '종교 전쟁' 동안 '절대자' 는 자기 자신과 전쟁을 벌이는 것처럼 보였다.

중세의 기사도적이며 일원적인 의무와 권리 개념 사이의 긴장 은 '권리[법]'rights 자체에 대한 [새로운] 구상으로 구체화되었다. 근 대 초기 권리[법] 이론가들은 잘 알려져 있다(홉스Hobbes, 로크Locke, 보댕Bodin 등 그들 이름 자체만으로도 아주 유명하다). 양도할 수 없거 나 최소한 기본 수준의 '기본권'이라는 개념은, 모든 의무가 특정 개 인들에게 귀속되던 봉건제의 더 실질적인 '이원적 세계'의 해체에 대 한 해답으로 등장한다(물론, 앞서 언급한 것처럼, 봉건제는 제대로 된 의미에서 보자면 '이원적'dyadic이 아니며, 만일 그런 단어가 있다면, '다 원적'multiadic이라고 해야 할 것이다). 만약 '이원적 권리[법]'(특정 타 인에 대한 의무)가 타인에 대한 계약상의 의무와 같은 것으로부터 등 장한다면, 즉 내가 자유롭게 계약을 맺음으로써, 계약 상대방인 '내 가 계약한 것을 이행해야만 할 권리를 가진' 타인에 대한 의무를 내 가 지닌다면, 마찬가지로 불간섭noninterference이나 표현의 자유liberty of expression와 같이 '일원적으로 해석된 권리'monadically construed right 도 동일한 방식으로 보호장치로서 기능할 수 있다. 이 시기의 '위대한 개념적 돌파구'는 초기 근대성의 위대한 이론가들을 통해 이루어졌 는데, 이들은 이전에는 필시 이원적인 것으로 보였던 모든 정치적 의 무들(예를 들어, 정의의 요구사항과 다른 모든 정치적 충실성 관계 등)

---

98 (Hegel and Lasson 1968), vol. 4, p. 895.

이 본질적으로 '일원적 의무들'monadic duties로 재구성될 수 있다는 것을 이해하고 있었다. 그리고, 분명히 이 의무들의 이원적 형태는 계약의 결과일 뿐이었다. 이 계약은, '개인들의 사회'society of individuals로 그 자체를 개념화하려던 '삶의 형태'를 뒷받침하도록 기능했으며, 여기서 개인들에게는 도덕, 인륜, 인식론의 적절한 구조가 모든 경우에 '일원적'monadic이었다.

그러나, 헤겔이 항상 강조하듯이, 실재 세계와 세계의 우연성은 개념적 구분의 선들을 따라 깔끔하게 형성되지는 않는다. "확실히 역사적 이행들은 여기에 제시된 것처럼 항상 그렇게 순수한 것은 아니며, 종종 많은 이행이 동시에 일어나지만, 이것 아니면 저것이 항상 우세한 부분을 형성한다."[99] 따라서, 사회생활의 구조는 '사회 계약의 일원적 권리[법]'에 부합하도록 완전히 바뀌지 않은 상태였다. 게다가, 초기 근대 유럽인의 기본적 책무[공속행위]commitment에 존재하던 긴장들에 내적으로 발생한 갈등이라고 할 수 있는 '종교 전쟁'은, 많은 경우 순수한 종교적 갈등이 아니었다. 또한 종교 전쟁은 일종의 '정치적 긴장들'과도 관련이 있었으며, 이 정치적 긴장들은 주체성이 스스로 형태를 갖추는 과정에서 그 주체성의 형태를 구성하는 요소들이었다. 예를 들어, 이 시대 더 유명한 사건 중 하나는, 1685년 프랑스의 루이 14세Louis XIV가, 개신교도에게 관용을 베풀었던 '낭트 칙령'dict of Nantes을 폐지한 일이었다. 이렇게 함으로써 그는 프랑스에

---

99 (Hegel 1969j), p. 479; (Hegel 1956), p. 400. "이러한 역사적 이행은, 여기에 제시된 것처럼 항상 그렇게 순수한 것은 아니다. 우리는 종종 두 가지 이상이 동시다발적으로 나타나는 것을 본다. 그러나, 그중 하나가 항상 우세하다."

서 종교 전쟁을 일으켰다. 개신교도가 영국인의 유혹을 너무도 쉽게 받은 나머지, 가톨릭 프랑스 왕실의 이익에 반하거나 심지어 적대적 입장을 취했다는 의심을 지속적으로 받아 왔기 때문에, 이 전쟁은 처음부터 순수한 종교 전쟁이 아니었다고 헤겔은 지적한다. 따라서 분쟁 초기에 종교 전쟁에는 여전히 '반란'rebellion의 흔적들이 많이 남아 있었다.[100] 마찬가지로, 영국에서도 개신교도와 가톨릭교도 간의 분쟁은 '헌법적 갈등'constitutional conflict의 성격을 띠었다. 헤겔의 표현을 빌리자면, 영국 청교도의 관행 자체가 '광신적인 것'fanatical과 '터무니없이 우스꽝스러운 것'ridiculous의 혼합물이었음에도 불구하고, 주체성의 형태로서 '내면의 최고점'인 청교도주의Puritanism가 크롬웰 Cromwell 치하에서 권력을 장악했다.[101]

고백성사를 통해 두 종교로 분리되어 버린 유럽으로 이행하는 과정에서, 독일의 '30년 전쟁'(1618~1648년)이 눈에 띄게 두드러졌다. 주로 독일에서 일어난 이 전쟁은 독일을 황폐화시켰다. 경제는 황폐화되었고, 여러 마을 전체가 파괴되어 지도에서 사라졌으며, 인구는 급격히 감소했다(예를 들어, 헤겔이 태어나고 자란 뷔르템베르크 Württemberg의 인구는 1622년 44만 5천 명에서 1639년 9만 7천 명으로 감소했다).[102] 30년 전쟁의 종결은 개별 국가들 사이의 세력 균형의 시대를 열었지만, 그것 말고는 "사상적으로 얻은 것이 하나도 없고 이념도 없고 모두가 소진된 상태에서, 모든 세력이 산산조각이 되어 버

---

100 (Hegel and Lasson 1968), vol. 4, p. 896. "도중에 내전들이 발생했고, 그것이 반란 전쟁들은 아니었지만, 내전들이라고 부를 수 있다."

101 (Hegel 1969j), p. 516; (Hegel 1956), p. 435.

102 이러한 숫자는 (Fulbrook 2004), p. 64로부터 참조한 것이다.

린 총체적 폐허들만 남았으며, 외부 힘에 기초하여 모든 당사자에게 사실을 그냥 그대로 남겨 두는 것으로 끝나 버렸다".[103] 헤겔이 지적했듯이, "전쟁에서 벗어나는 것은 정치적 성격을 띠었다. 기본 원칙이 인정되지 않았고, 같은 종교를 지닌 사람들의 연합도 이루어지지 않았다".[104]

그 결과, 독일은 여러 개의 독립 국가로 분열되었고, 그중 일부는 비교적 규모가 큰 국가였지만, 다른 많은 국가는 중부 유럽 지도에 무작위로 붙어 있는 우표 쪼가리들과 비슷했다. 헤겔의 용어로 하자면, 이러한 협의 결과는 '헌법적으로 보장된 무정부상태'constitutionally secured anarchy였으며, 독일 전쟁에서 개신교를 편드는 동시에 프랑스 내 개신교를 탄압한 프랑스 장관 리슐리외Richelieu 추기경의 '국가 이성'raison d'état으로 인해 초래된 결과였다.[105]

'종교 전쟁'은 근대 유럽 국가의 발전을 앞당겼다. 사람들의 충성심은 더 중앙집권적인 당국과 기관에 집중되기 시작했고, 일상에서 경제적 역동성의 형식이 나타나기 시작했다. 이는 결국, 종종 경합하던 당국들이 더 단일화된 권한 원천인 '국가'state로 통합되는 데 도움을 주었으며, 이러한 국가는 유럽 세계의 더 오래된 '민족들'ethnies(스미스의 용어를 다시 사용하자면)로 그 자체를 구축했다. 다양한 요인들(전쟁의 경험, 군주의 순전히 자기방어를 위한 '상비군'의 필요성 증

---

103 (Hegel and Lasson 1968), vol. 4, p. 897.

104 (Hegel and Lasson 1968), vol. 4, p. 899. 또한 (Hegel 1996), p. 512; (Hegel et al. 2011), p. 512를 참조할 것.

105 독일어로 '조직화된 무정부상태'(konstituierte Anarchie)이다. (Hegel and Lasson 1968), vol. 4, p. 899.

가 등)로 인해, 사회생활에서 다양한 주요 지위들에 대한 개념이 재정의되는 일reconceptualization이 발생했다. 1757년에 영국의 한 작가는 다음과 같이 말할 수 있었다. "모든 명예 중 가장 진정한 명예는 […] 보라색 피밭에서 칼에 의해 획득된 것이었으며, 최고 신사는 적의 창자에서 그것을 잘라 내어 자신의 재산으로 삼은 사람이었다."[106] 그런데, 불과 몇 년 후, 이러한 상황은 '전혀 의미가 없는[이해될 수 없는]'make little sense at all 것처럼 보였고, 심지어 터무니없는 우스꽝스러움의 극치에까지 도달한 것처럼 보였다. 새로운 움직임들과 인정에 대한 요구를 둘러싸고 새로운 권한의 형식이 구체화되면서, 새로운 미덕이 형성되기 시작했고 오래된 미덕은 설 자리를 잃었다. 전쟁을 추구하던 귀족적 영광이라는 '과거의 에토스'는 '직업 군대의 에토스'로 대체되었고, 영광을 추구하던 소위 귀족의 미덕은 상부의 명령을 사심 없이 수행하는 '전문 공직'professional officer으로 대체되었다.[107] 따라서 1700년경에, 옥스퍼드 대학교의 기하학 교수는, 승마 기술이 아니라 논리와 철학이 군사 엘리트를 포함한 미래의 엘리트를 위한 더 나은 훈련이라는 주장을 할 수 있었다.[108] 마찬가지로, 프랑스의 '대★ 남작들'great Barons은 독립적인 정치 권력의 원천이 아니라 단순한 '공직 보유자'office-holders가 되었으며, 오스만 제국의 비슷한 처지의 영주들은 '공무원'civil servants에 가까운 존재가 되었다.[109] 기존 관행의 단순한 합리화처럼 보였던 것이, 실제로는 '새로운 주체성의 형태'가 자

---

106 (Thomas 2009), p. 60에서 인용함.
107 (Thomas 2009), p. 64를 참조할 것.
108 (Thomas 2009), p. 64에서 인용함.

신의 실천적이며 제도적인 삶을 형성하는 현상들이었다.

따라서 헤겔의 설명에 따르면, 근대 국가는 특별히 합리적이거나 의식적인 방식으로 생겨난 것이 아니라 다양한 요인들에 의해 성장한 것이었다. 어떤 경우에는 가톨릭교가 국가를 형성하는 데 구속력이 있는 접착제 역할을 했다. 이러한 경우들에서, 교회의 권한은 '내면으로 방향을 취하는 외면성'externality within an inward turn으로 나타났다. 이는 주체들이 자신이 믿는 바에 관해 자기 스스로 결정하는 대신, 자신의 이해 능력을 넘어선 것으로 이해된 어떤 것, 교회의 지침을 따르는 방식이었다.[110] 그러한 주체성의 형태는 '관행의 규칙들'과 같은 것을 따르는 것으로 이해되며, 여기서는 무엇이 정확히 그러한 규칙들을 따르는 것으로 간주되는가를 결정하는 권한이 다른 누군가에게 넘어가 버린다. 그리고, 기본 사회 제도들이 그 자체에 주어진 권한을 순수하게 '실정적'positive으로만 유지할 때, 그 권한은 단지 사람들을 계속 붙잡고 있을 뿐이다. 즉, 권한을 구현하고 분배하는 주요 제도들이 '진정으로 영원한 권리'에 의거하지 않고, 다시 말해 모든 주어진 제도들로부터 제도적으로 안전하게 확보된 '반성적 거리'

---

109 (Hegel 1969j), p. 509; (Hegel 1956), p. 428. "왕조 지도자들과 남작들의 권리는 억압되었고, 그 이후부터 그들은 국가의 공식 직책에 만족해야 했다. 봉신들의 권리가 공식 기능으로 전환된 것은 몇몇 왕국에서 다양한 방식으로 이루어졌다. 예를 들어, 프랑스에서는 대(大)남작들이 지방의 통치자였으며, 이들이 터키의 사령관들(Pashas)처럼 권리로서 그러한 직책을 요구할 수 있었다. 그들은 거기서 얻은 수입으로 군대를 유지했는데, 그들은 이 군대를 언제든 왕에 대항하게 할 수도 있었다. 그러나, 시간이 지나 그들은 단순한 토지 소유주나 궁정 귀족의 지위로 축소되었고, 사령관(Pasha)의 지위는 정부 산하 직책으로 바뀌게 되었다. 또한, 귀족들은 국가에 속된 군대의 장교, 장군으로 고용되었다."

110 (Hegel and Lasson 1968), p. 903. '내면으로 방향을 취하는 외면성'의 독일어는 '자기 내 존재에서 탈자적 존재'(Außersichsein im Insichsein)이다.

에 의거하지 않고, 헤겔의 말대로 '실정적 소유'positive possession에 의거할 때, 그 권한은 단지 사람들을 계속 붙잡고 있을 뿐이다.[111] 그래서 그러한 '반성적 거리'reflective distance는, 시민들에게 반성적이고 양심 지향적인 입장을 확보할 수 있는 그런 종류의 제도들이 거기서 자체적으로 발전할 수 있게 해 주는 어떤 종류의 개신교에 의해서만 확보될 수 있다고 헤겔은 생각했다. 마찬가지로, 그런 종류의 개신교는 결국에는 그 권한의 원천에서 비종교적인 면, 즉 철학philosophy에 의거함으로써 이해될 수 있다. 여기서 철학은 무엇이 유의미한지[이해되는지]makes sense, 또는 결국에는 '사태들을 이해하고[의미화하고]'make sense of things '이해하기를 이해하기[의미화의 의미화]'to make sense of making sense가 무엇인지에 대한 '합리적 고찰'rational consideration이다.

따라서 헤겔이 보기에, '근대 국민 국가'modern nation-state는, 초기 근대 유럽의 여러 '민족들'이 경제적 요인들, 전쟁, 권한 구조의 토대 내 모순들로 인해 더 통합된 권력 배치로 강제되는 과정에서 생겨난 것이다. 이[근대 국민 국가]는 서로 경쟁하는 '국가들의 전 지구적 체제'global system of states에 기반한 '근대적 사유 질서' 속에 자리 잡은 다른 형태의 주체성을 초래하면서 동시에 그[다른 형태의 주체성]로부터 초래되기도 한다. 그리고, 그러한 국가들 내에서 행동자들은 더 이상 사회 계층 구조에서 자신의 고정된 위치와 관련된 기존의 미덕들을 '유의미하다[이해 가능하다]'making sense라고 이해하지 않게 되었다. 이 새로운 형태의 주체성은 처음에는 헤겔이 독일어로 '내면

---

111 (Hegel and Lasson 1968), vol. 4, p. 904.

화'Insichgehen라고 한 것처럼 [주체의] 내면으로 향했으며, 모든 사회적 지위들로부터 자신을 분리하는 입장을 취하는 경향을 보였고, 다시 말해, '인륜적'ethical이기보다 '도덕적'moral인 관점을 더 취하는 경향을 보였다.

그러나 헤겔이 지적하듯이, 자기 모순적 본성을 지닌 초기 근대 유럽의 '맹아萌芽 국가들'embryonic states은 기본적으로 '지속적 전쟁 상황'continual warfare을 위한 방안을 만들어 냈다.[112] '30년 전쟁'의 참화 이후, 초기 근대의 전쟁 횟수만 나열해도 상당한 메가바이트 분량의 정보를 차지할 것이다. 게다가, 이 시기 동안 기술과 병력 모집 방식이 발전하면서 전쟁 비용도 지속적으로 상승했다. 실제로, 17세기 군비 경쟁과 전쟁 비용의 증가는 충성심 및 특히 재정에 큰 부담을 주었고, 이는 결국 근대 국가의 출현을 위한 발판을 마련하는 데 기여했다.[113]

그러나, '국가'가 군주의 소유물로 여겨지는 한, 군주 통치의 목적이 '영광'glory을 위한 노력이라는 전통적 관점이 많은 사건의 과정을 결정했으며, '영광'을 위한 노력은 '정복'conquest을 위한 노력을 의미했다. (헤겔에게는) 그 절대주의 체제의 형식이 '낡은 준-봉건적 국가'와 '새로운 근대 국가' 사이의 전환점을 대표했었던 루이 14세는, 1679년 왕권에 관한 자신의 글에서 이러한 상황을 다음과 같이 요약

---

112 "이 국가들 사이에서 다방면의 전쟁들이 일어났다. […] 전쟁의 목적과 진정한 관심사는 지금도, 그리고 앞으로도 정복이다." (Hegel and Lasson 1968), p. 908.

113 (Hegel 1969j), p. 509; (Hegel 1956), p. 429. "이러한 측면에서 상비군의 출현은 매우 중요한 사건이다. 왜냐하면 상비군은 군주제에 독립적 힘을 제공하고, 피지배 개인의 반란에 대항하여 중앙 권력을 확보하는 데 필요한 만큼이나 외적에 대한 국가 방어에도 마찬가지로 필요하기 때문이다."

했다. "누군가가 국가를 바라볼 때, 그는 진정으로 자신을 위해 일하고 있는 것이다. 전자의 안녕은 후자의 영광을 보장한다. 국가를 만족스럽고 명망 있고 강력한 상태로 만드는 통치자는 또한 자신의 영광을 증진한다."[114] 국가는 그의 재산이었으며, 국가와 군주의 연결이 너무 밀착되어 있어서, 한쪽의 영광은 다른 쪽의 영광과 비례적으로 동등했다. (불행히도, 전해지는 이야기를 선호하는 사람들이 보기에는, 비록 그 감정이 실제로 루이 14세의 진심이었다고 할지라도, 그가 실제로 "짐이 곧 국가다"L'état, c'est moi라고 말하지 않았을 가능성이 더 농후했다고 할 수도 있다.)[115]

헤겔이 사태들을 그렇게 본 것처럼, 루이 14세는 그에 앞서 카를 5세가 '보편적 군주정'universal monarchy을, 즉 헤겔의 표현을 빌리자면 '세계 지배 체제'system of world domination를 수립하려다 실패한 후, 마지막으로 실패한 시도를 대표적으로 보여 주었다.[116] 앞서 펠리페 2세와 마찬가지로, 루이 14세도 네덜란드의 손에 의해(1678년에) 비통한 최후를 맞이했다. 프랑스의 통치 패권을 확립하려던 루이 14세의 계획은 유럽의 삶에서 새롭게 부상하고 있던 힘의 균형을 뒤흔들었고, 이로 인해 소규모 국가들(특히 30년 전쟁의 폐허 속에서 급부상한 우표딱지처럼 작은 공국들postage-stamp principalities)은 더 크고 공격적인 국가들로부터 자신을 겨우 방어할 수 있었다. '힘의 균형'balance of power에 대한 이러한 강조 자체가 유럽의 정치 단위들이 '구시대적 사

---

114 (Blanning 2007), p. 286에서 인용함.
115 (Blanning 2007), p. 286을 참조할 것.
116 (Hegel and Lasson 1968), p. 909.

유 질서'로부터 벗어났음을 의미한다고 헤겔은 지적한다. 왜냐하면 힘의 균형 체제가 "이전의 보편적 목적, 즉 교황권을 구심점으로 한 기독교 세계의 목적을 대신했기 때문이다".[117] 그러한 종교적 구심점은 더 이상 유럽의 세력들 간의 통합을 제공할 수 없었다. 종교적 구심점이 사라졌다는 것은, 다소 은유적으로 말하자면, 주체성이 스스로를 재사유하면서rethink itself, 자신의 절대적 목표가 무엇인지를 다시 생각해야 한다는 것을 의미했다.

헤겔은 자신의 강의들에서 루이 14세의 전쟁들에 대해 자세히 설명하지는 않았지만, 한 곳에서는 자세히 설명할 필요가 있었다. 네덜란드인이 프랑스인을 물리친 일은 헤겔의 수강생들에게도 잘 알려져 있었으며, 게다가 교육받은 모든 독일인은 영어로 종종 '팔츠[팔라티네이트]의 황폐화'devastation of the Palatinate라고 불리는 것에 대해 알고 있었다. 합스부르크 황제의 손을 들어 주기 위해, 그리고 영국인이 1688년 '명예 혁명'glorious Revolution에 너무 몰두한 나머지 걱정할 가치가 없다고 생각하면서, 루이 14세는 1688년 독일 영토에서 전쟁을 개시했다. 이 전쟁은 다른 정책 목표들도 가지고 있었지만, 충격과 경악에 대처하는 프랑스의 능력을 과시하기 위해(그리고 합스부르크가를 위협하기 위해) 의도된 것이었다. 루이 14세의 군대는 (하이델베르크Heidelberg를 포함한) 여러 독일 도시들을 약탈하고 강탈하고 불태웠다. 이 전쟁은 1697년 조약이 체결될 때까지 지속했으며, 이로 인해 이후 여러 세대에 걸쳐 독일에서 프랑스를 '독일의 천적'natural enemy

---

117 (Hegel 1969j), p. 513; (Hegel 1956), p. 431.

이라고 보는 관점이 형성되었다.[118] 그러나 바람직하게도, 헤겔은 프랑스에 관해 이러한 관점을 전혀 공유하지 않았다. 실제로, 헤겔은 카를 5세와 달리 루이 14세가 프랑스의 '보편적 군주정'을 수립하려는 열망의 근거를 단순히 원초적 힘에 두지 않고 '프랑스 문화 자체의 우월성'에 두었다고 지적한다. 헤겔이 지적하듯이, 이러한 프랑스 문화 자체의 우월성은 루이 14세에게 카를 5세가 차지했던 것보다 그러한 열망에 대한 '더 높은 자격'higher entitlement을 부여했다.[119] 결국, "프랑스는 문화Bildung의 나라"라고 헤겔은 언급했다.[120]

프랑스에서 가장 완전한 형식으로 완성된 절대주의 국가[절대왕정]는, 모든 정치적 의무가 '일원적 구조'를 갖는다는 근대적 관념에 기초한 '마지막 추상'final abstraction이었다. 통치권을 지닌 군주는 군주 한 사람만의 권리와 의무를 지니고 있었다. 그는 다른 특정 개인이나 집단에게 권리와 의무를 빚지지 않았다. 독일인이 '세습신분제 국가'Ständestaat/the state of estates라고 불렀던 것의 거의 모든 잔재가 제거되면서, 절대 군주와 '사회의 기본 정치 사회 집단들'의 '이원적 의무들'이 사라졌다. 과거의 정치 사회 집단에서는 각자가 서로에게 의

---

118 (Blanning 2007), p. 547을 참조할 것.

119 "루이 14세의 허세는 (카를 5세의 경우처럼) 그의 권력의 범위가 아니라, 프랑스어를 사용하는 모든 곳에서 보편적 동경의 대상이 되는 문화(Bildung)에 기반을 두고 있었다. 따라서 루이 14세는 독일 황제보다 더 높은 권한을 주장할 수 있었다." (Hegel 1969j), pp. 513~514; (Hegel 1956), p. 432.

120 헤겔이 "우리가 문화[도야](Bildung)라고 부르는 것은 추상적 보편성을 사유하는 행위이다. 프랑스는 문화의 나라다"라고 말할 때, 그는 프랑스의 문화적 중심성에 대한 이러한 설명을 약간 얼버무린다. 또한, 헤겔은 칸트 이후의 독일 철학이 "추상적 보편성에 대한 사유"의 나라를 계승한 것이라는 점을 『정신현상학』에서 분명히 밝혔다고 생각했다. (Hegel and Lasson 1968), p. 905.

무를 졌으며 그에 상응하는 권리도 지녔었다(비록 '권리'와 '의무'라는 용어가 과거의 그들이 그들 자신을 어떻게 보았는지를 설명하기에 정확하지는 않지만). '통치자의 소유물인 국가'로부터 '독립적인 헌정 질서인 국가'로의 전환은 빠르게 이루어졌지만, 그러나 처음에는 원칙적으로 그리고 나중에는 혁명을 통해 실천 면에서 이를 달성한 것은 바로 프랑스인이었다. 루이 14세는 귀족을 몰아내고 스스로 국가 권력의 최정점에 오름으로써 절대 군주에 가까운 존재로 변신했다. 루이 14세가 스스로 '보편적 군주정'을 수립하는 데 실패하자, 국가를 군주 자신과 독립된 권한의 원천으로 이해하려는 움직임이 촉발되었다. 루이 14세는 모든 권한을 '국가의 살아 있는 화신'인 자신에게로 옮기는 데 성공함으로써, 프랑스 사회에서 여전히 작동하고 있던 반항적 권력들을 성공적으로 약화하여, 오히려 군주정 전복과 입헌 국가 수립을 위한 무대를 마련했다. 역사적 시간 기준으로 볼 때, 이러한 일이 다소 빠르게 일어났다는 점은, 프랑스 혁명 전이었던 18세기 중반에 한 프랑스 관찰자의 다음과 같은 언급을 통해 실증된다. "오늘날 파리 사회에서 '나는 왕을 섬긴다'라고 감히 말하는 사람은 거의 없다. […] [만일 당신이 그렇게 말한다면] 당신은 베르사유 궁전의 수석 시종 중 한 명으로 간주될 것이다. '나는 국가를 섬긴다'라는 표현이 이제 가장 일반적으로 사용된다."[121]

비록 헤겔의 역사 철학 강의의 편집본에서는 그다지 강조되지는 않았지만, 근대 세계의 형태에 대한 헤겔의 관점에서 그 중심은

---

121 (Blanning 2007), p. 286에서 인용함.

스페인인에 대한 네덜란드인의 저항과 첫 승리였다. 그리고, 그의 아들이자 후계자인 펠리페 2세가 물려받은 카를 5세의 제국에 대항하여 시작되었다가 1648년에 끝난 반란과, 그리고 그 후 루이 14세에 대해 반발하여 일어나 1678년에 끝난 네덜란드인의 성공적인 저항도 여기에 포함된다. 네덜란드인은 '새로운 형태의 주체성'new shape of subjectivity을 전면에 내세웠고, 이 새로운 형태의 주체성을 '그들의 반란과 근대 상업 공화국modern commercial republic' 건국의 중심으로 삼았다. 헤겔이 1822년 네덜란드를 방문했을 때 네덜란드의 생활에 큰 감명을 받았으며, 네덜란드가 '근대적 삶의 역동성'의 모범적 요소들을 보여 주는 구현체라고 생각했다.[122] 헤겔은 자신의 다른 강의들에서도 이 주제를 소홀히 하지 않았다. 예를 들어, 예술 철학 강의들에서 그는 근대 세계에 대한 네덜란드인의 경험을 비중 있게 강조했다. 네덜란드인은 대략 1566년에서 1648년 사이에 스페인에 대적해 성공적으로 독립 전쟁을 치렀고, 무역을 기반으로 성공하고 부유하고 관용적인 국가를 건설했다. 그들은 바다로부터 땅을 되찾았고, 평화롭고 효율적인 정치 질서를 확립했다. 그리고 가장 중요한 점은, "품위 있고 쾌활하며 조용하고 호젓한 가정생활과 같은 세계에서 느끼는 즐거움"에 대한 네덜란드인의 감각을 자신들의 예술에 담아낸, 성공적이고 번영하는 삶의 형태를 네덜란드인이 확립했다는 것이다. 이들과 함께 귀족과 평민의 구분은 그 중요성이 사라졌다.

'모두가 자유롭다'라는 원칙은, 철학에서 완전히 공식화되기 전

---

122 (Pinkard 2000)의 논의를 참조할 것.

부터 네덜란드인에 의해 실제로 실행되었다. 스페인으로부터 자유와 독립을 획득하기 위한 그들의 투쟁은, 헤겔의 표현을 빌리자면, "우월한 귀족이 제후와 폭군을 추방하거나 그들에게 법을 강요하여 이루어진 것도 아니었고, 스위스처럼 자유를 쟁취한 농민, 억압받던 소작농에 의해 이루어진 것도 아니었으며", 오히려 "도시 사람들, 무역에 종사하는 부유한 시민들에 의해 이루어진 것이었다. 이들은 자신들의 업무에서 평안하고, 대단한 가식도 없었지만, 그들이 정당하게 얻은 권리들, 그들의 지방과 도시, 조합이 보유한 특권들의 자유를 위해 싸워야 할 문제가 발생했을 때에는, […] 그들은 용감하게 피를 흘렸고, 이 의로운 대담함과 인내로 그들 자신을 위해 시민적 독립과 종교적 독립 모두를 승승장구 쟁취했다."[123] 헤겔이 17세기 네덜란드 회화라고 언급한, 네덜란드인의 예술은 그로 인해 적어도 근대적 조건

---

123 (Hegel 1969g), p. 129; (Hegel 1988), pp. 885~886. "그리고 여기서 우리가 정치 문제에서 발견하는 것은, 제후와 폭군을 추방하거나 그에게 법을 부과하는 우월한 귀족도 아니고, 그렇다고 스위스처럼 해방된 소작농, 농민들도 아니다. 반대로, 육지의 용감한 전사들과 바다의 대담한 영웅들을 제외하고는, 훨씬 더 많은 부분이 도시민들, 무역업에 종사하는 부유한 시민들로 구성되었다. 이들은 자신의 사업에 평안한 상태에서 가식이 없었으며, 그들이 충분히 누릴 자격이 있는 권리들의 자유나, 그들이 속한 지방, 도시, 기업의 특별한 특권의 자유를 위해 싸우는 것이 문제가 되었을 때, 그들은 스페인이 전 세계 절반을 지배한다는 엄청난 명성에 맞서 온갖 위험에 노출되는 것을 두려워하지 않고, 신에 대한 대담한 믿음과 용기와 지성을 바탕으로 반란을 일으켰다. 그들은 용기 있게 피를 흘렸고, 이 의로운 대담함과 인내로 그들 스스로 시민적 독립과 종교적 독립 모두를 승승장구 쟁취했다. 만일 우리가 어떤 특정한 정신적 경향을 '독일다움'(deutsch 즉, 네덜란드Dutch나 독일German)이라고 부를 수 있다면, 그것은 이렇게 충성스럽고 평안하며 가정적인 시민 유형이다. 즉, 이러한 유형은 집과 주변 환경을 단순하고 매력적이며 깔끔하게 유지하고, 교만하지 않은 자존감과 단순한 신봉자의 열정이 아닌 경건함을 지닌다. 그러나 대신, 이러한 유형은 일상적인 일에는 구체적으로 경건하고 부에는 겸손하고 만족한다. 그것은 독립과 진보하는 자유와 더불어 모든 상황에서 철저한 주의와 만족으로 선조의 건전함을 손상되지 않게 보존하면서, 여전히 자신의 전통적 관습[인륜](Sitte)에 충실할 수 있다."

들에서 "예술이 할 수 있는 가장 위대한 진리를 발전시켰다".[124]

프랑스 혁명을 '근대 세계의 전환점'이라고 간주한 헤겔의 주장은(이 관점은 헤겔이 청년기부터 지니고 있었다) 잘 알려져 있다. 그런데, 헤겔은 네덜란드의 사례가 비록 덜 유명하지만, 근대적 삶의 또 다른 주요 대안 중 하나를 형성했다는 생각도 즐겨 사용했다. 헤겔이 보기에 네덜란드인은, 헤겔이 1820년 『법철학』에서 체계적으로 설명한 권리[법], 도덕적 의무, 그리고 선들[인륜성](특히, 가정, 시민 사회, 국가)의 근대적 구조를 그 누구보다 잘 실천한 것으로 보였다. 그럼에도 불구하고, 명확하게 표명된 일련의 보편적 주장을 기반으로 네덜란드인이 독립 전쟁을 수행하거나 새로운 '시민적'bourgeois 삶의 방식을 확립한 것은 아니었기 때문에, 네덜란드의 사례는 마치 네덜란드인 자신들의 특정 성격 유형에 따른 독특함처럼 보일 수도 있다. 특별히 '프랑스다운 것'이 아니라 '보편적 인권'에 그 정당성을 두었던 것은, 네덜란드 독립 전쟁이 아니라 프랑스 혁명이었다. 화해 가능한 근대성의 배후에 있는 관념들을 프랑스 혁명이 제공하지 않았더라면, 네덜란드의 사례는 단지 일회성 사건에 불과했을 수도 있다. 프랑스인은 정당성의 토대로 인권 문제를 제기한 점에서 일종의 '전위대'the avant-garde였다면, 네덜란드인은 관용적이고 자유로운 근대 질서에 대한 더 유용한 청사진을 제공한 것처럼 보였다. 따라서, 근대 세계는 네덜란드와 프랑스라는 다소 경쟁적인 두 가지 근대 국가 모

---

124 (Hegel 1969g), p. 129; (Hegel 1988), p. 886. 근대적 조건이 예술이 할 수 있는 역할을 어떻게 제한하는지에 대한 질문은, 헤겔이 많은 생각을 쏟았던 문제이다. 이 주제에 대한 그의 견해의 깊이와 복잡성은 (Rutter 2011)과 (Pippin 2014)에서 매우 설득력 있게 탐구되었다. 또한 (Rebentisch 2012)도 참조할 것.

델을 탄생시켰다.

프랑스인이 인권의 전위대였다면, 네덜란드인은 개신교 게르만 지역의 전위대였다. 헤겔이 보기에, 사실상 네덜란드의 사례가 보여 준 것은, 개신교 게르만 지역이 원칙적으로 근대 세계가 구체화한 더 큰 문제 중 하나를 해결하기 위한 윤곽을 마련해 주었다는 점이다. 즉, 개신교 게르만 지역은 '법적 규칙에 따른 통치 관념'을 확립하고 사회생활의 넓은 영역에서 개인들이 자신의 목표를 달성할 수 있는 '사회 공간'을 만들었으나, 이 모든 것이 전체의 선에 어떻게 기여하는지에 대해서는 별다른 반성이 없었다. 이제 모든 개신교 지역에 필요한 것은, 프랑스가 제공했고 칸트 이후 독일 철학이 확립한 '인권'Rights of Man의 토대를 놓는 일이었다.

유럽사에서 너무나 많은 거품이 이는 암류暗流, undercurrent와 같았던 '허무주의'는 '새롭고 더 잘 정초된 이상ideal'에 대한 책무[공속 행위]로 인해 사그라들었다. 이러한 책무는 정의가 실현되는 조건인 '자유의 이상'에 대한 책무였으며, 헤겔이 생각한 것처럼, 그러한 새로운 원칙들과 큰 마찰을 빚지 않고 개신교 지역에 뿌리를 내린 일종의 심리가 맞물린 방식이었다. 헤겔이 생각한 것처럼, 네덜란드–게르만 지역에서는 다음과 같은 관념이 깊게 뿌리를 내렸다. 즉, 제후의 자의적 의지가 법적 권한의 원천이 될 수 없었으며, 오히려 제후의 "의지는 합법적인 것, 정의로운 것, 전체 이익을 위한 것을 그가 현명하게 의욕하는 한에서 존중받을 가치가 있다".[125] 이성의 지배가 강자

---

125 (Hegel 1969j), p. 527; (Hegel 1956). "반대로, 그들의 의지는 현명하게 권리[법], 정의, 그리고 전체의 안녕을 의욕하는 한에서만 존중받을 가치가 있다고 간주된다."

의 통치를 대체했다는 생각이 깊이 뿌리내리고 있었다. 이전 질서에서 제후와 황제는 정의의 상징적 존재이자 정의의 집행자 역할을 했다. 루이 15세Louis XV는 이 질서를 상징적이지 않은 방식으로 다음과 같이 표현했다. "치안판사들은 나를 대신하여 나의 백성들에게 정의를 집행하는 나의 진정한 왕의 의무를 관리할 임무를 맡은 나의 각료들이다. […] 주권은 오직 나 개인에게만 있고 […] 나의 법원은 그 존재와 권한을 나로부터만 얻는다."[126] 여러 루이 왕들은 그러한 역할이 이제 매우 비상징적으로도[실질적으로도] '입헌 국가'로 옮겨 가고 있다는 사실을 제대로 보지 못했다. 네덜란드인이 그들에게 그 시실을 알렸고, 프랑스 혁명은 그 일을 마무리했다.

계몽주의, 독일인, 그리고 혁명

헤겔이 보기에, '이성의 지배[규칙]'rule of reason가 등장한 것은 유럽의 정치 생활에서 단지 절대주의 체제[절대 왕정]가 붕괴했기 때문만은 아니었다. 또한, 그 붕괴가 그러한 사건들을 겪으며 살아가던 사람들에게 더 특별한 의미로 다가오는 경로에서 프랑스인은 그 토대를 마련하는 데 중요한 역할을 했다. 이와 같은 것이, 절대 군주가 사는 궁정의 권한 붕괴와 개념적으로 결부된 '계몽주의'Enlightenment 운동에 대해 프랑스인이 기여한 점이었다. 결국, 그러한 붕괴는 자유로운 삶

---

126 (Blanning 2007), p. 288.

인 '근대적 삶'의 구성 요소들이 모든 면에서 두드러지게 드러나도록 하는 길을 닦는 데 도움이 되었다.

이 시기에 '계몽주의'는, 프랑스의 얀센주의Jansenism, 영국의 웨슬리언주의Wesleyanism, 독일의 경건주의Pietism 등 유럽에서 생겨난 '감성주의 종교들'emotionalist religions과 대조를 이루었다. '신앙'faith('종교' 자체와는 구별되는)의 세계는 '감정'emotions을 누군가의 세계에서 '신성한 현존을 드러내는 것'으로 보았으며, '신이 어떤 이의 가장 내밀한 삶과 외적 행위들에서 작동하고 있는 방식'으로 보았다. 가톨릭과 개신교 모두 '바로크 예술'baroque art에서 그 신앙의 표현을 발견했다 (가톨릭의 위대한 바로크 양식의 대성당은 바흐Bach의 위대한 개신교 음악이 흐르는 길목에 평온하게 자리한다). 그러나, 두 종교가 정반대 입장을 취하면서 서로를 경멸에 가까운 불신으로 바라보았던 것만큼, 두 종교는 모두 '삶의 형태에 적합한 주체성의 형태'를 취하는 사람들이 스스로 새로운 지향점을 찾으려는 방식을 똑같이 표현한 것이었다. 낡은 사태의 질서로부터 점차 풀려나면서, 사람들은 새로운 종교 운동에서 '감정의 직접성'을 추구하거나, 계몽주의 원칙에 따라 천막의 말뚝을 땅에 박으려고 했다[결단력 있게 행동했다].[127] 마찬가지로, 많은 사람들이 자신들의 종교에서 강렬한 감정을 추구했던 것처럼, 그들은 자신들의 예술에서도 강렬한 감정을 추구했으며, 당대의 많은 그림(특히, 프랑스 화파)은 이 강렬한 감정을 표현했다. 당시

---

127 헤겔은 역사 철학 강의에서 '계몽주의'와 '신앙'의 이 '하나이면서 둘인 본성'(two-in-one nature)을 그다지 논의하지는 않는다. 그러나, 이에 대한 그의 논의는 1807년 『정신현상학』의 주요 장을 형성한다. 이에 관해서는 (Pinkard 1994)의 논의를 참조할 것.

형성되고 있던 주체성의 형태는, '이성[이유]에 대한 헌신'devotion to reason과 '감정 및 감성에 대한 숭배'cult of feeling and sensibility 사이에 갈라진 틈cleft과 같았다(당시에 주체성은 이렇게 분열된 틈이라고 불렸다). '계몽주의'의 성장과 프랑스 혁명을 둘러싼 많은 소용돌이를 형성했으며, 그렇게 절대적인 듯했던 위와 같은 두 측면의 상반된 끌어당김과 같은 상황에서, 주체가 어떻게 자신과 하나가 될 수 있을지에 대한 고민이 있었다. (헤겔은 이 문제와 '이성과 감성의 화해'의 필요성을 파악한 프리드리히 실러Friedrich Schiller의 공로를 인정한다.)[128]

신화적인 초기 게르만족은, 그들의 신화적 초기 조건에서 (아마도) 미덕을 갖춘 야만인virtuous barbarians이었고, (그들을 자유롭게 구속한) 자신의 영주들에게 충성스럽고 용맹스러운 훌륭한 솜씨를 발휘할 수 있었지만, 법치rule of law와 관료주의bureaucracy가 그들에게 영향을 미치지는 못했다. 아마도 천 년에 걸친 봉건 통치의 가혹한 훈련과 그에 수반되는 폭력이 그들의 성향과 동기를 재구성하면서, 그들은 자유로운 삶에 필요한 법치와 관료적 기구를 모두 받아들일 수 있는 만족스러운 삶을 살 수 있게 되었다. 잘 알려진 바처럼, 헤겔은 이러한 융합fusion을 '도덕'morality과 '인륜적 삶[인륜성]'Sittlichkeit의 통합으로 그 성격을 규정했다. 여기서 '도덕'은 보편성의 관점에서 공식

---

128 "칸트적 사유의 주관성과 추상성을 타파하고, 통합과 화해를 진리로서 지성적으로 파악하고, 예술적 생산에서 그것들을 실현함으로써 이를 넘어서려고 한 점에서 큰 공로를 인정받아야 하는 사람이 바로 실러다. 왜냐하면 실러는 자신의 미학 저술에서, 진정한 철학과의 관계를 고려하지 않고 예술과 그 관심에 대해 단순히 주목했을 뿐만 아니라, 예술의 아름다움에 대한 자신의 관심을 철학적 원리와 비교하기도 했기 때문이다. 그리고 그것들로부터 출발하고 그것들의 도움을 받아, 그는 아름다운 것의 더 깊은 본질과 개념을 깊게 다룰 수 있었다" (Hegel 1969e), p 89; (Hegel 1988), p 61

화된 '규칙과 원칙의 체계'로서, 그러한 원칙에 따라 행동해야 할 필연성을 느끼는 것이다. 그리고 '인륜적 삶'은 자유롭고 만족스러운 삶에 요구된 미덕(정념과 원칙의 통합)을 발휘하는 인격을 산출하는 데 필요한 사회적 형성과정 및 관행이다. 또한 매우 정확하게, 헤겔은 '보편주의적 도덕'이 더 특수화된 '인륜적 삶의 양식'에 통합되지 않는 한, 사람들에게 진정으로 영향을 미칠 수 없다고 논증했다(또는 적어도 주장했다). 도덕적 삶이 수행되며 도덕이 실현되는 진정한 장소 중 하나는, 원칙적으로 서로 다르면서도 서로 조화를 이루는 '다양한 중재 제도들mediating institutions'로 구축된 시민 사회이다.[129] '보편화 가능한 도덕적 제약' 그 자체는 사람들이 구체적 결정을 내릴 수 있도록 충분한 내용을 제공하지 않는다. 구체적 결정을 내리기 위해, 도덕적 제약은 더 명확한 실천적 추론을 위한 더 기본적인 '제1원칙'이 필요하며, 그러한 목적들은 삶의 형태들에서 '확정된 성향들'settled dispositions로 나타나야 한다(그러한 목적들은 '심리적 사실들이 되어 버린 가치들'이기도 하다). 그러한 목적을 위해, 시민 사회는 점점 더 복잡해지는 근대 세계에서 방향을 잡는 데 일종의 실천적 요령을 구현하는 다양한 '신분들'Stände과 '직능조합들'corporations(오늘날의 비인격

---

129 (Hegel 1969d), §207, p. 359; (Hegel 1991), pp. 238~239. "그러므로 이 체제 내에서 인륜적 성향은, 청렴 정직과 자기 재산의 명예에 대한 것이므로, 각 개인은 자기 규정의 과정에 의해, 자신의 활동, 근면, 기술을 통해 시민 사회의 계기들 중 한 구성원이 되며, 이러한 능력으로 자신을 지탱한다. 그리고 보편자와의 이러한 매개를 통해서만, 그는 스스로에게 인정을 부여하면서 동시에 자신의 관점과 타인들의 관점에서도 인정을 획득한다. 도덕은 자신의 행동과 복지 및 특정 필요의 목적에 대한 반성이 지배적인 이 영역에서, 즉, 후자의 만족에서 우연성이 우발적이며 개인적인 도움조차 의무로 만들어 버리는 이 영역에서 적절한 위치를 지닌다."

적인 현대의 '세계화된 거대 기업'보다는 길드guilds에 더 가까운 제도들)의 관점에서 구조화되어야 했다.

'왜 독일이 아니라 프랑스에서 혁명이 일어났는가'라는 헤겔의 질문에 대한 헤겔 자신의 대답은 부분적으로, '프랑스가 매우 얇은 층으로 구성된 시민 사회만을 보유하게 되었다'라는 것이었다.[130] 프랑스에서 봉건제의 해체는 명백히 부정의한 체제unjust regime 속에서 개인들이 서로 경쟁하는 사회 세계를 남겼으며, 이 부정의한 체제에서는 공적 권력 구조가 여전히 봉건적 질서에 머물러 있었다. 루이 14세의 절대화 경향으로 그 사회직 권한이 훼손된 길드들과 신분들의 중재 효과가 사라진 상황에서, 각 개인은 자신의 자원들resources로부터 버림받았다. 봉건적 구조가 내부에서 썩어 가는 상황에서, 유일한 충심忠心, loyalty은 가정이나 국가 자체에 대한 충심이어야 했으며, 사람들의 신분과 같은 것에 대한 충심을 통해 중재될 수 없었다. 만일 미덕이 올바른 것의 개념과 연결된 성향과 정념이고 성격과 좋은 판단의 문제라면, 활력이 넘치는 시민 사회의 중재가 없을 경우, 미덕은 국가에 봉사하거나 가족에 충심을 다하는 단순한 성향이 되어 버린다. 이렇게 되면 국가는 '당위적으로 그러해야만 하는 상태'에 있지 못하게 되고, 국가가 여전히 군주 자신 속에서 구현된 것으로 여겨지면서, 국가는 공포를 마음대로 휘두르는 치안 사회의 형식에 이르게 된다.

---

130 (Hegel 1969j), p. 525; (Hegel 1956), p. 443. "따라서 두 가지 질문이 다음과 같이 제기된다. 즉, 왜 자유의 원칙은 단지 형식적으로만 머물렀을까? 그리고 왜 독일인이 아닌 프랑스인만 이 원칙을 실현하기 시작했을까?"

더욱이, 가톨릭교의 잠재적 측면들에 대한 헤겔의 다소 부정적 견해에 따르면, 가톨릭 국가인 프랑스는 '개인의 양심을 보호해야 한다'라는 원칙을 인정하지 않았기 때문에, 깊이 뿌리내린 시민 사회의 형성을 막는 권위주의적 종교에 예속되었다. 헤겔은 특히 (자신의 글들 여러 곳에서) 스페인에서 종교 재판Inquisition이 수행한 역할을 인용한다. 종교 재판은 '숨어 있는 유대인, 무어인, 이단자들의 처형'이라는 명분을 내세웠지만, 당연히 '국가의 적들을 박해하는 기관', '왕의 기관'이 되었으며, 심지어 "주교와 대주교에 대한 종교 재판의 우위를 주장하기도 했다".[131] 종교 재판은 의심스러운 성향 자체를 처벌의 대상으로 삼아, 프랑스 혁명의 '공포 정치'의 토대를 마련했다. 시민 사회의 견제 요소가 없는 상태에서, 종교 재판은 국가 권력의 잘 다듬어진 도구 모델이 되었다. 비록 프랑스인에게는 종교 재판이 없었지만, 그들은 종교 재판을 실현할 수 있는 모든 도구를 지니고 있었다.

특히, 프랑스의 낡은 체제ancien régime의 궁정 생활은 '근대적 주체성' 개념을 결국 그 최종 형식 중 하나로 진척시켰다. 프랑스 부르봉 왕가에서 작동하던 '인정 구조'structure of recognition는 일종의 '군주 절대주의'monarchical absolutism를 낳았다. 귀족은 '중간 계급'의 본질적 목적, 즉 자신의 부와 지위를 추구하는 더 이기적인 요구에 얽매이지 않았기 때문에, 자신들만이 통치할 수 있다는 '귀족적 이상'을 지니고

---

131 (Hegel 1969j), p. 510; (Hegel 1956), p. 429. "비밀리에 유대교를 고수하는 사람들과 무어인과 이단자들에 대한 박해를 위해 설립된 이것[종교 재판]은, 곧 국가의 적들에 대항하는 정치적 성격을 띠게 되었다. 따라서, 종교 재판은 심지어 주교와 대주교에 대해서도 그 우위를 주장했으며, 재판소에서 그들을 인용할 수 있었다."

있었다. 귀족은 이미 필요한 지위를 가지고 있었으므로 그것을 추구할 필요가 없었다. 그리고 (이 주장을 뒷받침하는 이데올로기에 따르면) 귀족은 국가 이익을 위해 기꺼이 자신의 목숨을 걸 수 있었으므로 그들이 휘두르는 정치 권력을 가질 자격이 있다고 생각했다. (이에 비해, '중간 계급'은 너무 이기적이어서 이러한 일을 할 수 없을 것으로 간주되었다.) 사유 질서order of thoughts에서 그 위치도 '인정할 권한을 가진 자'의 인정을 받아야 했으므로, 군주가 정점에 앉은 피라미드형 구조가 초래되었다. 즉, 군주는 자신의 권한이 신성한 원천으로부터 비롯되므로, 그는 타인을 인정해 주지만, 타인의 인정을 받을 필요는 없다. 그러나, 궁정 생활에 참여하려면 상당한 재력이 필요했고 궁정 생활 자체가 부의 통로였기 때문에, 역사적으로 귀족은 과거에는 스스로 내세웠던 '무공武功의 영광'martial glory을 위해 헌신하는 집단이기를 그만두었다. 게다가, 16세기와 17세기에 전쟁의 기술적·사회적 변화들로 인해 군인은 점점 더 전문화된 직업으로, 전쟁은 점점 더 전략적인 정치적 목표들을 추구하는 것으로 변모했다. '영광'을 바라는 옛 귀족들의 갈증을 해소할 수 있는 자리는 사라지고 있었다.

이러한 압박에 비추어 볼 때, 귀족은 전장에서 목숨을 걸기보다 궁정에서 인정을 받아 영광을 얻으려고 함으로써, 전사戰士이기를 중단하고 조신朝臣, courtiers이 되었다. 군인의 경력을 추구하던 귀족조차도 더 이상 자신의 명예를 추구하는 '전설의 기사'가 아니었다. 그는 이제 자신의 상관에게 종속되었으며, 상관을 따르는 일을 잘 수행해야 했다.[132] 그러한 세계에서 진정한 영광은 '무공의 영광'에 있지 않고, 궁정의 서열에서 더 높은 지위로 올라가는 데 있었다. 헤겔이 지적하듯이, 이러한 세계에서는 중세 세계의 소위 영웅주의heroism가,

여전히 중세의 군사 귀족인 것처럼 행세하는 '부르주아 세계'에 자리를 내주었다. 전장에서의 영웅주의는 궁정의 '내부자 책략'으로 대체되었다. 그리고 헤겔이 지적하듯이, 그러한 세계에서는 "묵묵히 봉사하는 영웅주의가 아첨하는 영웅주의heroism of flattery가 되어 버린다".[133]

이로 인해, 귀족과 중간 상인 계급의 구분, 즉 '영광의 추구'와 '부의 추구' 사이의 구분이 더 이상 실재하지 않는다는 사실이 모든 관련자에게 더욱 분명해졌다. 궁정 생활에서 성공하기 위해 자신의 인격을 개발해야 한다는 이 패러다임이 의미한 바는 다음과 같다. 즉, 모든 귀족이 군주로부터 인정을 받는 것을 자신의 주요 목적으로 삼기 때문에, 이것은 귀족이 자신의 '합법적 인격성'legal personality을 포기해야 한다(왜냐하면 군주가 모든 합법성의 원천이기 때문이다)는 것을 의미했다. 귀족에게 결정되지 않은 채 남겨진 것은, 더 강력한 개인인 타자[군주]의 변덕에 달려 있었다. 따라서 궁중의 삶life of the court은 마치 순수한 인정으로 구성된 것처럼 보이는 주체성의 삶이지만, 그러나 그것은 로마 질서의 반복은 아니다. 헤겔의 용어로 하자면, 주체

---

132 헤겔은 다음과 같이 언급한다. "마찬가지로 오늘날 장군이나 야전사령관도 참으로 큰 권력을 가지고 있다. 가장 본질적인 목적과 관심이 그의 손에 맡겨지며, 그리고 그의 재량, 용기, 결단력, 정신이 가장 중요한 사안들을 결정해야 한다. 그러나, 그 결정에서 그 자신의 개인적 몫으로서 그 주관적 성격에 귀속될 수 있는 부분은 단지 그 범위가 작을 뿐이다. 그렇게 되는 우선적인 이유는, 목적들은 그에게 주어지며, 그 목적들의 기원은 그 자신만의 개인 자아가 아니라 그의 힘 관할 밖 문제에 있다는 것이다. 또 다른 이유는, 그는 이러한 목적들을 달성하기 위한 수단들을 스스로 만들지 않는다는 점이다. 반대로, 그 수단들이 그에게 제공된다. 그것들은 그에게 종속되지 않으며 인격처럼 그의 손짓과 요청에 따르지도 않는다. 그것들의 위치는 이 군인 개인의 인격에 따라 발생하는 것과는 상당히 차이가 있다." (Hegel 1969e), p. 254; (Hegel 1988), p. 194.

133 (Hegel 1969a), p. 378; (Hegel 2010), ¶510.

는 이제 '자기 자신 내로 반성되어'reflected into himself 있으며, 자의식은 이제 본질적으로 자기 자신과 거리를 둔다. 그래서 "자의식은 본질적으로 판단[근원적 분리]이다"Self-consciousness is essentially judgment.[134] 자의식은 철저하게 반성적이며, 자신과 타인에 대한 총계總計, tally를 유지하고, 지위를 차지하기 위해 경쟁하면서, 자신의 지위와 사회생활의 공허함을 점점 더 인식하게 된다.[135]

그 결과가 '자기 주도적이지만 근본적으로 연극적인theatrical 주체성'이라는 개념이었다. 이러한 삶의 형태 내에서, 각자는 자신만의 대본을 쓰는 배우가 되어 사회 세계에서 주목받을 만한 누군가로 등장하고, 동시에 무대 장면에 등장하는 자신과 다른 모든 이들이 이러한 연극적 요소를 충분히 인식하고 있다는 것을 깨닫는다. 그러한 세계에서 배우 자신의 개체성은 결국 공허해지며, 연극을 계속할 가치가 있는지에 대한 의문이 누구에게나 점점 더 커진다. 이러한 주체성의 형식 면에서의 성공으로 인해 그 스스로는 타인들의 주목을 받지만, 타인들의 주목을 받는 일이 점점 더 명백한 '객관적 가치'objective value의 사안이 되지는 않는다.

'모든 것이 허영vanity이고 쇼에 불과하다'라고 생각하는, 그 자체에 대한 '궁중의 위트 있는 아이러니'의 삶은, 스스로를 '계몽주의'라

---

134 (Hegel 1969a), p. 369; (Hegel 2010), ¶494.
135 (Hegel 1969a), p. 389; (Hegel 2010), ¶¶524~525. "자의식적이고 자기 표현적인 의식의 찢어진 분열은, 전체와 그 자체에 대한 방향 감각 상실인 만큼 실존에 대한 비웃음이기도 하다. 동시에, 그것은 의식이 여전히 자신을 주목함으로써 이 전체 방향 감각 상실이 희미해지는 소리이기도 하다. […] 자아로의 회귀라는 측면에서 보면, 모든 사태의 공허함은 자아 자체의 공허함이며, 즉 자아 그 자체가 공허하다."

고 부르게 된 운동을 부채질하는 데 도움이 되었으며, 이 운동은 적어도 프랑스에서는 처음에는 거의 전적으로 '신앙이 아닌' 것으로 부정적으로 정의되었다. '계몽주의'는 빠르게 부정적 정의定義에서 벗어나, 과학, 공공성, 탐구에 대한 믿음을 바탕으로 진보하는 '이성에만 기반한 운동'이라는 정체성을 갖게 되었다.[136]* 이성에 대한 호소와 계몽주의와 함께 진행된 움직임, 즉 궁중과 정부에 대한 비난의 움직임은 지배 세력에게 더 큰 압박을 가했다. 궁중 생활이 치명적인 진지함과 이해관계에 얽히지 않은 위트의 '공허한 연극 마당'이 되어 버렸다는 사실이, 궁중 생활 자체를 마침내 벼랑 끝으로 내몰았다. 무제한적 군주로 구현된 '절대주의 국가'의 추상성은 증발했고, '타고난 고귀한 자격'의 여운도 함께 사라졌다.

계몽주의는 프랑스 혁명으로 이어지는 사회적 격동 속에서 주체성이 취한 형태를 강조했다. 당시 궁정 생활의 오만함과 교회의 관행과는 대조적으로, 주체성의 그러한 형태가 이해되듯이, 계몽주의는 겸손하게 실행하는 태도를 취한 주체성의 형태였다. 그러한 형태로 계몽주의는 이성을 위해 '미신'과 '신앙'을 배제하면서도 '이성의 한

---

136 "동시대 의식에 기초한 이 보편적 규정들, 즉 자연법칙들과 옳고 선한 것의 내용이, 이성[이유](reason/Vernunft)이라고 명명한 것이다. 사람들은 이러한 법칙들을 타당하게 만드는 것(Gelten)을 계몽주의(Aufkrärung)라고 불렀다. 계몽주의는 프랑스로부터 독일로 건너갔으며, 새로운 표상(Vorstellungen)의 세계를 열었다. 종교적 신념과 권리에 관한 실정법(특히 국가법)에 근거한 모든 권한에 대한 절대적 기준은, 이제 자유로운 현재에서 정신 자신의 내용이 통찰되는 것이었다." (Hegel 1969j), p. 523; (Hegel 1956), p. 441.

* [옮긴이] 이 인용문의 출처를 핀카드는 (Hegel 1969j)로 표기하였으나, 이는 (Hegel 1969l)을 잘못 표기한 것이다. 즉, 이 내용은 『헤겔 전집』 12권 『역사 철학 강의』에 나오는 내용인데, 핀카드는 그것을 『헤겔 전집』 18권 『철학사 강의』로 잘못 표기했다. 『헤겔 전집』의 약어는 이 책 뒤 '참고문헌'을 참조.

계'를 인정하고 확고하고 정직하게 그 선을 넘는 것을 거부했다. 헤겔의 표현으로 하자면, 그러한 형태는 자신의 유한성을 인정하고 그 한계를 넘어 자신을 부풀리기를 거부한다. 칸트 철학은 이러한 주체성의 형태가 스스로 목소리를 낸 가장 발전된 표현이다. 우리가 그렇게 발견할 수밖에 없는 세계인 '현상의 필연적 구조'에 대한 칸트 자신의 구상과 더불어, 현상이 '사물이 그 자체로 있는 방식'에 대한 지식(가능한 모든 경험과는 별개로 있는 그대로의 사물[사물 자체]에 대한 지식)일 수 있다는 점을 부정함으로써, 칸트는 자기 주장이 강하면서도 자기 비하적인 주체성의 이러한 이중적 개념을 강조한디(또한 칸트는 우리가 '실천 이성'이 우리에게 요구하는 것이 무엇인지 정확하게 알 수 있다고 주장하면서, 동시에 '이론 이성'이 어디까지 갈 수 있는지에 대해 엄격한 제한을 두었기 때문에, 이러한 주체성의 형태를 더욱 잘 표현할 수 있었다). 이러한 주체성의 형태는 궁극적인, 즉 '절대적 사유'의 객체들을 자신의 이해 범위를 넘어선 것으로, 자신의 인식 능력을 넘어선 것으로 간주하며, 그 객체들에 대한 감각 직관적인 구성요소가 필요하다는 요구에 제약받는다.

칸트는 사유 가능한 것에는 한계가 있다는 점을 수용하며, 바로 그 한계 위에 서 있다. 이를 위해 우리는, 비트겐슈타인이 훗날 언급했듯이, '사유에 한계를 설정'해야 하며, 이는 결국 "우리가 경계의 양쪽을 모두 사유할 수 있어야 한다(즉, 우리는 사유할 수 없는 것을 사유할 수 있어야 한다)"는 것을 의미하는데, 이것은 그 자체로는 불가능하다.[137] 칸트식 표현에서 분리해 생각해 보면, '위로부터의 관점'view from above과 같은 사유의 모습은 덜 겸손하게 된다. 그 대신, 궁정 생활이 스스로 설정한 조건에서는, 칸트식 사유에서 겸손의 형태를 취하는 그러한 '유한성'은 '조신朝臣, courtiers의 오만함'이 된다. 모든 것을 허영으로 여기는 고귀한 국왕이 보여 주는 주체성의 형태는, 그 주체성이 헛되다는 것을 알기 때문에, 스스로 타인들의 허영보다 더 낫다고 여긴다. 이렇게 '위로부터의 관점'은 신경질적인 싸움을 초월한 비인격적 관점이며, 주체성이 적어도 자기 지식의 한계를 알 수 있을 정도로 정직하다는 것을 안다는 점 외에는 그 자체로 어떤 실질적 내용을 갖지 못한다.

주체성이 스스로를 공식화하기 시작하면서, 주체성은 한계를 넘어서는 이 '위로부터의 관점'을 위한 합리적 기준을 추구하고 발견하면서, 효용utility이라는 추상적 원리에 따라 사유한다. 결국, 효용에 대한 호소는 '개인적 이익의 허영심'에 대한 호소가 아니라, '사안들의 최선의 상태'the best state of affairs와 같은 것에 대한 호소이다. 그것은 어느 편으로 치우치지 않고 공평하기impartial 때문에 진정으로 '위로부터의 관점'이다. 중요한 것은 '나의 효용'이 아니라 '일반적 효용'utility in general이며, 우리의 상황에서 달성 가능한 사안들의 최선의 상태이다.[138] 중요한 것은 행복이지만, 그러나 반드시 '나의 행복'은 아니다.

궁정의 연극 세계에서, '위로부터의 관점'은 모든 것이 쇼를 위한

---

137 (Wittgenstein 1963), p. 3.
138 (Hegel 1969a), p. 430; (Hegel 2010), ¶581 참조: "[믿음과 순수한 통찰의] 이 정점에는 여전히 공허한 의식에 속하는 자의식의 현실성이 결여되어 있다. 즉, 그로부터 사유가 스스로를 고양시킨 그 세계가 결여되어 있다. 순수한 통찰이 유용성에서 긍정적[실정적] 객관성을 달성하는 한, 결여되었던 것은 유용성에서 달성된다." 『정신현상학』의 장 제목들이 보여 주듯이, 헤겔은 주체성의 무한한 가치에 대한 칸트 이론이 여전히 '위로부터의 관점'의 표현이기는 하지만, '공허함'과 '유용성'에서 발견될 수 있는 주체성의 실패한 형태에 대한 합리적 계승이지, 여타의 표현들 중 하나에 불과한 것은 아니라고 생각했다. 궁극적인 형식으로 '사유가 스스로를 고양시킨' 것은 바로 칸트 철학에서이다.

것이라는 위트 있는 확신으로 구성된다. 프랑스 철학자의 세계에서 '위로부터의 관점'은 효용에 대한 호소이다. 칸트의 손에서, 이 '한계 너머의 관점'view from above the limit은 '인간 자유의 실재성'과, '목적의 왕국'kingdom of ends의 구성원으로서 인간의 자유와 평등이라는 '추상적이지만 세속화된 이상'을 뒷받침하는 강력한 논증으로 바뀌었다. 쌍둥이 같은 두 사건들, 즉 '목적의 왕국'을 제시한 '칸트의 도덕 철학'과 '인권 선언'을 한 '프랑스 혁명'으로 '모두가 자유롭다'라는 관념, 즉 '본래 누구도 타인에게 명령할 권한이 없다'라는 관념이 근대적 삶에서 실제적이고 현실적으로[정말로]wirklich 작동하게 되었다. 이 관념은 실제로 비합리적 지배의 모든 형식이 갑자기 사라졌다는 것을 의미하지는 않으며(그것은 분명히 사라지지 않았다), 이제 '타인들에 의한 일부 사람들의 타고난 지배'를 합리적으로 정당화하는 것이 불가능해졌다는 것을 의미했다. 이는 사람들이 그러한 [정당화] 논증을 하려는 시도를 포기했다는 것을 의미하지 않으며(그들은 분명히 포기하지 않았다), 오히려 그 전환점 후에는 실제로 그러한 주장을 할 수 있는 길이 더 이상 존재하지 않았다는 사실을 의미했다. 그것은 또한 많은 사람이, 심지어 헤겔 자신조차도 열리기를 원하지 않았던 새로운 관점의 필연적 결과들, 예를 들어 남성이 전통적으로 여성에게 일방적으로 주장했던 '자연적 권한'이 비합리적이라는 필연적 결과가 존재한다는 것을 의미했다.

궁극적으로, 이 모든 것들은 다양하고 다르지만, 그다음으로 보자면, 이 모든 것은 '하나의 더 화해적인 관점의 표현들'expressions of a more reconciliatory view이다. 그리고, 이 하나의 관점은 이성의 파악 자체가 무한하고 끝이 없으며, 이성이 자체 내에서 그 자신의 한계를 해소할 수 있다는 것이다. 이것이 바로 헤겔『논리학』의 과업이다. 헤겔의『논리학』은 근대적 주체성 그 자체의 '안으로부터의 관점'view from within을 표현한 것이며, 그 실제 결과는 '이성이 자신의 도구들을 가지고 거주 가능한 세계를 형성할 수 있는 수단이 있다'라는 것이다. 그러나, 이렇게 더 화해적인 관점은, '겸손 및 오만'과 주체성 자체의 '안으로부터의 관점'을 무시하는 일종의 [초월적] '공평함'impartiality에 대안적 교체가 이루어졌을 때 비로소 무대 위에 나타날 수 있었다. 주체들의 상이한 관점들의 편파성을 그 자체 내에서 통합하는 '합리성의 화해적 관점'은 '보편자가 스스로를 특수화하는 방식'으로서, '위로부터의 공평한 관점'impartial view from above이라는 '계몽주의적 주체성의 형태'가 붕괴하는 과정으로부터 역사적으로 발전할 수밖에 없었다. 이것이 곧 헤겔이 자신의 철학으로 삼았던 바로 그것이었다. '위로부터의 관점'view from above이 아니라, '안으로부터의 관점'view from within의 논리에서는 '내부'와 '외부'의 차이가 헤겔이 변증법적 논리로 설명한 노선을 따라 재인식되었으며, 여기서 그것들을[내부와 외부]은 '구별은 가능하지만 하나의 전체에서 분리될 수 없는 계기들'이다.

비록 계몽주의는 '위로부터의 관점'인 그 이성의 관점 면에서 일방적이었지만, 그럼에도 불구하고 계몽주의는 프랑스 혁명의 원동력이자 구성력이었다. 계몽주의의 한계가 무엇이든 간에, 계몽주의가 자연과학의 위상을 높인 것은 그야말로 긍정적이었다. 계몽주의가 물려준 세계는 "외부 세계를 자유롭게 설정하고", "사람들은 자연을 알기 위해 자연으로 눈을 돌렸으며, 그 결과 경험 과학은 그리스에서 보다 훨씬 더 새롭고 훌륭하게 번성하고 번영한다".[139] 계몽주의의 주도적 관념들이 유럽을 휩쓸었다. 그리고 헤겔의 지적처럼, 아메리카 독립 전쟁에서 "자유 사상이 전면에 등장했다".[140] 계몽주의는 마침내 "사유를 운전석에 앉혔다[사유에게 주도적 역할을 맡겼다]".[141]

그럼에도 불구하고, 헤겔은 프랑스 혁명이 세계사적으로 볼 때 '독특한 사건'unique event이라고 생각한 것 같다. 헤겔이 보기에, 프랑스 혁명은 왕정의 경제적 실패와 함께, 평등한 자유를 요구하는 '평등한 정의'에 대한 증가하는 요구와 완전히 동떨어진, '권위주의적이

---

139 (Hegel and Lasson 1968), p. 910.

140 (Hegel and Lasson 1968), pp. 919~920. "러시아의 예카테리나 2세도 일반 원칙을 적용했으며, 그리고 아메리카 독립 전쟁에서는 사유가 우위에 섰다." 헤겔은 성인이 된 후에도 아메리카 독립 전쟁에 대해 다소 침묵을 유지했다. 헤겔은 아메리카 독립 전쟁이 유럽사에서 그다지 중요하지 않다고 생각했다. 왜냐하면 적어도 유럽의 사안들에 관한 한, 아메리카 독립 전쟁은 멀리 떨어져 발생했으며 아직 유럽에서 중요하지 않은 지역에서 일어난 사건이었기 때문이다. 비록 헤겔은 아메리카에서 국경 폐쇄의 중요성에 대한 프레더릭 잭슨 터너(Frederick Jackson Turner)의 주장을 다소 막연하게 예상했고, 잘 알려져 있듯이 아메리카를 '미래의 땅'으로 묘사했지만, 헤겔에게 이러한 것들은 아메리카의 사례가 유럽에 어떤 의미를 지닐 수 있는지에 대한 더 나아간 논의를 미연에 막기 위한 수사적 측면에 불과했다. (1820년 『법철학』의 일부 초기 비평가들은, 헤겔이 아메리카의 사례를 무시한 것에 대해 불만을 표시했다.) 그러나, 헤겔은 자신의 역사 철학 강의 중 일부에서, 민병대의 영웅주의를 스페인에 저항하는 네덜란드의 영웅주의와 비교하면서, 독립 전쟁에서 아메리카의 정신을 상찬하였다. 그렇지만, 헤겔은 또한 독립 전쟁의 영광스러운 시기 후 얼마 지나지 않아 그렇게 많은 것들이 위태롭지 않게 되었을 때 어떻게 그들이 1814년 영국인에게 완전히 굴복했는지에 대해서도 언급했다. (북아메리카 공화국의 민병대는 [스페인의] 펠리페 2세 치하에서 네덜란드가 그랬던 것처럼, 독립 전쟁에서 상당히 용감한 것으로 입증되었다. 그러나, 일반적으로 그러한 자기충족이 위태롭지 않은 곳에서는 힘이 덜 발휘되며, 1814년에 민병대는 영국인에 대항해 나쁜 성적을 기록했다. Hegel 1969j, p. 114; Hegel 1956, p. 86). 헤겔은 젊었을 때 베른에서, 아메리카인들과 그들의 자유를 위한 전쟁에 대해 노골적인 찬사를 보냈다. (이 찬사는 베른의 과두정을 비난하는 팸플릿에 대한 그의 젊은 시절 논평에서였다. 이 팸플릿은 그가 프랑스어를 번역하여 익명으로 출판한 책자였다. 베를린에 있는 그의 가족조차도 그가 저자인지 몰랐다고 한다.) 헤겔의 베른 시절에 대한 논의는 (Pinkard 2000)을 참조할 것.

141 (Hegel and Lasson 1968), p. 920. 독일어 원문은 다음과 같다. "[…] so ist der Gedanke doch durch sie [die Aufklärung] auf den Stuhl der Herrschaft gesetzt worden."

고 반진보적 교회'로 확인된 '실패한 권위주의 정권'a failed authoritarian regime이 초래한 '최악의 시나리오[극도로 나쁜 상황]'perfect storm의 결과였다. 그 폭풍 속으로 '해방과 자기 주도'에 대한 루소식의 요구, 프랑스식 공리주의가 내던져졌고, 그 소용돌이 배후에는 로마와 지중해의 정념들의 혼합 상태가 있었다.[142] 그러나, 헤겔이 학생들에게 말했듯이, 프랑스 혁명은 과소평가될 수 없다. "그것은 영광스러운 새벽이었다. 모든 사유하는 존재들이 이 신기원epoch을 축하하는 데 동참했다."[143]

그 결과, 비록 일부 사람들은 시계를 되돌리고 싶어 했지만, 그러나 그렇게 시계를 되돌릴 수 없는 '근대 세계'modern world가 탄생했다. 프랑스 혁명은 보편적 인권이라는 관념을 중심으로 정당화되었고, 나폴레옹Napoleon은 거듭된 승리들을 통해 사실상 혁명Revolution을 모든 유럽 국가의 문제로 만들었다. 원래 지적해야 하는 것보다 좀 더 부드럽게 지적하자면, 비록 나폴레옹이 정복과 승리에 나설 때나 새로 만든 공국들의 왕좌에 자신의 많은 친인척들을 앉혔을 때, 인권을 공표하는 일을 최우선적으로 염두에 두지는 않았지만, 그럼에도 불구하고 나폴레옹은 개인이 그의(또는 그녀의) 공로를 바탕으로 지위

---

142 헤겔은 봉건 국가의 붕괴에 대한 독일의 대응과 프랑스의 대응 사이의 진정한 차이는, 지중해의 정념과 관련이 있다는 생각에 찬물을 끼얹는다. "두 번째 질문, 즉 왜 프랑스인은 이론에서 실천으로 즉시 넘어간 반면, 독일인은 이론적 추상화에 머물렀느냐는 질문에 대해서는 이렇게 말할 수 있다. 즉, 프랑스인은 머리가 뜨겁다(ils ont la tête prés du bonnet). 그러나 근본 이유는 더 깊은 데 놓여 있다. 독일 철학의 형식적 원리는, 정신이 내적 만족을 찾고 양심이 안식하는 구체적 세계의 위에, 구체적 세계의 반대편에 있다." (Hegel 1969j), p. 526; (Hegel 1956), p. 444.

143 (Hegel 1969j), p. 529; (Hegel 1956), p. 447.

를 얻는다는 새로운 관념을 구현했다. '낡은 질서'가 그 자체를 자연스러운 것으로 주장한(심지어 많은 사람에게 그렇게 보이기까지 한) 엄격한 위계질서로 이해되면서, 특히 자신의 운에 만족하고 신이 의도한 것보다 더 높이 오르려는 교만의 악덕을 드러내지 않는 일련의 공적 미덕들을 동반했던 반면, '새로운 질서'는 그러한 미덕을 빠르게 붕괴시켰다(자신의 운에 만족해야 한다는 미덕의 이론은 여러 방식으로 항상 실천과 상충했지만, 그러나 그것은 중세의 권한과 초기 근대의 권한 사이의 연결고리concatenations에서 발생하는 모순된 주체성의 형대가 보여 주는 특징이었다). 이상the ideal으로서의 '나폴레옹'(실제 인간 나폴레옹과는 구별되는)은, '어떻게 야망에 대한 성향이 실제로 미덕이 될 수 있는지'를 보여 주는 살아 있는 화신처럼 보였다. 나폴레옹이 자신의 야망과 업적을 통해 그토록 높은 자리에 오를 수 있었다는 사실은, 이후 수많은 야심 찬 산업가들industrialists이 삶의 일부나 다른 영역에서 '나폴레옹'이 되고 싶다는 열망을 표명할 때, '나폴레옹'을 나중에 그 형태를 갖추게 된 '새로운 개인의 상징'symbol of the new individual으로 만들기에 충분했다.[144]

---

144 이 내용은 (Hobsbawm 1996), p. 75에 다음처럼 잘 요약되어 있다. "나폴레옹은 순전히 개인적인 재능으로 대륙을 통치하기 위해 일어선 '꼬마 하사'(little corporal)였다(이것은 엄밀히 말하면 사실이 아니지만, 그러나 그의 상승은 합리적으로 설명할 수 있을 정도로 충분히 폭발적이고 높았다). 젊은 보나파르트가 그랬던 것처럼, 책을 탐독한 모든 젊은 지성인들은 형편없는 시와 소설을 쓰고, 루소를 흠모하면서, 이제 하늘을 자신의 한계로 볼 수 있었고, 그의 모노그램을 둘러싼 월계관을 볼 수 있었다. 이후 모든 사업가는 '금융계의 나폴레옹' 또는 '업계의 나폴레옹'이라는 진부한 표현으로 그의 야망을 대변하는 이름을 갖게 되었다. 모든 평범한 사람들은 왕관을 쓰기 위해 태어난 사람보다 더 위대해진 평범한 사람의 독특한 모습에 열광했다. 이중혁명이 야망을 가진 사람들에게 세상을 열어 주었을 때, 나폴레옹은 그 야망에 개인의 이름을 부여했다. 하지만 그는 그 이상이었다. 그는 합리주의자이자, 호기심 많

나폴레옹의 잘못된 생각과 완전히 재앙적인 러시아 원정으로 인해 그가 몰락한 후 한동안, 헤겔은 시계 침이 어느 방향으로 돌아가고 있는지 우려했다. 그러나, 시계를 되돌리기 위해 의식적으로 출발한 '빈 회의'Congress of Vienna가 그 경로에서 사태를 막기 위해 최선을 다했지만 실제로는 상황을 되돌리지 못했다는 사실에 헤겔은 안심했다.[145] 낡은 질서는 그 자체의 무게와 내부 모순들로 무너져 내렸다. 그러나, '이해 불가능한 세계'unintelligible world로 무너져 내린 것이 아니라, 낡은 질서 안에서 이미 성장한 '탈-계몽주의'post-Enlightenment의 세계가 그 뒤를 잇고 있었으며, 그 안에서 '전체의 이해 가능성'intelligibility of the whole이 급속히 부각되고 있었으며, 헤겔은 그렇게 부각되고 있다고 생각했다.

헤겔이 보기에, 프랑스 혁명의 격변이 모든 근대 체제의 운명이 아니었음을 보여 주는 또 다른 발전 경로도 있었다. 예를 들어, 대브리튼Great Britain은 자체 시민 사회의 힘 덕분에 혁명의 운명을 피할 수 있었다(그리고 잉글랜드England는 개신교 통치를 확보하기 위해 이미 피비린내 나는 광신적 내전을 겪었기 때문이다). 사실상 대영제국the United Kingdom의 건국은 매우 다른 '민족들'ethnies로부터 근대 국가가 탄생할 수 있다는 것을 보여 주었으며, 기존의 민족-종교의 통합에 의한 일종의 '유기적 성장'으로부터 비롯된 최종 산물이 아니었다.

고 계몽된 18세기 문명인이었지만, 그러나 그는 19세기의 낭만주의적 인물이 될 만큼 루소의 제자로도 충분한 자격을 갖추었다. 그는 혁명의 사람이자 동시에 안정을 가져온 사람이었다. 한마디로 그는 전통을 깨뜨린 모든 남성이 꿈속에서 자신을 동일시할 수 있는 인물이었다."

145 '빈 회의'에 대한 헤겔의 반응에 관한 논의는 (Pinkard 2000)을 참조할 것.

즉, "대브리튼은 내부적으로 잉글랜드, 스코틀랜드, 아일랜드로 나뉘어 있으며, 이 나라들은 각각 성공회, 장로교, 가톨릭이라는 종교적 삶의 형태를 대표한다."[146] 더구나, (그들 중 한 민족인) 잉글랜드인은 자신들의 경제생활에서 이를 노골적으로 표명하면서, 그들이 "산업과 기술에 관련해 모든 민족의 선교사이며, 합법적 무역을 통해 전 세계를 연결한다."[147] (자신의 강연들에서 헤겔은 영국의 모든 무역에서 스코틀랜드가 차지하는 큰 비중에 주목하지 못한 것 같다.) 그러나, 이러한 이점들에도 불구하고, 영국 정권은 여전히 봉건적 특권에 너무 많이 감염되어 있었다. "정부는 귀족들의 손에 달려 있다. 영국에서 법은 최악의 상태에 있으며, 가난한 사람들이 아니라 부자들을 위해서만 존재한다."[148] 그럼에도 불구하고 영국이 국가로서 작동한 이유는, 영국이 정치에서 훈련을 받고 경험을 갖춘 귀족층을 지니고 있었기 때문이다. 헤겔은 이 귀족층이 '부패한 자치구'rotten boroughs에 기초를 두고 있는 '낡고 부패한 체제'처럼 보이는 것들을 하나로 통합하는 데 도움이 된다고 생각했다. (헤겔은 또한 영국 귀족을, 고귀한 태생을 두뇌로 착각하는 '푸딩을 먹는 여우 사냥꾼'pudding-eating fox hunters이라고 넌지시 빗대면서, 영국 귀족에 대한 의구심도 품고 있었다.[149]*

---

146 (Hegel and Lasson 1968), p. 906. 또한, (Hegel 1996), p. 505 및 (Hegel et al. 2011), p. 508을 참조할 것.

147 (Hegel and Lasson 1968). "그들은 산업과 기술에 관련해 모든 민족의 선교사이며, 합법적인 무역을 통해 전 세계를 연결한다." 라손은 학생 노트 중 하나가 '기술'(Technik)을 '예술'(Kunst)로 대체한 것을 지적한다.

148 (Hegel and Lasson 1968).

149 이 내용은 헤겔의 후기 논문인 「영국 선거법 개혁 법안」에서 논의되었다. 이것은 (Hegel, Dickey, and Nisbet 1999)로 영어 번역되었다. (Pinkard 2000)의 논의를 참조할 것. 헤겔의 지적에 의하면, 영국에서는 엄격한 학문에 대한 대학 교육에 의존하는 대신 '여우 사냥꾼과 촌

그러나 그는 영국을 방문한 적이 없었기 때문에, 그가 영국 귀족에 대해 덜 열광적인 견해를 어디서 취했는지는 분명하지 않다.)

헤겔이 보기에, 독일은 주로 그 과거 사건들 때문에 혁명적 격변을 피할 수 있었다. 독일 제국(게르만족의 신성로마제국)은 귀족들이 황제를 선택하는 선출 제국elective empire이었기 때문에, 헤겔도 "독일은 선출 제국이었기 때문에 하나의 국가a state가 될 수 없었다"라고 주장했다.[150] 또한, 독일은 '30년 전쟁'으로 인해 명목상 독립된 무수히 많은 정치 단위들로 전멸하는 불운을 겪었고, 헤겔이 지적한 대로, "프랑스처럼 정복 가문의 구심점을 갖지 못했다".[151] 그러나, 소위 이러한 결함들은 사실상 근대 세계에서 독일에게 유리한 점으로 판명되었다. 독일은 '하나의 국가'가 아니었기 때문에 국왕을 전복하거나 바스티유를 습격하지 않고도 프랑스 혁명의 원칙(예를 들어, 인권human rights과 능력주의meritocracy 원칙)을 받아들일 수 있었다. 이와 같은 일은, 전복해야 할 독일 국왕이나 습격해야 할 독일 바스티유가 애초부터 없었으므로 국왕을 전복하지도 바스티유를 습격하지도 않았기 때문에 가능했다. 헤겔의 생각에 의하면, 독일에서 '정념과 원칙

뜨기(Landjunker)의 어리석은 무지'가 중요시되며, 국가 이익은 '푸딩과 흑맥주'로 저녁을 마친 후 정치적 영향력을 행사하는 "사교 모임이나 신문을 통해 단순히 교육을 받는" 사람들의 손에 달려 있다. (Hegel and Hoffmeister 1956), pp. 103, 112; (Hegel, Dickey, and Nisbet 1999), p. 310. 헤겔은 또 다음과 같이 지적한다. "영국만큼 편견이 고착화되고 순진한 곳도 없어서, 영국에서는 출생과 재산이 남성에게 직책을 부여하면 두뇌도 부여한다고 생각한다."

* [옮긴이] 헤겔의 마지막 글인 「영국 선거법 개혁 법안」의 국내 번역본으로는 다음을 참조할 수 있다. 서정혁 옮김, 『영국 선거법 개혁 법안』, 지만지, 2023. '푸딩을 먹는 여우 사냥꾼'(pudding-eating fox hunters)은 영국인이 매사에 경험을 중시한다는 점을 의미하는 표현이다.

150 (Hegel 1969j), p. 508; (Hegel 1956), p. 427.

151 (Hegel 1969j), p. 449; (Hegel 1956), p. 373.

의 통합'은 이미 종교개혁과 양심 보호의 기본권을 깊이 받아들인 면에 기초하고 있었기 때문에, 독일은 또한 혁명을 생략하고 곧바로 그 원칙을 받아들일 수 있었다. 이는 부분적으로는, 프랑스 혁명 직후에 벌어진 전쟁에서 독일인을 상대로 거둔 프랑스의 초기 승리들 덕분이었다. 이러한 '프랑스의 억압'은 사실상 프랑스 혁명의 긍정적 결과들을 독일 내로 가져왔으며, 독일인 스스로 독일의 법체계를 광범위하게 개혁하는 기초가 되었다.[152]

헤겔의 생각에 의하면, "가톨릭교회가 종교개혁을 통해 나름대로 개혁되었기 때문에", 독일이 가톨릭과 개신교 인구로 분리되어 있었음에도 불구하고 그 상태대로 유지될 수 있었다는 점은 어느 정도 사실이었다.[153] 사실상, 헤겔은 독일이 '당연히 통일이 필요한 하나의 민족 국가'라는 관념에 반대했으며, 심지어 '독일 통일'German unification이라는 생각 자체가 나쁜 것이라고 주장하기까지 했다. "작은 규모에서는 이해관계가 동일할 수 있다. 독일에서처럼 대규모로 보면, 바이에른인, 오스트리아인, 포메라니아인the Pomeranians, 메클렌부르크인the Mecklenburgers 각자의 이해관계는 매우 뚜렷하게 구분된다."[154] 헤겔의 주장에 따르면, 독일인은 과거 역사적 사건들 덕분에 '활기찬 시민 사회'(따라서 일련의 적절한 새로운 근대적 미덕들)와 '합리적

---

152 헤겔은 다음과 같이 언급한다. "독일의 주요 특징 중 하나는 권리의 법(Gesetze des Rechts)인데, 이는 확실히 프랑스의 억압으로 인해 발생했다. 왜냐하면 이는 낡은 체제의 결함을 드러내기 위한 특별한 수단이었기 때문이다." (Hegel 1969j), pp. 538~539; (Hegel 1956), p. 456. 혁명의 결과를 독일로 가져와야 할 필요성에 대한 이러한 지적은 (Weiss 2012), p. 191에서도 이루어진다.

153 (Hegel and Lasson 1968), p. 910.

154 (Hegel 2005), p. 128.

법치'(따라서 '칸트식 도덕'과 같은 것)에 대한 책무[공속행위]를 발전시켜 왔다. 따라서, 독일인은 폭력적 혁명의 재앙 없이도 경제 및 사회 구조에 필요한 개혁들을 추진할 수 있는 단계에 있었다.

사실상 독일은 본거지였는데, 여기에서 '근대 도덕 관점의 발전'은 계속 진척되어 '상이한 실천에 내재된 상태'로 이해되는 데까지 이르렀다. '도덕'은, 사람들이 단순히 관련 행위자들이 속한 특정 공동체의 에토스ethos에 의해서가 아니라 '보편화 가능한 이유'universalizable reasons에 따라 행동해야 한다는 원리doctrine로서, 1790년대와 1800년대 초 칸트 직후에 그 최종 진술에 도달했다. 그 짧은 시간 동안, 초기 근대 유럽의 삶에서 원동력 중 하나였던 '도덕적 관점'이 제대로 개념화되었다. '도덕적 관점'은 '일원적 용어들'monadic terms로 개념 파악되어야 했다. '도덕적 행위자와 원칙의 관계'는 단지 매개적으로만 '특정한 타자들과의 관계'로 생각되었다. 도덕적 명령은 '옳은 일을 행하라', '그른 일을 행하지 말라'라는 것이었다. 그리고, 어떤 이가 자신의 행동을 통해 그에게 잘못을 행할 수도 있는 상대방인 다른 행위자는, 어떤 이 자신의 행동이 옳은지 그른지라는 점에서는 반드시 필요한 것은 아니었다. 실제로 어떤 이가 다른 사람에게 해를 끼치는 잘못을 저지를 수도 있지만, 그러한 행동을 잘못으로 만드는 것은 '그 행동의 원칙 위반'이며, 그리고 (아마도 '또는') 잘못을 저지른 자가 원칙과 맺는 관계이다. '잘못을 저지른다'doing wrong는 것은 게임에서 규칙을 위반하는 것과 더 비슷하다. 도덕 질서의 '일원적 개념'은 세계의 '일원적 도덕 질서'를 그 상관관계로 지닌다. 헤겔이 선호하는 아리스토텔레스적 용어로 표현하자면, 잘못을 저지르면 그 행동자는 행동자로서의 가장 기본적 기능조차 못 하는 것이므로, 그만큼 도덕적으로 행동하고 도덕 질서와 올바른 관계를 맺는 것이 그 행동자에게는 결정적으로 중요해진다. 그것[도덕적으로 행동하고 도덕 질서와 올바른 관계를 맺는 것]은 정서적 삶emotional life 자체의 날줄과 씨줄[근간]이 된다.

헤겔이 생각했듯이, 독일에서 칸트식 도덕이 낭만주의식으로 전용되어, 이 도덕이 '아름다운 영혼'beautiful souls이라는 원리에 이른 것은 우연이 아니었다. 이 '아름다운 영혼'은 잘못을 저지르지 않는 것(그리고, 만일 잘못을 저질렀다면 그로 인해 자신의 영혼을 얼룩지게 하고 더럽힐 수밖에 없는 것)을 주된 관심사로 삼는 행동자 개념이었다. '아름다운 영혼'은 '도덕적 규칙 체계'에서 자신의 입장에 자기중심적 방식으로 집착하기 때문에, 타인을 타인으로 보는 '더 정의 지향적인 관심'more justice-oriented concerns을 전혀 알지 못한다. '아름다운 영혼'은 규칙에 따른 해당 게임에서 이기는지 지는지에 집착할 뿐, 다른 인격에 대한 구체적 관심에는 집착하지 않는다. 이러한 도덕적 행동 개념은 그러한 아름다운 영혼을 '무활동의 실천'practice of inaction으로 이끈다. 이 세계에서 모든 행동은 우연하므로, 어떤 행동도 예기치 않은 '얼룩'을 남길 수 있으며, 이로 인해 '자신의 순수성을 보존하는 유일한 방법'은 전혀 행동하지 않거나, 또는 거의 모든 세속적 행동의 불순함과 뚜렷한 대조를 이루는 '순수한 의도'나 '진정한 확신'의 개념으로 '도덕적 명부'moral register를 효과적으로 전환하는 것이다. 즉, 도덕 게임의 규칙들은 행동 거부를 가리키는 것처럼 보인다. 왜냐하면 어떤 행동도 규칙이 요구하는 순수성을 흐리게 할 수 있기 때문이다. 헤겔이 다소 냉소적으로 지적하듯이, 이러한 도덕적 입장의 최종 결과는, 텅 빈 공간에서 자신의 메아리를 듣는 '두 명의 일원적 주체들'two monadic subjects이 각자 도덕 질서에 대한 자기 중심적 관계를 표현할 뿐, 직접 상대에게 [상호적으로] 전혀 말하지 않는 것으로 드러난다.[155] 마르크스의 용어를 빌리자면, 모든 중요한 게임이 마치 그 승패가 각자에게 달린 별도의 게임인 것처럼, 각자는 도덕 질서를 물신화해fetishize 버렸다.

헤겔이 생각했듯이, 헤겔 자신의 시대에 이와 같은 것을 '생동적인 실천적 기획'living, practical project으로 지속하는 것은 불가능하다는 사실이 어느 정도 분명해졌으며, '고대의 지배와 종속 관계'가 이해할 수 없고 결국 살 수 없는 것으로 입증되었던 방식과 유사하게, 그러한 '아름다운 영혼들' 간의 관계도 비슷한 붕괴 상태이거나 그와 가까운 상태에 있는 것으로 판명되고 있었다. 헤겔이 생각한 것처럼, 독일에서 종교개혁이 내린 더 깊은 뿌리는, 규범적 사회 공간에 대한 단순한 '일원적 판단'이 아니라, '이원적 판단'을 수반하는 '행동의 사회적 본성'social nature of agency이 적절히 표현되기 위해 '혁명적 붕괴'를 필요로 하지 않는다는 것을 의미했다. 대신, 그것[행동의 사회적 본성]은 세속화된 버전의 기독교 교리에서 발견될 수 있었다. '아름다운 영혼들'은 자신들이 도덕 질서와 맺는 '단일한 관계'single relation에 초점을

---

155 (Hegel 1969a), p. 483; (Hegel 2010), ¶658. "따라서, 의식으로서 절대적 자기 확신은 직접적으로 약해지는 소리로, 그 대자존재의 객관성으로 전환된다. 그러나, 이 창조된 세계는, 마찬가지로 그것이 직접적으로 청취한 그의 발화이며, 그 메아리는 그에게로 되돌아오는 모든 것이다. 그러므로 메아리가 그에게 되돌아온다는 것은, 의식이 그 안에 즉자대자적으로 실존한다는 것을 의미하지 않는다. 왜냐하면 본질은 그 자신의 눈에 단순히 어떤 종류의 즉자가 아니라, 오히려 그 자신만의 자아이기 때문이다. 또한, 이 자아가 현실적인 지점에 도달하지 않는 것처럼, 객관적인 것도 현실적인 자아의 부정의 지점에 도달하지 않기 때문에 그것은 실존하지 않는다."

맞춘 '분리된 개인들'로서가 아니라, 신의 은유적인 아들들과 딸들로서 자신들을 이해해야 했다. 그러한 개념의 '이원적 본성'dyadic nature, 결국, 한 사람은 다른 사람에게 '형제'나 '자매'일 수 있고, 다른 사람은 또 다른 사람에게 '형제'나 '자매'일 수 있는 '이원적 본성'은, 서로에게 거만하고 도덕적이며 자기중심적 입장을 취한 것에 비해 '상호 용서하는 행위들'acts of mutual forgiveness로 표현되었다. '아름다운 영혼들'은 그들의 삶이 아무리 지저분해 보일지라도, 그들의 '내면의 순수함'inner purity(따라서 이것은 타인들에게는 보이지 않는다)은 세계의 혼란에 아무 영향도 받지 않는다는 생각을 굳게 유지해야 한다. 그렇기 때문에, '아름다운 영혼들'은 그들의 행동에서 실패할 수밖에 없으며, 헤겔이 말하듯이, 그들의 '단단한 심장'hard hearts은 깨질 수밖에 없다.[156] 왜냐

---

156 아름다운 영혼은 결국 성경적 용어로 '단단한 심장'(hard heart)이라고 불리는 성품을 가져야 한다. 헤겔의 언어로 고백하는 행동자는, 루터의 번역에서 「이사야」 47장 10절을 언급하며, 이것을 행한 것은 '바로 나다'('내가 그다')라고 고백한다. "네가 네 악을 의지하고 스스로 이르기를 나를 보는 자가 없다 하나니, 네 지혜와 네 지식이 너를 유혹하였음이라. 네 마음에 이르기를 나뿐이라 나 외에 다른 이가 없다! 하였다." 21세기 킹 제임스(King James) 버전(KJ21)에서는 다음과 같이 옮긴다. "네가 네 악을 신뢰하고 '아무도 나를 보지 못한다'고 말하였음이라. 네 지혜와 지식이 너를 비뚤어지게 하였고, 네가 마음속으로 말하기를 '나 외에는 아무도 없다'라고 하였느니라." 또한 헤겔이 아름다운 영혼들 사이의 용서와 화해에서, "영혼의 상처는 치유되고 상처를 남기지 않으며, 불멸하는 것은 행위가 아니다"라고 말할 때, 그는 모든 악은 그냥 잊혀지고 용서될 수 있거나 용서되어야 한다는 극단적으로 낙관적인 생각을 제시하는 것은 아니다. 오히려 헤겔은 부서진 조각들을 집어든 새로운 삶의 형태가 생겨났기 때문에, 상처를 입은 근대적 삶은 그 자체 안에 대립을 포함하는 매우 규정적인 방식으로 지속할 이유를 갖게 되었다는 생각을 다음과 같이 제시하고 있다. "화해의 말씀은 실존하는 정신이며, 이 정신은 보편적 본질인 자신에 대한 순수 지식을 자신의 대립편에서 직접적으로 직관하고, 절대적으로 내적으로 실존하는 개체성인 자신에 대한 순수 지식에서 그것을 직관한다. 즉 이 정신은 절대정신인 상호 인식이다." (Hegel 2010), ¶670. 『논리학』의 관점에서 볼 때, 초기 근대 '일원적' 세계는, 그러한 '일원적' 세계를 성립시킨 동기들이 인정받고 그 정당한 위치를 부여받는 '이원적' 세계에 자리를 내준다. 삶의 형태가 흩어진 조각들을 집어 들고, 작동 상태를 유지하고, 스스로를 재형태화하는 것은 바로 지양(Aufhebung)

하면 아름다운 영혼들은 삶의 혼란스러움에 관여하지 않을 수 없기 때문이다. '단단한 심장'이 반드시 깨질 수밖에 없는 이유는 다음과 같다. 즉, 스스로를 지탱할 수 있는 자원들을 자체 내에 지니고 있는 상태로서 '일원적으로' 파악된 '도덕 질서'의 개념은 깨질 수밖에 없으며, 이 도덕 질서의 개념은 '이원적으로' 구조화된 '인륜적 질서'의 맥락에서만 유의미하다make sense는 것을 인정해야만 하기 때문이다.

따라서 '일원적 도덕 입장'은, 보편주의 도덕이 '더 합리적이고 이원적인 근대 제도' 안에 포함됨으로써, 살기 좋고 안전해지는 방식을 포괄하는 자신의 진리에 양보할 수밖에 없었다. 근대 초 유럽에서 발달한 행동의 개인주의적 형태는, 개인주의가 자기 패배를 멈출 수 있는 '더 이원적인 삶의 형태'로 변화하는 과정에 있었다. '일원적 권리와 의무'의 바로 그 실존은, 복잡하게 구조화된 일련의 '이원적 권리와 의무' 안에서만 실재(또는 현실적으로 존재)할 수 있었다. 따라서, 특정한 정치 및 사회 질서 안에서만 지속 가능한 '자기충족하는 주체성'이라는 '그리스적 이상'은, '근대적이며 철저하게 비그리스적인 방식'으로 실현될 수 있었다. 영국, 프랑스, 네덜란드, 독일의 사례들은 모두, 합리적 정치 질서 안에서 구현된 원칙에 따라 개인들이 자유롭게 서로 관계를 맺은, '새로운 형태의 자의식적 삶'을 공정하게 표현한 것들이었다. 또한, 적어도 헤겔은 그렇게 생각했다.

의 과정에서다. 따라서 헤겔 자신의 은유를 빌리자면, 비록 고대 그리스 삶의 붕괴는 세계의 심장을 아프게 깨트렸지만, 그럼에도 불구하고 그것은 소외되지 않은 정치적 세계를 잃었다는 고통에 계속 시달리는 대신, 스스로를 재건하고 자신을 위한 새로운 삶을 만들어 냈다. 고대 그리스 삶을 고수한다는 것은, 결국 노예제도의 지속과 여성 배제를 받아들이는 것을 의미했을 것이다.

독일이 새로 출현한 '일원적 도덕 질서'를 그 한계점까지 밀어붙였다가 개신교라는 '세속화된 기독교' 같은 것에 기반을 둔 상태로 되돌아감으로써 그것[일원적 도덕 질서]을 해체했다는 생각과, 삶의 형태에 우리가 서로 관여해야 할 필요성에 대한 강조는, 낡은 체제ancien régime의 붕괴에 대한 독일과 프랑스의 대응에서 차이를 드러냈다. 헤겔이 직설적으로 지적했듯이, 개신교 국가인 독일과 영국은 "혁명을 끝낸 지 오래되었다".[157] 사제가 아닌 다른 동등한 개인에게 고해성사를 하는 개인이라는 이상理想이 뿌리를 내렸기 때문에, 일원적으로 파악된 개인들의 원리는 독일과 영국에서는 서서히 다른 것으로 대체되었다.[158] 이와 같은 것이 아직 제도적으로 확립되지 않은 곳에서는, 개인들이 상호 작용하는 '공동 공간'common space을 공유하는 '원자들'atoms로 파악되는 원리가 그대로 남아 있었다.[159] 사회적 개인들의 '원자적 개념'이 지배적인 곳에서 혁명이 일어났다. (헤겔이 언급한 것처럼, 프랑스, 스페인, 이탈리아의 나폴리와 피에몬테에서 혁명

---

157 (Hegel and Lasson 1968), p. 925.

158 헤겔 세대의 거의 모든 사람에게 이것의 위대한 원형은 물론 루소의 자서전적인 『고백록』이었다. 같은 제목의 책을 쓴 아우구스티누스와 달리 루소는 신이 아닌 자신의 대중에게 고백한다.

159 "곧바로 주민들의 모든 관심은 노동에 주어졌으며, 전체의 본질은 인간의 필요, 평화와 안정, 시민권과 정의, 안보, 자유, 그리고 원자적 개인들을 출발점으로 삼는 공동체에 놓여 있었기 때문에, 국가는 단지 재산 보호를 위한 외면적인 어떤 것일 뿐이었다. 개신교 교회에서는 그 전체 삶과 활동이 그것의 종교적 작업 활동 그 자체이기 때문에, 개신교로부터 개인들 간의 상호 신뢰 원칙이 생겨났으며, 이 원칙은 타인들의 성향에 대한 신뢰였다. 이와 반대로, 가톨릭 신자들 사이에서는 그러한 신뢰의 기초가 존재할 수 없다. 왜냐하면 세속적 사안들에서 규칙이란 오직 강제와 자발적 복종일 뿐이며, 여기서 헌법이라고 불리는 형식은 이 경우 필요의 최후 수단에 불과하며 불신을 방지하는 보호책이 아니기 때문이다." (Hegel 1969j), pp. 111~112; (Hegel 1956), p. 84.

이 일어났다. 그리고, '아일랜드도 그러한 혁명을 위한 조건들을 갖춘 것으로 간주되어야 한다'라고 헤겔은 스쳐 지나가듯 말한다.)[160]

　헤겔은 이러한 맥락에서 개신교와 가톨릭교에 대해 언급하는 자리에서, 근대 국가가 자신의 최종 권한을 교회에 두거나 교회 당국자에게 맡겨서는 안 되는 시점에 역사가 이르렀다고 자신이 생각한다는 점을 분명히 밝힌다. "극심한 편견과 위선을 국가 종교의 결과로서 두려워해야 하므로, 국가의 법과 헌법을 종교로부터 완전히 분리하는 일은 실로 '가장 심오한 지혜'the most profound wisdom의 사안이다."[161] 그러나, 자의식적 삶의 기본 관행과 형태는, 우리가 언급하는 '정치 질서'와 분리될 수 없으므로, 그래서 종교는 여전히 핵심 역할을 한다. 따라서 비록 프랑스 혁명에서 프랑스인은 ("인간과 시민의 권리 선언"declaration of the rights of man and of citizens을 통해) 어느 정도 올바른 원칙들을 확립했을지라도, 그들은 삶의 형태를 구성하는 관행에 필요한 실천적 뒷받침이 없는 원칙들에만 머물렀다. 자유에 기반한 근대적 헌법 국가의 경우, 삶의 형태는 일종의 사회적 또는 '이원적'dyadic 형태를 가져야 하며, 이러한 형태는 전체에서 자신의 위치를 이해하는, '더 개신교다운 방식'에 의해 알려진 그러한 곳들에서 발생

---

160 "그 과정에서, 프랑스, 이탈리아(나폴리와 피에몬테), 그리고 마지막으로 스페인에서 혁명이 일어났다. 따라서 혁명은 로망스어 국가들(아일랜드도 이 그룹에 속하는 것으로 간주된다)에 진입한다." (Hegel and Lasson 1968), p. 925.

161 "편견과 위선은 국교(國敎)의 결과로서 두려워해야만 할 것이기 때문에, 국가의 법률과 헌법을 종교와 분리하는 것은 전적으로 가장 심오한 지혜의 격언으로 간주된다. 그러나 비록 종교와 국가의 내용이 다르지만, 종교와 국가는 근본적으로 하나이며, 그리고 법률은 종교에서 그 최고 확인[견진성사](confirmation)을 찾는다." (Hegel 1969j), p. 531; (Hegel 1956), p. 449.

했다고 헤겔은 생각한다.

근대적 헌법 국가를 하나로 통합하는 것은, 공동 질서 아래에서 살아가는 행동자들의 삶 속에 현존하는 성향들, 즉 심정들Gesinnungen이며, 이것을 '성품'cast of mind이라고 부르는 것이 더 적절할 수도 있다. 그러한 성품은, 모든 개인이 동일한 원칙에 동의하는 곳에만 존재하지 않고, 모든 개인이 대부분 '정념과 원칙의 결합'에서 사유 질서를 진정으로 공유하는 곳에도 존재한다. 성품이 '원자적'atomic이며 일원적인 곳에서는, 미덕은 오직 일련의 올바른 규칙들을 따르는 경향으로만 간주될 수 있다. 그리고 각자가 '원자'라는 생각으로 단두대로 인도하는 논리는, 헤겔이 그 이야기를 재구성한 것처럼, 그렇게 긴 이야기가 아니다. 사람들이 '혁명의 원칙'을 고수하는 습관이나 성향을 내면화했을 경우에만, 혁명적 사회는 혁명적 미덕을 보여 주는 일을 함께 할 수 있으므로, 그러한 성향이 부족한 사람들과 올바른 성품을 공유하는 사람들을 주의 깊게 살펴보는 것이 중요하다. 일단 국가와 정부가 행동이 합법적인지 여부뿐만 아니라 성품이 올바른지 여부도 조사해야 한다는 것을 깨닫게 되면, 누군가가 잘못된 성품을 지니고 있다고 항상 의심을 받을 수 있기 때문에, 폭정tyranny이 뒤따른다. 따라서 혁명적인 프랑스의 '원자들[개인들]'은 자유를 추구하지만, 개신교적 삶의 방식에서 성장하는 '이원적 구조'가 부족하여, '효용'utility과 같은 것에 의해 이끌리는 이성의 원칙만을 가지고 있었다. 이 원칙에 따르면, 전체가 번영할 수 있기 위해 일부가 고통받아야 한다는 점이 잘 드러날 수 있다. 그래서 로베스피에르Maximilien Robespierre는 그러한 관점에서 "루이가 죽어야 공화국이 살 수 있다"라고 일관되게 말할 수 있었다. 그러나, 개신교 나라들처럼 사회 통합의 사안으로서 개체성이 존중되어야 하는 곳에서, 그러한 원칙은 전혀 필수적이지 않다고 헤겔은 생각했다. 헤겔은 그들에게 다음과 같이 말한다. "혁명은 끝났다. […] 외적 헌법들의 측면에서 개신교 나라들도 매우 다르다. 예를 들어, 덴마크, 네덜란드, 잉글랜드, 프로이센이 그렇다. 그러나, 국가의 모든 것은 정당하게 유효해야 한다는 본질적 원칙이 존재한다. 이 본질적 원칙은 통찰력으로부터 진행되어야 하며, 따라서 정당화되어야 한다."[162]

헤겔이 이 문제에 대해 강연한 1830~1831년 당시, 유럽의 상황은 그가 '자유주의의 파산'bankruptcy of liberalism이라고 불렀던 것과 관련이 있었다. 이 파산은 "우선, 프랑스에 있는 거대 회사grand firm의 파산과, 그리고 그다음에는 스페인과 이탈리아에 있는 그 지사들의 파산"과 관련이 있었다.[163] 여기서 헤겔이 말한 '자유주의'liberalism는 1815년 이후 '프랑스의 자유주의'를 의미했으며, 이 자유주의의 일부 지지자들은 제러미 벤담Jeremy Bentham의 공리주의 원칙에 입각했다 (벤담은 심지어 1792년에 프랑스의 명예시민이 되기도 했다). 벤담의 사상은 1815년 나폴레옹 통치가 최종적으로 붕괴된 후 프랑스 생활에서 특정 야권에 영향을 미쳤다. 그러나, 그것이 지배적 경향은 아니었으며, 1815년 이전에도 뱅자맹 콩스탕Benjamin Constant과 같은 프랑스 자유주의자들은 실제로 벤담의 접근법을 맹렬히 비판한 바 있었

---

162 "개신교 나라들은 예를 들어, 덴마크, 네덜란드, 잉글랜드, 프로이센 등 외형적인 구성의 측면에서 매우 다양하다. 그러나, 본질적 원칙은 현존한다. 즉, 그 원칙은, 국가가 구속력을 가지려면 어떤 것이든 통찰에 자신의 출발점을 두고 그것에 의해 정당화되어야 한다는 것이다." (Hegel and Lasson 1968), p. 933.

163 (Hegel 1969j), p. 535; (Hegel 1956), p. 452.

다. (1830년대 그의 생애 말년에 역사에서 가장 개연성이 없는 만남 중 하나에서, 벤담 자신은 헤겔 친구이자 협력자인 에두아르트 간스Eduard Gans에게, '헤겔주의자 간스가 벤담 자신의 자유주의와 정말로 동일한 생각을 가지고 있다'라는 점을 설득하려고 노력했다. 헤겔주의자인 간스가 벤담 자신의 견해와 상충하는 더 심오한 견해를 어떻게 가지고 있었는지를 벤담이 이해했는지는 분명치 않다.)[164]

헤겔 당대에 '자유주의'liberalism는 새로운 개념이었다. 이 개념은 1810년대 전에는 어디에서도 사용되지 않았다. (따라서, 오늘날 홉스, 로크, 흄, 심지어 칸트와 같이 '자유주의' 사상가라는 명칭rubric에 포함되는 사람들은 헤겔 당대에는 전혀 '자유주의자'liberals로 생각되지 않았다.) 당시 프랑스 체제에서 스스로를 '자유주의자'로 내세웠던(또는, 다른 사람들이 그렇게 특징짓는) 아주 많은 사람이 실제로는 스스로를 체제에 반대하는 입장에 서 있다고 생각했음에도 불구하고, 특히 1815년 이후 프랑스 체제의 특정 측면을 특징짓는 말로 '자유주의'라는 명칭이 사용되었다. 헤겔은 빈 회의부터 7월 왕정

---

164 이와 관련해, 헤겔의 친구이자 추종자였던 에두아르트 간스(Eduard Gans)에 얽힌 유쾌한 이야기를 참조할 수 있다. 간스가 1831년 노인이 된 벤담(Bentham) 집에 예기치 않게 저녁 식사를 초대받았을 때, 거기서 벤담은 베를린에서 사비니(Savigny)가 이끄는 역사주의 학파와의 논쟁에서 벤담 자신과 간스가 분명히 같은 편이었다고 주장했다고 한다. 벤담은 자신과 간스 모두 사비니가 대표하는 '성스러운 관습'에 단순히 호소하는 것에 반대하여 이성의 편에 서 있다고 주장했다. 간스가 벤담의 초대를 받은 이유는, 1830년 7월 '자유주의' 혁명 이후 학장으로 임명된 파리 대학 법학부 학장 이아생트 블롱도(Hyacinthe Blondeau)와 간스가 친분이 있었기 때문이었다. (Gans 1836), pp. 198~214 참조. 헤겔, 간스, 사비니의 관계에 대해서는 (Pinkard 2000) 참조. 일반적으로 공리주의와 특히 벤담에 대한 프랑스 자유주의자들의 반감에 대해서는 (Welch 2012)를 참조할 것. 그러나 웰치는 블롱도와 벤담주의자의 연관성을 생략한다.

(1815~1830년)까지의 프랑스 정부 체제를 '15년간의 소극'fifteen year farce이라고 비꼬아 표현했다. 1814년부터 1830년까지 프랑스 정부를 작동하게 한 것으로 추정되는 헌법 문서는, 국왕 루이 18세(단두대에 오른 루이 16세의 동생)가 직접 제정한 것이었다. '1789년 혁명이 실제로는 전혀 일어나지 않았고, 왕위 계승이 원래부터 항상 있었던 것처럼 계속되고 있었다'라는 허구를 만들기 위해 그 헌법의 조항들이 만들어졌다. '헌장'The Charter이라고 불린 이 헌법은 두 의회와 대의 정부를 갖춘 국왕이라는 영국식 구조를 모방한 것이었으나, 그러나 그것은 전혀 민주주의democracy를 갖추지 못했다. 이 헌법은 재능에 따른 직업 개방, 시민 평등, (어느 정도의) 자유로운 언론, 예배의 자유(그러나, 가톨릭교회가 공식적으로 국교회로 인정되었다)를 인정했다는 점에서 '유사–자유주의적'quasi-liberal이었지만, 군주정의 권력과 지위를 고집했다는 점에서 '비–자유주의적'non-liberal이기도 했다.[165] 따라서 그 헌법은, 혁명이 결코 일어나지 않았고 혁명의 주요 결과들이 '낡은 체제인 듯한 새로운 체제' 내로 통합되어야 한다는, 무리한 발상에 기반을 두고 있었다.

그 체제의 정당성을 뒷받침하는 또 다른 허구fiction는, 모든 당사자(그 체제 아래 사는 모든 이성적 개인들의 총합으로 간주되는 것)가 그 조항들에 동의했다는 것이었다. 그러나, 그 '헌장'의 체제는, 낡은 체제의 지지자들과 1789년을 자신들의 탄생 연도로 여기는 '세속적 자유주의자' 사이의 휴전 협정이라기보다, 일시적 전쟁 중단에 가

---

165 (Furet 1992)의 내용을 참조할 것.

깝다는 것이 곧바로 명백해졌다. 헤겔이 지적한 것처럼, 그러한 자유주의는 "원자론적 원리, 즉 모든 것이 그들의 명시적 힘으로부터 나오고 그들의 명시적 동의가 있어야 한다고 주장하는 단칭적 의지의 원칙principle of singular wills"에 기초한다.[166] 그 자체의 추상적 용어로 보자면 자유주의는 두 대립 집단을 조정할 수 없었다. '극단주의자'ultras라고 불린 낡은 체제의 열렬한 지지자들은, 교회와 귀족이 전통적이고 정당한 권한이라고 자신들이 상상한 바를 복구한 상태를 보고 싶어 했다. 그들은 '혁명이 실현한 시민 평등의 근대성'을 희생시켜서는 안 된다고 굳게 믿고 있던 '자유주의자'(순리론자Doctrinaires로 알려진 사람들)와는 중간 지점을 찾지 못했다. 결국, 그들은 '헌장'에 대한 해석을 추진하여, 일종의 벤담식 공리주의와 같은 것이 그 정책을 뒷받침하는 것처럼 만들어, 제한된 군주정과 시민 평등을 요구하는 것처럼 보이게 하였다. '헌장'이 자유주의가 훨씬 더 강조된 새로운 사회 질서로 대체되고, '부르주아 왕'으로 알려진 오를레앙파Orleaniste 왕(루이 필립Louis Philippe)을 위해 부르봉가Bourbon 왕(이 시기에는 샤를 10세Charles X)이 영국으로 망명하면서, 전체 조직은 1830년 단 며칠 만에 무너져 내렸다. 이러한 상황은 1848년까지 지속하였으며, 이때 '자유주의'는 헤겔의 '자유주의 파산 예측'과는 반대로 더욱더 강력하게 무대에 등장했다. 당시 프랑스의 '자유주의자들'은 벤담의 공리주의와도 거리를 두었으며, 그 거리는 실제로 다시는 좁혀지지 않았다.

따라서, 헤겔의 '자유주의 파산'에 대한 예측은 크게 빗나갔다.

---

166 (Hegel 1969j), p. 534.

그러나, 그의 비판은 어느 정도 힘을 발휘했다. '모두가 자유롭다'라는 새로운 근대 질서, 즉 인권을 새로운 기치로 내건 혁명적 질서의 근간이 되는 정신의 형태는, 단순히 원칙을 세우고 당사자들이 동의할 것이라고 가정하는 것 그 이상을 필요로 했다. 새로운 근대 질서는 정념과 원칙의 필수적인 결합을 산출할 수 있는 일련의 새로운 관행과 제도들을 필요로 했다. 예를 들어, '새로운 부르주아 질서'가 성공해야 하고, 사람들이 합리적 근거에 따라 서로 거래하고 협상하고 타협하는 경향이 가정된다면, 사람들은 거래할 무언가가 필요했으며, 그들이 타결한 협상은 계속 싸우는 대안보다 도덕적으로 더 나은 것으로 사람들의 기대에 부합해야 했다. '상호 존중의 심리'psychology of mutual respect가 작용해야 했으며, 추상적 원칙에 호소하는 것만으로는 이러한 심리가 필연적으로 작용할 수는 없었다. 헤겔 당대에 이 문제가 취했던 형식은, 프랑스에서 극복되지 않은 것처럼 보였고, 그 문제에 대해서는 심지어 극복될 기미조차 보이지 않았다.[167]

자유주의자들은 다원주의pluralism를 억압할 수 없다는 것을 파악했다. 그리고 그들은 원칙적으로 이[다원주의]를 '상이한 성향들에 대한 존중'과 결합하기를 원했으며, '개인의 자기 향상'individual self-improvement이라는 이상을 혼합상태mix에 내던지고 싶어 했다. 그러나, '극단주의자[과격파]'ultras는 반대파 '모더니스트'modernists와의 그러한 협상에 굴복할 이유가 없다고 생각했다. 극단주의자도 '근대적 삶

---

167 헤겔은 '원자론적' 형식의 자유주의를 분명히 일축했지만, 그는 19세기의 친숙하고 다소 권위주의적인 자유주의자 입장이라고 할 수 있다. 자유주의는 20세기까지 민주주의와 조화를 이루지 못했다. 헤겔의 19세기 권위주의적 자유주의 유형에 대해서는 (Kervégan 2007)을 참조할 것.

의 형태'가 낡은 체제의 종말을 가져왔다는 사실을 이해했으며, 적어도 그들은 여전히 싸울 준비가 되어 있었다. 그런 식으로, '극단주의자'와 '자유주의자' 사이의 갈등은 당분간 프랑스에서 화해할 수 없는 것처럼 보였다. 자유주의자들은 공리주의 사상에 따라 이성과 정부의 합리적 행정을 신뢰했지만, 그러나 헤겔은 그것만으로는 갈등을 극복하기에 충분하지 않다고 주장했다. '상호 존중'mutual respect이라는 자유주의 원칙이 거기서 진정으로 받아들여지려면, 그러한 원칙이 합리적 실천의 생동적인 일부가 되어야만 했다. 그렇지 않으면 화해는 성공할 수 없으며, 헤겔의 지적대로, "양심의 해방 없이 권리와 자유를 구속하는 족쇄를 끊을 수 있다고 주장하는 것은 잘못된 원칙이며, 개혁reformation 없이 혁명revolution이 있을 수 있다고 주장하는 것도 잘못된 원칙이다".[168]

이 교착 상태로 인해 헤겔은 가톨릭을 비난했으며, '합리적 비판을 넘어선 권한에 대한 비근대적 고집'을 비판했다. 헤겔의 해석에 따르면, 교착 상태는 '당신의 뜻이 이루어지이다'라는 원칙을 고수하는 가톨릭교도와, '내 뜻이 이루어지이다'라는 원칙을 고수하는 자유주의자 사이에 존재했다. 그러한 교착 상태로 인해 이 둘은 서로 완전히 상충하는 입장에 있었고, 그리고 그러한 교착 상태가 의미한 바는, '행정[집행관리] 합리성'administrative rationality에 대한 자유주의자의 호소는 그러한 비타협적 태도에 비추어 볼 때 실패할 수밖에 없었다는 것이었다. 종교와 공적 실천public practice의 대치를 고집하는 그러

---

168 (Hegel 1969j), p. 535; (Hegel 1956), p. 453.

한 완고함은, 적어도 원칙적으로 개신교 국가에서는 발생하지 않았다고 헤겔은 주장했다.

　드디어 헤겔은, 독일 개신교 세속주의가 이제 어느 정도 네덜란드의 경로를 어떻게 분명하게 밟고 있는지에 관해 자신의 관점을 고수하면서 희망적인 생각을 가지게 되었다. 후대에 사는 사람들의 사후 약방문처럼 뒤늦은 생각으로 무장한 채, 우리는 독일인의 삶에서 '이성이 이제 지배하고 제후들은 단지 허수아비에 불과하다'라는 확신이 얼마나 깊고 널리 퍼져 있었는지에 대한 그의 견해에서 헤겔이 근거 없이 낙관적이었다는 사실을 어렵지 않게 알 수 있다.[169] 모든 독일인이, 그리고 특히 모든 귀족 엘리트가, 그리고 프로이센 왕실 엘리트 중 확실히 그 누구도, '제후의 의지는 일종의 탈-계몽주의post-Enlightenment 이후 합리성에 부합할 때만 존중받을 가치가 있다'라고 생각하지는 않았으며, '어느 독일 제후도 이성 자체의 원칙을 위배하여 통치할 수조차 없다'라는 점을 마음속 깊이 생각하지도 않았다. 일상에서 '이성의 형식'에 대한 이러한 책무[공속행위]는, 독일인의 삶의 형태에서 단순한 열망이 아니라 사실로 간주될 정도로 그때까지 그렇게 널리 받아들여지지는 않았다.[170] 실제로, '인권'은 여전히 독일인

---

169 헤겔은 『법철학』에서 이에 대해 말하지만, 역사 철학 강의에서도 동일한 주장을 한다(Hegel 1969j, p. 539). "정부는 공무원의 세계에 의존하며, 군주의 개인적 결정이 그 정점을 이룬다. 왜냐하면 위에서 언급했듯이, 최종 결정은 전적으로 필요하기 때문이다. 그러나, 확고하게 확립된 법률과 구체적인 국가 조직이 갖추어져 있다면, 군주의 배타적 결정에 맡겨진 것은 실체적인 면과 관련하여 문제가 되지 않는다. 고귀한 성품을 지닌 군주가 운명의 결정에 처한다면, 그것은 분명 국가에 매우 다행스러운 상황이다. 그러나, 위대한 국가에서는, 그[군주의] 힘은 그 안에 통합된 이성에 있으므로, 이것조차도 작은 계기에 불과하다."(Hegel 1956, p. 456)

의 삶에서 생동하는 현실이라기보다는 먼 이상에 머물러 있었다. 헤겔 자신조차도 말년에 이르러서는 자신의 시대에 여러 사태들이 붕괴되기 시작한 것이 아닌가 하는 우려를 하기 시작했다. 그럼에도 불구하고, '사회적 자유로서의 정의'justice as social freedom라는 원칙이 근대 세계에 확고하게 뿌리내렸다는 그의 믿음으로 인해, 헤겔은 심지어 "오늘날 유럽에서 각 국가는 다른 국가와 경계를 이루고 있으며, 그 자체로는 다른 유럽 국가들과 전쟁을 시작할 수 없다"라는 결론까지 내렸다.[171] 그러한 전쟁의 완전한 비합리성에 관해서는 헤겔이 옳았지만, 그러나 전쟁이 일어나지 않을 것이라고 생각한 점에서는 안타깝게도 헤겔이 완전히 틀렸다.[172]

---

170 (Hegel 1969j), pp. 526~527; (Hegel 1956), pp. 444~445. "독일에서 계몽주의는 신학의 관심 속에 실행되었다. 그러나, 프랑스에서 계몽주의는 직접적으로 교회에 대해 적대적 입장을 취했다. 독일에서는 세속적 관계들과 관련하여, 모든 것이 이미 더 나은 방향으로 변화했다. 순결 서약, 빈곤, 게으름에 관한 유해한 교회 제도들은 이미 폐지되었다. 그리고, 교회에 막대한 부가 결탁되지 않았으며, 악의 근원이자 원인이 되는 윤리적 제약도 없었다. 정신적 힘에 세속법이 간섭하여 발생하는 이루 말할 수 없는 불의도 없었고, 왕의 신성하게 성유 받은 정당성, 즉 왕들의 자의적 의지는 그들이 주님의 성유 받은 자이기 때문에 신성하고 거룩하다는 식의 교리도 더 이상 없었다. 반대로, 그들의 의지는 이성과 연관해 올바름, 정의, 정치의 안녕을 현명하게 의지하는 한에서만 존중받을 자격이 있는 것으로 간주된다. 그러므로, 사유의 원칙은 이미 지금까지 받아들여져 온 것이나 다름이 없다. 더구나 개신교 세계는 이전에 명시적으로 발생한 화해에서, 권리 영역에 정의를 더욱 발전시킬 수 있는 원칙이 있었다는 것을 알고 있었다."

171 (Hegel 1969g), p. 353; (Hegel 1988), p. 1062.

172 클라우스 피베크(Klaus Vieweg)는 헤겔의 역사 철학을 약간 다른 방식으로 읽을 것을 제안했다. 그의 주장에 의하면, '세계 정신'을 '세계시민주의'(cosmopolitanism)로, 자신의 대자 존재가 지식을 구성하는 이성으로, 국가의 다양성과 복수성 속에 실존하는 보편적인 것으로, 국가들의 전 지구적 전체로 받아들여야 한다는 것이다. 그 '목적'(자유)이 이제 세계화된다는 점이 다를 뿐, 그에게 역사의 목적[종말]은 자유를 존중하고 구현하는 근대 국가이다. (Vieweg 2012), p. 509.

5. 역사에서 작동하는 무한한 목적들

실체들과 주체들?

현세적인 인간 주체성의 본성 자체가 프랑스 혁명이 반드시 일어날 수밖에 없었다는 것을 그 자체에 내포하지는 않았다. 그것은 로마가 붕괴해야 했거나 봉건 군주정이 입헌 군주제로 바뀔 수밖에 없었다는 것을 함축하지도 않았다.

설령 신화 속 게르만족이 가졌다고 추정되었지만 '법치'rule of law 로 단련될 수밖에 없었던 그런 종류의 자유를 얻고자 하는 확고한 욕망을 우연히 가졌던 민족이 있었다고 해도, 그렇게 확고한 욕망 자체가 그러한 사건들이 반드시 일어나야만 했다는 것을 보증하지는 않을 것이다. 이러한 사건들이나 심지어 그와 유사한 사건들이 어떤 종류의 형이상학적, 인과적 필연성에 의해 발생해야만 했다는 결론을 뒷받침하는 논증은 헤겔에게 없거나, 적어도 눈에 띄게 좋은 논증은 헤겔에게 없다. 따라서 유일한 결론은, 프랑스 혁명과 근대성을 향한 전체 경로는, 주체성인 정신Geist 자체의 본성이 함축하는 어떤 개념적 의미로 반드시 발생해야만 할 필요는 없었다는 의미에서, 적어도 필연적이지는 않았다는 것이다. 근대 세계는 필연적 운명fate이 원한 것이 아니었다.

그렇다면, 역사에서 어떤 종류의 필연성을 주장했다고 알려진 헤겔의 사례는 도대체 어디에 있는 것일까?

헤겔의 역사 철학에서 그의 폭넓은 주장은, 그가 제기한 다른 몇 가지 중요한 주장들의 성공이나 실패와 관련이 있다. 무엇보다도, "모든 것은 실체로서뿐만 아니라 주체로서도 참된 것을 파악하고 표현하는 데 달려 있다"라는 『정신현상학』에서의 주장이 그러한데, 헤겔이 강조하듯이 여기서는 '어떤 것'이 아니라 '모든 것'everything이 그러한 관점에 의거한다.[1]

여기에는 몇 가지 측면들이 있다. 첫째, '사태들의 객관성에 대한 이해는, 객관성에 대해 판단하는 주체의 주관성에 대한 동등한 이해를 필요로 한다'라는 『논리학』의 확장된 논증이 있다. 이 논증은 '사태들의 존재가 정신의 존재에 달려 있다'라는 주장이 아니며, 심지어 '단순한 사태들'의 존재가 우주의 시설에 '정신적 피조물[인간]'을 추가함으로써 어떻게든 완벽해진다는 주장도 아니다. 『논리학』에 따르면 아주 대략적으로라도 사태들을 이해하기[의미화하기]make sense 위해, 우리는 필연적으로 다음과 같은 두 가지 일반적 방식으로 판단할 수밖에 없다. 첫째는 '존재'Being의 관점에서, 지적하고, 분류하고, 일반화하거나 계산을 하는 방식으로 판단하고, 그리고 둘째는

---

1 (Hegel 1969a), pp. 22~23; (Hegel 2010), ¶17.

'본질'Essence의 관점에서, 사태들에 관한 단순한 관찰에서 즉시 드러나지 않고 궁극적으로 다양한 양태 개념들(가능성, 필요성 등)을 필요로 하는 어떤 근본 조건의 관점에서 사태들을 설명함으로써 우리는 판단한다. 사태들을 이해하는[의미화하는]make sense 이 두 가지 형이상학적 구조는, 우리가 진정으로 의미가 만들어졌다고 말할 수 있는 조건들을 주시함으로써 '의미화의 의미화[이해의 이해하기]'make sense of making sense를 요구한다. (이것이 바로 '개념'Concept의 논리이며, 존재, 본질, 개념이라는 『논리학』의 세 권 중 정점이다.) 따라서 이것은 우리가 이해하는[의미화] 과정making sense에서 '개념'의 역할을 이해할 것을 요구한다. 그리고 '개념'의 필요[필연성]necessity에 대해 말하는 방식은, 판단에서 자의식의 필요[필연성]에 대해 말하는 것으로 이어지며 작동한다.[2] 구호의 형식으로 이것을 좀 더 표현하자면 다음과 같다. 즉, '자의식적 주체성'에 대한 설명 없이는 어떻게 우리가 객체를 이해할 수 있는지를 이해할 수 없다(이는 우리의 개념 활동이 없다면, 바위와 천일염과 같은 것들이 존재할 수 없다고 주장하는 것과는 매우 다르다).[3] 『논리학』은 '세계에 대한 우리 판단의 이해 가능성

---

2 (Hegel 1969i); (Hegel and Di Giovanni 2010), p. 515. "개념의 본질을 구성하는 통일이 통각의 근원적인 종합적 통일, 즉 '나는 생각한다' 또는 자의식의 통일로 인식된다는 것은 이성 비판에서 발견할 수 있는 가장 심오하고 진실한 통찰 중 하나이다."

3 로버트 브랜덤(Robert Brandom)은 헤겔에 대한 그의 새롭고 중요한 연구(여기에 제시된 몇 가지 아이디어와 겹친다)에서, 헤겔 자신이 이러한 용어들을 사용하지 않고서, 헤겔의 체계에서 '지시 의존성'(reference-dependence)과 '의미 의존성'(sense-dependence)을 구분하는 데 도움이 되는 설명을 제시했다. '의미 의존성'은 의미들 사이의 '의무적 규범 관계들'(deontic normative relations)의 측면에서 발생하며, 이 관계들은 객체들 사이의 '진리적 양태 관계들'(alethic modal relations)의 반대편에 있다. 이 두 가지를 혼동한 것이, 헤겔이 객체들은 어떻게든 정신으로 구성된다고 잘못된 결론을 내린 뿌리이다. (Brandom 2014).

intelligibility' 및 '그 판단 자체의 이해 가능성'과 관련이 있다.[4]

둘째, 『논리학』의 설명을 고려할 때, 역사에서 일종의 '개념적 필연성'conceptual necessity에 대한 헤겔의 주장은, 부분적으로 '사태들을 이해하기[의미화]'making sense of things로부터 '의미화의 의미화[이해의 이해하기]'making sense of making sense로 이행하는 것이 어떻게 필연적이며, '그러한 종류의 반성 조건들'이 역사에서 '새로운 제도와 관행의 형성'에 어떻게 의거했는지에 대한 그의 주장으로 귀결된다. 헤겔은 『논리학』의 관점(또는, 거기서 헤겔이 지적한 바에 의하면, 그러한 관점에 도달하기 위해 올라야 하는 '사다리'ladder로시)에 대한 시론 introduction인 1807년 『정신현상학』에서 이러한 종류의 논증을 처음 제기했다.

셋째, 역사에는 단순히 '일련의 유한한 목적들'만이 아니라 '무한한 목적들'infinite ends도 작용한다는 헤겔의 더 일반적인 논증도 있다. 가장 기본적인 것은 '자기 파악의 무한한 목적'infinite end of self-comprehension에 대한 논증이다.[5] 이 목적은, 다른 목적들이 그것을 위해 단순

---

4 Pippin의 곧 출간될 책(forthcoming)과 (Pippin 2014)의 도움을 주는 논의를 참조할 것.

5 "그러므로 세계사의 목표는 정신이 자신의 진정한 존재에 대한 지식을 얻고, 이 지식을 객관화하여 현세에서 실현하고, 자신을 객관적으로 드러내야 한다는 것이다. 여기서 본질적인 면은 이 목표 자체가 스스로 드러나는 것이라는 점이다. 정신은 동물과 같은 자연적 실체가 아니다. 왜냐하면 동물은 그 자체인 바로 직접적으로 존재할 뿐이기 때문이다. 정신은 스스로를 드러내고 스스로를 존재하는 바대로 만드는 것이다. 따라서 그것이 현실적일 수 있도록 가정하는 첫 번째 구체화는 오직 자기 활동뿐이다. 정신의 본질적 존재는 정적인 현존이 아니라 활동성이다. 왜냐하면 정신은 스스로 생겨났고, 스스로를 위해[대자적으로] 현존하게 되었으며, 그리고 자기 자신의 행동에 의해 스스로를 만들어 냈기 때문이다. 그것이 스스로 생겨났을 때에만 참된 존재라고 할 수 있으며, 그 존재는 절대적인 의미에서 과정이다. […] 세계 정신은 자신의 이 발전 단계를 실현하려는 무한한 욕구와 저항할 수 없는 충동을 지닌다. 왜냐하면 이러한 구조화와 그 실현이 자신의 개념이기 때문이다. 세계사는 정신

히 수단들에 불과한 그러한 목적이 아니다. 그리고 '최종적인 무한한 목적'이 다른 모든 목적들을 포함하는 것도 아니며(그렇다고, 모든 것이 '자기 파악을 위한 노력'striving for self-comprehension의 사례는 아니다), 다른 목적들은 그 무한한 목적에 가까이 다가가는 근사치들approximations도 아니다. 그러한 무한한 목적은 여러 경우에 더 좋거나 더 나쁜 방식으로 실현되고 나타날 수 있다.

넷째, '실체'로부터 '주체'로의 이행이 '그 자신을 이해할 수[의미화할 수] 있는'to make sense of itself '무한한 목적'을 필요로 한다면, 그것은 '역사에서 그 목적을 실현하는 데 실제로 어떤 진보의 형식이 있었다', '그 목적을 실현한다는 것이 무엇을 의미하는지를 우리가 더 명확하게 이해한다'라는 더 진척된 주장이 제기될 수 있는가에 대해 그 가능성을 열어 둔다. 헤겔의 논증은, 비록 세계사가 꾸준하고 끊임없는 진보의 '휘그'Whig 이야기는 아니지만, 거기에는 이루어져 온 진보가 있다는 것이다. 이 진보는, 사람들이 자신들의 경로 의존적인 사태의 이해 방식에서 벗어나, 스스로를 '단순히 현세의 강물에 빠져 휩쓸려 가는 피조물'로서만이 아니라, '각자 실천적 삶에서 일종의 자기반성 능력과 제한된 주체성을 지닌 존재'로서 이해할 수밖에 없는 방식을 통해 이루어졌다.[6]

이 어떻게 점차적으로 의식과 진리에 대한 의지를 획득하는지를 보여 줄 뿐이다. 정신은 초기의 희미한 상태로부터 임계점으로, 그리고 마침내 완전한 의식으로 나아간다." (Hegel and Hoffmeister 1994), pp. 74~75; (Hegel 1975), pp. 64~65.

6 여기서는 많은 지면을 할애해도 반이라도 설명할 수 있을지 모르겠지만, 로버트 브랜덤이 헤겔을 의미론적 용어들로 참신하게 해석한 것은 또 다른, 매우 다른 해석을 제시한다. 브랜덤은 자신의 견해를 다음과 같이 요약한다. "회고적이고 회상적인 이성의 형식(황혼에만 날아다니는 미네르바의 부엉이, 역사를 통한 이성의 행진)은 맑고 낙관적이며 휘그적인 관점

헤겔이 깨달은 바처럼, 그가 『법철학』에서 제시한 관점이 지닌 더 논쟁적인 측면 중 하나는, 이 작업[『법철학』]이 근대 사회 및 정치 질서를 자체 구성하는 '요소들'을 체계적으로 재구성한다는 점이다. 여기서 분명한 질문은 다음과 같다. 왜 다른 요소들이 아니라 바로 이 요소들인가? 왜 그러한 요소들은 다른 형태들이 아니라 그러한 특정 형태를 띠는가? 헤겔의 짧은 대답은 결국 '역사' 때문이라는 것이다. 이는 결국 그러한 요소들 자체의 '추정적 합리성'putative rationality

---

을 구성한다. 이 관점은 과거 우리의 담론적 혼란의 무작위적이고 우연적인 납골당 한가운데에서, 진리와 이해를 향한, 그리고 우리가 계속 생각하고 행동해 온 실재 세계가 어떠한가에 대한 정확한 표현을 향한 진보의 끊임없는 기록의 출현을 드러낸다. 이것이 헤겔이 '우연성에 필연성의 형식을 부여하는 것'에 관해 이야기할 때 의미하는 바이다." (Brandom 2009), p. 102. 브랜덤이 헤겔의 합리적 역사 재구성을 위해 사용한 모델은 영미 판례법의 모델이다. 이 모델에서는 한 판사가 판결을 내릴 때 이전 판사들의 약속에 구속되지만, 규정된 특정 방식으로 그 내용을 변경할 수 있다. 이를 감안할 때, "미래는 현재가 과거에 대해 그러하듯이 현재에 대해 존재하며, 최종적인 미래는 존재하지 않으므로 최종적인 권한도 존재하지 않는다. 그래서 모든 판사는 대칭적으로 인정받고 인정한다." (Brandom 2009), p. 88. 역사에 대한 설명으로서, 이것은 헤겔이 고려했을 만한 어떤 것보다 훨씬 더 휘그적인 것처럼 보인다. 예를 들어, 로마가 그리스의 지배권을 장악했을 때, 그리스 문화가 확립한 선례를 확장한다는 측면에서 로마는 그렇게 하지 않았다. 비록 로마가 그리스 문화의 요소를 자체 속으로 통합했지만, 로마는 코린트를 약탈하고 불태웠다. 조금 더 나은 역사 모델은 관습법의 성립 그 자체일 수 있다. 즉, 윌리엄(William)은 헤이스팅스(Hastings)에서 앵글로색슨족 왕과 그의 신하들을 폭력적으로 굴복시킨 후, 새로운 영토의 여러 지역에 판사를 파견하여 '관습법'을 제정했다. 그 목적은 기존 판결을 합리적으로 확장하는 것이 아니라, 기존 판결의 뿌리와 가지를 제거하고, 의미론적 승인(semantic sanctions) 이상의 뒷받침을 받는 새로운 권한으로 대체하는 것이었다. 헤겔의 역사적 양식에 대한 브랜덤의 독해는, '이념'이 역사에서 어떻게 형태를 갖추는지에 대한 헤겔의 개념에 매우 중요한 일종의 역사적 긴장들을 무시하지는 않지만 심각하게 과소평가하고 있다. 이는 의심의 여지 없이, 담론 활동의 조건과 발전(이는 분명히 헤겔적인 기획의 본질적 구성 요소다)이라는 측면에서 헤겔을 해석하기로 한 브랜덤의 결정 때문이다. "내가 일부 증폭적이며 비판적인 움직임을 선험적이고 표현적으로 진보한 발전으로 선택적으로 특권을 부여함으로써 회고적으로 골라낸(그리고 그 합리적 근거를 제시한) 전통은, 다양한 의미에서 개념적 내용이 담론 활동에서 더 일반적으로 그 역할 측면에서 어떻게 이해될 수 있는지에 대한 관심을 그 핵심에 둔다." (Brandom 2009), p. 108.

에 대해 똑같이 명백한 일련의 질문들을 제기하며, 이 질문들은 '그 요소들이 합리적으로 결합될 수 있는지', 또는 '그 요소들 간의 충돌이 살 만한 근대적 삶을 불가능하게 만들지는 않는지'라는 것들이다. 예를 들어, 헤겔의 뒤를 이은 마르크스주의자들은, 그 자신을 '자유의 체계'system of freedom라고 거짓으로 선언한 사유재산 그 자체가 '노동계급의 착취'에 토대를 두고 있다고 보면서, 헤겔이 부르주아 사유재산에 기초한 질서의 요소들만을 재구성했다고 그를 비판했다. 비록 우리가 특정한 마르크스주의자의 비판을 거부한다고 해도, 대체적인 혐의는 여전히 분명하다.[7] 또 다른 명백한 우려는, '경로 의존적 역사'path-dependent history 때문에 접시 위에 올려진 '요소들'을 조립해야 한다는 압박으로 인해, 불가피하게 헤겔의 이론이 일종의 '자기 패배적 상대주의자의 역사주의'self-defeating relativist historicism로 붕괴할 수밖에 없는가라는 점이다.

다른 경로 의존적 관점과 마찬가지로, 헤겔의 역사 철학은 경로가 형성되는 어떤 지점에서 시작해야 하며, 여기서 발생할 수 있는 우려는 그러한 출발점이 자의적이라는 데 있다. 앞에서 살펴본 바와 같

---

7 헤겔이 '지배 계급'을 옹호하고 있었다는 이 주장은 헤겔 자신의 생전에 제기되었으며, 그리고 헤겔 자신이 직접 쓴 것으로 보이는 1824년 『교양 있는 계급을 위한 사전』(Lexicon for the Cultured Classes)의 한 항목에 그에 대한 반박이 등장했다. 그 주장에 반대하면서, 이 글은 다음과 같이 언급하고 있다. "헤겔의 저술을 통해 국가에 대한 헤겔의 견해가 우리에게 알려진 한도 내에서, ['현실적인 것이 이성적인 것이다'라는 문구는] 지배 계급의 이익을 위해 나중에 사용된 것이 아니라, 어디에서나 공허한 이상과 싸우고 절대적 이념을 통해 이념 자체에서 사상과 현실을 조화시키려는 그의 철학의 기초에서 나온 것이었다." "Der erste Lexicon-Artikel über Hegel (1824)", (Nicolin, Sziborsky, and Schneider 1996), p. 212에서 재인용. 1827년 판의 Lexicon 기사(약간의 변경만 있음)는 (Nicolin 1970), #559, pp. 363~371에 재인쇄되어 있다. (Pinkard 2000)의 토론을 참조할 것.

이, 비록 헤겔의 설명은 아프리카, 중국, 인도, 페르시아, 이집트에 대한 특히 불만족스러운 장들을 포함하면서 '세계사 전체'를 포괄하고 있지만, 그의 실질적 출발점은 고대 그리스이며, 고대 그리스는 헤겔이 관심을 갖는 경로가 시작되는 출발점을 놓는다.[8] 비록 그러한 출발점으로부터 발전하는 과정에 어떤 논리가 있다고 인정한다고 해도, '그 특정 지점이 출발점으로서 발전했다는 것 자체'는 논리의 문제가 될 수는 없다.

이렇게 자의적인 출발점을 취하는 데에는 두 가지 이유가 있다. 한 이유는 [소급 적용 되듯이] 회고적retrospective이며, 더 체계적이고 이론적인 헤겔의 접근 방식에서 비롯된 것이다. 『논리학』에서 찾을

---

8 헤겔은 자신의 관심이 다음과 같은 점을 보여 주는 데 있다고 분명히 밝힌다. 즉, 어떻게 비유럽 문명이 자연 상태에서 벗어나지 못했으며, 그래서 일종의 반성적인 원칙적 사유 방식을 획득하지 못했는가 하는 점을 보여 주며, 그리고 주체성을 즉자대자적으로 가치를 지닌 것으로 보는 관점에서, 주체성을 보는 이러한 방식은 결과적으로 부정적인 인륜적 결과를 초래한다는 점을 보여 주는 데 있다고 분명히 밝힌다. 헤겔이 아프리카인이 실제 '자연 상태'에 현재한다고 생각한 것은, 그가 아프리카의 삶에 대해 얼마나 이해하지 못했는지를 다시 한번 보여 준다. 헤겔의 논증은 대략 다음과 같다. 즉, 만일 아프리카인이 가정이 아니라 실제로 홉스식 자연 상태에 현존한다면, 그들을 묶는 유일한 요소는 그 자체로 홉스적 전략과 같은 것일 수 있다는 것이다(물론 헤겔은 첫 번째 전제를 참으로 받아들였다). 헤겔의 논증이 또다시 뒤집어 버리는 핵심 사례는 노예제도이다. (Hegel 1969h), p. 129; (Hegel 1956), pp. 98~99. "우리가 흑인들 사이의 노예제도의 이 조건으로부터 도출하고 우리 탐구에 관심을 갖는 질문의 유일한 측면을 구성하는 이 원칙은, 우리가 이념으로부터 친숙한 것, 즉 자연 상태 자체가 절대적이며 철저하게 불의의 하나라는 것이다. 이 원칙과 합리적 국가 현실 사이의 모든 중간 단계에는 불의의 계기들과 측면들이 남아 있다. 그래서, 우리는 그리스와 로마의 국가들에서도 노예제도를 발견하며, 최근까지 농노제를 유지하고 있다. 그러나, 국가에 현존하는 노예제도 자체는 단순히 개별화된 감각적 현존으로부터 진척된 한 국면이다. 그것은 도야의 한 계기이며, 더 높은 인륜적 삶과 이 삶과 관련된 문화에서 일원이 되는 방식이다. 인간다움의 본질은 자유이므로 노예제도는 즉자대자적으로 불의이다. 그러나 이를 위해 인간은 성숙해져야 한다. 따라서 노예제도의 점진적 폐지는 갑작스러운 폐지(지양Aufhebung)보다 더 현명하고 공평하다."

수 있는 이러한 접근 방식에는, '개념의 논리'(헤겔은 이를 '주체 논리학'이라고 적절하게 불렀다)가 다양한 결합의 긴밀성coherences을 올바르게 추론하고 보여 주는 논리라는 취지의 주장이 있다. 가장 추상적으로 말하자면, 주체는 그러한 '이유[이성]reasons의 공간'에서 움직이는 본체entity이며, 다양한 현상들로 스스로를 드러내고 자신의 의도에 따라 스스로를 ('본질'에서처럼) 행동하게 하는 단순히 ('존재'에서처럼) 개별화된 본체 그 이상이다. 주체는 이 [존재와 본질의] 사태들 양자 모두이지만, 규범적 공간에 살기 때문에 단지 그러한 사태들만이 아니다. 그러한 '규범적 피조물'normative creature로서 주체의 '자신에 대한 자기 개념 파악'self-conception of itself은 '주체 자신의 개별성에 대해 생각하는 방식'과 '그 자신을 나타내는 방식'을 변화시킨다.[9] '자의식적 주체'는 단순히 자의식과 합리성의 요소가 덧붙여져 스스로 행동하는 개별화된 존재가 아니다. 우리 존재는 우리 자의식에 의해 변형된다. 우리는 '이성적 동물'rational animals이지, 우리의 유기적 삶에 합리성을 접합하여 덧씌운 동물이 아니다.[10] 비록 우리 인간은 우리의 집단적 작업collective enterprise을 통해서만 우리답게 존재하지만, 우리는 특정한 방식으로 우리 내면을 드러내고 이유들(개념의 논리)에 반응하면서 궁극적으로 (우리가 돌아가야 할) '진정한 주체'true subject가 된다는 것이 무엇인지에 대한 관념들에 반응하는 개인들이기도 하다.

---

9 (Pippin 2014b); (Pinkard 2012)를 참조할 것.

10 따라서 헤겔은 보일이 곧 출간 예정인 책에서 정의한 합리성의 '가법론'(additive theory)을 따르지 않는다. 이와 관련하여 헤겔에 대한 유관한 다른 해석은 (Yeomans 2015)의 해석이다.

결국, 헤겔 『논리학』의 논리는, 역사적 시기의 특정 사회 공간에 구현된 '개별화된 규범적 피조물[생물체]'인 주체를 그 자신의 '이념'으로, 즉 '형이상학적 개념들'과 '더 구체적인 개념들'의 통합으로 이끈다. 주체가 그 자신의 '이념'을 획득할 때, 행동자는 명백하게 '주체성'subjectivity이 된다. 헤겔이 그렇게 생각했듯, 그것은 바로 그리스에서 처음으로 생동적인 선택지live option로 나타난 바로 그러한 것이다. 주체가 구체적으로 취하는 형태는 실로 우연했으며 모든 종류의 임의적 요인들에 의해 형성되었지만, 자의식인 주체성 개념의 '요소들'은 '세계사의 의제agenda'에 관한 요소들이었다.

적어도 그것[주체성 개념] 자체는 세계사가 일종의 '자기 축하'self-celebration에 지나지 않을 수도 있다는 의심을 불러일으킨다. 그리고, 이 '자기 축하'는 '과거 삶의 형태들의 실제 헌신'이 단지 '우리 자신의 미니미[작은 나]'Mini-Me's of us를 위한 것이라는 생각과 같은 것이기도 하다. 또한, 우리가 그리스인을 어떻게 판단하든 간에, 동일한 그리스인이 로마인에 종속되었고, 로마 제국주의의 붕괴와 그 이후 봉건 군주정의 실패로 초래된 대격변들로부터 '유럽'이 탄생했다는 사실이 엄청난 '역사적 우연성'historical contingency의 사안이라는 점도 더 이상 우려를 덜어 주지는 못한다.

참된 주체성?

그리스가 '임의적 출발점'이 된 두 번째 이유는, '역사 철학 자체'와 관련이 있다. 헤겔의 설명에 따르면, '세계사의 의제agenda of world history

가 되는 일'을 시작한 '임의의 장소'가 그리스이기 때문에, 그리스가 헤겔의 실제 출발점이다. 그리스에서 자유 개념은 역사 무대에 처음으로 그 겉모습을 드러낸다. 그리스는 이 개념을 처음에는 부정적 [소극적]으로 사용한다. 즉, 노예가 상실한 것이 무엇인지 또는 박탈당한 것이 무엇인지에 대한 개념으로 사용한다('다른 사람의 명령에 따라 살지 않는 것이 자유인의 표식'이라는 앞서 인용된 아리스토텔레스의 격언에서처럼).[11] 그런데, 자유는 '자기충족'self-sufficiency, '자립'independence이라는 긍정적[적극적] 의미를 지니기도 한다. 이러한 의미는 다음과 같은 아리스토텔레스의 기본 개념으로 재차 포착된다. 즉, 정치적 정의political justice는 "자기충족을 목표로 자신들의 삶을 공유하는 사람들, 즉 자유롭고 비례적으로나 산술적으로 평등한 사람들 사이에서만 발견될 수 있다".[12] 누군가가 자립적이 되려면, 그는 지저분한 일로부터 자유로워야 했으며, 그것을 통해 폴리스의 삶에 동등하게 참여할 수 있어야 했다. 따라서, 그리스의 자유는 궁극적으로 '너 자신이 되는 것'being your own person을 의미했다. 그러나, 그리스의 자유는 노예제도와 연관되어 있었을 뿐만 아니라 노예제도를 필요로 했다. 그리스의 관행은, 노예제도가 강제로 사람을 타인들의 도구와 수단으로 종속시키는 것이라는 사실을 모호하게 만들었다.[13] '자유의 이념'에서 볼 때, '개인의 자립으로서의 자유'는 '개념과 실재

---

11 (Aristotle 1941b), 1367a 30~34, p. 1356.

12 (Aristotle 1998), Book V, chapter 6.

13 데이비드 브리온 데이비스(David Brion Davis)가 지적한 것처럼, 그리스의 노예제도는 노예가 "재산이나 반인반수의 도구가 아니라 강제로 억압당하는 사람"이라는 사실을 단순히 모호하게 만들어 버린다. (Davis 1966), p. 261.

의 통일'이라는 면에서 '타인들이 그들에게 의존하는 경우에만 이들은 자립적일 수 있다'라는 사실과 직접 맞닿아 있다.

물론, 그리스인이 노예제도를 발명하지는 않았다. 다른 많은 사회에서도 노예(또는 적어도 어떤 형식의 강제 노동)를 사용하여 지저분한 일을 하거나, 심지어 일부 사람들이 타인들을 처분할 힘을 가짐으로써 '병리적인 심리적 쾌감'pathological psychological pleasure을 가지기도 했다. 그러나, 그리스인은 자유와 정치적 자치political self-rule의 관념을 발전시켰기 때문에, 그들이 노예를 두는 것은 특히 문제가 되었다. 예를 들어, 그 이후 다른 많은 논평가처럼 헤겔이 보기에도, 아리스토텔레스가 (일부 사람들이 충분한 숙고 능력이 부족하다는 이유로) '타고난 노예제'natural slavery를 옹호한 것은, "노예도 사람이고 합리적 원리를 공유하기 때문에 그들에게 미덕이 없다고 말하는 것은 불합리한 것처럼 보인다"라는 아리스토텔레스 자신의 견해와 분명히 정면충돌했다.[14] 그리스 사상과 그리스의 생활은 상호 간에 피할 수 없는 갈등을 겪었고, 그것은 그리스인 자신들의 방식으로는 해소할 수 있는 갈등이 아니었다.

이러한 이유로, 그리스인에게는 자유라는 참신한 개념이 떠올랐지만 그들은 자유의 진정한 '이념'Idea을 가지지는 못했다. 헤겔은 다음과 같이 말한다. "그리스인이나 로마인, 플라톤과 아리스토텔레스, 스토아주의자도 자유의 이념을 소유하지 못했다. 반대로, 그들은 사람이 출생을 통해서만(아테네나 스파르타의 시민으로서) 실제로 자

---

14 (Aristotle 1941a), 1259b.

유롭다는 사실을 알았으며, 또는 성격의 강인함에 의해서나 고등 교육을 통해서, 철학을 통해서만 자유롭다는 것을 알았다('현자는 사슬에 묶여 노예가 되어도 자유롭다'라는 말처럼)."[15] 그들은 '자유롭다는 것'을 '너 자신의 인격이 되는 일'to be your own person이라고 이해했지만, 그러나 그들은 '모두가 자기 자신의 인격이 될 권한이 있는 세계에서만 진정으로 자기 자신의 인격이 될 수 있다'라는 것을 이해하지는 못했다. 그리스의 개념에서는, 어떤 사람은 시민으로서 폴리스의 숙의 과정deliberations에 참여할 수 있으면 그는 자유로웠다. 왜냐하면 그러한 실천에서만 그의 행동은 그 자신의 생각을 표현한 것이었으며, 타인의 외적 권한에 종속되지 않았기 때문이다. 어떤 그리스 시민도 다른 시민에게 '당신의 뜻대로 이루어졌다'Thy will be done라고 말할 필요가 없었다. 그러한 지위는 그리스의 노예제도 덕분에 그 시민들 모두에게 가능했다.

　　그리스의 주체성 개념은 자유를 요구했고, 동시에 그것은 노예제도도 필요했다. 자유인은 '자신의 권한을 주장하지 않는 타인들'을 지배하는 권한을 소유할 때만 자유로웠다. 그러나, 그러한 자유는 다른 자유인들(여성은 제외되었다)과 함께 폴리스의 민주적 참여에 동

15　(Hegel 1969d), §482, pp. 301~302; (Hegel et al. 1971), pp. 239~240. "그리스인과 로마인, 플라톤과 아리스토텔레스, 심지어 스토아학파조차도 [자유의 이념을] 가지고 있지 않았다. 반대로, 그들은 인간이 실제로 자유로워지는 것은 출생을 통해서나(예를 들어, 아테네 시민이나 스파르타 시민처럼), 또는 성격의 강인함, 교육 또는 철학(현자는 노예이거나 사슬에 묶여 있어도 자유롭다)에 의해서만 가능하다고 생각했다. 이 [자유의] 이념이 세상에 들어온 것은 바로 기독교를 통해서였다. [⋯] 만일 이념의 인식, 즉 인간의 본질, 목적, 대상을 자유로 아는 인식이 사변적 인식이라면, 바로 이 이념 자체가 인간의 현실성이며, 이것이 인간이 소유하고 있는 것이 아니라 인간이 존재하는 바 그것이다."

참할 수 있을 때만 충분히 실현되었다. 그러한 맥락에서, 자유인은 폴리스에서 다른 누구의 명령도 받지 않고 자유롭게, 폭력이 아닌 언변과 수사修辭, rhetoric를 통해, 자신이 묵인한 일과 자신이 투쟁한 일의 면에서 자유롭게 그 자신만의 인격이 될 수 있었다. 긴장으로 가득 찬 이 체제는, 사태들의 우주적 질서라는 '고풍스러운 정의감'archaic sense of justice으로 결속되어 있었다. 그리고, 이 우주적 질서는 각자가 자신의 직책에서 자신에게 절대적으로 요구되는 일을 하면, 전체가 저절로 조화를 이룰 것이라는 희망을 보증하기 위해 각자에게 맞는 직책을 마련해 주었다. 왜 그것이 다른 것이 아니라 그렇게 되었는지, 그 이유는 그 자체로 '이성[이유]의 파악'grasp of reason을 넘어선 것이었다. 그것은 사태들이 영구히 과거부터 그러했던 그러한 방식일 뿐이었다.

따라서, '자유롭지만 자연적인[타고난] 행동자'라는 개념은, 역사적으로 규정된 형태를 띠게 되었다. 비록 개인들 간의 자연적[타고난] 차이들이 '서로 다른 질서를 가진 사람들은 매우 다른 방식으로 자신들의 몫을 받아야 한다'라는 권한을 부여했다고 우주적 질서는 주장했지만, 정의로운 질서는 평등을 포함하고 있었다. 주체성은 특정한 역사적 형태를 취했다. 그러한 관점에서 볼 때, '참된 주체성'의 형태는 '자기충족적 남성 개인'의 형태였다. 그리고 이 남성 개인은 사적 생활로부터 등장했으며, 자발성과 설득이 유일한 규칙인 '소규모 대면[직접] 민주주의'small, face-to-face democracy에 공적으로 참여함으로써 자신의 자유를 실현했다.[16]

헤겔의 '참된 주체성'true subjectivity 개념은, 어떻게 주체성이 그의 『논리학』에서 '원칙화된 이유[이성]의 공간'principled space of reasons을 차지하며, 어떻게 주체성이 그 공간 안에서 자신의 힘을 행사하는 개별 실체로 이루어진 상태로 설정되는가에 대한 헤겔의 개념에 기반을 두고 있다. 헤겔이 그렇게 지적하는 것을 선호하듯이, 이것[참된 주체성 개념]이 구체화되면서, 그것은 '역사적으로 구속된 주체'의 개념이 된다. 이 역사적으로 구속된 주체는 특정한 사회 공간 내에서 움직이면서, 자신의 과거에 의해 제약을 받고, 자신의 현재 책무[공속행위]의 망에 빠져 있는 상태로 자신의 미래를 지향한다. 따라서, '주체성의 이념'은 그러한 주체성 개념의 '참된 실현'이라는 개념이며, 어떤 특정한 역사 조건들에서 그러한 개념이 가장 잘 실현된 상태일 수 있는 개념이다.[17] (이것은 '가장 번성하고 가장 잘 실현된 인간 개념'을 형성한 아리스토텔레스적 개념을 헤겔이 탈-칸트적으로 변형한 것이다.) 규범적 사회 공간에서 살아가는 주체성이라는 개념은, '그 개

---

16 젠더화(gendering)는 헤겔 자신에게도 계속 영향을 미쳤으며, 그보다 앞서 칸트에서도 나타난다. 젠더화된 개념과 밀접한 연관이 있는 것은 타인의 명령에 굴하지 않는 자립성(independence) 관념이다. 칸트는 다음과 같은 것이 여성의 자연스러운 특성이며, 일부 남성의 피할 수 없는 우발적 특성이라고 생각했다. "비록 수동적 시민이라는 개념은 시민이라는 개념 자체와 모순되는 것처럼 보이지만, 그러나 자립적이라는 이 특성은 능동적 시민과 수동적 시민의 구분을 요구한다. 다음 사례들은 이러한 어려움을 제거하는 데 도움이 될 수 있다. 즉, 상인이나 장인을 위해 일하는 견습생, 가사 도우미(공무원과 구별되는), 미성년자(자연적으로나 민법상으로), 모든 여성 및 일반적으로 그 실존의 보존(그가 먹여지고 보호받는 일)이 자기 자신의 관리에 달려 있지 않고 타자(국가를 제외하고)의 마련에 의존하는 모든 사람. 이 모든 사람에게는 시민적 인격이 결핍되어 있으며, 그들의 현존은 본래 타고난 것일 뿐이다." (Kant and Gregor 1996), p. 126. 칸트가 여기서 '모든 여성'을 포함할 때, 그는 여성이 "스스로의 관리가 아니라 타인이 마련한 것"에 의존하는 곤경에서 벗어날 수 있다는 생각을 배제하고 있는 것 같다.

17 (Hegel 1969b), §213, pp. 368, 369; (Hegel et al. 1991), pp. 286~287. "이념은 진리이다. 왜냐하면 진리는 바로 이것, 즉 객관성이 개념과 일치하는 것이기 때문이다. […] 이념은 처음에는 하나의 보편적 실체일 뿐이지만, 그것이 발전된 진정한 실체가 주체와 정신과 마찬가지로 그렇게 존재한다는 것은, 바로 이러한 판단 때문이다. […] 예를 들어, 참된 국가나 참된 예술 작품에 대해 말할 때 문제가 되는 것은 바로 이러한 더 심오한 진리의 의미이다. 이러한 객체들은 그것이 마땅히 그러해야 하는 바일 때, 즉 그 실재가 그 개념과 일치할 때 참되다."

넘의 더 나은 실현과 더 나쁜 실현을 구성하는 것이 무엇인지'에 대한 개념 파악 없이는 아무것도 할 수 없다. 왜냐하면 '합리적 주체로 존재한다는 것'과 '자신을 합리적 주체의 개념 아래에 둔다는 것'이 자의식적 영장류인 우리에게는 동일하기 때문이다. 따라서, 헤겔은 다소 의아할 수도 있는 말을 한다. "이 이념 자체는 그러한 것으로서 인간의 현실성actuality이며, 따라서 그들이 소유하는have 것이 아니라 그들이 존재하는are 바이다."[18]

그리스의 주체성 개념을 무력하게 만드는 것은, 그 개념이 그 자체의 궁극적인 이해 불가능성unintelligibility으로 내몰리게 만드는 방식이다. 다소 특이한 헤겔적 의미에서 보자면, 이 그리스의 주체성 개

---

18 (Hegel 1969d), §482, p. 302; (Hegel et al. 1971), p. 240. 역사에 대한 특별한 철학적 접근은, 경험을 중시하는 역사가들이 주제에 접근하는 다른 모든 방식과 달리, 헤겔의 핵심 관념, 즉 세계와 그 안의 주체성에 대한 이해 가능성(intelligibility)이라는 관념에 달려 있다. 헤겔이 지적하듯이, 삶의 형식들과 정신의 형태들은 사람들이 자신들에 대해 가지고 있는 개념이다. 그들이 자신들을 하나로 묶어 주는 '이념'을 명확하게 표현할수록, 그 안에 내재하는 이율배반들이 더 분명하게 드러나기 시작한다(사람들이 지금까지 '무조건적인 것', '절대적인 것'으로 간주했던 것을 반성하게 되면서). 그리고 '이념'이 무너지면서, 사람들은 스스로에게 이해 불가능한(unintelligible) 상태로 드러난다. 그들의 삶의 의미가 무(無)로 붕괴할 위험에 처한다. 일반적으로 이러한 붕괴 시기가 끝나면, 기존 '이념'을 옹호하는 주체는 이해할 수 없고 피할 수도 없는 모순들에 빠져 결국 횡설수설하게 된다. 헤겔 철학의 운동에서 다음 단계로의 전환은 이전 단계들의 가정(presuppositions)을 향해 이행하는 것이 아니라, 이전 단계들의 모순들을 화해하는 방식으로 이행하는 것이다. 이러한 전환들이 바로 헤겔적 지양(Aufhebung)이 작용하는 지점이다. 따라서, 헤겔은 이 전환들에 대해 '초월론적 논증'(transcendental argument)을 제시하지 않는다. 이후 단계들은 이전 단계들의 가정이 아니다. 따라서, 헤겔에 대한 아도르노(Theodor Adorno)의 다음과 같은 영향력 있는 견해는 근본적으로 잘못된 것이다. "헤겔이 칸트처럼 초월론적 분석철학자였는지에 대해서는 의문의 여지가 없다. 피히테의 『학문론』이 칸트의 순수 개념의 한계를 뛰어넘었던 것처럼, 칸트의 비평가로서 헤겔이 『순수이성비판』을 넘어서서 칸트의 의도를 어떻게 정당화하려고 했는지를 자세히 보여 줄 수 있다. 헤겔적인 범주들, 특히 정신의 범주는 초월론적 구성 요소의 영역 내에 속한다." (Adorno 1993), pp. 18~19.

념은 충분히 현실적이지actual 않았으며, 다시 말해, 올바른 종류의 효과성을 갖지 못했다는 점에서 충분히 현실적이지wirklich 않았다. 그 자신에 대한 주체성의 '일반적 개념'general concept이 어떤 명백한 방식으로 그 자신과 상충했다는 말은 아니다(이 점은 주체성 그 자체에 대한 분석에서 분명하게 드러날 것이다). 그것[이해 불가능성]은, 주체성 그 자체에 대한 '이념'Idea, 즉 '개념과 객관성의 통일'로서 실현된 그 개념이 [이성에 의해] 이해 가능하게[명료하게]intelligibly 파악될 수 없다는 것이다. 그리스인, 로마인, 그리고 대부분의 유럽 문명(북아메리카와 남아메리카, 그리고 앤티퍼디스Antipodes[호주와 뉴질랜드]의 파생 국가들과 더불어)에게, 자유는 자신이 타인들의 명령을 받지 않고 타인들에게 명령을 내리는 것을 의미했으며, 그 개념은 그들 모두에게 '사과 속 벌레'worm in the apple[골치 아픈 내부 문제]였다.

로마가 무대 위에 등장한 것은 우연한 일이었으며, 로마가 그리스의 다양한 업적들을 그 방식대로 받아들인 것도 마찬가지로 우연한 일이었다. 그러나, 로마는 자기충족, 자유, 노예제도라는 그리스의 개념들에 일종의 논리a kind of logic를 작동시켰다. 로마 문명의 많은 부분이 기독교로 변형되면서 살아남은 것도 마찬가지로 우연한 일이다. 그러나, 이교도 그리스로부터 로마 제국, 기독교 '유럽'으로 이어지는 경로에는, 주인이든 노예든 상관없이 각 개인의 '무한한 가치'infinite worth라는 어떤 새로운 것과 관련된 '다른 정의의 이상'different ideal of justice의 발전을 포함한 논리가 있었다. 헤겔은 다음과 같이 말한다.

왜냐하면 기독교 세계에서 주체는 신성의 단순한 우연이 아니라 그 자체로 무한한 목적으로 이해되어야 하기 때문에, 여기서는 보편적 목적, 즉 저주나 구원을 선포하는 신성한 정의가 내재적 문제로서나 한 개인 자신의 영원한 관심사이자 존재로서 동시에 나타날 수 있다. [···] 신과의 관계에서 그리고 신의 왕국에서 그는 즉자대자적으로 그 자체로 목적이다.[19]

그러나, 그러한 '유럽'이 도래한 것이 헤겔 자신이 생각했던 것보다 훨씬 더 우연한 일로 판명됨에 따라, 이 유럽이 핵심이 된 것도 똑같이 우연한 일로 판명되었다. 자유를 사랑하며 세련되지 못한 게르만족은 기독교적 자유의 중심 사상을 받아들였으며, '정의에 대한 무한한 관심'을 '모든 사람의 자유를 실현하는 정의에 대한 관심'으로 발전시키는 뿌리를 마련한 것으로 추정된다. 하지만, 안타깝게도 이는 신화에 불과했다.

그럼에도 불구하고, 만일 지배와 예속에 대한 헤겔의 논증들이 유효하다면, 그 논증들은 완전한 자립으로서(그리고 타인들을 지휘 통솔하는 행위를 요구하는 것으로서) 자유 개념 자체가, 특히 억압받는 자나 이야기로부터 소외된 자 편의 저항에 비추어 그 자체를 이해하려고 할 때, 그 자체의 무게에 의해 스스로 어떻게 무너지는지를 보여 주는 역할을 한다.[20] 또한, 그것[자유 개념]은, '주인'인 사람들이 자신들의 주의를 산만하게 하고 자신들을 이해하려는 깊은 노력을 방

---

19 (Hegel 1969f), p. 249; (Hegel 1988), p. 980.

20 억압과 피억압 집단의 본성에 관한 현대 문학에 비추어 헤겔의 철학을 설명하는 것에 관해서는, (Anderson 2009)를 참조할 것.

해하기 위해 필요한 매우 강력한 동기들을 보여 준다. 일단 그리스인이 자유를 '정의에 대한 사유 방식'으로 중요하게 만들자, 그 후 곧바로 '평등으로서의 정의', 모든 사람의 자유에 대한 '상호 인정'mutual recognition으로서의 정의, 각자가 '그나 그녀 자신의 인격'이 되는 이상을 실현하는 것으로서의 정의를 향한 추진 과정이 생겼다. 헤겔 자신의 용어로 하자면 다음과 같다. "우리가 이성의 절대적 목적과 자의식적 자유로서 서술한 것의 이름으로 요구한 이 권리들은, 그로 인해 종교, 인륜, 도덕의 목적들과 같은 절대적 목적들로 분류된다."[21] 그후, '자유'가 '책무[공속행위]commitments의 그물망' 안으로 들어와 작동하면서 근대적 삶의 표어가 된 것은 우연의 문제였다. 역사에서 그러한 사건들이 반드시 그렇게 일어났어야만 할 필연성은 없었다. 그러나 '오직 그 결론만이 궁극적으로 의미가 있었고 주체성에 대한 이해에서 진전을 나타낼 수 있었다'라고 주장하는 논증에는 어떤 필요[필연성]가 있었다.

사태들을 이해하는[의미화하는]makes sense 방식은, 우선 '이해 가능성intelligibility의 조건들'이 무엇인지를 다루는 『논리학』의 사안이다. 『논리학』이 규정할 수 없는 것은, 세계사의 항목들이 바로 그런식으로 결국 이해되기 위해 따라야만 했던 '모든 특정한 방식들과 경로들'이다. 헤겔의 체계에서, '역사가 그렇게 이해된다는 것[의미 있다는 것]'은 역사에 관한 우연한 사실이지만, 그러나 '역사를 이해하는[의미화하는]' 방식 자체가 우연한 요인은 아니다.

---

21 (Hegel and Hoffmeister 1994), p. 108; (Hegel 1975), p. 92.

헤겔의 급진적 역사관에서, '모두가 자유롭다'라는 주장은, 이전 시대에는 참이라고 볼 수 없었고 그 당시에는 실천적 가능성이 없었음에도 불구하고 지금 돌이켜 보면 참이다. '일부만이 자유롭다'라는 사유 질서의 요구 아래에서 활동하는 사람들에게는 '모두가 자유롭다'라는 것이 거짓으로 보였다. 그리고, 실제로는 모두가 자유롭지 않았거나 자유로울 수 없었다는 것이 구체적인 실제 질서에서는 참이었다. 만일 그렇다면, 그러한 생각은 사라져 버렸을 것이다. 즉, 만일 경제가 노예를 필요로 하거나 봉건 질서가 타고난 종속을 요구한다면, '모두가 자유롭다'라는 것은 참일 수 없을 것이다. 거짓으로 판명된 것은 ['일부만이 자유롭다'라는] 그러한 기존 질서 그 자체였다. 그리고, 그 질서가 더 이상 스스로 동의할 수 없을 때, 그 자신으로 인해 스스로 무너졌을 때, 그것은 거짓이 되어 버렸다. '일부만이 자유롭다'라는 낡은 질서가 실패한 것은, 그 질서가 자신의 이상ideal에 부응하지 못했기 때문이 아니었다. 오히려 여러 방식으로 낡은 질서는 성공 이상을 거두었고 그 뒤에 위대한 기념비를 남기기도 했다. 낡은 질서가 실패한 것은, 낡은 질서의 이상ideal 자체가 거짓임이 드러났기 때문이었다. 만일 '정신'이 계속 변해 왔으며 그에 따른 '정념과 원칙의 연결'도 변해 왔다면, '모두가 자유롭다'라는 것은 단지 개념(가능성)으로서만이 아니라 현실인 '이념'으로서도 실제로 참일 수 있다.[22]

　　시대를 초월한 윤리나 도덕의 변하지 않는 핵심을 주장하는 대신, 헤겔은 『논리학』에서 발견할 수 있는 더 추상적인 개념 중 '주체성의 개념'만이 '시대를 초월한 핵심'the only timeless core이라는 생각을 선택한다. 헤겔의 『논리학』 자체는 '그러한 보편적 개념들이 스스로를 이해 가능할 수 있도록 특수화해야만 한다'라는 주장을 전개한다. 우리는 자의식의 형식(즉, '자신에 대한 존재[대자존재]'being-for-itself의 형식)을 우리 삶에 적용한다. 그리고, 이러한 형식적 구별로 인해 우리 인간은 단순히 '이성을 덧붙인 동물'이 아니라 '이성적 동물'rational animals이 된다.[23] 이것[자의식의 형식]은 특정한 내용들이 그로부터 역사적으로 뒤따라 나오는 '형식'form이다. 도덕적 차원은 '그 자체 내에서 유발된 다양한 삶의 형태들'이 인정을 받기 위해 투쟁하는 방식들로 나타나며, 다양한 삶의 형태들은 그 자체로 힘과 지휘 통솔의 자의적 위상들로(다양한 지배와 예속의 관계들로) 증류된다.

그리스 세계의 혁신 중 하나는, 단순히 '더 제한된 인류 공동체' 뿐만 아니라 '모든 이성적 주체들을 자신의 권한으로 구속하는 이유 reasons'로서 '도덕성'morality의 확립을 사실상 유발한 것이었다.[24] 그러

---

22 즉, 이전 시대의 인륜적 요구사항과 허용조건에 비추어 행동하는 행동자들은 자신이 하는 일이 정당하다고 말할 수 있다. 그러나, 역사적으로 거짓으로 판명된 사실(그들의 제한된 인륜적 질서의 사실)에 비추어 그들은 (여전히 그 질서가 유의미하며 합리적이라는 관점에서) 행동하는 것이다. 따라서, 로마 귀족들은, 그 자체로는 거짓이지만 역사적 질서에서 우리가 서 있는 위치에 의해서만 그것이 거짓임을 알 수 있는 '인륜적 질서에 기초한 특정 사태들'을 행한다는 점에서 인륜적으로 정당화되었다. 다른 조건의 맥락에서, 윌리스(R. Jay Wallace)의 논의는 이에 대해 어떤 시사점을 던져 준다. 이 조건은, 비록 그녀가 행한 것에서 그 행동이 정당화되지 않는다고 우리가 말하지는 않더라도, 우리가 어떤 일을 소급하여 좋은 일이었다고 판단할 수도 있는 그러한 조건이다. (윌리스의 예는 다음과 같은 어떤 사람의 사례이다. 즉, 어떤 사람이 친구를 공항까지 태워다 주기로 약속했지만 그 약속을 지키지 못해 그 친구가 비행기를 놓쳤는데, 비행기가 추락하여 탑승자 전원이 사망한 경우이다. 여기서 그 사람이나 그의 친구나 모두 약속에 따른 의무가 이행되지 않은 것을 후회하지는 않겠지만, 약속을 어긴 일은 여전히 잘못이었다.) 윌리스는 이렇게 말한다. "비록 그 사건들이 나의 이전 행동의 정당화에는 영향을 미치지 않지만, 그러나 후속하는 사건들은 […] 내가 했어야만 할 일에 대한 판단의 진실성과 어느 정도 관련이 있을 수 있다." (Wallace 2013), p. 99. 비슷한 지적을 (Alznauer 2015)도 한다.

23 (Hegel 1969g), p. 40; (Hegel 1963), p. 21.

24 (Hegel 1969h), p. 329; (Hegel 1956), p. 269. "소크라테스는 도덕의 스승으로 추앙받지만, 우리는 그를 오히려 도덕의 발명가라고 불러야 한다."

나, '도덕 개념'이 통치 구조와 그에 따른 실질적 지휘 통솔 권한을 포함한 '정치 현실'과 점점 더 갈등을 빚었고, 그 결과 또 다른 혁신, 즉 '모두가 자유롭다'라는 정치적 이상의 혁신이 이루어졌다. 이 혁신은 본성적으로 누구도 타인의 자의적 강압에 따라 살 필요가 없다는 것이었다. 정의로 간주된 것은, '사태들의 우주적 질서의 정의'로부터 '자유의 유기적 조직으로서 정의'justice as an organization of freedom로 그 형태가 바뀌었다. 그리고, 그러한 정의 자체는 '정신이 되는 것이 무엇인가'를 정신이 이해하는[의미화하는]making sense 더 큰 목적 안에 포함되어 있었다. 정의의 '영원한 이념'은 모든 사람이 자신들이 유의미하게 존재할 수 있는 곳where they are meant to be에 존재하는 '질서의 이념'이다. 근대 사회에서 그것은 '자유의 제도적 삶'institutional life of freedom으로부터 등장하는 질서이며, 일종의 사물들의 우주적 질서를 반영하지는 않는다. (헤겔 자신도 가장 놀랄 만한 사실이지만, '자유로서의 정의'justice as freedom는 그의 시대 이후에 인종 및 성별의 부정의에 대한 비판으로까지 확대되었다.)

자연의 영역과 달리, 역사는 인간의 집단적 마음 상태인 '정신'spirit이 그 진리와 관련하여 혁신할 수 있는 큰 무대arena이다. '자연의 운동 법칙'은 정신이 무엇을 하든 상관없이 진실한 상태로 유지되지만, 그러나 '주체성의 위상'은 정신 자신의 작업에 달려 있다. 비록 자연에 대해서가 아니라 정신에 대해서이긴 하지만, 헤겔은 다음과 같은 괴테의 생각에 동의한다(이 생각을 괴테는 파우스트Faust의 입을 통해 표현한다). "태초에 행위가 있었다"Im Anfang war die Tat. 역사에는 태초에 (「요한복음」의 언급처럼 '말씀'word이 아니라) '행위'deed가 있었다는 것이다.[25]

25 이것은 헤겔의 종교 철학에 대한 논쟁적 주제를 다루며, 그의 역사 철학에서 종교가 어떤 역
할을 하는지를 다룬다. 헤겔은 역사가 어떤 의미에서 '신성의 현현'이라고 분명히 생각한다.
하지만 과연 어떤 의미일까? 헤겔의 신성 개념은, 아리스토텔레스의 『니코마코스 윤리학』에
나오는 신(영원한 진리를 관조하는 신)과 「요한복음」에 나오는 태초에 로고스('말씀')가 있
었다는 견해가 융합된 매우 비정통적인 개념이다. 헤겔은 실제로 세계에 합리적 구조가 존
재하며, 이 합리적 구조, 즉 이성적 피조물에게 이해 가능한[유의미한] 세상이야말로 우리가
신성한 것들에 관심이 있을 때 진정으로 관심을 갖는 것이라고 생각했다. 헤겔의 생각에 따
르면, 종교는 기본적으로 세계 구조에 내재하는 선이 있다는 관념에 전념하는 포괄적 관점
이며, 그래서 이 선이 이성적 존재에게 나타나고 정당화될 수 있다는 생각에도 종교는 전념
한다. 헤겔에게 기독교 신은 이 육화된 로고스다. 따라서 정신이 시간 속에서 자신을 아는 방
식으로서 역사는, 신성한 계획이 아니라 신성이 시간 속에서 구체화하는 방식을 드러낸다.
결국, 이러한 구상은 존재하는 모든 것에 대한 완전한 이론을 추구하는데, 이 이론은 자연과
학 자체에서 나올 수 없다(비록 자연과학이 자신의 방식대로 모든 것을 포괄적으로 이해하려
는 욕구를 드러낼 수 있을지 몰라도). 헤겔의 가장 대담한 견해 중 일부는, 사유로 이해할 수
있는 장소인 세계에 관해 포괄적 모습을 제공하는 것은 물리학, 화학, 생물학 등의 자연과학
이 아니라 바로 그의 철학이라는 주장이다. 그렇기 때문에, 헤겔의 체계에서 결국 '종교'는
철학에 의해 지양될 수밖에 없다. 그럼에도 불구하고, 이러한 포괄적 사유에서 '더 높은' 또
는 '신성한' 요소로서 근대 삶에 등장하는 신성 개념은 그 자체로 역사적이며, 헤겔의 체계
에서는 소급해서 진실한 것이 되기도 한다. 이[신성 개념]는 헤겔이 더 전통적인 기독교 정
의 개념과 그의 일관된 모더니즘을 결합하려고 시도하는 방식을 가리킨다. 그러한 점을 다
음과 같이 요약할 수 있다. 즉, 그리스의 개념과 같은 더 오래된 개념은 정의를 우주 질서라
는 관점에서 보았고, 이는 인간 질서에도 반영되었다. 이러한 정의 개념은 역사 속에서 발
전하면서, 자유에 기반을 둔 정의 개념으로 지양된 것으로 보였다. 진정으로 정의로운 질서
는 '모두가 자유로운' 것이었다. '모두가 자유롭다'라는 원칙이 제도적, 실천적으로 구현되는
움직임이 구체화한 정도에 따라, 로고스(Logos), 즉 풀어서 말해 '이성[이유]의 공간'(space of
reasons)이 신성한 질서 그 자체의 발전이 되는 방식을 그것[정의로운 질서]은 표현한다. 정
의의 '우주적 질서'와 정의의 '자유 기반 질서' 사이의 구별을 그리는 이 방식은, (Taylor 1975)
에서 그 구별이 그려지는 방식으로 거슬러 올라간다. 그러나, 테일러가 보기에, 근대 자유 기
반 질서라는 헤겔의 버전은, 내가 강조한 더 명백하게 혼합적인 논리-역사주의적 관점보다,
스스로 발전하는 정신에 대한 우주적 관점, 즉 자신의 목적을 추구하는 일종의 뚜렷한 주체
에 여전히 더 의존하고 있다. 테일러의 견해는 사실상 헤겔을, 헤겔에 대한 하이데거주의 비
평가들이 항상 그를 '존재신론자'(ontotheologian)로 만들었던 것과 같은 위치에 놓는다. 어쨌
든, 헤겔이 그러한 종교적 역사관을 주장했는지는 별개의 문제이다. 헤겔 자신의 입장은 의
심스럽게도 (Dworkin 2013)이 옹호한 '종교적 무신론'(religious atheism)의 종류처럼 들린다.
또한 그것은, 헤겔 자신이 1807년 『정신현상학』 '서문'에서 그 당대 종교 개념의 얄팍함에 관
해 이야기한 견해와 다소 비슷하게 들리기도 한다. "이제는 그 반대가 필요한 것 같다. 즉, 사

역사에서 정의와 자기 인식?

누르면 비눗방울처럼 터질 것 같은 비유를 사용하자면, 헤겔은 '인류과 도덕의 발전'에 대해 일종의 '대폭발'big bang 개념을 가지고 있다. 각 주체가 고유한 지위를 가지고 있다는 것을 회고적으로 소급하여 참으로 만들기 위해, 역사가 발전하는 방식의 근간이 되는 주체성에는 '불변하는 원칙적 핵심'이 있다. 그 핵심은, 우리가 경험과 행동에 가져오는 '자의식의 형식'과 관련이 있다. 헤겔은 강의 노트에서 이점을 다음과 같이 강조한다.

> 자신들의 내면에 집중해 있고 몇 가지 단순한 삶의 상황들에 국한해 있는 제한된 삶의 영역(예를 들어, 양치기나 농부의 삶)이 보여 주는 종교성religiosity과 인륜성ethicality은 무한한 가치를 지닌다. 그것들[종교성과 윤리성]은 높은 수준의 지식과 다양한 관계들과 행동들이 수반되는 삶을 동반하는 것들만큼이나 가치가 있다. 이 내면의 초점은 [···] 세계사의 시끄러운 소란으로부터 훼손되지 않은 채 그대로 유지되며, 그리고 외적이고 일시적인 변화들뿐만 아니라, 자유라는 개념 자체의 절대적 필요성에 의해 생성되는 변화들로부터도 훼손되지 않

태들에 대한 우리의 의미가 지상에 너무 깊이 뿌리박혀 있어서, 그것을 그 모든 것 위로 끌어 올리기 위해서는 동등한 힘이 필요한 것처럼 보인다. 정신은 너무 빈약해서 단순히 물 한 잔을 갈망하는 사막의 방랑자처럼, 단지 신성에 대한 빈약한 느낌 속에서만 그 상쾌함을 갈망하는 것처럼 보인다. 이제 정신의 필요를 충족시키는 데 필요한 것이 거의 없다는 사실은, 정신의 손실 규모를 충분히 가늠하게 해준다." (Hegel 1969a), p. 17; (Hegel 2010), ¶8. 헤겔의 종교 철학이 그의 저술들과 관련하여 어디쯤에 서 있는지에 관해서는 (Lewis 2011)의 분석을 참조할 것.

은 채 그대로 유지된다.[26]

이 '훼손되지 않은 내면의 중심'untouched inner center은, 인간 본성에 이미 있는 자연적 의존성의 맥락에서 '자립과 의존의 관계'를 해결하고 정리하면서, 인간 정신의 출현이 그 형태를 갖추면서 역사 속에서만 '무한한 가치'infinite worth를 지니는 것으로 등장한다. 헤겔이 생각한 것처럼, '훼손되지 않은 내면의 초점'은 이성적 주체성이 지닌 가치의 '움직이지 않는 동인[부동의 운동자]'unmoved mover이다.[27] 이 '부동의 운동자'는 이성적 사유의 정상적인 소급에서 논증이 멈추는 지점이다. 이 '부동의 운동자'로부터 따라 나오는 것이 '인류사를 구성하는 사건들'의 '경로 의존적 과정'path-dependent course에서 역사적으로 뒤따르는 것이라는 점을 제외하면, 이 '부동의 운동자'는 제1원칙first principle과 비슷하게 기능한다.[28] 이러한 관념은, 일단 도덕적 존

---

26 (Hegel and Hoffmeister 1994), p. 109; (Hegel 1975), p. 92를 참조할 것.

27 "진정으로 인류다운 것은 개인들이 자신의 목적을 알 때 비로소 존재한다. 아리스토텔레스가 말했듯이, 움직이지 않는 것, 개인들 속에서 운동인인 부동의 운동자가 알려져야만 한다. 그렇게 운동자가 존재한다는 점에는, 주체가 대자적으로 자유로운 고유성으로 발전했다는 것이 속한다." (Hegel and Hoffmeister 1994), p. 91; (Hegel 1975), p. 91.

28 헤겔이 단순히 '존재신론자'일 뿐이라고 생각하는 하이데거주의자들에게는 이것이 결정적 증거처럼 보인다. 즉, 헤겔은 이 규범성의 기원을 묻고 그것을 변하지 않는 주체성의 핵심에서 찾고 있는 것처럼 보인다. 그러나, 정작 헤겔의 요점은 그와 다르다. 규범성의 '기원'(origin)은 없다. 존재한다는 것은 이해 가능한(intelligible) 것이며, 그 진술 자체를 이해할 수 있게 하려면 이해 가능성의 원점, 즉 '있음', '순수 존재'에 대한 사유로 돌아가야 한다. '있음'에는 기원이 없다. 그러나 그러한 사유는 이미 존재의 반대인 '무'(無)를 포함한다. 왜냐하면 만약 어떤 것이 참이라면 존재는 무가 아니며, 그리고 궁극적인 추상화 수준에서는 이 둘을 구분할 방법이 없기 때문에 『논리학』은 계속 운동을 하게 된다. 내가 지금까지 해왔던 느슨한 방식으로 『논리학』을 분석하는 대신 『논리학』에 더 깊이 파고들면, 또 다른, 매우 다른, 훨씬 더 긴 책이 될 것이다. 헤겔 자신도 자신의 역사 철학 강의에서 이렇게 느슨한 방식으로 자신의 『논리학』을 끌어들이기를 선호했으며, 그리고 나는 적어도 여기서 이러한 헤겔의 방

재가 지구상에 등장하면 새로운 가치 영역들이 나타나며, 이 새로운 가치 영역들은 단지 편협하게 생각된 이익이나 안녕에 미치는 해악들harms만이 아니며, 이성적 존재가 전념해야 하는 사태들(즉, 역사적 시간에서 그들이 사실상 피할 수 없다는 것을 알게 된 그러한 문제들)을 잘못 취급하는 일maltreatments로도 나타난다는 생각이다. 그러나, 이 원칙적 핵심principled core을 어떤 규범 이전의 상태로부터 도출하기 위해 이 핵심 배후에 숨겨져 있는 것은 없다. 헤겔이 원고에 기록해 놓았듯이, 인간이 주체로 형성[도야]되는 과정은 "역사적이며, 즉 시간에, 자유 이전의 역사에 속한다".[29] 어떤 식별 가능한 지점에서 인간의 삶이 '정신'spirit이 되는 때를 설정하는 어떤 '기본 행동'basic action도 없다. 정신으로서 인간의 삶은 언제나 역사적 시간 속에서 이미 그 자체로 [해결해야 할] 문제problem이다.

주체들이 각자 자신과 상대방을 서로 '무한한 목적들'로 인식하기 위해서는, 타인들이 자신을 그렇게 인식하도록 투쟁하고 요구해야 했다. 그리고, 그러한 '동등한 상호 인정'equal and reciprocal recognition의 형식이 단지 이상이 아니라 실현되려면, 적절한 제도적·실천적 맥락이 필요했다. 그러나, 기독교적 개념은 우리 모두를 '아버지'의 뜻을 수행하기 위해 노력하는 신의 아들과 딸로 여겼다. 이러한 맥락에서 보면, 우리는 최고 통치자[신]로부터 우리의 의무를 부여받은, 다소 수동적인[소극적인] 존재로 머물렀다. 우리가 타인들로부터 인정

식을 따르고 있다.

29 그는 『법철학』 여백에 이렇게 휘갈겨 썼다. "57절에서는 형성 활동[도야]에서 그것이 이질적이라고 언급되고 있다. 인간은 스스로를 형성[도야]해야 한다. 그것은 역사적이며, 즉 시간에 속하며, 자유 이전의 역사에 속한다. 거기에 역사가 있다." (Hegel 1969e), p. 124.

recognition을 요구했을 때, 우리는 단순히 '정의의 수동적[소극적] 수혜자'가 아니라 '적극적 행동자'가 되었다. 주체들은, 개인들이 행동자뿐만 아니라 '도덕적 인격'moral persons이 되어 타인들이 자신을 그렇게 대우하도록 요구하는 평등한 상태가 되기 위해 투쟁해야만 했다. 그러한 '내면의 초점'inner focal point이 없었더라면, 이러한 일은 불가능했을 것이다. 그리고, 적절한 관행과 제도의 발전이 없었더라면, 그 내면의 초점은 결코 현실화될 수 없었을 것이다. 역사가 없었더라면, 사람들은 결코 자신들의 '이념'이 될 수 없었을 것이다.

이성[이유]을 부여하고 이성[이유]을 요구하는 영장류 역사의 알려지지 않은 기원은, 주체성의 '은유적 대폭발'이다.[30] 그것은 '이성적 동물성'rational animality의 맥락에서 '자의식의 형식'이 작동하도록 하는 측면으로 구성된다. 이유[이성]reasons의 은유적 공간은 그 기원으로부터 '논리와 우연성이 혼합된 상태'로 발전해 왔으며, 낡은 이유가 사라지면 새로운 이유가 등장한다. 어떤 일련의 인륜적·도덕적 고려 사항들any ethical or moral set of considerations도 곧바로 발전할 수는 없다. 그것들[고려 사항들]은 이유들로 이루어진 인간의 공간으로부터 생겨나고 그 안에 남는다. '보편자'는 더욱 구체화되며, 그리고 비록 특수화 과정이 취하는 경로는 다양한 요인들에 따라 우연하지만, 그 경로의 대체적 형태는 이해 가능성intelligibility의 요구에 따른다. '참'과 '선'에 대한 더 일반적인 규범적 요구의 구체적 사양들은, 가장 추

---

30 "우리는 단지 현재로서는 정신이 무한한 가능성(Möglichkeit)의 상태에서 시작하며, 가능성 그 이상은 아니라는 점만을 지적해야 한다. 그런데, 이 가능성은 그 자체로 존재하는 어떤 것, 최종 결과로서만 마침내 그 현실성을 획득하는 객체이자 목표인 절대적 내용(Gehalt)을 담고 있다." (Hegel and Hoffmeister 1994), p. 157; (Hegel 1975), p. 131.

상적인 수준을 제외하고는, 『논리학』에서 나타나지 않는 사태들의 종류에 의존한다.[31] 그러나, 그러한 원칙적 본체principled entity라는 개념, 즉 '사유하는 주체'thinking subject라는 개념이 역사에서 작동하는 '무한한 목적'인 '제1 원리'로서 그 지위를 부여받는 것은 바로 『논리학』에서다. 그리고, 『논리학』을 체계적으로 따르는 다른 저술들에서, 이 원칙적 피조물[주체]은 주변 세계를 인식하고 다른 주체들로부터 인정을 요구하는 형태를 갖춘다.[32] (그러나 마침내 비누 거품을 터뜨린다고 해서, 대폭발 이후 우주가 그랬던 것처럼 '이유[이성]의 공간'space of reasons이 확장되지는 않는다. 그러나 '이유[이성]의 공간'은 회고적으로 스스로를 재구성하는 방법을 통해 형태를 바꾸어 왔다.)

따라서, 역사의 세부 사항들에 대한 헤겔의 주장은 그의 전체 계획에서 결코 부수적이지 않다. '우리의 가장 기본적인 개념들'과 '경험적 실재의 개념' 사이의 관계는 모든 경우에서 '일반 법칙과 그 법칙 적용'의 관계는 아니라는 것이 헤겔의 이론 중 일부이다. (그것[일반 법칙과 그 법칙의 적용의 관계]은 지성의 더 일상적 작동에 적합

---

31 "그러나 이런 방식으로 정신을 즉자존재로부터 비롯하여 대자존재가 되어 가는 것으로만 간주하면 일면적이다. 확실히 자연은 직접적인 것이지만, 그러나 정신의 타자로서 그 현존은 상대적이다. 따라서, 부정태로서 자연의 존재는 단지 정립될 뿐이다. 이 부정성을 지양하는 것은 바로 자유로운 정신의 힘이다. 정신은 자연 이후 못지않게 자연 이전이며, 단순히 형이상학적인 이념만이 아니다. 정신은 자연의 목표이기 때문에 자연보다 앞서 있고, 자연은 정신으로부터 진행되었다. 그러나 경험적으로가 아니라, 정신이 이미 정신 자신의 전제인 자연에 애초부터 잠재적으로 존재하는 방식으로 그렇게 된다." (Hegel 1969c), §376, pp. 538~539; (Hegel and Miller 2004), p. 445.

32 이것이 헤겔이 『논리학』에 많은 노력을 기울인 이유다. 헤겔은 왜 주체성의 다른 개념이 아닌 바로 이 개념에 우선순위를 두어야 하는지에 대해 의문의 여지가 없는 설명을 제시하지 못한다면, 형이상학적 이론의 가장 난해한 영역으로 밀려날 수밖에 없다고 생각했기 때문이다.

한 사안이지, 우리가 이성적 힘들을 사용할 때 발생하는 일종의 형이상학적 충돌들metaphysical clashes에 적합한 사안은 아니다. 그것은 헤겔이 '이성'reason과 구별하여 '지성'understanding이라고 부르는 것에 해당한다.) 실천 이성으로 간주되는 것은 사태들이 피조물[인간]에 대해 지니는 중요한 유의미성significance이며, 이 유의미성은 그러한 피조물에게 열려 있는 가능성에 의존한다. 그리고, 자의식적 주체들은 역사 속에서 자신의 가능성을 변화시키기 때문에, 그들에게 무엇이 이유[이성]reason가 될 것인가도 변화할 것이다.[33] 따라서 이유들은 삶의

---

33 (Larmore 2012)를 참조할 것(라모어Charles Larmore는 내가 이 아이디어를 사용한 것에 대해 책임질 필요가 없다). 라모어가 추구하는 것처럼 보이는, 이유에 대한 더 '사실주의자'(factualist)다운 접근 방식에 대한 비판은 (Wiland 2012)를 참조할 것. 실천적 이성[이유]에 대한 이 개념은 (Hegel 1969i), p. 548; (Hegel and Di Giovanni 2010), p. 733에서 '선'에 대한 헤겔의 논의에서 다음처럼 설명된다. "이것에서는 전제 자체가 지양되어 있다. 다시 말해, 선의 규정은 내용적으로 제한된 단순한 주관적 목적으로서, 주관적 활동에 의해 우선 그것을 실현해야 할 필요성과 이 활동 자체로서 지양되어 있다. 결과적으로 매개 자체가 스스로를 지양한다. 그 결과는 전제의 복구가 아니라 오히려 지양된 전제인 직접성이다. 따라서, 즉자대자적으로 규정된 개념이라는 관념은 더 이상 활동적 주체가 아니라 똑같이 직접적 현실로서 정립된다. 그리고 반대로 이 현실은 인식에 있는 상태 그대로, 진정으로 존재하는 객관성으로 정립된다." 주체성에 대한 다소 '윤리적 기능주의자' 관점과 연관된 모든 개념과 마찬가지로, 헤겔의 개념은 '좋은 주체가 된다는 것이 무엇을 의미하는가', 즉 '주체성이 어떤 기능을 수행하는가'에 대한 개념을 핵심으로 한다. 헤겔은 자신의 위대한 철학적 모델인 아리스토텔레스와 마찬가지로, 이것이 우주에서 우리가 차지하는 위치의 특징이라고 생각하며, 주체가 되는 데 본질적 구성 요소는 바로 이성이라는 기본 생각을 아리스토텔레스와 공유한다. 그러나, 헤겔에게 우주에서 우리의 위치는, 구체적이고 사회적으로 구성된 '이성[이유]의 공간'에서 우리의 위치 바로 그것이다. 신성한 질서는 바로 그것에 불과하다. "사변적인 것은 그 자체의 가장 내면적인 면에서 그리스도의 형상과 통일되어 있다. 요한은 이미 이 형상을 [다른 사람들보다] 더 심오하게 이해했다. 로고스는 신이며 로고스가 가장 우선하였다." (Hegel 2005), p. 168. 그러나, 헤겔은 또한 주체성에 대한 제대로 된 설명은 사회적이며 역사적이어야 한다고 생각하며, 다른 위대한 철학적 모델인 칸트와는 달리, '합리적 존재'라는 일반적이고 형식적인 범주는 '이성적 동물'이 의미하는 바를 특징짓기에 적절하지 않다고 생각한다. 또한, 헤겔은 자의식이, 더 추상적으로 말하면 이성적 동물의 주체성을 구성하는 독특한 종류의 '자기 관계'가, 어떻게 실천적 내용이 생겨나는지를 이해하는 열쇠라는 칸트의 확신을

일부이다. 왜냐하면 이 이유들이 특별히 형이상학적으로 난해한 근거들이기 때문이 아니라, 중요한 유의미성(그리고 실패의 가능성)은 '삶 자체의 발전'을 배경으로 해서만 발생하기 때문이다. 이러한 관점에서 보면, 토끼는 매가 내려오는 것을 보고 달려야 할 이유를 지니며, 사마귀는 먹이를 발견하면 움직여야 할 이유를 지닌다. 토끼나 사마귀에게 없는 것은, 이러한 이유들을 추론적 표현, 서사적 설명, 또는 심지어 그림으로 보여주기와 같은 방식으로 적용할 수 있는 능력이다. 우리가 아는 한, 그와 같은 것은 오직 '자의식이 있는 영장류[인간]'self-conscious primates만이 소유한 능력이다. 자의식이 있는 영장류만이 '이유들'Gründe/reasons을 '이성'Vernunft/reason으로 연결할 수 있는데, 그 까닭은, '이성'이 그러한 영장류가 자신의 자의식 밖에 '추가로 지니고 있는 어떤 것'이기 때문은 아니다. 그들은 이미 자의식적 추론가들self-conscious reasoners이며, 이성은 영장류가 지닌 '외적 속성'external property이 아니라, 자의식적 영장류로서 그들이 어떻게 존재하는지에 대한 진술이다. 헤겔 자신이 말했듯이, 사람들은 자신들의 '이념'으로 '존재'한다.[34] 그들의 '이념'은 항상 긴장과 잠재적 파멸로 가득 차 있다. 이성의 형이상학적 충돌들Reason's metaphysical clashes은, 역사 속에

공유한다. 헤겔의 이론은 확실히, 인간을 '문화'와 같은 것이 작동하는 여백처럼 생각하는 '순수 구성주의 이론'이 아니다. 또한, 이미 언급했듯이, 헤겔의 견해는 단순히 삶이나 역사에 어떤 종류의 목적을 정립하고는, 어떻게 사태가 그것에 부합하거나 부합하지 않는지를 보거나 그것에 기여하는 방식을 보는 게으른 목적론적 견해도 아니며, 단순히 많은 사례에 적용되는 단일 관념('자유' 자체라는 관념조차도 포함해)을 구성하는 것도 아니다.

34 (Hegel 1969d), §482, p. 301; (Hegel 1969d), p. 239. 보일이 곧 출간할 예정인 책에서의 관련 논의도 참조할 것. '첨가적'(additive)이지 않은 '이성적 동물'이라는 개념에 관한 보일의 제안은, '이념'이 사람들이 '가지고 있는'(have) 것이 아니라 사람들이 '존재하는'(are) 바라고 주장하는 헤겔의 또 다른 모호한 요점을 진술하는 다른 방식으로 받아들여질 수도 있다.

서 스스로를 속屬, genus으로 인식하는 우리 인간 속屬, genus이 누구인지에 대해 우리가 겪는 충돌들이 된다.[35]

자의식적 영장류[인간]를 그렇게 매우 문제가 많은 상태problematic로 만든 원인은, 그들도 역시 역사적 피조물historical creatures이라는 점이다. 이 피조물에게 그들 자신의 가능성은 그들이 발전시키는 제도와 관행에 의해 변화하며, 따라서 이 피조물은 '이유[이성]로 간주되는 것'을 '이유[이성] 자체를 향해 움직이는 목표target'로 만든다. 그들에게 무엇이 이유[이성]로 간주되는지는 그들이 지닌 가능성에 달려 있으며, 그들이 지닌 신체 종류와 역사적 계보에서 그들이 서 있는 곳에 달려 있다. 이 각각의 발전에서, 주체성은 일종의 아리스토텔레스식 '기능주의자'functionalist 입장을 취한다. 즉, '좋은 주체'good subject가 된다는 것은 '그나 그녀 자신의 기능'을 잘 수행하는 자가 되는 것이며, 이러한 주체성의 기능 자체는 역사적 시간을 거쳐 구체적으로 변모한다. '진정한 인간 주체성'은, 그 '기능'을 가장 잘 수행하는 주체성이며, 이러한 '최선'best의 개념은 역사 속에서 발전해 왔다. 인간 주체성은 각 개인이 자기 자신만의 인격일 수 있을 때 발전의 최고점에 도달하며, 이는 특정한 유형의 사회적·도덕적·정치적 질서에서만 가능하다.[36] 이러한 사회적·도덕적·정치적 질서에는, 만족스러운 삶의

---

35 (Hegel 1969a), p. 143; (Hegel 2010), ¶173. "그러나, 그 자체로 속(屬, genus)으로 현존하면서 대자적으로 속(屬, genus)이기도 한 이 다른 생명, 즉 자의식은, 처음에는 그 자신이 보기에 단지 이렇게 단순한 본질로만 현존하며, 그 자신이 보기에 '순수 나'로서 객체이다."

36 헤겔의 역사 철학에 대한 연구에서, 조지프 매카니는 역사의 경험적 발견이 "단지 중심 원리를 뒷받침하는 것뿐만 아니라, 애초에 그 원리를 도출하는 데 기여하는 점"에서도 중요하다고 지적한다. 그는 이것이 어떻게 작동하는가에 대해서는 자세히 설명하지 않지만, 만약 미래 어느 시점에 하나의 사유 실험처럼 시민 사회가 노예 사회로 되돌아간다면, 우리는 "헤겔

요소들을 구성하는 선[좋은 것]goods이 있다. 즉, 앞서 말했듯이 이렇게 만족스러운 삶에서는, 중요한 사태들이 그것을 성취할 수 있는 실제 주체의 실질적 힘 내에 있으며, 따라서 그 사태들은 단지 더 나은 미래에 대한 백일몽이나 천상의 갈망 속에서만 가능한 단순한 가능성이 아니다.

따라서, 헤겔은 '개념들을 소유한다는 것'possession of concepts이 무엇을 의미하는지에 관한 '광범위하고 상식적인 개념'을 거부하는 것 같다. 오늘날 일반적 관점에서 볼 때, '개념을 소유한다는 것'은 '적절한 방식으로 어떤 말을 사용할 수 있다'라는 것을 의미한다. 즉, 여기서 개념은 '규칙'rule과 같은 것으로 생각되며, 어떤 이가 규칙과 그 적용에 숙달한다면 그는 개념을 완전히 소유한 것이다. 따라서, 어떤 이가 '도덕적', '빨강', '행동'이라는 말들을, 이해 가능한 영어(또는 다른 언어로 된 이에 상응하는 말들)를 통해 공개적으로 승인 가능한 방식으로 사용할 수 있다면, 그는 해당 개념을 완전히 소유한 것이다. 이러한 관점에서 볼 때, 물론 개념들에 대한 전문 사용자도 있을 수 있다(당신이 실제로 어떤 계약에 서명했는지는 변호사만이 말할 수 있다). 그러나 이 [특수한] 경우에도, 어떤 이가 적절한 말하기 상황에

의 역사적 변증법 개념"을 포기해야 할 것이라고 언급한다. 그러나 헤겔에 따르면, 그러한 결과가 그가 주장한 것을 우리가 포기해야 한다는 것을 의미한다고 받아들일 필요는 없다. 자유 사회로부터 노예 사회가 전개될 수 있다는 점은 진보로 간주될 수 없다. 우리가 '자유의 기준'을 역사 발전에서 일종의 형이상학적 인과적 힘을 가지는 것으로 생각할 경우에만, 이와 같은 것은 문제가 될 수 있을 것이다. 그러나, 세계는 심지어 수천 년 동안 커다란 비합리성을 띤 다양한 혼란들을 겪을 수 있다는 점이 헤겔의 이론에서 배제되지는 않는다. 실제로 매카니가 지적했듯이, 헤겔은 자신의 당대에 그러한 전도 현상이 일어나고 있다고 걱정하기도 했다. (McCarney 2000), pp. 208, 213을 참조할 것. 헤겔이 자신의 시대가 퇴보하는 문제에 대해 걱정했던 점에 대해서는 (Pinkard 2000)을 참조할 것.

서 주어진 개념 규칙을 적용하는 방법을 알고 있다면 그는 개념을 완전히 소유한다고 할 수 있다.

반면에, 헤겔은 적어도 일부 개념들, 즉 그가 '사변적 사유'speculative thought라고 부르는 것을 포함하는 개념들, 다시 말해 '무제약자'의 '그림자 세계'shadowy world를 구성하는 기본 개념들에 대해 적어도 개념의 '공적으로 인증된 사용'publically validated uses이 있을 수 있다고 주장하는데,[37] 이러한 사용은 여전히 불완전하거나 완전히 발전되지는 않은 것이다. 이 경우들에서는, 어떤 이는 그 말을 사용할 수는 있지만 '충분한 의미로는'in the full sense 사용할 수 없다. 충분한 의미에서 그 말 자체는 그 말이 더 발전된 미래의 시점에서만 나타난다.[38] 사변적 영역을 채우는 개념들은, 원래 사용에는 없는 함축implications과 특징features을 끌어내는 방식으로 발전됨으로써 개선될 수 있으며, 여기서 함축은 개념들이 실제로 발전될 때만 나타난다.

이러한 종류의 발전에서 전형적인 면은, 주체성 자체의 본성과 관련된 핵심 개념들이 역사 속에서 발전하는 방식이다. '무제약자'와 관련된 어떤 것을 표시하기 위한 원래의 개념 사용은, 객체 '그 자체

---

37 키런 세티야(Kieran Setiya)는 아이리스 머독(Iris Murdoch)의 저서에서 볼 수 있는 유사한 입장을 주장한 바 있다. 그의 해석에 따르면, 이는 우리의 모든 개념에 적용된다. 헤겔에게 있어, '완성하는 개념'이라는 이 관념은 형이상학적 개념, 즉 헤겔의 특별한 의미에서 '사변적 개념'에만 적용된다. 그것은 우리가 우리 자신을 스스로에게 이해 가능하도록 만드는 데 본질적 위치를 맡은 기본 개념들에 적용된다. (Setiya 2013)을 참조할 것.

38 이 점은 헤겔을 '특정 유형의 실용주의(pragmatism)'와 연결한다. 이러한 실용주의는 의미(meaning)를 기본적으로 줄곧 규범적인 것으로 보고, 의미에 대한 논쟁을 실제로는 다른 사용 규칙과 유사한 것, 즉 어느 것이 더 나은 규칙인지에 대한 논쟁이라고 본다. 이 규칙 사용 버전에 대해서는 (Lance and Hawthorne 1997) 및 (Kukla and Lance 2009)를 참조할 것. 또한, 이와 같은 견해는 (Brandom 2009)에 의해 반복된다.

[즉자]'in itself에 대한 우리의 개념이다. 객체 '그 자체'라는 이 개념이 역사에서 발전하면서, 이 개념의 내적 긴장이, 심지어 그 개념의 모순까지도 더 분명해진다. 그러한 긴장이 자의식적 개인과 공동체에 가하는 압력이 더 이상 견딜 수 없게 되면서 그렇게 더 분명해진다. 이러한 일이 발생하면 개념 자체가 논쟁의 대상이 되고, 더 많은 경쟁적 사용과 발전이 이루어지면서, 즉 헤겔의 표현으로 하자면 개념이 '정립'posited되어, 그 개념은 원래의 용법에는 없지만 그 용법을 기반으로 하면서 변형하는 특징을 가지게 된다. 헤겔 외에도 많은 사람이 그렇게 생각하듯이, '역사에서 기본 개념의 변화들이 있었다'라고 말하는 것은 한 측면일 뿐이다. 그러나, 많은 경우에서 이러한 변화들은 '그 개념으로 처리하기 힘든 경험적 어려움'에 대한 반응들로 생각되며, 개념들의 사용이 더 좋거나 더 나쁜 형태로 실현될 수 있는 방식은 아니다. 오히려, 사변적 개념들 자체는 시간이 지남에 따라 발전하여, 우리가 그 개념들을 소유함으로써 우리에게 다른 일련의 가능성이 열리며, 그래서 '이유들의 새로운 연결 고리'new concatenation of reasons도 드러난다.

따라서, 사변적 개념을 소유하고 그것에 숙달하기 위해 어느 시대에나 존재하는 '공적 기준'public criteria은 그 의미가 소진되지 않는다. 이 개념들이 역사적으로 발전함에 따라, 우리는 그 개념들이 드러내고자 하는 세계에 대한 우리의 이해를 날카롭게 다듬고 정제한다. '개념 그 자체'의 정교함은 '사태들의 권위 있는 본성'authoritative nature of things에 대한 우리 이해의 정교화refinement로 나타나며, 따라서 헤겔의 용어로 하자면, '절대자'the absolute에 대한 '발전적 파악'developmental grasp으로 나타난다. 사변적 개념들에서의 변화는 단순히 '기존에 이미 있던 것'을 명시적으로explicit 만들지 않으며, 개념을 더 세밀하게 분석한 결과도 아니다. 헤겔은 '유기적'organic이라는 용어를 둘러싼 자신의 다양한 은유들에서 이 관념을 활용한다. 예를 들어, 이성[이유]에 따라 행동하는 데 실패하는 일은, 우리가 질병을 설명하는 방식과 유사한 방식으로 설명되어야 한다. 즉, 이것은 '사태들의 본성 안에 놓인 어떤 것'이, 유기체가 자신의 삶의 형태 속에 포함된 표준들에 부합하려는 과정을 방해하는(또는 장애물을 놓는) 것과 같다. 이성적 주체성의 경우에 주체성과 관련된 일부 문제들은, 우리의 지식과 행동의 힘이 적절하게 기능하는 것을 방해하는 외부 요인들에 (질병disease에서처럼) 있지 않다. 우리의 힘들이 스스로에게 불가능한 조건을 부과하거나 그러한 이유로 인해 삶을 살 수 없게 할 때, 우리의 힘들은 그 자체로 좌절될 수 있다. 이러한 경우가 바로 변증dialectic이 발생하는 곳이며, 그렇다고 이것은 우리가 단순히 '양립 불가능한 경험적 책무들[공속행위들]'을 고수하는 우리 자신을 발견할 때는 아니다. 헤겔의 관점에서 보자면, 우리의 사변적 개념들이 어떤 경우에는 변할 수 있을 뿐만 아니라, 오히려 그 자체 논리의 측면에서 완성에 더 가까워질 수도 있다는 사실 자체는, '순수하게 규칙을 따르는 개념들의 개념 파악'purely rule-following conception of concepts의 실천적 실패들로부터 초래된다.

용어들을 사용하는 관점의 이러한 이행으로 인해, 특히 헤겔에게서는 '사변적 용어의 숙달'이라는 것이 '자신이나 자신의 사회 영역에 있는 타인들이 해당 용어를 완전히 이해한다'라는 것을 의미하지 않는다는 놀라운 논지에 우리는 도달하게 된다. 거의 완전에 가까운 이해more nearly complete comprehension는, '과거 규칙에 구속된 문명들'

이 규칙들에 대해 더 심오한 비판을 할 수 있는 자리를 만들지 못한 데서 발생하는 것이다(헤겔에게, 이와 같은 일은 아프리카, 중국, 인도의 신화적 버전들에서 발생한다). 헤겔이 생각했던 것처럼, 이러한 문명들이 '규칙에 얽매인 경직된 삶의 형태들'이 아니었다는 사실은 헤겔이 말한 일부 역사를 무효화하지만, 그의 더 일반적인 요점을 무효화하지는 않는다. 헤겔의 더 일반적인 요점은, 그리스의 노예 사회가 자유를 중심에 둠으로써, 그리스의 정치적 삶, 자기충족, 강제 노동, 그리고 개체성의 선[좋은 것]goods 사이의 긴장들을 완전히 드러낸 방식과 관련이 있다. 역사의 이 지점에서, 사변적 개념들은 더 충분한 관점에 가깝게 드러났다. 그리고 이는, '사태들을 이해하기[의미화]'making sense of things에 관한 그러한 우려들이 로마의 권력과 제국을 파악하는 데에 포함된 방식에서 차이를 만들었으며, '로마'에 비추어 '유럽'이 자의식적으로 자신을 형성하면서 그러한 관념들을 잘 활용하는 데 실패한 일에서 차이를 만들었다.

그러한 실패들을 통해 '참된 주체성의 언어'language of true subjectivity가 역동성을 획득하면서, '참된 주체가 되는 것이 무엇인지'에 대해 자의식적으로 열린 질문을 던진다. 참된 주체성 자체에 대한 이 퍼즐은 근대 삶에서 중심 단계에 선다. 그리고, 이 근대 삶에서 [참된 주체성이라는] 이 용어는, 자유가 상이한 맥락들에서 다양하게 자기 발전self-development, 진정성authenticity, 불간섭noninterference 등으로 드러나는 것처럼 그렇게 명확해진다. 그리고, 헤겔이 지적한 것처럼, 자유는 '자기 자신의 인격이 되기', '자신에게bei sich 머물기', 자신의 행동들에서 '자신과 하나가 되기'의 측면이라고 이해된다.[39] 무한한 목적은 수많은 다양한 방식들로 구체화될 수 있다는 것이 무한한 목적의 핵심이다. 무한한 목적이 이러한 방식들로 구체화되어 왔으며, 그래서 들어 볼 만한 특정한 진보의 이야기가 있다는 점은, 그 목적을 단순히 분석하는 것만으로는 읽히지 않는다. 그러한 목적은 역사의 사실들로 눈을 돌려 역사 안에서 그런 종류의 철학적으로 중요한 유의미성 philosophical significance이 찾아질 수 있는지를 살펴볼 것을 요구한다. 그러나, 우리가 철학적으로 중요한 유의미성을 찾을 수 있는지를 알기 위해서는 '철학적으로 중요한 유의미성이 무엇인지'를 설명할 수 있어야 한다.[40]

---

39 '자기 자신의 인격이 되는 것'과 '그로부터 출현하는 자유'라는 생각은 (Menke 2010)에 의해 다른 방식으로 추구된다. 멘케(Christoph Menke)는 사회 규칙이나 도덕법을 '자신의 것'으로 전유하는 것에 대해 말하면서, 이는 이미 주체를 '규범적 공간에 현존하는 것'으로 가정한다고 주장한다. 따라서, 멘케의 용어로 하자면, 주체가 주체가 된 '사건'(event)은 이러한 규범성의 개념에 의해 이해될 수 없다. 멘케에 따르면, 우리가 비규범적 세계로부터 빠져나와 규범적 세계로 어떻게 발을 내딛는지에 대한 좋은 설명은 존재하지도 않고 존재할 수도 없다. 이는 '혁명'과 같은 개념에서도 마찬가지인데, '혁명'은 단절 이전의 용어들로는 이해될 수 없는 단절을 의미한다. (Menke 2015)를 참조할 것.

40 무한한 목적에 대한 헤겔의 개념이, 종종 그 개념에 대한 해석들이나 헤겔로부터 영감을 받았다고 알려진 다른 역사 철학과 어떻게 다른지 주목할 가치가 있다. 다른 견해 중 하나를 가장 넓은 의미에서 약술해 보면 다음과 같다. 즉, 역사에는 하나의 목표가 있으며, 역사의 단계들은 이를 위한 수단들이라는 것이다. 마찬가지로, 그러한 하나의 중요 목적을 위해서는 감당할 가치가 있는 큰 희생이 있으며, 심지어 그 목적을 달성하기 위해 합법적으로 부과될 수 있는 큰 희생이 있을 수도 있다는 것이다. 이런 식의 유형에 빠지는 모든 해석은, 헤겔의 '무한한 목적'을 '유한한 목적'으로 오인한다. 그러한 해석은 역사에서 작동하는 무한한 목적을, 마치 억만장자가 되고자 하는 열정적 욕망과 같이 달성하기 어려운 크고 힘든 어떤 것처럼 취급하며, 그 목표가 달성되면 새로운 욕망(곱절의 억만장자나 팝스타가 되고자 하는 욕망)으로 넘어가는 것으로 다룬다. 실제로 역사 속에서 작동하고 있는 것으로 보여 주는 목적은, 자기 자신과 하나가 되고자 하는 욕망, 즉 '자신에게 있음'(bei sich)과 관련이 있으며, 이 '자신에게 있음'을 다른 방식으로 번역하면 '자기 자신의 인격이 됨'(to be one's own person)이다. 이에 대한 헤겔 자신의 논증은 주체성에 대한 사회적 개념에 의거하며, 특히 주체가 주체가 되고 주체로 남기 위해 주체의 인정이 필요하다는 점에 기반을 둔다. 이러한 형식의 인정이 실패하면, 사람들은 자신들의 주체성에서도 실패한다. 그들은 의도를 갖고, 언어를 말하고, 행동하는 데는 실패하지 않는다. 그러나, 그들은 매우 특정한 자기 해석과 사회적 해석하

헤겔의 설명에 따르면, 유럽사의 움직임은 '그 역사의 배경에서 실제로 작용한 것으로 밝혀진 것'이 '정의에 대한 투쟁과 관심'이다 라는 관점에 이르렀으며, 이는 역사 속 그 발전 과정에서 '자유를 요구하는 정의' 개념으로 바뀌었다.[41] '정의에 대한 요구'는 결국 '해방 emancipation에 대한 요구'로 바뀌었다.

이러한 '정의 내 자유'freedom within justice는 예를 들어, 현재 사람들이 그것을 위해 희생되어야 하는 유한한 목표finite goal가 아니다. 왜냐하면 그러한 희생은, 사실상 현재까지 발전해 온 정의 개념 자체와 모순되기 때문이다. 정의는 행복과 같은 목표도 아니며, 타인들이 행복해지기 위해 누군가를 불행하게 만들어야 하는 것은 아니다. 또한, 정의는 아리스토텔레스의 행복Eudaimonia이라는 무한한 목적과 같은

에서, '참된' 주체성을 구성하는 핵심으로 그들이 간주하는 목적들을 달성하는 데 실패한다. 그런 다음, 그들은 자신을 자연의 무심한 소용돌이에 휩쓸린 행동하고 말하는 피조물[생명체], 신의 장난감이거나 역사의 흐름에 휩쓸린 부유물, 또는 자신보다 더 강력한 자의 자의적 변덕과 독재적 욕망에 고통스럽게 종속된 존재로 간주할 수 있다. 그들은 이러한 모든 생각에 저항할 수도 있지만, 심지어 그렇게 하면서도, 스스로 어떤 형식의 행동을 되찾으려고 노력할 때, 어떤 종류의 활력을 불어넣고 활력을 되찾을 수 있는 실패의 사실이나 아니면 적어도 실패의 가능성이 그들 앞에 놓인다.

41 그는 게르만족의 역할에 대해 다음과 같이 말한다. "게르만의 정신은 새로운 세계 정신이다. 그 목적은 '자유의 무한한 자기 규정'으로서 절대 진리의 실현이다. 다시 말해, 그 자체의 절대적 형식 자체를 자신의 내용으로 삼는 그러한 자유를 실현하는 것이다. 게르만족의 사명 (Bestimmung)은 기독교 원리의 전달자가 되는 것이다. 정신적 자유의 기본 원리, 화해의 원리가 그 민족의 아직 방해받지 않고 문화화되지 않은 정신에 도입되었다. 그리고, 세계 정신에 봉사하기 위해 그들에게 할당된 몫은, 진정한 자유의 개념을 그들의 종교적 실체로서 소유할 뿐만 아니라, 그들의 주체적 자의식으로부터 그 개념을 자유롭게 산출하는 것이었다." (Hegel 1969h), p. 414; (Hegel 1956), p. 341. 또한, 헤겔은 「마태복음」 5장 10절에 나오는 예수의 말씀을 인용하는데, 루터의 번역에 따르면 다음과 같다. "정의(Gerechtigkeit)를 위하여 박해를 받은 자에게는 지복이 있나니 천국이 그들의 것이요." 킹 제임스 판에서는 '정의'(正義)에 대한 언급이 명확하지 않다. "올바름(righteousness)를 위하여 박해를 받은 자에게는 은총이 내리나니 천국이 그들의 것이요."

것도 아니다. 사실상, 아리스토텔레스는 다른 모든 고대인과 마찬가지로, 이 [행복이라는] 목적이 실현되려면 어떤 사람들은 그렇게 잘 지내는 것을 부정당해야 하고, 심지어 어떤 사람들은 전혀 성취할 수 없는, 타고난 노예가 되어야 한다고 생각했다.[42] 행복의 논리에는, '모든 사람이 행복해야 한다'라는 것을 함축하는 것이 전혀 없다. 헤겔이 주장하듯이, 이러한 해석의 결함이 의미한 바는, 고대인들이 자유를 보편성, 즉 '더 넓은 의미의 정의'와 관련해 이해하지 못함으로써, 실제로 자유를 전혀 이해하지 못했다는 점이다.[43] 우리가 지적할 수 있었던 것처럼, 고대인들은 자유에 대한 개념은 지니고 있었지만 그것을 이해하지는 못했다. 고대인들에게 자유는 결국 '노예가 상실한 것'과 '노예가 아닌 사람들이 소유한 것'에 대한 인식이었다. 그들은 그

---

42 고대 노예제도의 만연과, 고대 세계가 노예제도를 받아들이는 법을 배우는 데 실패한 점에 대해서는 핀리(M. I. Finley)가 자신의 견해를 잘 정리한 (Finley 1964)를 참조할 것.

43 (Hegel 1969d), §482, pp. 301~302; (Hegel 1969d), pp. 239~240. 그는 이러한 생각을 다음과 같은 강의들에서 반복한다. (Hegel 1969h), p. 31; (Hegel 1956), p. 18을 참조할 것. 확실히, 헤겔이 '세계사적 개인'이라고 부르는 것에 대해 논의할 때처럼, 헤겔 자신은 역사의 목표가 그렇게 유한한 목적이라는 생각을 지지하는 것이라고 독해될 만한 논쟁적 용어로 자신의 주장을 진술한다. 예를 들어, (Hegel 1969h), pp. 45~46; (Hegel 1956), pp. 29~30을 참조할 것. 그의 저작들에는 세계사가 다소 도덕과 상관없는(amoral) 것이라고 말하는 여러 구절이 있는데, 이를 통해 헤겔은 세계사의 주요 사건에 대한 설명은 도덕적 명령을 그 사건에 대한 설명으로 거의 포함하지 않는다는 것을 표명한 것이다(이러한 것들은 권력, 지위, 자원에 대한 접근을 둘러싼 투쟁일 가능성이 더 높다). 다음과 같은 구절이 그 대표적 사례다. "정의와 미덕, 폭력과 악덕, 재능과 그 재능이 행위로 표현되는 것, 작은 정념과 큰 정념, 죄와 결백, 개인과 국가 생활의 찬란함, 국가와 개인의 자립과 행운과 불운, 이 모든 것은, 비록 불완전한 정의(正義)이긴 하지만, 판단과 정의가 그들에게 부과된 의식적 현실의 영역에서 특정한 중요성과 가치를 지닌다. 세계사는 이러한 관점을 벗어나지 않는다. 그 안에서 현재 단계를 구성하는 세계 정신의 이념에 필수적인 계기가 자신의 절대적 권리를 획득한다. 그리고 이 시점에 사는 사람들과 그 국가의 행위는 성취감과 재산, 명성을 얻는다." (Hegel 1969e), §345, p. 505; (Hegel 1991), pp. 373~374.

러한 견해를 충분히 표현하지는 못했기 때문에, 그들에게는 적절한 '이념'Idea이 부족했다. 이것은 헤겔이 다음과 같이 말한 점으로부터 따라 나온다. 즉, 헤겔이 보기에, "아프리카인, 아시아인, 그리스인, 로마인, 그리고 근대인의 유일한 차이점은 바로 이것이다. 즉, 후자[근대인]는 자신이 자유롭고 이것[자유]이 자신을 위해 존재한다는 것을 알고 있다는 것이다. 전자도 자유롭기는 하지만, 그들은 그것을 알지 못하며, 자유로운 상태로 실존하지 않는다."[44] 그리고, 자유의 이념을 "그리스인과 로마인, 플라톤과 아리스토텔레스는 소유하지 못했으며, 스토아주의자도 소유하지 못했다".[45] 따라서 "새로운 마지막 깃발이 펼쳐졌으며 […] 그것은 그 자신과 일체인 자유 정신의 깃발이며 […] 우리가 섬기면서 품고 있는 깃발이다".[46] 세계사의 주요 전환점은 근대 유럽인이 획득한 이러한 점과 관련이 있으며, 근대 유럽인은 자신들의 세계의 '영원한 정의'eternal justice가 '모두의 평등한 자유'를 위한 일종의 책무[공속행위]로 성립된다고 이해하였다. 뉴턴의 『프린키피아』Principia나 프랑스 혁명 중 어느 시점을 기준으로 하느냐에 따라 다르지만, 대략 1687년 또는 1789년경부터 시작된 근대 역사는, 역사에서 가장 뚜렷한 분기점을 형성한다.

44 (Hegel 1969g), p. 40; (Hegel 1963), p. 21.
45 (Hegel 1969d), §482, p. 301; (Hegel et al. 1971), p. 239.
46 (Hegel 1969h), p. 496; (Hegel 1956), p. 416.

근대 세계의 구성 요소?

그러나, 헤겔은 근대 세계에서 모든 것이 완전히 정돈되어 있다고 주장하지는 않았다. 그럼에도 불구하고 헤겔이 추구한 것은, 근대 유럽 전체에서 모든 관련 부분이 질서 있게 배열되어 있었고, 더 화해된 삶을 위해 회합[조합]assembly할 준비가 되어 있었다는 다소 대담한 주장audacious claim이었다. 회합[조합]을 위한 특정한 '요소들'은 생명권, 자유권, 재산권에 관한 근대 원리들로 이루어져 있었다. 이것들은, 보편적 도덕 체계에서 어떤 이의 자리[몫]를 찾는 점에 크게 의존하는 '보편주의 도덕'universalistic morality의 관념이자, 그러한 관행 안에 삶을 고정하고 규정된 목적과 형태를 그들에게 부여하는 근대적 가족, 시민 사회, 입헌 국가의 더 규정적인 사회 구성체social formations이다. 이러한 '요소들'은 근대인의 도덕적, 인륜적 판단들의 조직과 그들이 관여하는 관행의 속성들을 구성한다.

특히, 헤겔이 생각하기에, 비록 '권리[법]'와 '도덕'이 근대 삶을 건립하는 구성 요소 중 초석이었지만, 인륜적 삶의 형태들(가정, 시민 사회, 국가)은 근대 삶의 형태가 인간 정념을 파악할 수 있는 근본 방식들이었으며, 이 근대 삶의 형태는 근대 세계에 사는 사람들에게는 매우 중요했다. '근대적 도덕'modern morality은 기본적으로 그 구조 면에서 일원적monadic이다. 근대적 도덕은, 권리에 대한 자신만의 규칙들을 정하면서 '자신 내로 반성된 의지'를 나타낸다. 따라서, '근대적 도덕 체계' 내에서 우리가 타인들과 맺는 관계는, 규칙들의 체계와 같은 것에 기초하고 있는 '일원적으로 이해된 의무들'을 통해 매개[전달]된다. 따라서 '근대적 도덕 주체'는 자신 고유의 자기 이해를 통해 기본적으로 합리적 자립 상태를 지향한다. 그러므로, '근대적 도덕 주체'는, 이 일원적으로 이해된 도덕 규칙들이 어떻게 해석되어야 하며, 이 도덕 규칙들이 어떻게 특정 의무들로 귀결되어야 하는지에 대해, 궁극적으로 '불가침적 개인의 양심'inviolable personal conscience을 주장한다. 다른 한편으로, '인륜적 삶'에서 우리는 관행으로 구현된 '이원적 관계들'dyadic relations을 지니며, 이 이원적 관계들은 우리가 심지어 도덕적 자립을 위해서라도 타인들에게 깊이 의존하고 있는 방식들을 제정한다. '인륜적 관계들'Ethical relations은 아리스토텔레스가 말한 것처럼 '미덕 중 가장 위대한 미덕'the greatest of the virtue인 정의의 관계에 더 가까우며, 우리가 자유로운 방식으로 타인들에 대한 우리의 의존성을 표현하면서 살아가는 방식과 같다. 결국, 보편적 규칙 체계에서 자신의 자리를 찾는 것으로 수용된 '도덕 체계'를 위한 동기들은, 결국 '선'과 같은 추상적인 것을 목표로 하지만, 그러나 그 동기가 더 특정한, '이원적으로' 파악된 선들[좋은 것들]과 분리되면 그 동기 자체는 시들어 버린다. 오직 그러한 이원적 선들[좋은 것들], 즉 인륜적 삶의 선들[좋은 것들], 인륜성Sittlichkeit만이 보편주의 도덕 체계 내에서 자신을 진정으로 '이유[이성]reasons의 공간'에 놓으려는 동기를 만들수 있으며, 따라서 그러한 도덕적 동기를 지속시킬 수 있다. 자체 내로 반성되고 자기 고유의 자원들 내에서 도덕적이려고 노력하는 '자의식의 형식'은 타인들이 의지에게 제시한 선들[좋은 것들]goods로 스스로 추동되며, 그리고 자의식으로서, 그 선들[좋은 것들]에 반응하고 동시에 더 이상 반성적 행위가 없어도 그 선들[좋은 것들]에 반응하는 것으로 스스로를 인식한다. 헤겔은 다음과 같이 언급한다. "비록 도덕이 인륜의 어떤 질병Krankheit으로서만 등장하더라도, 그러나 이 근거[이유]로 인해 도덕은 인류보다 먼저 고려되어야 한다."[47] 이유들인 도덕적 이유들에 응답하기 위해서는, 별도의 반성적 의식 행위 없이도 자의식의 형식을 포함하는, 일종의 자의식적 실천 비법practical know-how을 구현하는 '인륜적 삶'의 관행이 필요하다.

헤겔의 주장은, 그러한 인륜적 형태들에서 발견된 '선들[좋은 것들]'goods이, 사람들이 자연스럽게 원하는 것을 대표했거나 특정한 자연적 정념들에 완벽하게 부합했다는 것이 아니라, 근대성의 조건들 내에서 이해될 수 있고 구체적 '삶의 형태'에 적합한 합목적성purposiveness을 제공했다는 것이었다. 그렇게 '선들[좋은 것들]'은 그 사람들[근대인]에게 '자의식적 삶'이라는 논리적 형태를 띠게 되었다. 자연적 종種이 그 종에 속하는 개체들에게 '좋은 것들[선들]'을 정해 주는 것처럼, 자의식적 삶인 정신Geist은 스스로를 다양한 '자의식적 종들'species(인륜적 삶의 형태들)로 구분하며, 그 안에서 특정 사안들은 그 '종들'의 '좋음[선]'으로 기능한다. 예를 들어, 헤겔에게 '근대 부르주아 가정'과 이를 둘러싼 '에토스'ethos는 '변하지 않는 깊은 인간 본성'의 자연스러운 표현이 아니었다. 그러나, '부르주아 가정'은 성적 욕망, 자녀와 자녀 양육의 필요, 신의와 신뢰의 문제, 세대 간 연속에서 발생하는 충실성 문제 등에 확정적 형태를 부여했다. '근대 부르주아 가정'이 제공하는 것으로 추정되는 형태는, 근대적 삶과 이 삶의 여타 좋은 것들(법치, 입헌주의, 시민 사회, 예술과 과학의 진보 등)의

---

47 (Hegel 1969d), §408, p. 171. (Hegel et al. 1971), p. 130. 이 인용문의 독일어 원문은 다음과 같다. "Aus diesem Grunde muß auch das Moralische vor dem Sittlichen betrachtet werden, obgleich jenes gewissermaßen nur als eine Krankheit an diesem sich hervortut."

더 넓은 맥락 내에서(그리고 실제로는 그 맥락 내에서만) 권리와 도덕의 체계에 그 삶이 부합하는 것으로 이해된다[의미화된다]. 마찬가지로, '직업이 재능에 따라 개방되어' 있으며 시장 경제의 경쟁적 본성이 성격 발달에 압력을 가하는 '근대적 주체'의 특징적 미덕과 악덕은, 인간에게 본래 자연스러운 것이 아니다. 그래서, 그런 유형의 외부 장애물이 없다면 사람들은 자연스럽게 어떤 종류의 성격들로 발전할 것이다. [근대적 주체의] 그러한 성격들은 그러한 사회를 구성하는 기본 목적들을 형성하는 좋은 것들[선들]의 묶음과 통합적으로 관련되어 있다. 그리고, 그러한 성격들은 모두가 그러한 사람이 되는 것이 좋은지, 또는 그러한 삶이 궁극적으로 진정으로 살 만한 것인지에 대한 문제와도 관련이 있다.

따라서 헤겔의 관점은, 올바른 사회적 배치에서는, 의무duty와 욕망desire이 그러한 관행에서 서로 깔끔하게 합치할 것이라고 보는 '순진하고 유토피아적인 관점'이 아니다. 오히려 헤겔의 관점은, 근대 가정, 시장 중심의 시민 사회의 야단법석, 입헌 국가의 경쟁 정치를 둘러싼 관행과 제도들에 구현된 좋은 것들[선들], 권리[법], 의무가 사람들에게 다양한 목적들을 부여하며, 이것들이 모두 함께 우리의 자립성과 의존성을 상호 간에 충분히 표현하는 만족스러운 삶을 구성한다는 것이다. 예를 들어, 부모는 반항적인 자녀에게 좌절감을 느끼고 그 때문에 자신이 하고 싶은 일을 할 수 없다는 사실에 분개할 수도 있지만, 부모는 그들이 하고 싶은 것을 다 할 수가 없다. 하지만, 헤겔의 용어로 하자면, 부모는 자녀의 필요에 부응하는 과정에서 자신이 헌신한 중요한 목적에 비추어 행동했다는 사실에 만족할 수 있으며, 그러한 목적이 시험받는다고 해도 반성의 신랄한 시험acid test of reflection을 견딜 수 있다는 사실에 만족할 수 있다. 부모는 세계에서 정말로 중요한 것을 자신 삶의 효과적 요소로 만들었다는 점에서 자유롭다. 그리고, 부모가 그렇게 하기 위해서는, '정념과 원칙의 어떤 앙상블'a certain ensemble of passion and principle이 갖추어져야 한다. 즉, 이러한 목적을 수행하면서, 부모는 때때로 아주 조금이라도 자신의 특정 욕망 덩어리에 부딪혔을 가능성이 높지만, 그래도 부모는, 중요하며 자신들에게 달려 있고 자신들이 의식하는 이유에 따라, 전체 삶의 관점에서 유의미한[이해되는]make sense 행동들을 수행했다(따라서, 그들은 헛고생fool's errand에 전념한 것이 아니었다). 때로는 자신들의 다른 바람들에 합치하게, 때로는 그렇지 않게 목적인 자녀에게 행동함으로써, 부모는 자신들의 자유를 표현하고 실현한다. 그들은 그러한 삶이 가져오는 모든 분열과 균열 속에서도 자신과 하나가 된다.

정의가 특정한 형태를 띠고 실천에 옮겨지는 구체적 형식은, 그것이 얽혀 있는 '삶의 형태', 즉 '정신의 형태'에 달려 있다는 것이 헤겔 논지의 핵심이다. 사람들 사이에 '적절하고 좋은 질서'라는 이념 Idea은, 자유로운 주체들을 포함하는 세계에서 무엇이 적합한 질서로 중요한지에 대한 '이념'인데, 이러한 '이념'으로부터 비롯되는 필연성은, 사태에 우주적 질서가 존재한다는 '그리스적 개념'과 마법에서 풀려난 세계에 사는 주체라는 '근대적 개념' 사이에 차이가 있다. 어떤 측면에서, 그것[정의가 특정한 형태를 띠고 실천에 옮겨지는 구체적 형식]은 '시민의 미덕은 문제시되는 헌정[政體]constitution에 따라 상대적이다'라는 아리스토텔레스의 주장을 헤겔 자신이 역사화한 것에 상응한다.[48]

우리가 근대적 개념에 대한 헤겔의 구상으로부터 도출할 수 있는 결론은, 『정신현상학』 시작 단계에서 '주인'과 '노예'가 다른 체제들로부터 투쟁을 통해 서로에게 다가가는 것처럼, 그들 자신의 주체성(따라서, 그들의 삶을 이끄는 최종 목적)이 '공유된 작업'shared enterprise에서 서로 연루된다는 것이다. 19세기 유럽 제국주의가 전 세계로 자신의 세력을 확장한 후, 심지어 헤겔 자신조차 파악할 수 없었고 어쩌면 원하지도 않았던 방식으로 '세계사'는 훨씬 더 결정적으로 '세계'의 역사가 되었다. '주인과 노예의 운명'이 헤겔 자신의 체계에서 분리될 수 없게 된 것처럼, '세계인의 운명'도 더욱 긴밀하게 얽히게 되었다.

헤겔의 동시대 많은 사람에게, 헤겔이 꼽은 모든 '요소들'elements이 그 자체로 질서 정연했는지 여부는 전혀 분명치 않았고, 그리고 많은 사람에게 이 요소들이 실제로 '올바른 요소들'이었는지도 분명치 않았다. 게다가, 이 '요소들'이 어떻게 결합되어야 하는지, 그리고 이 요소들 가운데 어떤 종속 관계가 있어야 하는지에 대해, 이론적으로나 실천적으로 경합하는 방식들이 있었다. 이 요소들은 역사가 우리에게 부여한 것이다. 그리고 근대 삶이 어떠해야 하는지에 대한 모습으로 그 요소들을 배열하는 방식에는 분명히 여러 가지가 있다. 예를 들어, 공리주의utilitarianism는 그중 한 방식을 제시하며, '경쟁하

---

48 "마찬가지로, 시민 개개인은 서로 다르지만, 공동체의 구제는 그들 모두의 공통된 업무이다. 이 공동체가 곧 헌정이다. 따라서 시민의 미덕은 그가 구성원으로 속한 그 헌정과 연관될 수밖에 없다. 만일 여러 형태의 정부가 존재한다면, 선한 시민들의 미덕 중 완벽한 미덕인 단일한 미덕은 존재하지 않는다는 것이 분명하다. 그러나, 우리는 선한 사람은 완전한 미덕인 단하나의 미덕을 가진 사람이라고 말한다. 그러므로, 선한 시민이 선한 사람을 만드는 미덕을 반드시 소유할 필요는 없다는 것은 분명하다." (Aristotle 1941a).

는 좋은 것들[선들]에 대한 전체론 지향의 균형 잡기와 저울질'a holis-tic-oriented balancing and weighing of competing goods은 또 다른 방법을 제시하며, 그리고 '권리'에 관한 칸트 이론은 또 다른 방법을 제시하며, 그외 다른 방법들도 있다.

헤겔은 '이 요소들을 어떻게 이해하고 질서화해야 하는가'라는 문제 해결을 자신의 철학 과업으로 삼았다(이것이, 이 주제에 관한 헤겔의 저서 『법철학』이 왜 입체 도형solid figure이 서 있는 기반, 즉 '토대들'Grundlinien을 제공한다고 주장하는지, 은유를 바꾸자면, 게임이 진행되는 기준선들baselines을 제공한다고 주장하는지를 보여 준다). '다양한 요소들이 그 관행 안에서 활동하는 사람들에게 어떤 중요성을 지니는가'라는 관점에서, 이 요소들은 그 관행과 관련된 가치들에 따라 체계적으로 다루어진다. 그렇게 해서 그들이 하는 일, 즉 '실천적 활동에서 구체적 형태를 취하는 것'과 '그러한 실천에 참여한다는 것이 무엇을 의미하는지'를 이해하려는[의미화하려는] 그들의 시도들이 체계적 형태로 정립될 수 있다. 물론, 헤겔 자신의 이론은 이 구성 요소들building blocks, 즉 이러한 기본적인 집합적 목적들basic collective ends이 어떻게 결합해야 하는지, 어떻게 설명되어야 하는지 등에 대한 설명이지만, 그렇다고 헤겔의 이론이 유일한 설명은 아닐 수도 있다. 그리고, [이에 대한 『법철학』의] 헤겔 자신의 설명은 '역사가 어떻게 이렇게 되었는가'에 대한 헤겔의 설명과는 적어도 상대적으로 별개다.[49]

'어떻게 요소들이 서로 결합해야 하는가'에 대한 헤겔의 체계적 설명은, 어떤 특정 결합들이 합리적으로 배제되어야 한다는 점을 보여 주기 위해 의도된 것이었다(그리고, 이론적으로 그렇게 하는 데 실패하면, 제도와 관행의 세계에서 어떤 종류의 실천적 실패를 초래할 수 있다는 것을 보여 주기 위한 것이었다). 생명, 자유, 재산에 관한 기본권들을 행사하고 존중하는 것으로만 한정된 사회 공간에서 그 자체가 작동한다고 생각하는 삶의 형태들은, 단순히 권리를 행사하고 존중하는 것뿐만 아니라 도덕적 관점에서 행동하고 판단하는 것으로도 자신을 이해하지 않는 한, 항상 허무[무의미]futility에 빠질 위험이 있는 실천적 상황에 처하게 될 것이다. 일단 삶의 형태들이 '자신들이 현재 하는 일'what they are doing에 대해 확장된 이해를 취하면, 삶의 형태들은 '애초에 자신들이 하고 있었던 일'what they were doing in the first place에 대한 이해도 바꾼다. 따라서, 시작 단계의 자기 이해는 '지양'되며, 원래 형태는 제거되고 새로운 형식으로 보존된다.

헤겔 자신의 더 대담한 주장은, 서로의 권리를 존중하는 도덕적 주체들의 공동체로만 이해되는 집단은, 만약 가정, 시장, 시민 단체, 대의제 헌법 정부와 같은 사회 질서에서 도덕적 실천이 어떻게 작동하는지에 대한 더 포괄적인 관점과 그 집단이 연관되지 않는다면, 그 자체로 모순들을 낳는다는 것이었다. 다른 말로 하자면, 비록 그렇게 특정한 전체가 역사가 취해 온 특정 형태 때문에 그러한 요소들을 갖추고 있다고 하더라도, '권리, 의무, 사회적 선들[재화]로 구성된 전체'만이 이해 가능한 것으로 판명된다는 것이다. 게다가, 이러한 요소들

---

49 1820년 『법철학』에 제시된 헤겔의 설명은, 그 설명이 무엇을 의미하는지에 대한 경합하는 설명들을 초래했다고 해도 과언이 아닐 것이다. 어떤 의미에서 권리로부터 시작하여 도덕과 인륜적 삶으로 이어지는 일련의 순서가 있다는 것은 분명하다. 그러나, 그 순서가 정확히 무엇이며 각 요소들이 서로 어떻게 관련되어 있는지는 적지 않은 논쟁거리다. 이 문제를 해결하려는 시도는커녕 이 문제에 뛰어드는 것 자체도 이 글의 범위를 벗어난다.

과 그 요소들의 배치는 단순히 행운의 결과가 아니었다. 그러한 배치는 '그 자체의 이해 가능성'intelligibility to itself을 역사의 우연한 상황들로부터 비롯된 것으로 지니고 있었다. 이러한 질서가 정의로울 것이며, 우리와 같은 이성적 주체인 영장류rational subject-primate에게 적합한 '서식지'habitat가 될 것이다.

따라서, 헤겔은 자신이 살던 세계가 이미 질서정연한 상태였다고 주장한 것이 아니었다. 대부분은 분명히 그렇지 않았다. 헤겔 자신의 철학이 '모든 것은 깔끔하게 정리되어 있다'라고 가정했다는 비난에 대해 헤겔 자신은 다음과 같이 언급한 바 있다. "사실상 있어서는 안 될 것을 자신 주변에서 매우 많이 볼 수 있을 만큼 똑똑하지 않은 사람이 누굴까?"[50]

'이념'이 그 자체와 상충할 수 있는 더 두드러진 방식 중 하나를 사례로 들어 보자. 수 세기 동안 서양과 그 밖의 지역 사람들은 노예제도를, '문제가 많지만 합법적인 것'으로 여겼다.[51] 가장 저명한 몇몇 철학자들을 포함하여, 기존 통념은 경제, 즉 사회 세계 자체가 그러한 강제 노동 없이는 작동할 수 없다고 보았다. 헤겔이 살던 시대에, 북아메리카는 스스로를 '자유의 땅'이라고 선언했지만, 그 자유는 노예 사용에 의존했다. 그래서 헤겔의 설명에 따르면, 근대 노예 사회에서 작동하는 모순, 즉 '경제적 필요로서의 노예제도'와 '도덕적 악moral evil으로서의 노예제도' 사이의 모순은 이제 역사적으로 '지양된 상태'로 드러났다. 따라서 근대 노예 사회가 해체되는 그 뿌리는 이제 확고

---

50 (Hegel 1969b), §6, p. 49; (Hegel et al. 1991), p. 30.
51 (Finley 1964); (Finley 1980).

하게 심어졌다. '모두가 자유롭다'라는 규범을 갖춘 '이념'은, 경제적·사회적 세계의 현실과 상충했다. 이 현실은 소위, 누군가가 타인들을 위해 강제로 노동해야 하며, 그들이 타인들의 목적을 충족시키기 위한 도구로 소유될 때 이러한 역할을 가장 잘 수행한다는 사실이었다. 그런데, '이념'이 발전함에 따라, [노예제도라는] 소위 그 사실은 과거 사실로 간주되었고, 단지 그러했던 사실로, 그래서 지금은 전혀 사실이 아닌 것으로 간주되었다. '노예제라는 현실'과 '자유라는 이념'이 화해할 가능성은 없었다.[52]

물론, 이것이 새로운 세계의 노예 시회들slave societies이 즉시 사라졌을 것이라는 점을 의미하지는 않았으며, 헤겔도 그것을 그렇게 받아들이지는 않았다. 노예 소유주들과, 노예를 소유하지는 않았지만 노예 사회가 그들에게 제공하는 재화의 혜택을 누리던 사람들의 강력한 경제적 이해관계는, 노예제도가 단순한 논쟁argument이 아니라 무력force으로 폐지되어야 한다는 것을 의미했다. 따라서, 아메리카 남부의 노예제도는 '자유 시장 사회의 근대적 금융 도구들'과도 잘 맞물려 있었기 때문에, 외부로부터 노예제도를 폐지하려는 '근대적인 경제적 충격' 자체가 거기에는 유입되지 않았다.[53]

그럼에도 불구하고, 설사 노예 소유주들의 이해관계가 아무리 강력하고, 타인들이 노예제도에 관해 생각조차 하지 않은 것이 아무리 적절하다고 하더라도, 그들에게 자유라는 것이 '타인들이 노예들

---

52 헤겔의 관점과 미국 남부 연합(the Confederacy)의 관점을 비교하는 데 도움이 되는 자료로는 (Westphal 2016)을 참조할 것.
53 (Baptist 2014)를 참조할 것.

에게 근본적으로 의존해야 한다'라는 것을 여전히 의미했던 그러한 사람들을 제외하고는, [노예제도라는] 그 관행은 더 이상 도덕적으로 어떤 의미도 없었다. 시장 자체의 편에서 스스로 일종의 '인간적이며 도덕적인 공포horror'를 종식하는 데 필요한 모든 작업을 수행하고 신뢰받을 수 있다는 의미로 헤겔은 그것[노예제도]을 다루지 않았다. 시장이 '시민 사회', 즉 '상호 작용'interaction으로 예의decency에 기반한 사회'의 일부가 되려면, 급수 시설과 식량 공급을 보호하고 공중 보건에 주의를 기울이며, 무엇보다도 오도되고 착취적인 거래 관행으로부터 벗어나 지속적으로 그 자체를 재구성하는 '시장 운영에 대한 규제'가 있어야 한다고 헤겔은 확실히 생각했다. '그것이 여전히 필요하니 그것을 최대한 활용하자'라는 방식으로 노예제도의 도덕적 불쾌감에 대한 어떤 혐오와 더불어 노예제도의 '경제적 필요성'도 인정해야 한다는 고대의 오래된 주장은 이미 무너졌다는 사실을 헤겔은 스스로 보여 주었다고 생각했다.[54] 노예제도의 '경제적 필요성'은 더 이상 실질적 쟁점이 될 수 없었고, 이성적으로 생각하는 사람들에게는 노예제도의 '도덕적 공포'moral horror가 너무나 분명해졌다.[55] 결과적으로, 그 시점에서 기존 노예 사회는 '노예 소유주의 원초적 이기심'에 호소하든지, 아니면 '인간의 주체성이라는 합리적 개념'으로 이제

---

54 '그것이 필요하니, 그것을 최선으로 만들어라'라는 이러한 생각은, 그러한 전통에 대해 핀리가 잘 요약한 것이다. (Finley 1964)를 참조할 것.

55 (Hegel and Ilting 1973). "철학에 의해 비합리적이라고 거부될 수 있지만, 역사적으로 근거가 있는 권리가 있을 수 있다. 예를 들어, 인도 제국에서 노예제도를 역사적으로 정당화할 수 있지만 […] 이러한 정당화에도 불구하고, 이성은 흑인 노예제도가 완전히 잘못된 것이며, 진정한 인권 및 신성한 권리에 모순되는 제도이므로 거부되어야 한다는 확고한 입장을 견지해야 한다."

명백히 옹호할 수 없는 '타고난 노예제도'natural slavery라는 거짓 이론
에 호소할 수 있을 뿐이었다.[56]

역사에서 필연성?

헤겔은 역사에서 '필연성'을 주장했는가? 자의식에 관한 이러한 논제
들에서, 경로 의존적인 방식으로 발생하는 자의식의 특정한 형태에
관해, 자의식이 항상 특정한 형태를 취해야 한다는(보편자와 특수자
의 통일에 대한 헤겔의 주장처럼) 필연성을 헤겔이 주장했다면, 그리
고 사실들에 대한 헤겔의 연구가, 우리가 자유의 실질적 '이념'이 없
었던 세계로부터 '모두가 자유롭다'라는 '이념'이 있는 세계로 이동했
다는 관점을 뒷받침한다면, 그렇다면 '역사에 대한 헤겔의 철학적 해
석'은 그 자체가 또 다른 '주체성의 형이상학'metaphysics of subjectivity을
발전시키는 것으로 감히 주장될 수 있을 것이다. '현세의 강에서 우

---

56 노예제도와 인종에 의한 인간 예속을 기반으로 하는 근대적 도덕 질서가 존재할 수 있다는
관념은 부조리하다고 헤겔은 분명히 생각했다. 미국 남부연합이 그러한 질서를 입안하고,
실행하고, 지키려고 한 시도(그러한 노력은 결정적으로 패배했지만)는 헤겔에게 역사의 또
다른 '잘못된 출발'의 예로 보였을 것이다. 그러나, 최근의 일부 학자들이 주장하듯이, 노예제
도는 19세기에도 여전히 남아 있는 전근대적 과거의 유물만이 아니라, 근대 금융 제도와 근
대 국가의 부를 창출하는 기계적 조직이 부상하는 데 핵심 요소였다. 근대성과 남부의 노예
제도가 교차하는 방식에 대해서는 (Baptist 2014)를 참조할 것. 또한 (Rothman 2005)도 참조
할 것. 역사적 현상과 철학적 현상의 결합으로서 노예제도에 관한 헤겔 태도의 일반적 문제
에 대해서는 (Alznauer 2015)의 논의를 참조할 것. 알츠나우어는, 어떻게 헤겔이 노예제도의
상대적인 역사적 정당화를 주장하면서도, 헤겔 자신이 지적하듯이, "노예가 스스로를 해방
할 절대적 권리를 가진다는 것은 바로 해당 경우의 본성 속에 있다"라고 주장할 수 있는지에
대해 미묘한 해석을 제시한다. (Hegel 1969e), §66, Zusatz, p. 144; (Hegel 1991), p. 97.

리가 지금 차지하고 있는 관점'에서 볼 때, 그것[주체성의 형이상학] 은 '이것은 모두 다 이미 일어난 일이다'라고 우리가 그럴듯하게 주장할 수 있는 단순한 해석적 주장interpretative claim 그 이상이다. 그것[주체성의 형이상학]은 어떤 종류의 '절대자'absolute가 시야에 들어왔다는 더 대담한 주장이며, 그것은 모든 인간의 삶과 역사 자체에서 작동하는 '무한한 목적의 관점'이다. '국가가 이성의 절대적 목적absolute purpose of reason이다'라고 말하면서도, 헤겔은 국가 숭배state worship에 관여하지는 않는다(후대의 발전에 비추어 볼 때, 물론 헤겔은 분명히 덜 선동적인 언어를 사용할 수도 있었을 것이다).[57] 오히려 '근대 입헌주의 국가'와 같은 것에 의해 결부된 권리들, 도덕적 의무들, 사회적 재화의 '근대적 연결 고리'modern concatenation 그 자체가 이성적 목적이며, 모든 특정인이 실제로 그 목적만을 촉진하려는 의도를 갖지 않아도 다양한 개인 행동들 전체를 알려 주는 것이라고 헤겔은 말한다. 근대 삶의 목적은 부분적으로는, '왕실 또는 귀족 질서에 종속된 개인들'로부터 '근대 국가의 시민들'로 전환을 가져오는 것이다. 그리고, 그러한 국가들이 없으면 시민은 존재할 수 없다. 국가는 그러한 삶의 '최종 목적'으로서, 어떤 작업들이 이성적인가에 대해 경계들을 설정한다. 실천 이성의 조건 중 하나가 '목적을 원하는 자는 반드시 적절한 수단을 원해야만 한다'라는 것이라면, '평등한 시민권'equal citizenship이라는 목표를 유지할 수 없게 만드는 근대 삶의 다른 사안들, 즉

---

57 (Hegel 1969e), §258, Zusatz, p. 403; (Hegel 1991), p. 279. "국가는 즉자대자적으로 인륜적 전체이자 자유의 실현이다. 그리고, 자유가 현실적이어야 한다는 것이 바로 이성의 절대적 목적이다."(여기서 나는 '절대적 목적'과 '무한한 목적'을 서로 바꿔 사용한다.)

적절한 생활 수단의 결핍이나 기본권의 부정과 같은 것은 비이성적인 것으로 인정될 수밖에 없다. 헤겔에게 가부장적 가정은 그러한 비이성적 사안 중 하나였다.[58]

헤겔 자신도 '국가'라는 추상물은 그 자체로 자신에 대한 충실성忠實誠을 안전하게 확보하기에는 너무 빈약하다는 것을 인정했다. 그래서, 헤겔은 그러한 추상물에 충실성을 바치는 추가적 동기는 '느낌'feeling이나 '정념'passion의 영역인 적절한 종교로부터 나와야만 한다고 생각했다. 이를 통해 '더 폭넓게 공유된 선'wider, shared good에 대한 실행 가능한 개념이 '개인들의 언약한 심리' 내에서 파악될 수 있다고 헤겔은 생각했다. 그러한 정념들이 잘못하면 살인적일 수도 있을 만한 가능성은, 과거 유럽에서 벌어진 '종교 전쟁들'의 학살로 인한 피로감으로 이미 충분히 안전하게 차단되었다고 헤겔은 생각했다. 그 결과, '고백성사 다원주의[종교적 다원주의]'confessional pluralism는 이제 수용된 '삶의 사실'fact of life이 되었으며, 적어도 헤겔은 그렇게 생각했다. 그리고, 그렇게 해서 '종교적 차이'로 인한 더 폭력적인 동기들은 결과적으로 잠잠해졌다. 이후 세대에게 주어진 뒤늦은 깨달음을 통해 우리가 알 수 있는 점은, 헤겔이 '민족주의'nationalism를

---

58 헤겔의 요점을 이해하기 위해서는 약간의 용어 설명이 필요하다. 헤겔은 가정 내 가부장적 통치에 대해 자신의 관점이 반대 입장이라는 것을 잘 이해하고 있었다. 그러나, 헤겔은 '가부장제'를 더 오래된 의미, 즉 부(父, the father)의 '억제받지 않은 독재적 통치'를 의미하는 것으로 이해했다. 그러나, 남성에 의한 통치라는 더 근대적 의미의 가부장제에서, 헤겔이 사실상 '가부장적 가정'을 주장한 것은 분명하다. 헤겔 및 헤겔이 전념한 문제를 해석하는 데서 쟁점 중 하나는, 독재적 통치로서의 가부장제에 반대한 그의 견해가 동시대적이고 더 넓은 의미의 모든 형태의 가부장제에 대해 반대하는 방향으로 나아가는지 여부를 가늠하는 것이다. 시볼 앤더슨(Sybol Anderson)은 가정에 관해 이러한 쟁점을 명시적으로 제기하지는 않았지만, 헤겔 이론의 이러한 측면을 탐구하고 있다. (Anderson 2009)를 참조할 것.

표방한 '국민 국가'nation-state가 유발할 수 있는 살인적 폭력의 잠재력을 상당히 과소평가했다는 점이다. 그러나, '유럽의 국민 국가'를 모델로 삼은 국가가 그 수명을 다했을 수도 있다는 점은, 한때 그러한 국가가 '무한한 목적'의 적절한 특수화였다는 점과 양립할 수 있다. 그래서, 권리, 도덕, 재화의 또 다른 특정한 연결 고리가, 헤겔 시대 이후 근대사에서 작동하는 참된 '무한한 목적'일 수 있다.[59]

만일 '칸트 이후 자의식 개념'과 그 중요성이 전근대 세계에서 충분히 명시적으로 찾아질 수 없다라는 철학적 주장을 할 수 있다면, 그리고 만일 그러한 자의식 개념이 자의식적 존재들이 자신의 삶을 영위하거나 자신의 제도에 관해 생각하는 방식에 차이를 만든다면(그리고, 만일 그것[자의식 개념]이 그 자체에 대한 기본적 역사성에 내재된 주체성 개념에 의해 뒷받침된다면), 그렇다면 역사에서 작동하는 그러한 '무한한 목적'에 대한 주장도 제기될 수 있다.

그러나, 헤겔이 단순히 '충동에 이끌리거나' 아니면 '규칙을 따르는' 문명들에서 살았다고 생각한 사람들과 함께 묶은 아프리카, 아시아 및 여타 '동양인'을 옹호하는 자신의 주장을 헤겔이 전개한 적은 없다. 헤겔이 이 부분을 잘못 이해했기 때문에, 그의 역사 철학의 상당 부분은 헤겔 자신이 이러한 주장들을 평가하기 위해 설정한 척도의 측면에서 보자면 결함이 있다. 정말로, 만일 이 삶의 형태들에 '주체성의 다른 구조들'이 작동하고 있다면, 그렇다면 역사에 대한 철학적 이해도 바뀌어야 할 것이다. 그렇다면, 헤겔은 처음부터 계획을 다

---

59 헤겔의 견해를 세계시민주의(cosmopolitanism)의 한 형태로 환원하려는 복잡한 과정에 대해서는 (Moland 2011)을 참조할 것. 그리고 (Buchwalter 2012)의 논의도 참조할 것.

시 세워야 할 것이다. 그리고 이것은 역사의 필연성에 대한 그의 주장에 큰 영향을 미칠 것이다. 만일 '아프리카인'과 '동양인'이 단지 '실패한 규칙의 추종자들'이 아니라면, 그들 자신의 역사에 대한 더 면밀한 검토는 철학적 고려를 위해 '주체성의 다른 개념들'을 논의의 탁자 위에 올려 놓을 수도 있는 가능성이 온전히 그대로 남는다. 또한, 만일 그렇다면 이것은, 근대 세계를 조립하기 위해 필요한 '요소들'에 관한 헤겔의 관점이, 헤겔 자신이 제시했던 것보다 그 요소들 자체에 대한 더 나은 주장을 필요로 한다는 것을 의미할 수도 있다. 그렇게 되면, 그 요소들이 1820년까지 유럽사가 전승해 온 것들이라는 점, 그리고 그 요소들은 초기 유럽의 실패로부터 나온 합리적 발전들이라는 점만으로는 충분하지 않을 수 있다. 이러한 고려는, 헤겔의 체계가 단순히 '역사의 목적[끝]'이 아니라는 점뿐만 아니라, 헤겔 자신이 생각할 수 있었던 방식으로도 종결되지 않았다는 점에서, 헤겔의 체계가 여전히 열려 있음을 보여 줄 수도 있다.

물론, 후대의 관점에서는 성공적이지 못하겠지만, 헤겔의 다른 많은 구체적인 좋은 논지들도 있다. 다행히도, 헤겔 자신은, 세계에 대한 우리의 설명에서 '우리가 실체로부터 주체로 이행해야 하는가'에 대한 다른 중요한 철학적 결론을 이미 주장한 바 있다. 즉, 우리가 의미화[이해하기]를 의미화하지[이해하지] 않고는without having to make sense of making sense 사태들을 이해하는[의미화하는] 데make sense of things 만족하지 못할 수 있다고 헤겔은 주장했으며, 바로 이 주장에서 역사에 대한 그의 핵심 주장의 성패가 갈라진다. 우리의 자의식적 삶은 오래전부터 우리 자신을 '실체'substance, '자연적 존재'natural beings, '사태들의 더 거대한 우주 질서의 일부'로 이해하는 데서 시작했으며, 우리가 우리 자신에게 가한 압박으로 인해, 우리는 우리 삶을 '주체'subject, '활동적이며 자의식적인 상태', '서로에게 구속된 상태'로 이해할 수밖에 없었다. 역사 자체는 그러한 과거의 구체적이고 세세한 부분들에 관한 것이며, 어떻게 우리 자신을 '주체'subject로 보는 것이 실천적으로 불가피하게 되었는지에 관한 것이다.

헤겔의 설명은 주체성에서 작동하는 '무한한 목적'에 호소함으로써 '부주의한 역사주의'careless historicism에 빠지는 것을 피한다. 그러나, 헤겔이 '보편자가 스스로를 특수화해야 한다'는 것을 보여 주기 위해 취한 방식을 통해, 헤겔의 설명은 '강한 역사주의자 책무[공속행위]'strong historicist commitment를 유지한다. 이것은, 사변적(철학적) 개념들의 경우 '의미'meaning는 '사용'use에 의해 결정되지만 그렇다고 '사용'에 의해 모두 소진되지는 않으며, 그래서 특정한 역사 발전 내에서 그러한 개념들이 더 나은 실현으로 발전할 수 있다는 관념으로서, 우리가 다소 추상적으로 공식화할 수 있는 논지이다. 헤겔의 '철학적 역사'philosophical history의 유형은, 역사적 세부 사항들이 어떻게 필연적으로 서로 일렬로 나열될 수밖에 없었는지를 검토하는 '선험적 이론'a priori theory도 아니며, 진보에 대한 '가벼운 휘그식 설명'happy-talk Whig account도 아니고, 점진적 계몽과 오류 수정에 대한 '자축自祝의 이야기'self-congratulatory tale도 아니며, 어떻게 다양한 체제들이 불가피하게 어떤 최종 지점에서 수렴하거나 필연적으로 어떤 특정 결과에 이르는가에 대한 주장도 아니며, 어떤 역사 법칙에 대한 설명도 아니다.[60]

오히려, 헤겔의 철학적 역사는 '주체성의 형이상학적 윤곽meta-physical contours'에 대한 검토이며, '스스로 해석하고 발전하는 집단적 인간 작업'이 의미화[이해하기]sense-making의 더 심오한 논리라는 측면에서 어떻게 그러한 형태로부터 다른 형태로 이행했는지에 대한 검토이며, 그리고 주체성 자체가 역사 과정을 거치면서 어떻게 스스로를 재형태화했는지에 대한 검토이다. 헤겔의 철학적 역사는 무엇이 역사에서 참된 인과관계true causality를 구성하는가에 대한 주장이 아니며, 이해 불가능성unintelligibility이 그러한 붕괴를 유발한다는 주장도 아니다. 헤겔의 역사 철학은, 주체들이 내던져진 역사적 배열configurations에서 다양한 사태들이 개별적으로나 집단적으로 주체들에게 무엇을 의미하는지에 관련된다. 주체들은 실제로 자신이 통제할 수 없거나 막연하게만 이해하는 힘들의 여파에 휘말릴 수 있으며, 그것이 함축하는 바를 완전히 파악하거나 이해하지 못하는 조건에서 작업할 수도 있다. 헤겔의 관심사는 그러한 주체들이 소용돌이에 휘말리면서도 여전히 자의식적으로 행동하는 것이 무엇을 의미하는가

---

60 따라서 헤겔의 관점은 조슈아 코언(Joshua Cohen)이 (Cohen 2010) 중 유명한 「도덕적 우주의 원호」(The Arc of the Moral Universe)라는 글에서 제안한 견해와 상충하지는 않지만 다른 초점을 가지고 있다. 코언은 그가 말하는 '윤리적 설명'이 '역사적 설명'에서 어떻게 정당한 자리를 차지할 수 있는지를 보여 주려고 한다. 헤겔은 그러한 설명이 가능하다는 데 동의할 수 있겠지만, 그러나 그것은 헤겔 자신의 역사 철학에서 그의 관심사는 아니다. 코언의 글은 "인류사를 이끄는 것은 자신의 희망에 맞게 자신의 상태를 변화시키려는 인간의 야망"이라는 (McNeill and McNeill 2003)에 나오는 생각에 잘 들어맞는다. 헤겔은 세계사를 심미적으로 다루는 방식에 대해 언급하면서 다음과 같이 말한다. "이것은 인류 안에서 자신을 실현하는 영원하고 절대적인 이념인 '역사의 내적 설계자(Werkmeister)'가 지시하면서 능동적이며 실행적인 개인으로 등장하거나, 아니면 단지 항상 작동하는 숨겨진 필연으로 자신을 주장할 때에만 시적으로 이루어질 수 있다. [⋯] 두 번째 경우, 특정 영웅들의 역할은 다른 민족 정신에 의해 연기되어야 한다. 그리고, 그들의 갈등은 역사의 향연이 펼쳐지고 지속적인 발전으로 나아가는 극장이 될 것이다. [⋯] 그들의 보편성에서 민족 정신을 파악하고 그 근본 성격으로 그들을 행동하게 하려는 시도가 이루어지면, 이것 역시 우리에게 비슷한 연속만을 제공할 것이다. 그리고, 게다가 그 안에서 개인들은 인도의 화신들(incarnations)처럼 실존의 공연을 보여 줄 뿐이며, 실제 역사 과정에서 실현된 세계 정신의 진리에 직면하여 창백해져야 하는 허구를 지닐 뿐이다." (Hegel 1969f), p. 356; (Hegel 1988), pp. 1064~1065

에 관련되지만, 주체들이 내던져졌을 수 있는 소용돌이의 인과적 조건들causal conditions을 규정하는 일에 관련되지는 않는다.

헤겔의 역사 철학은, '인간 예속의 토대들'과 '행동자들이 인정에 대한 이해를 획득하고 유지하는 의미'에 관련된 영역에서 '역사의 진보'가 있다는 점을 주장한다. 이것이 "한 명만이 자유로운 상태로부터 일부가 자유로운 상태로, 그리고 모두가 자유로운 상태로"라는 헤겔식 축약이다. 이를 위해서는, 우선 주체가 된다는 것이 무엇인지에 대한 이해가 필요하다. 헤겔의 논지에 따르면, 처음에는 놀랍게 들릴 수도 있으나, 주체 그 자체는 '역사적으로 색인화된 사회적 지위'social and historically indexed status이다. 철학적 역사에서는 주체성 자체의 다양한 형태들이 우리 시야에 나타난다. 그러한 철학적 역사에서, 우리는 어떤 사태들이 인륜적·도덕적 의제에 왜 포함되는지, 어떤 사태들이 의제에서 왜 제외되는지 그 이유를 이해하며, 그리고 '의제에서 제외된다는 것과 포함된다는 것'이 '의제에 남아 있는 것'의 합리성 rationality에 어떤 차이를 만드는지를 이해한다. 왜냐하면 우리는 결국 주체성의 어떤 연결 고리concatenations of subjectivity가 어떤 종류의 제도 및 관행과 가장 잘 어울리는지에 대한 더 포괄적인 이해를 지녀야 하기 때문이다.

철학적으로 이해되는 역사에서 발견되어야 할 필연성은, '사태들을 이해하는[의미화하는]making sense 필연성'과 '이해를 이해하는 [의미화를 의미화하는]making sense of making sense 필연성'이며, 그리고 그 필연성이 무엇이건 이 두 활동이 가져오는 필연성일 뿐이다. 주체성에 대한 이러한 관점들은, '보편자는 스스로를 특수화한다'라는 헤겔의 더 사변적인 주장에 의존한다. 그리고 이 주장은, 우리가 추구하는 주체성의 의미는 '그 주체성이 구체적으로 구현된 방식들과 별개로 규정될 수 없다'라는 것과 마찬가지다. 헤겔식 이야기에서는, '철학자만의 철학'과 '역사가만의 역사'는 각자 일면적인 것으로 드러난다. 그러한 사안들에서 '추상적인 것'과 '특정하게 구체적인 것'은, 그 각각이 이해 가능하기 위해 '전체 동전이 필요로 하는 양면'과 같다. "인간답다는 것은 무엇을 의미하는가?"라는 질문에 그 각각은 다른 각도에서 대답하며, 이 두 면이 합쳐져야만 실제 모습이 완성된다.

처음에 언뜻 보면, 역사는 헤겔이 '나쁜 무한'bad infinite이라고 부른 것처럼 보인다. "민족들, 국가들, 개인들의 무한히 다양한 구성들로 이루어진 사건들과 행동들의 광대한 스펙터클이 불안하게 연속으로 이어진다."[61] 그러나, 헤겔의 주장대로, 우리가 '연속series의 원리', 즉 '집단적 자기 이해의 무한한 목적'과 '인간 주체가 되는 다양한 방식들'을 이해하면서, 그러한 연속은, 그 모든 세부 사항들에서나 확실히 미래를 예측하는 측면에서는 여전히 이해 불가능한 면이 있다고 해도, 어느 정도 이해 가능하게 된다. 우리는 단순히 일련의 연속 자체에서 드러난 그 요점을 이해할 뿐이다. '현세적이고 자의식적인 존재가 된다'라는 것이 무엇인지에 대한 자기 이해, 그리고 '우리 삶의 올바른 조건들을 놓고 서로 투쟁하는 일'이 그러하다. 이것은 다양한 '정신의 형태들'shapes of spirit에서 그 형태를 취하며, 이 형태들은 인간의 생물학적·문화적 삶의 구체적 연결 고리들로서, 이 형태들 자체는 수 세기에 걸쳐 자신들의 형태를 바꾼다. 이러한 발전과 전개를 통해

---

61 (Hegel and Hoffmeister 1994), p. 34; (Hegel 1975), p. 30.

살아가는 사람들은 이 연속을 이해하려고[의미화하려고]make sense 노력하면서, 그들은 궁극적으로 '모두가 자유롭다'라는 원칙에 의거한 '정의의 형태'를 취하게 된 '이념'에게 형태를 부여한다. 이것이 바로 자유이며, 이 자유 속에서 '근대적 자립의 형식'modern form of independence이 근대적 의존의 그물망 안에 뿌리를 내렸다. 그리고, 자유는 그러한 종류의 자립을 위한 바로 그 조건이며, 그러한 의존의 그물망 안에서만 헤겔의 말대로 '현실적'이며 실질적이고 실효적이다. 전형적인 근대적 형식에서, 자아와의 그러한 관계는 어디에서나 타인들과 우리의 관계에 의해 매개된다. 그리고 이 관계 안에서 일련의 올바른 제도와 관행에 의해 매개된 상태로서 타인들과 '예의 바르고 품위 있는 협연'을 펼치면서 자기 자신의 인격으로 존재하는 실재성reality이, 궁극적으로 '사회적·개인적 실존을 만족시키는 객체'이다. 이를 이해하려면, 우리가 무엇이 될지를 결정하려고 시도할 때마다, 우리가 현재 존재하는 곳에 우리를 데려왔기 때문에 우리가 거기에 의존하고 있는 '경로의 세부 사항들'details of the paths을 주목할 필요가 있다. 인류 역사의 '쉼 없는 연속'에서 정의와 자유가 전면과 중심에 등장한 적은 거의 없지만, 그럼에도 불구하고 '집단적 자기 이해'collective self-comprehension와 '인정'recognition을 위한 갈등의 구성 요소들로서, 정의와 자유는 모든 투쟁의 핵심으로 부상했다.[62]

---

62 헤겔은 또한 이것이 해결된 문제였다고 생각하지 않았던 것 같다. 1831년에 사망하기 전, 이 주제에 대한 마지막 강연에서 헤겔은 (1830년 [7월] 프랑스 혁명을 언급하며) 다음과 같이 말했다. "각각의 특수화는 특권으로 나타나지만, 그러나 평등이 있어야 한다. 이 원칙이 없다면 어떤 정부도 불가능하다. 이 충돌, 이 문제의 매듭은 역사 앞에 놓여 있으며, 이 매듭을 풀어야 하는 것도 바로 역사다." (Hegel 2005), p. 231.

참고문헌

Adorno, Theodor W. 1993. *Hegel: three studies, Studies in contemporary German social thought*. Cambridge, Mass.: MIT Press.

Adorno, Theodor W., and Rolf Tiedemann. 2006. *History and freedom: lectures 1964–1965*. Cambridge, UK; Malden, MA: Polity.

Allison, Henry E. 1990. *Kant's Theory of Freedom*. Cambridge England; New York: Cambridge University Press.

Alznauer, Mark. 2015. *Hegel's theory of responsibility*. Cambridge, England: Cambridge University Press.

Anderson, Sybol Cook. 2009. *Hegel's theory of recognition: from oppression to ethical liberal modernity, Continuum studies in philosophy*. London; New York: Continuum.

Appiah, Kwame Anthony. 1998. "Africa: The Hidden History." *New York Review of Books*, December 17, 1998.

Aristotle. 1941a. "Politics." In *The basic works of Aristotle*, ed. Richard McKeon. New York: Random House.

_____, 1941b. "Rhetoric." In *The basic works of Aristotle*, ed. Richard McKeon, 1317~1451. New York: Random House.

_____, 1998. *The Nicomachean Ethics*. trans. W. D. Ross, J. O. Urmson, J. L. Ackrill, *The World's classics*. New York; Oxford: Oxford University Press.

Baptist, Edward E. 2014. *The half has never been told: slavery and the making of American capitalism*. New York: Basic Books, a member of the Perseus Books Group.

Bayly, C. A. 2004. *The Birth of the Modern World, 1780–1914: Global Connections and*

Comparisons, The Blackwell history of the world. Malden, MA: Blackwell Pub.

Beard, Mary. 2007. *The Roman Triumph*. Cambridge, Mass.: Belknap Press of Harvard University Press.

_____, 2013. "Alexander: How Great?" In *Confronting the classics: traditions, adventures, and innovations*, 42~53. New York: Liveright Publishing Corporation, a division of W. W. Norton & Company.

_____, 2015. *SPQR: a history of ancient Rome*. First edition. New York: Liveright Publishing Corporation.

Beiser, Frederick C. 2005. *Hegel*. 1st ed, *Routledge philosophers*. New York; London: Routledge.

_____, 2011. "Hegel and Ranke: A Re-Examination." In *A companion to Hegel*, ed. Stephen Houlgate and Michael Baur, 332~350. Chichester, West Sussex; Malden, MA: Wiley-Blackwell.

Bernasconi, Robert. 1998. "Hegel at the Court of the Ashanti." In *Hegel After Derrida*, ed. Stuart Barnett, 41~63. London; New York: Routledge.

_____, 2002. "With what must the history of philosophy begin? Hegel's role in the debate on the place of India within the history of philosophy." In *Hegel's History of Philosophy: New Interpretations*, ed. David A. Duquette. New York: SUNY Press.

Blanning, T. C. W. 2007. *The Pursuit of Glory: Europe, 1648–1815*. 1st American ed, The Penguin history of Europe. New York: Viking.

Bonetto, Sandra. 2006. "Race and Racism in Hegel —— An Analysis." *Minerva ——An Internet Journal of Philosophy* 10: 35~64.

Bouton, Christophe. 2004. *Le procès de l'histoire: fondements et postérité de l'idéalisme historique de Hegel, Bibliothèque d'histoire de la philosophie Nouvelle série*. Paris: Libr. philosophique J. Vrin.

Bowman, Brady. 2013. *Hegel and the Metaphysics of Absolute Negativity, Modern European philosophy*. Cambridge; New York: Cambridge University Press.

Boyle, Matthew. 2009. "Two Kinds of Self-Knowledge." *Philosophy and Phenomenological Research* 78 (1): 133~164.

_____, 2015. "Additive Theories of Rationality: A Critique." *European Journal of Philosophy* 23 (4).

Brandom, Robert. 2009. *Reason in Philosophy: Animating Ideas*. Cambridge, Mass.: Belknap Press of Harvard University Press.

_____, 2014. "Some Hegelian Ideas of Note for Contemporary Analytic Philosophy." *Hegel Bulletin of the Hegel Society of Great Britain* 35 (1): 1~15.

Brooks, Thom. 2013. *Hegel's political philosophy: a systematic reading of the Philosophy of right*. Second edition. Edinburgh: Edinburgh University Press.

Buchwalter, Andrew. 2012. *Dialectics, Politics, and the Contemporary value of Hegel's Practical Philosophy, Routledge studies in nineteenth century philosophy*. New York: Routledge.

Burbank, Jane, and Frederick Cooper. 2010. *Empires in World History: Power and the Politics of Difference*. Princeton, N.J.: Princeton University Press.

Butterfield, Herbert. 1951. *The Whig Interpretation of History*. 1st American ed. New York: Scribner.

Chalybäus, Heinrich Moritz, and Alfred Edersheim. 1854. "Historical development of speculative philosophy, from Kant to Hegel From the German of Dr. H.M. Chalybäus." In. Edinburgh; London: T. & T. Clark; Hamilton, Adams. http://purl.oclc.org/DLF/benchrepro0212

Cline, Eric H. 2014. *1177 B.C.: the year civilization collapsed, Turning points in ancient history*. Princeton: Princeton University Press.

Cohen, Hermann. 1995. *Religion of reason out of the sources of Judaism, Texts and translations series*. Atlanta, Ga.: Scholars Press.

Cohen, Joshua. 2010. *The arc of the moral universe and other essays*. Cambridge, Mass.: Harvard University Press.

Crawford, Oliver. 2014. https://www.academia.edu/4985405/Hegel_and_the_Orient.

Dale, Eric Michael. 2014. *Hegel, the End of History, and the Future*. New York: Cambridge University Press.

Davis, David Brion. 1966. *The problem of slavery in Western culture*. Ithaca, N.Y.: Cornell University Press.

Deligiorgi, Katerina. 2010. "Doing without Agency: Hegel's social theory of agency." In *Hegel on Action*, ed. Arto Laitinen and Constantine Sandis. Houndmills, Basingstoke, Hampshire; New York: Palgrave Macmillan.

———, 2012. "Actions as Events and Vice Versa: Kant, Hegel and the Concept of History." *Internationales Jahrbuch des deutschen Idealismus* 10: 175~197.

Dworkin, Ronald. 2013. *Religion without God*. Cambridge, Massachusetts: Harvard University Press.

Eldridge, Richard Thomas. 1997. *Leading a human life: Wittgenstein, intentionality, and romanticism*. Chicago: University of Chicago Press.

Fairbank, John King, and Merle Goldman. 2006. *China: a new history*. 2nd enl. ed. Cambridge, Mass.: Belknap Press of Harvard University Press.

Fichte, Johann Gottlieb, and Immanuel Hermann Fichte. 1965. *Johann Gottlieb Fichte's Sämmtliche werke*. 11 vols. Berlin: de Gruyter.

Fichte, Johann Gottlieb, and Peter Preuss. 1987. *The vocation of man*. Indianapolis: Hackett Pub. Co.

Finley, M. I. 1964. "Between Slavery and Freedom." *Comparative Studies in Society and History* 6 (3): 233~249.

_____, 1977. *The Ancient Greeks, A Pelican book*. New York: Penguin.

_____, 1980. *Ancient slavery and modern ideology*. New York: Viking Press.

_____, 1983. *Politics in the ancient world, The Wiles lectures*. Cambridge Cambridgeshire; New York: Cambridge University Press.

French, R. K. 1994. *Ancient natural history: histories of nature, Sciences of antiquity*. London; New York: Routledge.

Fulbrook, Mary. 2004. *A concise history of Germany*. 2nd ed, *Cambridge concise histories*. Cambridge; New York: Cambridge University Press.

Furet, François. 1992. *Revolutionary France, 1770–1880, History of France*. Oxford, UK; Cambridge, USA: Blackwell.

Gans, Eduard. 1836. *Rückblicke auf Personen und Zustände, von Eduard Gans*. Berlin: Veit.

Gay, Peter. 1974. *Style in history*. New York: Basic Books.

Geuss, Raymond. 2014. *A world without why*. Princeton, NJ: Princeton University Press.

Green, Peter. 2012. "He Found the Real Alexander." *The New York Review of Books*, November 22, 2012.

Hahn, Songsuk Susan. 2007. *Contradiction in motion: Hegel's organic concept of life and value*. Ithaca: Cornell University Press.

Halbfass, Wilhelm. 1988. *India and Europe: an essay in understanding. Albany*, N.Y.: State University of New York Press.

Hegel, Georg Wilhelm Friedrich. 1956. *The Philosophy of History*. New York: Dover Publications.

_____, 1963. *Lectures on the History of Philosophy*. 3 vols. London, New York: Routledge and K. Paul; Humanities Press.

_____, 1969a. *Phänomenologie des Geistes*. ed. Eva Moldenhauer and Karl Markus Michel. 20 vols. Vol. 3, *Theorie-Werkausgabe*. Frankfurt a. M.: Suhrkamp.

_____, 1969b. *Enzyklopädie der philosophischen Wissenschaften I*. ed. Eva Moldenhauer and Karl Markus Michel. 20 vols. Vol. 8, *Theorie-Werkausgabe*. Frankfurt a. M.: Suhrkamp.

_____, 1969c. *Enzyklopädie der philosophischen Wissenschaften II*. ed. Eva Moldenhauer, Karl

Markus Michel. 20 vols. Vol. 9, *Theorie-Werkausgabe*. Frankfurt a. M.: Suhrkamp.

_____, 1969d. *Enzyklopädie der philosophischen Wissenschaften III*. ed. Eva Moldenhauer and Karl Markus Michel. 20 vols. Vol. 10, *Theorie-Werkausgabe*. Frankfurt a. M.: Suhrkamp.

_____, 1969e. Grundlinien der Philosophie des Rechts. ed. Eva Moldenhauer and Karl Markus Michel. 20 vols. Vol. 7, Theorie-Werkausgabe. Frankfurt a. M.: Suhrkamp.

_____, 1969f. *Nürnberger und Heidelberger Schriften 1808–1817*. ed. Eva Moldenhauer and Karl Markus Michel. 20 vols. Vol. 4, *Theorie-Werkausgabe*. Frankfurt a. M.: Suhrkamp.

_____, 1969g. Vorlesungen über die Ästhetik I. ed. Eva Moldenhauer and Karl Markus Michel. 20 vols. Vol. 13, Theorie-Werkausgabe. Frankfurt a. M.: Suhrkamp.

_____, 1969h. Vorlesungen über die Ästhetik II. ed. Eva Moldenhauer and Karl Markus Michel. 20 vols. Vol. 14, Theorie-Werkausgabe. Frankfurt a. M.: Suhrkamp.

_____, 1969i. Vorlesungen über die Ästhetik III. ed. Eva Moldenhauer and Karl Markus Michel. 20 vols. Vol. 15, Theorie-Werkausgabe. Frankfurt a. M.: Suhrkamp.

_____, 1969j. *Vorlesungen über die Geschichte der Philosophie I*. ed. Eva Moldenhauer and Karl Markus Michel. 20 vols. Vol. 18, *Theorie-Werkausgabe*. Frankfurt a. M.: Suhrkamp.

_____, 1969k. *Vorlesungen über die Geschichte der Philosophie II*. ed. Eva Moldenhauer and Karl Markus Michel. 20 vols. Vol. 19, *Theorie-Werkausgabe*. Frankfurt am Main: Suhrkamp.

_____, 1969l. *Vorlesungen über die Philosophie der Geschichte*. ed. Eva Moldenhauer and Karl Markus Michel. 20 vols. Vol. 12, *Theorie-Werkausgabe*. Frankfurt a. M.: Suhrkamp.

_____, 1969m. *Wissenschaft der Logik I*. ed. Eva Moldenhauer and Karl Markus Michel. 20 vols. Vol. 5, *Theorie-Werkausgabe*. Frankfurt a. M.: Suhrkamp.

_____, 1969n. *Wissenschaft der Logik II*. ed. Eva Moldenhauer and Karl Markus Michel. 20 vols. Vol. 6, *Theorie-Werkausgabe*. Frankfurt a. M.: Suhrkamp.

_____, 1975. *Lectures on the Philosophy of World History: Introduction, Reason in History*. ed. Johannes Hoffmeister, *Cambridge studies in the history and theory of politics*. Cambridge Eng.; New York: Cambridge University Press.

_____, 1987. *Introduction to the lectures on the history of philosophy*. trans. T. M. Knox and A. V. Miller. Oxford [Oxfordshire]; New York: Clarendon Press; Oxford University Press.

_____, 1988. *Aesthetics: lectures on fine art*. trans. T. M. Knox. 2 vols. Oxford: Clarendon Press.

_____, 1991. *Elements of the philosophy of right*. trans. Hugh Barr Nisbet. ed. Allen W. Wood, *Cambridge texts in the history of political thought*. Cambridge [England]; New York: Cambridge University Press.

_____, 1996. *Vorlesungen über die Philosophie der Weltgeschichte: Berlin 1822/1823.* ed. Karl-Heinz Ilting, Hoo Nam Seelmann and Karl Brehmer, *Vorlesungen/Georg Wilhelm Friedrich Hegel.* Hamburg: F. Meiner Verlag.

_____, 1999. *Berliner Schriften.* ed. Eva Moldenhauer and Karl Markus Michel. 20 vols. Vol. 11, *Theorie-Werkausgabe.* Frankfurt a.M.: Suhrkamp.

_____, 2005. *Die Philosophie der Geschichte: Vorlesungsmitschrift Heimann (Winter 1830/1831).* ed. Klaus Vieweg. Munich: Fink Verlag.

_____, 2010. "*Phenomenology of Spirit* trans. Terry Pinkard." In. http://dl.dropbox.com/u/21288399/Phenomenology of Spirit in English and German.pdf.

Hegel, Georg Wilhelm Friedrich, Myriam Bienenstock, and Norbert Waszek. 2007. *La philosophie de l'histoire édition réalisée sous la direction de Myriam Bienenstock traduction française de Myriam Bienenstock, Christophe Bouton, Jean-Michel Buée... [et al.] appareil critique de Norbert Waszek,* La pochothèque. Paris: Librairie générale française.

Hegel, Georg Wilhelm Friedrich, and George Di Giovanni. 2010. *The science of logic, Cambridge Hegel translations.* Cambridge; New York: Cambridge University Press.

Hegel, Georg Wilhelm Friedrich, Laurence Winant Dickey, and H. B. Nisbet. 1999. *G.W.F. Hegel — Political Writings, Cambridge texts in the history of political thought.* New York: Cambridge University Press.

Hegel, Georg Wilhelm Friedrich, and Peter Crafts Hodgson. 1984. *Lectures on the philosophy of religion: Volume III: Determinate Religion.* 3 vols. Berkeley: University of California Press.

Hegel, Georg Wilhelm Friedrich, and Johannes Hoffmeister. 1956. *Berliner Schriften, 1818–1831. Vol.11, His Sämtliche Werke, neue kritische Ausgabe,* Bd 11. Hamburg: Felix Meiner.

_____, 1961. *Briefe von und an Hegel.* [2. unveränderte Aufl.] ed. 4 vols. Hamburg: Felix Meiner.

_____, 1994. *Vorlesungen über die Philosophie der Weltgeschichte: Band I: Die Vernunft in der Geschichte.* 4 vols. Vol. Band 1: Die Vernunft in der Geschichte, *Philosophische Bibliothek.* Hamburg: Felix Meiner.

Hegel, Georg Wilhelm Friedrich, and Karl-Heinz Ilting. 1973. *Vorlesungen über Rechtsphilosophie, 1818–1831: Philosophie des Rechts nach der Vorlesungsnachschrift K.G. v. Griesheims 1824/25.* ed. Karl-Heinz Ilting. Vol. iv. Stuttgart-Bad Cannstatt: Frommann-Holzboog.

Hegel, Georg Wilhelm Friedrich, and Georg Lasson. 1923. *Vorlesungen über die Philosophie der Weltgeschichte: III: Die griechische und die römische Welt.* Vol. III: Die griechische und die römische Welt, *Georg Wilhelm Friedrich Hegel Sämtliche Werke*. Leipzig: Felix Meiner.

_____, 1968. *Vorlesungen über die Philosophie der Weltgeschichte: IV: Die germanische Welt*. 4 vols. Vol. Band 4: Die germanische Welt, *Philosophische Bibliothek*, Bd 171c~171d. Hamburg: F. Meiner.

Hegel, Georg Wilhelm Friedrich, and Arnold V. Miller. 2004. *Hegel's philosophy of nature: being part two of the Encyclopedia of the philosophical sciences (1830), translated from Nicolin and Pöggeler's edition (1959), and from the Zusätze in Michelet's text (1847)*. Oxford/New York: Clarendon Press; Oxford University Press.

Hegel, Georg Wilhelm Friedrich, William Wallace, Arnold V. Miller, and Ludwig Boumann. 1971. *Hegel's Philosophy of Mind: being Part Three of the 'Encyclopaedia of the Philosophical Sciences' (1830)*. Oxford: Clarendon Press.

Hegel, Georg Wilhelm Friedrich, Clark Butler, and Christiane Seiler. 1984. *Hegel, the letters*. Bloomington: Indiana University Press.

Hegel, Georg Wilhelm Friedrich, Théodore F. Geraets, W. A. Suchting, and H. S. Harris. 1991. *The encyclopaedia logic, with the Zusätze: Part I of the Encyclopaedia of philosophical sciences with the Zusätze*. Indianapolis: Hackett.

Hegel, Georg Wilhelm Friedrich, Robert F. Brown, and Peter Crafts Hodgson. 2011. *Lectures on the Philosophy of World History: Volume I: Manuscripts of the Introduction and the Lectures of 1822–23, The Hegel lectures series*. Oxford England: Oxford University Press.

Hobsbawm, E. J. 1996. *The age of revolution 1789–1848*. 1st Vintage Books ed. New York: Vintage Books.

Hodgson, Peter Crafts. 2012. *Shapes of Freedom: Hegel's Philosophy of World History in Theological Perspective*. 1st ed. Oxford: Oxford University Press.

Horstmann, Rolf-Peter. 2006. "Substance, subject and infinity: a case study of the role of logic in Hegel's system." In *Hegel: New Directions*, ed. Katerina Deligiorgi, 69~84. Chesham: Acumen.

Houlgate, Stephen. 1991. *Freedom, truth and history: an introduction to Hegel's philosophy*. London: Routledge.

_____, 2003. "G. W. F. Hegel: The Phenomenology of Spirit." In *The Blackwell guide to continental philosophy*, ed. Robert C. Solomon and David L. Sherman, 8~29. Malden, MA: Blackwell Pub.

_____, 2006. *The opening of Hegel's logic: from being to infinity, Purdue University Press series in the history of philosophy*. West Lafayette, Ind.: Purdue University Press.

Jaeggi, Rahel. 2014. *Kritik von Lebensformen*. 1. Aufl. ed, *Suhrkamp Taschenbuch Wissenschaft*.

Berlin: Suhrkamp.

Kant, Immanuel. 1929. *Immanuel Kant's Critique of pure reason*. trans. Norman Kemp Smith. London: Macmillan.

_____ , 1960. *Religion within the limits of reason alone, Harper torchbooks. The Cloister Library*. New York: Harper.

Kant, Immanuel, and Mary J. Gregor. 1996. *The metaphysics of morals, Cambridge texts in the history of philosophy*. Cambridge; New York: Cambridge University Press.

Kervégan, Jean-François. 2007. *L'effectif et le rationnel: Hegel et l'esprit objectif, BibliothÂeque d'histoire de la philosophie Temps modernes*. Paris: J. Vrin.

Khurana, Thomas, ed. 2013. *The Freedom of Life*. Berlin: August Verlag.

Knowles, Dudley, and Michael Carpenter. 2010/2011. "Hegel as Ornithologist." *The Owl of Minerva* 42 (1/2): 225~227.

Krebs, Christopher B. 2011. *A most dangerous book: Tacitus's Germania from the Roman Empire to the Third Reich*. 1st ed. New York: W.W. Norton & Co.

Kreines, James. 2006. "Hegel's Metaphysics: Changing the Debate." *Philosophy Compass* 1 (5): 466~480.

_____ , 2008a. "The Logic of Life: Hegel's Philosophical Defense of Teleological Explanation of Living Beings." In *The Cambridge Companion to Hegel and Nineteenth-Century Philosophy*, ed. Frederick C. Beiser, Cambridge: Cambridge University Press.

_____ , 2008b. "Metaphysics without Pre-Critical Monism: Hegel on Lower-Level Natural Kinds and the Structure of Reality." *Bulletin of the Hegel Society of Great Britain* 57~58: 48~70.

_____ , 2015. *Reason in the world: Hegel's metaphysics and its philosophical appeal*. Oxford: Oxford University Press.

Krieger, Leonard. 1977. *Ranke: the meaning of history*. Chicago: University of Chicago Press.

Kukla, Rebecca, and Mark Norris Lance. 2009. *'Yo!' and 'Lo!': The Pragmatic Topography of the Space of Reasons*. Cambridge, Mass.; London: Harvard University Press.

Lance, Mark Norris, and John Hawthorne. 1997. *The grammar of meaning: normativity and semantic discourse, Cambridge studies in philosophy*. Cambridge: Cambridge University Press.

Larmore, Charles E. 2012. *Vernunft und Subjektivität: Frankfurter Vorlesungen*. 1. Aufl. ed, *Suhrkamp Taschenbuch Wissenschaft*. Berlin: Suhrkamp.

Lauer, Quentin, and Georg Wilhelm Friedrich Hegel. 1983. *Hegel's idea of philosophy with a new translation of Hegel's Introduction to the history of philosophy*. 2nd ed. New York:

Fordham University Press.

Lavin, Douglas. 2004. "Other Wills: the second-person in ethics." *Philosophical Explorations* 17 (3): 279~288.

Le Goff, Jacques. 2005. *The birth of Europe, The making of Europe*. Malden, MA: Blackwell.

Lewis, Thomas A. 2011. *Religion, modernity, and politics in Hegel*. Oxford; New York: Oxford University Press.

Longuenesse, Béatrice. 2012. "Kant and Hegel on the Moral Self"." In *Self, world, and art: metaphysical topics in Kant and Hegel*, ed. Dina Emundts, 89~113. Berlin: Walter de Gruyter.

Lopez, Robert Sabatino. 1967. *The birth of Europe*. New York: M. Evans; distributed in association with Lippincott.

Marchand, Suzanne L. 2009. *German orientalism in the age of empire: religion, race, and scholarship, Publications of the German Historical Institute*. Washington, D.C.; New York: German Historical Institute; Cambridge University Press.

McCarney, Joe. 2000. *Routledge philosophy guidebook to Hegel on history, Routledge philosophy guidebooks*. London; New York: Routledge.

McDowell, John Henry. 2009. *Having the World in View: Essays on Kant, Hegel, and Sellars*. Cambridge, Mass.: Harvard University Press.

McNeill, John Robert, and William Hardy McNeill. 2003. *The human web: a bird's-eye view of world history*. 1st ed. New York: W.W. Norton.

Menke, Christoph. 2010. "Autonomie und Befreiung." *Deutsche Zeitschrift für Philosophie* 58 (5): 675~694.

_____. 2015. "Die Möglichkeit der Revolution." *Merkur — Deutsche Zeitschrift für europäisches Denken* 69 (July 2015).

Moland, Lydia L. 2011. *Hegel on political identity: patriotism, nationality, cosmopolitanism, Topics in historical philosophy*. Evanston, Ill.: Northwestern University Press.

Moore, A. W. 2012. *The Evolution of Modern Metaphysics: Making Sense of Things, The evolution of modern philosophy*. New York: Cambridge University Press.

Moyar, Dean. 2010. *Hegel's conscience*. New York: Oxford University Press.

Nicolin, Friedhelm, Lucia Sziborsky, and Helmut Schneider. 1996. *Auf Hegels Spuren: Beiträge zur Hegel-Forschung, Hegel-Deutungen*. Hamburg: Felix Meiner.

Nicolin, Günther. 1970. *Hegel in Berichten seiner Zeitgenossen, Philosophische Bibliothek*. Hamburg: Felix Meiner.

Novakovic, Andreja. 2015. "Gewohnheit des Sittlichen bei Hegel." In *Momente der Freiheit*, ed. Julia Christ and Titus Stahl. Frankfurt a.M.: Klostermann.

O'Brien, Dennis. 1975. *Hegel on reason and history: a contemporary interpretation*. Chicago: University of Chicago Press.

Osborne, Robin. 2004. *Greek history, Classical foundations*. London; New York: Routledge.

Padgett-Walsh, Katherine. 2010. "Reasons Internalism, Hegelian Resources." *The Journal of Value Inquiry* 44 (2).

———, forthcoming. "A Hegelian Critique of Desire-Based Reasons." *Idealistic Studies: An Interdisciplinary Journal of Philosophy* 45 (1).

Pinkard, Terry. 1988. *Hegel's dialectic: the explanation of possibility*. Philadelphia: Temple University Press.

———, 1992. "L'Internalisme Historique et la Légitimité des Institutions Sociales." In *Cahiers de philosophie politique et juridique*, ed. Otfried Höffe. Caen, France.

———, 1994. *Hegel's Phenomenology: the sociality of reason*. Cambridge: Cambridge University Press.

———, 2000. *Hegel: a biography*. Cambridge: Cambridge University Press.

———, 2007. "Symbolic, Classical and Romantic Art." In *Hegel and the Arts*, ed. Stephen Houlgate, 3~28. Evanston, IL.: Northwestern University Press.

———, 2008. "Autorität und Kunst-Religion." In *Hegels Phänomenologie des Geistes: ein kooperativer Kommentar zu einem Schlüsselwerk der Moderne*, ed. Klaus Vieweg and Wolfgang Welsch, 540~561. Frankfurt am Main: Suhrkamp.

———, 2012. *Hegel's Naturalism: Mind, Nature, and the Final Ends of Life*. Oxford University Press.

Pippin, Robert B. 1991. *Modernism as a philosophical problem: on the dissatisfactions of European high culture*. Cambridge, Mass; Oxford: Blackwell.

———, 1997. *Idealism as modernism: Hegelian variations, Modern European philosophy*. Cambridge: Cambridge University Press.

———, 2005. "Concept and Intuition: On Distinguishability and Separability." *Hegel-Studien* 40.

———, 2008. *Hegel's practical philosophy: rational agency as ethical life*. Cambridge: Cambridge University Press.

———, 2010a. *Hegel on Self-Consciousness: Desire and Death in Hegel's Phenomenology of Spirit*. Princeton: Princeton University Press.

———, 2010b. *Hollywood westerns and American myth: the importance of Howard Hawks and John Ford for political philosophy, The Castle lectures in ethics, politics, and economics*. New

Haven [Conn.]: Yale University Press.

_____ , 2014a. "Die Logik der Negation bei Hegel." In *Hegel — 200 Jahre Wissenschaft der Logik*, ed. Claudia Wirsing, Koch A. F. Koch, F. Schick and Klaus Vieweg, 480. Hamburg, Germany: Felix Meiner.

_____ , 2014b. "The Significance of Self-Consciousness in Idealist Theories of Logic." *Proceedings of the Aristotelian Society* cxiv, part 2: 145~166.

_____ , 2014c. *After the beautiful: Hegel and the philosophy of pictorial modernism*. Chicago; London: The University of Chicago Press.

_____ , forthcoming. "Hegel on Logic as Metaphysics." In *Oxford Handbook on Hegel's Philosophy*, ed. Dean Moyar. New York: Oxford University Press.

Polybius, W. R. Paton, F. W. Walbank, and Christian Habicht. 2010. *The Histories*. Second Edition/ed, *Loeb Classical Library*. Cambridge, Massachusetts: Harvard University Press.

Quante, Michael. 2004. *Hegel's concept of action, Modern European philosophy*. Cambridge, U.K.; New York: Cambridge University Press.

Rand, Sebastian. 2016. "The Philosophy of Nature." In *Oxford Handbook on Hegel's Philosophy*, ed. Dean Moyar. New York: Oxford.

Ranke, Leopold von, Walther Peter Fuchs, and Theodor Schieder. 1964. *Aus Werk und Nachlass*. München: Historische Kommission bei der Bayerischen Akademie der Wissenschaften.

Rebentisch, Juliane. 2012. *Die Kunst der Freiheit: zur Dialektik demokratischer Existenz*. 1. Auflage, Originalausgabe. ed, *Suhrkamp Taschenbuch Wissenschaft*. Berlin: Suhrkamp.

Redding, Paul. 2014. "The Role of Logic 'Commonly So Called' in Hegel's Science of Logic." *British Journal for the History of Philosophy* 22 (2): 281~301. doi: 10.1080/09608788.2014.891196.

Richardson, Henry S. 2002. *Democratic autonomy: public reasoning about the ends of policy, Oxford political theory*. New York: Oxford University Press.

Rödl, Sebastian. 2007. *Self-consciousness*. Cambridge, Mass.; London: Harvard University Press.

_____ , 2010. "The Form of the Will." In *Desire, Practical Reason, and the Good*, ed. Sergio Tenenbaum, 138~160. New York: Oxford University Press.

Romm, James S. 1989. "Aristotle's Elephant and the Myth of Alexander's Scientific Patronage." *The American Journal of Philology* 110 (No. 4): 566~575.

Rorty, Amélie, and James Schmidt. 2009. *Kant's Idea for a universal history with a cosmopolitan aim: a critical guide, Cambridge critical guides*. Cambridge, UK; New York: Cambridge

University Press.

Rosen, Michael. 2011. "Freedom in History." In *Freiheit: Stuttgarter Hegel-Kongress 2011*, ed. Gunnar Hindrichs and Axel Honneth, 535~551. Frankfurt a. M.: Klostermann.

Rothman, Adam. 2005. *Slave country: American expansion and the origins of the Deep South*. Cambridge, Mass.: Harvard University Press.

Rousseau, Jean-Jacques. 1968. *The social contract, Penguin classics*, L201. Baltimore: Penguin Books.

Rousseau, Jean-Jacques, and Willmoore Kendall. 1985. *The government of Poland*. Indianapolis, Ind.: Hackett Pub. Co.

Rutter, Benjamin. 2011. *Hegel on the Modern Arts*. Cambridge: Cambridge University Press.

Sedgwick, Sally S. 2012. *Hegel's critique of Kant: from dichotomy to identity*. Oxford: Oxford University Press.

_____ , 2015. "Philosophy of History." In *The Oxford handbook of German philosophy in the nineteenth century*, ed. Michael N. Forster and Kristin Gjesdal, 436~452. New York; Oxford: Oxford University Press.

Sellars, Wilfrid. 1963. *Science, Perception and Reality, International library of philosophy and scientific method*. New York: Humanities Press.

Sen, Amartya. 2005. *The argumentative Indian: writings on Indian history, culture, and identity*. 1st American ed. New York: Farrar, Straus and Giroux.

Setiya, Kieran. May 2013. "Murdoch on the Sovereignty of Good." *Philosopher's Imprint* 13 (9): 1~21.

Smith, Anthony D. 1991. *National identity, Ethnonationalism in comparative perspective*. Reno: University of Nevada Press.

_____ , 1998. *Nationalism and modernism: a critical survey of recent theories of nations and nationalism*. London; New York: Routledge.

Sparby, Terje. 2014. "The Open Closure of Hegel's Method and System: A Critique of Terry Pinkard's Naturalized Hegel." *Clio* 22 (1): 1~32.

Stekeler-Weithofer, Pirmin. 2001. "Vorsehung und Entwicklung in Hegels Geschicht-sphilosophie." In *Weltgeschichte–das Weltgericht? Stuttgarter Hegel Kongress 1999*, ed. Rüdiger Bubner and Walter Mesch, 141~168. Stuttgart: Klett-Cotta.

Taiwo, Olufemi. 1998. "Exorcising Hegel's Ghost: Africa's Challenge to Philosophy." *African Studies Quarterly* 1 (4): 1~16.

Taylor, Charles. 1975. *Hegel*. Cambridge Eng.; New York: Cambridge University Press.

Testa, Italo. 2009. "Second Nature and Recognition: Hegel and the Social Space." *Critical*

Horizons: A Journal of Philosophy and Social Theory 10 (3): 341~370.

_____ , 2013. "Hegel's Naturalism or Soul and Body in the Encyclopedia." In *Essays on Hegel's philosophy of subjective spirit*, ed. David S. Stern, 19~36. Albany: State University of New York Press.

Thomas, Keith. 2009. *The ends of life: roads to fulfilment in early modern England*. Oxford; New York: Oxford University Press.

Thompson, Michael. 2004. "What Is It to Wrong Someone? A Puzzle about Justice". In *Reason and Value: Themes from the Moral Philosophy of Joseph Raz*. ed. R. Jay Wallace, et al., 333~384. Oxford; New York: Oxford University Press.

_____ , 2008. *Life and action: elementary structures of practice and practical thought*. Cambridge, Mass.: Harvard University Press.

_____ , 2013. "Forms of nature: 'first', 'second', 'living', 'rational' and 'phronetic'." In *Freiheit: Stuttgarter Hegel-Kongress 2011*, ed. Gunnar Hindrichs and Axel Honneth, 701~735. Frankfurt am Main: Vittorio Klostermann.

Tinland, Olivier. 2013. *L'idéalisme hégélien*. Paris: CNRS éditions.

Toews, John Edward. 2004. *Becoming historical: cultural reformation and public memory in early nineteenth-century Berlin*. Cambridge, UK; New York: Cambridge University Press.

Vieweg, Klaus. 2012. *Das Denken der Freiheit: Hegels Grundlinien der Philosophie des Rechts*. München: Wilhelm Fink.

Viyagappa, Ignatius. 1980. *G.W.F. Hegel's concept of Indian philosophy, Documenta missionalia*. Roma: Università Gregoriana.

Wallace, R. Jay. 2005. "Moral Psychology." In *The Oxford Handbook of Contemporary Philosophy*, ed. Frank Jackson and Michael Smith, 86~113. Oxford; New York: Oxford University Press.

_____ , 2013. *The view from here: on affirmation, attachment, and the limits of regret*. Oxford; New York: Oxford University Press.

Wang, Hui. 2014. *China from empire to nation-state*. Cambridge: Harvard University Press.

Weiss, Leonhard. 2012. *Hegels Geschichtsphilosophie und das moderne Europa*. Wien: Lit Verlag. Based on author's thesis (doctoral).

Welch, Cheryl. 2012. "'Anti-Benthamism': Utilitarianism and the French Liberal Tradition." In *French Liberalism from Montesquieu to the Present Day*, ed. Raf Geenens and Helena Rosenblatt, 134~151. New York: Cambridge University Press.

Westphal, Kenneth R. 2016. "Hegel's Natural Law Constructivism: Progress in Principle and in Practice." In *Hegel's Practical Philosophy: On the Normative Significance of Method and*

System, ed. Thom Brooks and Sebastian Stein. Oxford: Oxford University Press.

Wiland, Eric. 2012. *Reasons, Continuum ethics series*. London; New York: Continuum International Pub.

Wilkins, Burleigh Taylor. 1974. *Hegel's philosophy of history*. Ithaca: Cornell University Press.

Winfield, Richard Dien. 2013. *Hegel's phenomenology of spirit: a critical rethinking in seventeen lectures*. Lanham: Rowman & Littlefield Publishers, Inc.

Wittgenstein, Ludwig. 1963. *Tractatus logico-philosophicus. The German text of Logischphilosophische Abhandlung, International library of philosophy and scientific method*. London, New York: Routledge & Kegan Paul; Humanities Press.

Wood, Allen W. 1990. *Hegel's ethical thought*. Cambridge [England]; New York: Cambridge University Press.

Woolf, Greg. 2012. *Rome: an empire's story*. New York: Oxford University Press.

Yeomans, Christopher. 2015. *The expansion of autonomy: Hegel's pluralistic philosophy of action*. New York, N.Y.: Oxford University Press.

Ziolkowski, Theodore. 2004. *Clio the Romantic muse: historicizing the faculties in Germany*. Ithaca: Cornell University Press.

옮긴이 해설

테리 핀카드는 미국 철학계에서 헤겔 철학의 부흥을 이끈 주역 중 한 사람이다. 지금까지 그는 헤겔을 '독단적 형이상학'에 대한 칸트 비판의 정당한 계승자로 간주하면서 헤겔 철학에 대한 참신하고 영향력 있는 해석을 제시해 왔다. 이 책 『역사는 의미가 있는가?: 정의의 역사적 형태들에 관한 헤겔의 논의』*Does History Make Sense?: Hegel on the Historical Shapes of Justice*, Harvard University Press, 2017에서도 핀카드는 헤겔을 일종의 '변형된 아리스토텔레스적 자연주의자'modified Aristotelian naturalist로 묘사한 이전 저작(『헤겔의 자연주의: 정신, 자연, 그리고 삶의 최종 목적』*Hegel's Naturalism: Mind, Nature, and the Final Ends of Life*, 2012)을 바탕으로 헤겔의 역사 철학을 새롭게 해석하려는 다소 도전적인 시도를 꾀하고 있다. 제목에서 드러나듯이, 헤겔의 역사 철학을 정의Justice의 문제와 관련해 서술하려는 핀카드의 관점은, '오리엔탈리즘'Orientalism이나 '유럽 중심주의'Eurocentrism를 비판하는 맥락에서 헤겔의 역사 철학을 부정적으로 다루어 온 기존의 통상적인 해석에 비해 상당히 낯설면서도 새롭다. 그는 헤겔의 역사 철학에서 세계사를 추동하는 '절대 정신'이나 '이성의 지략'List der Vernunft을 과도하게 강조하면서 역사에 결정론적 필연성을 부여하거나 무조건적인 '역사의 진보'를 주장하는 진부한 헤겔 해석에 머물지 않는다. 또한, 이 책에서 그가 자신의 주장을 정당화하기 위해 본문 못지않게 긴 분량으로 상세하게 덧붙이고 있는 풍부한 주석과 참고문헌은, 앞서 국내에 번역 소개된 『헤겔』Hegel: A Biography과 비견할 만큼 헤겔 철학의 관련 연구 자료에 대한 안내서를 찾는 독자들에게 훌륭한 길잡이 역할을 한다.

핀카드는 1장 '예비 개념: 자의식적 동물의 논리'에서 우선 이 책의 주제와 관련해 자신의 기본 입장이 무엇인지를 간략히 밝히면서, 『논리학』이나 『정신현상학』에 등장하는 헤겔의 주요 개념들(존재, 본질, 개념, 실체, 주체, 목적, 자의식, 삶, 욕망, 이성, 개념, 정신 등)을 자신만의 특유의 흥미로운 화법과 사례를 통해 이해하기 쉽게 소개한다. 그는 헤겔의 역사 철학을 정신적인 것만이 참으로 실재하며 자연은 '정신의 현현'일 뿐이라거나 대상 세계를 구성하는 신과 같은 단 하나의 정신이 있어야 한다고 생각하는 '일원적 형이상학'monistic metaphysics으로 해석하려는 경향에 강하게 반대한다. 그에 의하면, 헤겔의 역사 철학에서 인간은 '무한한 문제에 직면한 유한한 피조물'이며, 자연적 삶과 정신적·규범적 삶이라는 상반되는 두 세계 사이에서 긴장을 떠안고 사는 양서류와 같은 생물이다. '이성적 동물'인 인간은 비자연적 존재가 아니라 '자의식적 영장류'self-conscious primates이며 자연 질서에서 특이한 생물이다. 인간을 포함한 모든 생물은 삶의 과정에서 특정 상황에 적합한 이유reasons에 따라 행동을 취한다. 하지만, 다른 생물과 달리 자의식이 있는 인간은 단순히 '이유를 갖는 상태'를 넘어서 '이유를 이유로 아는 존재'이다. 세계가 생명체에게 나타나는 방식은 생명체의 본질에 따라 다르며, '자의식이 없는 생물'에게는 불가능한 방식으로 세계는 '자의식이 있는 생물'에게 나타난다. 그래서 다른 생물과 달리 '자의식이 있는 생물'인 인간에게는 국가, 법, 신, 예술 작품, 인륜적 요구사항 등 흔히 정신적이라 불리는 것이 경험 과정에서 나타나며, 여기서부터 역사 철학을 비롯한 헤겔의 관념론이 시작된다고 핀카드는 해석한다. 결국, 헤겔의 관념론은 통상적으로 오해되듯이 정체 모를, 위로부터 아래로 투하된 비현실적 허구가 아니라, 아래로부터 위로 구축된 구체적인 삶의 체계로 이해되어야 한다는 것이다.

2장 '관념론자의 역사 개념 구축'에서는 역사에서 '무한한 목적'이 무엇인지를 다룬다. 핀카드는 인간은 스스로 '사유 질서' 아래에 놓임으로써 인간으로 존재하며, 이 사유 질서는 '규범과 실천, 원칙과 심리의 통일'을 포괄한다고 본다. '기록된 역사'는 원칙이나 이념이, '인간의 심리' 및 '주변의 물질문화'와 결합하는 방식에 대한 설명이다. 유한한 목적과 달리 정의와 같은 '무한한 목적'은 어떤 특정한 행동으로 달성될 수 없고 소진되지도 않으며, 부단히 다양한 행동들에 의해 거듭해서 드러날 수밖에 없다. 그래서 무한한 목적으로서 정의는 어떤 집단적 업무가 해야 할 일의 목록을 미리 수립하여 점검할 수 있는 것이 아니며, 역사에서 거듭 실현될 수밖에 없고, 최종적으로 달성될 수 있는 한계가 없다. 핀카드에 의하면 헤겔은 '자유에 대한 요구'로부터 발생하는 '더 심오한 요구'가 있다고 보는데, 이것이 바로 '화해'reconciliation다. 화해는 인간이 세계와 인간들 서로를 이해하게 될 때 비로소 이루어진다. 화해는 사태들을 이해하는[의미화하는]making sense of things 문제이며, '진정한 화해'는 인간 세계를 '수용 가능한 이유들에 근거한 것'으로 보는 것과 관련이 있다. 헤겔은 '화해에 대한 인간의 요구', 즉 '이해하기[의미화]에 대한 요구'가 나타나는 것이 역사라고 보는 입장을 취한다. 따라서 '자유에 기초한 정의'에 대한 사유 질서, '원칙과 심리의 제대로 된[적절한] 통일'proper unity of principle and psychology이야말로 제대로 된 정당성[적절한 합법성] proper legitimation을 가질 수 있는 유일한 질서이며, 이 질서는 이전의 다른 사유 질서들의 특정한 실패들을 통해 삶의 형태들이 발전하는 과정에서 매우 뒤늦게 출현할 수밖에 없다. 세계사를 관통하는 것은 '사태들을 이해하려는[의미화하려는] 욕망'이며, 이 욕망 자체가 유한한 인간에게 '정의에 대한 욕망'desire for justice을 불러일으킨다. 따라서, 핀카드는 헤겔의 역사 철학에서 중요한 부분은, '사태를 이해하려는 요구'가 어떻게 '정의의 개념'으로 이어지고 이 '정의의 개념'이 역사가 발전함에 따라 '자유의 필요성에 대한 개념'으로 변모하는지와 관련이 있다고 본다. 정의의 무한한 목적은, 사회 정치적 삶에서 권한이 개별 주체에 의해 수용되고 거부되는 무수한 방식들에서 형성되고 집단적으로 추구되는 목적이다. 핀카드에 의하면 그러한 권한 부여를 둘러싼 투쟁으로부터, '영원한 정의'의 표준은 본질적으로 일원적이 아닌 이원적dyadic 인간관계의 '제대로 된[적절한] 질서 세우기'proper ordering로 형태를 갖춘다.

그다음 3장 '헤겔의 잘못된 출발: 실패한 유럽인으로서 비유럽인'에서는 아시아와 아프리카인에 대해 매우 부족한 사료에 근거하여 편견을 드러낸 헤겔의 관점을 예외 없이 비판한다. 또한, 핀카드는 중국, 페르시아, 이집트에 대한 헤겔의 보다 복잡한 비판과 관련해서는 '헤겔 자신의 세대에 대한 훈계admonishments'로 볼 것을 제안하기도 한다. 중국의 절대주의와 페르시아의 신비주의에 대한 헤겔의 평가가 잘못된 정보에 근거한 것이라고 해도, 그들의 '본보기'는 동시대 유럽인에게 어떤 위험성을 미리 경고하는 역할을 한다는 것이다. 하지만, 핀카드는 다른 사회를 불공평하게 비난하는 것은 아무리 교훈적인 이야기라 할지라도 '역사적으로 매우 나쁜 관행'이라는 점을 비판적으로 지적하는 것도 놓치지 않고 있다.

4장 '유럽의 논리'에서는 고대 그리스부터 헤겔 당대까지의 역사 분석을 다룬다. 헤겔은 그리스를 자유에 대한 의식을 표현한 시대로 평가하지만, 동시에 '자신에 대한 깊은 이해 불가능성', 즉 자유가 노예제도에 의존하는 모습을 보여 준 시대로 비판하기도 한다. 이러한 이해 불가능성이 로마의 보편주의와 그것을 계승한 기독교 세계관과 어떻게 연결되는지를 설명하기 위해, 핀카드는 헤겔이 '주체성이 자신을 이해하고 평가하는 방식'을 추적하는 '우연적인 경로 의존적 발전'contingent pathdependent development을 상정했다고 본다. 역사에 어떤 필연성이 있는지는 이 주체성에 대한 이해의 발전에서 비롯된다. 예를 들어, 그리스 세계가 특정인에게만 자유를 제한한 것에 대한 이해 부족은 여러 우발적인 경로를 거치면서 일종의 '정의의 논리'를 통해 '모두를 위한 자유'라는 개념으로 이어진다는 것이다. 고대 그리스의 폴리스에서는 자유라는 이념과 노예제라는 실제 현실 사이에 모순이 존재했다. 이것이 모순인 이유는, 고대 폴리스에서 노예제는 자유를 부정하는 동시에 인간다운 목적으로 자유를 산출하는 여러 제도의 필요조건이었기 때문이다. 이 모순에 대한 의식은 기존 사회 상태를 해체하는 결과를 초래하였으며, 이 해체 과정은 그 잔여물로 구축된 후속하는 삶의 형식과 더불어 발생했다. 결국, 후속하는 삶의 형식의 성공 여부는 선행자들을 괴롭힌 '논리적 문제'를 해결하는 정도에 따라 측정된다는 것이다. 이 책에서 핀카드는 현대에 들어와 여러 조건으로 인해 역사를 무의미하다고 간주하려는 사람들에게, 이처럼 역사에서 발견되는 '자유의 무한한 목적'의 점진적 실현에 대한 헤겔의 복잡한 논리를 비교적 이해하기 쉽게 정당화하려고 한다. 이 장의 나머지 부분에서 그는 봉건제에서 프랑스 혁명에 이르기까지 자유와 정의에 대한 다양한 내용들을 일목요연하게 서술한다.

마지막 5장 '역사에서 작동하는 무한한 목적들'에서는 필연성과 우연성에 대한 이론적 질문으로 돌아가, 흔히 오해하듯이 헤겔 체계에서 어떤 것도 세계사의 진행 과정이 따라야만 했던 '특정한 방식과 경로'를 필연적으로 결정하지는 않는다는 점을 보여 준다. 핀카드에 의하면, 그리스인이 정의에 대한 사고방식으로 자유를 전면에 세운 이후, 자유가 '근대적 삶의 표제'가 된 것은 우연한 일이었다. 세계사를 '자유라는 이념의 발전'이라고 보는 헤겔이 자신의 역사 철학에서 정의보다 자유를 더 근본 개념으로 강조한다는 점을 고려하면, 핀카드처럼 자유를 '정의에 대한 사고방식'으로 설명하는 것은 헤겔 자신의 의도에 부합하지 않는 것처럼 보일 수도 있다. 이 점은 책 제목에서부터 이미 헤겔의 역사 철학을 '정의의 역사적 형태에 관한 논의'로 이해하려는 그의 관점에 따른 것이다. 핀카드가 강조하려는 바는, 인간이 자유를 근본적인 관심사로 표현했다면, 그 자유가 어떻게 달성되는지는 헤겔의 철학에서도 우연적이라는 것이다. 이런 의미에서 봉건제나 프랑스 혁명이라는 사건은 역사에서 본래 필연적이지 않았다. 인류가 이룩한 미약한 진보가 계속되는 것도 필연적이지 않다. 핀카드에 의하면 한 민족이 역사 과정에서 자신의 '이념'을 오해하고 그 갈등과 긴장에 굴복해 버리는 것은 언제나 가능하다. 이러한 논의를 통해 핀카드는 이 책에서 헤겔이 역사 철학을 통해 추상적인 논의를 펼치기보다 역사의 냉엄한 현실을 철저히 인지했음을 분명하게 보여 주려고 한다. 따라서 이 책은 헤겔의 역사 철학을 '이미 지나간 버린 역사의 유물'로서가 아니라, 여전히 우발적인 사건들의 연속인 현재 우리의 연약한 세계를 이해하기 위한 '중요한 자원'으로 간주해야 한다는 강력한 논거를 제시한다. 마무리 부분에서 핀카드가 강조하는 바처럼, "우리가 무엇이 될지를 결정하려고 시도할 때마다, 우리가 현재 존재하는 곳에 우리를 데려왔기 때문에 우리가 거기에 의존하고 있는 '경로의 세부 사항들'details of the paths을 주목할 필요가 있으며", 이것이 우리가 여전히 역사를 망각해서는 안 되는 이유이기도 하다.

찾아보기

지은이 테리 핀카드 Terry P. Pinkard

1969년 미국 텍사스 대학(오스틴 소재)을 졸업했으며, 1974년 뉴욕 주립 대학교(Stony Brook University)에서 박사학위를 받았다. 노스웨스턴 대학 교수를 거쳐 2005년부터 조지타운 대학 교수로 재직하고 있다. 칸트로부터 현재까지의 독일 철학, 특히 칸트에서 헤겔에 이르는 시기의 철학을 주로 연구하며, 독일학술교류처와 알렉산더 폰 훔볼트 재단의 연구 지원금을 받아 연구를 수행하기도 했다. 주요 저서로는 *Democratic Liberalism and Social Union*(1987), *Hegel's Dialectic: The Explanation of Possibility*(1988), *Hegel's Phenomenology: The Sociality of Reason*(1994), *German Philosophy 1760-1860: The Legacy of Idealism*(2002), *Hegel's Naturalism: Mind, Nature, and the Final Ends of Life*(2012) 등이 있다. 2018년에는 케임브리지 대학 출판부에서 헤겔의 『정신현상학』을 영어로 새롭게 번역하여 출간하였다.

옮긴이 서정혁

현재 숙명여자대학교 기초교양학부 교수로 철학, 디지털 리터러시, 토론 등의 과목에서 학생들을 가르치고 연구하고 있다. 저서로 『헤겔의 미학과 예술론』, 『헤겔의 역사 철학과 세계 문학』, 『공정하다는 착각의 이유, 원래는 능력의 폭정-샌델의 〈공정하다는 착각〉 해설서』, 『듀이와 헤겔의 정신철학』, 『철학의 벼리』, 『논증』 등이 있고, 역서로 헤겔의 『법철학(베를린, 1821)』, 『미학 강의(베를린, 1820/21)』, 『예나 체계기획III』, 『세계사의 철학』, 『교수 취임 연설문』, 『영국 선거법 개혁 법안』, 피히테의 『학자의 사명에 관한 몇 차례의 강의』, 『학자의 본질에 관한 열 차례의 강의』, K. 뒤징의 『헤겔과 철학사』 등이 있다. 그 외 독일 관념론 및 교양 교육에 관한 다수의 연구 논문들이 있다.

철학의 정원 66

역사는 의미가 있는가 ─정의의 역사적 형태들에 관한 헤겔의 논의

초판1쇄 펴냄 2024년 04월 08일

지은이 테리 핀카드
옮긴이 서정혁
펴낸이 유재건
펴낸곳 (주)그린비출판사
주소 서울시 마포구 와우산로 180, 4층
대표전화 02-702-2717 | **팩스** 02-703-0272
홈페이지 www.greenbee.co.kr
원고투고 및 문의 editor@greenbee.co.kr

편집 이진희, 구세주, 송예진 | **디자인** 이은솔, 박예은
마케팅 육소연 | **물류유통** 류경희 | **경영관리** 이선희

ISBN 978-89-7682-852-1 93160

독자의 학문사변행學問思辨行을 돕는 든든한 가이드 _(주)그린비출판사